Monika Frank, Oliver Kopitzke, Frank Seidel

Jobben für Natur & Umwelt

interconnections

IB Volunteers´ Abroad Programs (IB VAP)

Der Internationale Bund (IB), seit 1949 einer der großen, freien Träger in der Jugend-, Sozial- und Bildungsarbeit in Deutschland verfügt seit einem Jahr über eine zentrale Koordinierungsstelle für seine Freiwilligenauslandsprogramme. Aufgabe dieser Zentralstelle ist die Koordination von Angeboten und Nachfragen im Bereich der internationalen Freiwilligendienste. Schwerpunkt ist die persönliche Beratung über Anderer Dienst im Ausland (ADiA), Europäischer Freiwilligendienst, FSJ im Ausland. Derzeit bietet der IB Freiwilligendienste in ca. 20 verschiedenen Ländern weltweit an. Neben den europäischen Staaten gibt es Einsätze in Argentinien, Australien, Brasilien, Israel, Mexiko und Südafrika.

Zentrale Koordinierungsstelle des IB
IB Volunteers´ Abroad Programs (IB VAP)

IB Kassel
Holländische Str. 19
34127 Kassel

Tel.: 0561-9892026
Fax: 0561-9892028
evs-kassel@internationaler-bund.de
www.internationaler-bund.de

Jobben für Natur und Umwelt

Monika Frank, Oliver Kopitzke,
Frank Seidel

interconnections
Georg Beckmann

Der Verlag sucht weitere zum Programm passende Manuskripte

Anregungen, Kritik und Änderungen an

info@interconnections.de

www.natur-und-umwelt.org

Impressum

Reihe »Jobs und Praktika«, Band 10
Monika Frank, Oliver Kopitzke, Frank Seidel,
Jobben für Natur und Umwelt

Gedruckt auf Umweltschutzpapier
Umschlag und Layoutsatz: linuxnet-print
Verlag interconnections, Schillerstr. 44, 79102 Freiburg
T. 0761 700 650, F. 0761 700 688
www.interconnections.de
info@interconnections.de
Neu überarbeitete Auflage, 2007 – 2006

ISBN 3-86040-053-3, 978-3-86040-053-1

Inhalt

Vorwort

Trockenmauern aufschichten im schottischen Hochland, Wale beobachten am Pazifik, Führungen begleiten durch die Nationalparks an der deutsch-tschechischen Grenze, in Australien den Schutz der Regenwälder koordinieren – vielfältig sind die Möglichkeiten, für ein paar Wochen, ein paar Monate, vielleicht sogar für ein, zwei Jahre seine Kräfte in den Dienst von Natur und Umwelt zu stellen. Doch nur wenige kennen Mittel und Wege, um in den Genuss dieser Erlebnisse zu kommen. Bei den wenigen bekannten Stellen häufen sich die Anfragen – die entscheidenden Tipps verbreiten sich von Mund zu Mund. Wer sich nicht in der Ökoszene auskennt, guckt allzu oft in die Röhre.

Die Naturschutzjugend (NAJU) im Naturschutzbund Deutschland (NABU) veröffentlichte deshalb die Broschüre „Nix wie weg! – Arbeiten im Ausland für Natur und Umwelt". Der daraus hervorgegangene Titel liegt hier bereits in der fünften aktualisierten Auflage vor, die im Rahmen eines Nachdrucks noch einmal in Teilen überprüft und ergänzt wurde. Einige Adressen früherer Ausgaben haben die erneute Recherche nicht überlebt, viele andere sind dafür neu hinzugekommen.

Wir, die Autorin und die beiden Autoren, sprechen aus eigener Erfahrung, denn wir waren selbst Praktikanten in mehreren hier beschriebenen Einrichtungen, haben unseren Zivildienst im Umweltschutz geleistet, als WWOOFerin auf Biohöfen mitangepackt und alternative Lebensformen ausprobiert. Tipps zur Vor- und Nachbereitung stammen also aus erster Hand.

Wir danken all denen, die uns bei der Recherche zu diesem Buch mit neuen Adressen unterstützt haben. Besonders heißen Dank an alle, die in einem Erfahrungsbericht von den Erlebnissen während ihres Engagements erzählen. Schließlich danken wir auch der NAJU für ihre finanzielle Unterstützung, die eine Verwirklichung dieses Projektes erst ermöglichte.

Selbstverständlich wurde die Recherche zu „Jobben für Natur und Umwelt" mit größter Sorgfalt durchgeführt. Alle hier aufgeführten Adressen wurden einzeln kontaktiert und haben grünes Licht zur Veröffentlichung ihres Angebotes gegeben.

Darüber hinaus bleiben wir auch nach Drucklegung dieser Auflage nicht untätig. Seit 2001 besteht mit *www.praktikum-natur-umwelt.de* eine Website zum Buch, mit der wir alle über Änderungen und Neuerungen auf dem Laufenden halten. Es lohnt sich also in jedem Fall, vor dem Abschicken der Bewerbungen einmal reinzuschauen.

Manchmal kommt es vor, dass einzelne Anbieter nach Redaktionsschluss ihre Meinung ändern und nicht mehr in „Jobben für Natur und Umwelt" erscheinen wollen. Wir hoffen dafür auf euer Verständnis.

Wem auf der Suche nach seiner Traumstelle Veränderungen bei den im Buch gemachten Angaben auffallen oder wer gar weitere Angebote entdeckt, den bitten wir, dies über *info@interconnections.de* dem Verlag mitzuteilen, der uns die Post weiterleitet und auch eine kleine Überraschung lockermacht. Leserinnen und Leser künftiger Auflagen werden für Anmerkungen und Ergänzungen dankbar sein.

Viel Erfolg!

Monika Frank, Oliver Kopitzke,
Frank Seidel

Gebrauchsanleitung

Wo steh'n denn jetzt endlich die Adressen?

Wer den Aufbau des Buches kennt, kann sich eine Menge Arbeit, Zeit und Briefpapier ersparen. Also nicht weiterblättern, sondern weiterlesen. Dieses Buch besteht aus zwei Teilen, nämlich betreffs Stellen im Ausland bzw. in Deutschland. Im Auslandsteil werden in den Kapiteln „Praktika", „Nationalparks", „Ökologische Landwirtschaft", „Alternative Lebensformen" und „Umwelt-Reisestudien" Einsatzmöglichkeiten und Bedingungen in konkreten Projekten sowie Kontaktadressen außerhalb Deutschlands vorgestellt. Im Inlandsteil herrscht die gleiche Ordnung; nur wird im Praktikateil das Thema Entwicklungszusammenarbeit durch eine Beschreibung von Zivildienst und Freiwilligem Ökologischen Jahr ersetzt. Das Kapitel „Umwelt-Reisestudien" entfällt.
Jedes Fachkapitel ist auf dieselbe Weise aufgebaut. Beginnend mit einer kurzen Einführung und den wichtigsten Hinweisen, die für alle Stellen gelten, folgen die einzelnen Projektbeschreibungen mit genauer Angabe von Adresse, Kontaktperson, Telefon- und Faxnummer, E-Mail- und Webseite sowie allem Wissenswerten zu der beschriebenen Stelle. Telefon- bzw. Faxnummern liegt das internationale System zugrunde: Ein „+" steht dabei für den Ländercode. In den deutschsprachigen Ländern ist der internationale Zugang fürs Ausland die „00", gefolgt von der Ländervorwahl (z.B. „44" für Großbritannien), dann die Ortsnetzkennzahl (ohne Null, Ausnahme Italien!) und schließlich die Rufnummer.

Wenn ich aber weitere Adressen suche?

Am Ende jedes einzelnen Fachkapitels finden sich weiterführende Adressen und Hinweise zu interessanten Veröffentlichungen. Auch eine eigenständige Suche im Internet ist sinnvoll. Weiteres dazu im Kapitel „Stellensuche im Internet". Ganz am Schluss des Buches enthält das Kapitel „Adressen in der Warteschleife" solche Anschriften aus der vorhergehenden Ausgabe dieses Titels, die uns bei der Recherche zu dieser Auflage nicht mehr geantwortet haben.
Darauf folgt eine Adresssammlung von Dachverbänden und anderen Stellen, die keine konkreten Praktika benennen konnten, aber sicherlich wertvolle Anlaufstellen für alle sind, die beispielsweise in einem bestimmten Land aktiv werden wollen und Kontakte mit der dortigen Naturschutz-, Landwirtschafts- oder alternativen Szene suchen.

Wo finde ich die Reiseveranstalter?

Nirgends. Dieses Buch enthält keine kommerziellen Veranstalter wie Reisebüros und Unternehmen, da diese genügend andere Werbeträger finden. Auch den Bereich des betrieblichen Umweltschutzes haben wir vollständig ausgeklammert, damit die Betriebe endlich gezwungen sind, mehr auszubilden und junge Leute einzustellen. Wir haben also ausschließlich private Vereine, öffentliche Einrichtungen und Verbände aufgenommen sowie halbstaatliche Träger wie Entwicklungsdienste oder Stellen, die mit ihnen zusammenarbeiten. Praktikanten und andere freiwillige Helfer leisten hier Dinge, für die es keine hauptamtlichen Mitarbeiter gibt, und die ohne sie nicht zustandekommen würden.

Wie muss ich mich richtig bewerben?

Schlag´ nach im nächsten Kapitel. Da geht es um alles, was bei der Vorbereitung eines längeren Aufenthalts fern von daheim zu beachten ist. Es steckt voller nützlicher Hinweise, die teilweise auch auf Studium oder Praktika in Deutschland anwendbar sind. Wir haben versucht, unsere eigenen guten und schlechten Erfahrungen mit Bewerbungen, Vorbereitung und Verdauen von Auslandsaufenthalten zugänglich zu machen. Bitte nicht vergessen, der Bewerbung einen frankierten Rückumschlag oder zwei Internationale Antwortscheine (in der Folge als IS bezeichnet) bzw. geeignetes Porto beizulegen. Alle weiteren Details im Kap. „Praktische Hinweise".

Wo finde ich einen Job, bei dem ich richtig Geld verdiene?

Das muss ein Missverständnis sein! Wir führen keine Stellenanzeigen zwecks einer Auslandskarriere auf. Alle genannten Praktikastellen erfordern ein gewisses Maß an Idealismus und setzen die Bereitschaft voraus, ehrenamtliche Überstunden zu leisten. Nur die wenigsten Einsatzstellen sind in der Lage, ein Praktikantengehalt zu zahlen. Mit etwas Glück deckt das Entgelt gerade so die Kosten für Essen und Wohnen. Dabei definieren wir als Praktikum eine Stelle, die einer Einzelperson zugewiesen wird, die ihre Aufgabe selbstständig wahrnimmt, und zwar unabhängig von der Dauer des Einsatzes. Wir haben die Praktika in folgende Tätigkeitsfelder untergliedert: *Praktische Arbeit, Umweltpädagogik, Bürojobs, Forschung und Entwicklungszusammenarbeit.* Dort finden sich vor allem regelmäßig angebotene Stellen. Im Literaturverzeichnis und im Kapitel „Praktische Hinweise" geben wir jedoch auch einige Tipps für diejenigen, die sich um eine hauptamtliche Stelle bewerben wollen.

Wenn ich aber nicht länger als zwei Wochen weg kann?

Das Kapitel „Workcamps & Expeditionen" nennt viele Möglichkeiten, um für eine, zwei, drei oder vier Wochen in Europa und Übersee an einem Projekt mitzuhelfen. Anders als bei einem Praktikum arbeitet man bei einem Workcamp in einer Gruppe mit anderen Freiwilligen und muss meist auch etwas für die Teilnahme bezahlen, anstatt entlohnt zu werden. Oft bietet ein Workcamp eine gute Gelegenheit, in die Naturschutzszene hineinzuschnuppern, sich mit einer Gegend oder einem Projekt vertrauter zu machen. Nicht zuletzt bringt es neue Freundschaften und einen Bonus bei der (nächsten) Bewerbung! Natürlich kommt es gelegentlich zu Überschneidungen. Viele Projekte bieten zum Beispiel neben einem Praktikantenplatz auch Workcamps an. Wir haben uns bemüht, in solchen Fällen die Angaben in allen betreffenden Kapiteln darzustellen bzw. auf Beschreibungen in anderen Kapiteln zu verweisen.

Und was ist, wenn ich schon ein wenig älter bin?

Kein Thema! Viele Angebote richten sich nicht nur an Studierende. Sogar im Rentenalter kann man noch international aktiv werden. Oft besteht der Reiz gerade in der Zusammenarbeit von Jung und Alt. Dies gilt besonders für viele Workcamps und Expeditionen (BTCV, Earthwatch, Coral Cay, Global Service Corps, Sierra Club, Stiftung Bergwaldprojekt u.a.). Die Kapitel „Ökologische Landwirtschaft" und „Alternative Lebensformen" führen neben Kontaktadressen auch konkrete Projekte auf, die einfach daran interessiert sind, mit mutigen Menschen neue Lösungen für unseren Planeten zu finden und zu leben. Schließlich setzen Tätigkeiten in der Entwicklungszusammenarbeit oft ausdrücklich eine gewisse Lebens- und Berufserfahrung voraus. Falls es Altersgrenzen gibt, dann sind diese am Fuß der Stellenbeschreibung vermerkt.

Dummerweise hab' ich keine Ahnung von Botanik!

Das ist zwar traurig, aber auch nicht besonders schlimm. Natur- und Umweltschutz braucht jeden, der was kann. Das gilt gerade auch für angehende Pädagogen, Sozialarbeiter, Kindergärtner, Journalisten und Fotografen, Dolmetscher, Anglisten, Bürokaufleute und Buchhalter, Grafiker und Designer, Landmaschinenmechaniker, Schreiner, Zimmerleute, Maurer, Holzfäller, Bibliothekare, Dokumentare, Archivare usw. usf. Oft sind es gerade untypische Qualifikationen, die besonders gefragt sind, z.B. Datenbankspezialisten. Was ihr dann noch wissen müsst, lernt ihr ganz schnell vor Ort. Viele Stellen führen Vorbereitungsseminare durch oder bieten eine ausführliche Einarbeitung und Einweisung.

Wo kommen eigentlich neue Adressen her?

Gerade auf dem Gebiet des Umweltschutzes kann sich vieles ganz plötzlich ändern, so dass wir für Zuschriften sehr dankbar sind! Entlang eurer Reise entdeckt ihr sicher neue Projekte, die in diesem Buch nicht aufgeführt sind. Daneben wollen wir gerne wissen, welche Erfahrungen ihr mit den von uns angegebenen Stellen und Adressen gemacht habt, wo Schwierigkeiten auftauchten, wo und wie sich die Verhältnisse geändert haben (z.B. bei Entlohnung, Aufnahmekriterien), und natürlich was ihr erlebt habt! Jeder Tipp und jeder Erfahrungsbericht kann anderen Leserinnen und Lesern weiterhelfen. Schreibt also wie gesagt den Verlag über *info@interconnections.de* an, der die Post an uns weiterleitet und bei verwertbaren Hinweisen, die in künftige Auflagen eingehen, auch ein Buch verspricht.

So, dann bleibt nur noch eins zu sagen: Viel Spaß beim Lesen und auf eine erfolgreiche Bewerbung!

Allgemeines

Praktische Hinweise

Vom Behördendschungel an den Sandstrand

.... ist es oft ein langer Weg. Damit niemand dabei auf der Strecke bleibt, hier eine Zusammenstellung einiger Tipps und Adressen.

Motivation

Zuallererst solltet ihr euch fragen, was ihr wirklich wollt. Der Gedanke „einfach mal weg“ ist zu substanzlos. Besteht Interesse an einem bestimmten Land, einer Klimazone, einem Lebensraum (Hochgebirge, Küste, Regenwald etc.) oder einem ganzen Kontinent? Oder ist es mir gleich, wohin es geht, Hauptsache, es wird dort Suaheli gesprochen, oder es liegt im buddhistischen Kulturkreis? Vielleicht zieht es mich ja gar nicht so in die Ferne, sondern ich will mich in Deutschland oder in einem anderen Land der EU umschauen, wie der Hase im Naturschutzgebiet läuft, und nebenbei noch eine neue Sprache erlernen?
Und was will ich konkret dort tun? Will ich im praktischen Naturschutz mithelfen, eine Aufgabe in einer Behörde übernehmen, Schulkinder durch Nationalparks führen, in einer selbstverwalteten Kommune leben oder in einem entwicklungspolitischen Projekt die Distanz zu anderen Menschen dieser einen Welt überbrücken? Tausende von Möglichkeiten des Engagements sind denkbar, so dass wir versucht haben, in diesem Buch alle uns bekannten Formen, im Natur- und Umweltschutz aktiv zu werden, aufzulisten. Wer sich also noch nicht über die angestrebte Art der Tätigkeit schlüssig ist, blättere die einleitenden Texte zu den jeweiligen Kapiteln auf und lasse sich inspirieren.
Wer seine Vorstellungen etwas eingegrenzt hat, sollte nun einige wichtige Einzelheiten überlegen: Wie lange will oder kann ich dort bleiben? Unserer Erfahrung nach hat man nach rund drei Monaten erst den Bogen raus, kennt die Verhältnisse und alle am Projekt beteiligten Personen und Organisationen und bekommt Arbeit zugeteilt, die man selbstständig erledigen kann. Nach fünf bis sechs Monaten ist man dann ein unentbehrliches Mitglied der Projektgruppe geworden, und wird sich kaum noch losreißen können ... Unserer Meinung nach ist ein Auslandspraktikum umso besser, je länger es dauert, sofern die Bereitschaft besteht, sich voll und ganz auf das Gastland und die neuen Umstände einzulassen. Andererseits ist bei einem längeren Aufenthalt im Ausland mit Schwierigkeiten bei der Wiedereingewöhnung zu rechnen. Ist einmal das große „Wohin“, „Was“ und „Wie lange“ eingegrenzt, dann nichts wie ran an die Verwirklichung eurer Träume!

Zeitfaktor und Aufwand

Zur Vorbereitung und Bewerbung, vor allem ins Ausland, ist etwa ein Jahr zu veranschlagen. E-Mails können natürlich die Kontaktaufnahme beschleunigen, und innerhalb Deutschlands lässt sich vieles telefonisch erledigen. Allerdings sind auch hier Bewerbungsfristen u.ä. zu berücksichtigen. Die Mühlen der Bürokratie – und nicht nur die – mahlen bekanntlich langsam. Manche Stellen antworten nicht oder nicht sofort. Unser Erfahrungswert liegt bei zwei bis vier Wochen. Ist nach vier Wochen keine Antwort da, könnt ihr einen zweiten Anlauf unternehmen und höflich nachfragen oder besser noch: anrufen. Falls aus der Lieblingsstelle nichts wird, ist die ganze Prozedur noch einmal in Angriff zu nehmen. So ist klar, dass sich Bewerbungen und die endgültige Entscheidung wochen- oder monatelang hinziehen können. Bei zeitgleich laufenden Bewerbungen bewerbe man sich nur dort, wo man wirklich hin will. Durch zu hohen Bewerberdruck wird anderen möglicherweise eine Chance verbaut. Nach Erhalt einer Zusage, die nicht wahrgenommen werden soll, sage man möglichst rasch ab. Hat der Arbeitgeber bereits fest mit einer Zusage gerechnet und keine weiteren Bewerber, dann könnt ihr versuchen, die Zusage an einen Freund mit ähnlichen Ambitionen zu vermitteln oder an der Uni einen Aushang zu machen „Freie Praktikantenstelle".

Unterschätzt nicht den Aufwand der Vorbereitung! Meist ist es ja nicht mit ein, zwei Bewerbungen getan. Dann kommen oft noch so nette Bedingungen wie Sprachtests, Gesundheitszeugnisse oder Referenzen. Aber lasst euch dadurch den Spaß nicht verderben! Es lohnt sich auf alle Fälle und fürs Selbstbewusstsein ohnehin.

Adressbeschaffung

Neben diesem Buch existieren zahlreiche weitere Quellen: Die Hinweise zu Ende jeden Kapitels sowie das Adressen- und Literaturverzeichnis geben Auskunft über Verbände, Veröffentlichungen und Programme, die wir nicht detailliert vorgestellt haben. Schwarze Bretter in Universitäten, Studentenwohnheimen und Jugendherbergen sind oft Fundgruben wertvoller Informationen, ebenso wie Arbeitsämter, Ausbildungs- oder Jobmessen, Praktikantenämter der Hochschulen, Konsulate, Amerika-Häuser und Fremdenverkehrsämter sowie Berichte aus Zeitschriften, Reiseführern, Funk und Fernsehen. Immer mehr Bedeutung gewinnt das Internet. Selbst kleine „Grassroot"-Organisationen in der Dritten Welt haben mittlerweile eigene Webseiten. Näheres zur Stellensuche im Internet im gleichnamigen Kapitel. Im folgenden drei Institutionen, die sich eher der Vermittlung bezahlter Arbeitsstellen widmen.

Bundesagentur für Arbeit,
Referat 1c2, Regensburgerstr. 104,
90487 Nürnberg,
www.arbeitsagentur.de,
http://europa.eu.int/eures

Wer ernsthaft einen bezahlten Job im europaweiten Ausland will, für den haben wir gute Nachrichten. Die Arbeitsverwaltungen aller Länder der

Europäischen Union sowie des EWR beteiligen sich am Vermittlungs- und Informationsnetz „EURES“ (European Employment Services). Über 500 EURES-Beraterinnen und –Berater, davon ca. 60 in Deutschland, sind bei den europäischen Arbeitsämtern tätig, die Arbeitsplatzangebote erfassen und zugänglich machen. Das geht sogar so weit, dass beispielsweise Bewerbungsunterlagen unverzüglich weitergeleitet und Vermittlungsaufträge von Arbeitgebern gezielt für einzelne europäische Regionen sehr schnell bearbeitet werden können. Stellen, die nur befristet sind (z.B. Ferienjobs) werden in der Regel nur vor Ort ausgeschrieben. Welche eurem Wohnort nächstgelegene Arbeitsvermittlung mit diesem Service aufwarten kann, erfahrt ihr beim örtlichen Arbeitsamt oder über die Homepage des Arbeitsamtes. Die Arbeitsämter versenden kostenlos die empfehlenswerte Broschüre „Informationen für eine Arbeitsaufnahme in der „Europäischen Union“. Mehr zu Arbeits- und Austauschprogrammen innerhalb Europas unter „Büro Jugend für Europa“ in diesem Kapitel.
Ferner bieten die „Europäischen Berufsberatungszentren“ (EBZ) der Arbeitsämter Informationen über Ausbildung, Studium, Jobs und Praktika im Ausland an. Dabei ist für jeweils ein Partnerland ein anderes Arbeitsamt im Bundesgebiet zuständig, z.B. das Arbeitsamt München für Italien. Alle Adressen sind ebenfalls über die Homepage im Internet abrufbar.

Wissenschaftsladen Bonn e.V.,
Buschstr. 85, 53113 Bonn, T. 0228-20161-0 und 0228-20161-15,
F. 0228-26 52 87,
aboservice@wilabonn.de,
www.wilabonn.de

Neben anderen Beratungstätigkeiten wertet der Wissenschaftsladen in Bonn jede Woche 95 Tages- und Fachzeitungen auf Stellenangebote hin aus und stellt diese in zwei verschiedenen „Informationsdiensten Arbeitsmarkt“ zusammen. Neben dem „Arbeitsmarkt Bildung / Kultur & Sozialwesen“ gibt es den „Arbeitsmarkt Umweltschutz und Naturwissenschaft“. Neben den Stellenofferten bietet die Zeitschrift auch einen redaktionellen Teil. Der Informationsdienst ist nur im Abo erhältlich. Kosten: 14,40 Euro pro Monat (4 Ausgaben) bei einer Mindestbezugszeit von drei Monaten (37 Euro für Institutionen und Organisationen).
Achtung! Es handelt sich hierbei um feste Stellen, also nur in Ausnahmefällen um kurzfristige Jobs und Praktika. Der Wirkungskreis ist meist auf die Bundesrepublik beschränkt: Nur ab und zu finden sich auch Angebote im benachbarten deutschsprachigen Ausland.

Bewerbung und Lebenslauf

Die Form ist einfach: jede Bewerbung besteht aus einem Anschreiben und einem Lebenslauf (ggf. mit Zeugnissen). Ton und Sprache sind schon etwas anderes. So ist bei einer Anfrage auf einer ökologischen Farm ein kollegial-lockerer Ton angebrachter als bei der UNO-Behörde. Wem es gelingt, den Namen eines Mitarbeiters oder

Verantwortlichen aufzutreiben, der adressiere das Schreiben gleich an diese Person. Die Aussichten auf Antwort liegen höher als bei einer Bewerbung, die nur allgemein an eine Institution gerichtet ist.

Bewerben per E-Mail?

Auf die Frage, ob es sinnvoller ist, sich ganz klassisch per Brief oder neuzeitlich per E-Mail zu bewerben, gibt es keine allgemeingültige Antwort.

Wer Porto sparen und sich per E-Mail bewerben will, sollte zunächst einmal die Website der anbietenden Organisation daraufhin überprüfen, ob sich dort konkrete Angaben finden, und in welcher Form Bewerbungen bevorzugt werden. Eventuelle Hinweise sollten in jedem Fall befolgt werden. Existiert ein Online-Formular zu Bewerbungen, ist es sicherlich sinnvoll, dieses auch zu benutzen. Selbst wenn eine Bewerbung per elektronische Post ausdrücklich bejaht wird, sollte die Bewerbungsmail nicht größer als 200 KB sein. Viele Stellen verfügen nur über einen langsamen Internetzugang, und es wäre kein geschickter Schachzug, die Verantwortlichen durch unnötig lange Ladezeiten negativ auf eure Bewerbung einzustimmen. Das Anschreiben sollte dementsprechend knapper ausfallen (eine halbe Seite genügt), aber trotzdem wie jede Bewerbung auch eure vollständige Postadresse und Telefonnummer enthalten. Der Lebenslauf (am besten als platzsparende zip- oder pdf-Datei) gehört in den Anhang. In der Betreffzeile sollte das Wort „Bewerbung“ auftauchen.

In den Fällen, wo nicht ausdrücklich eine E-Mail-Adresse für Bewerbungen angegeben wird, ist es auch im Internet-Zeitalter erfolgversprechender, Bewerbungen ganz normal mit der Post zu schicken. Erstens empfinden die meisten Anfragen per Post nach wie vor als höflicher; zweitens ist der Internetzugang vor allem in Drittweltstaaten nicht immer dauerhaft gesichert, so dass die Bewerbung evtl. mit großer Verspätung den Empfänger erreicht; und drittens steigen dadurch die Chancen auf eine rasche Antwort.

Letzteres mag paradox klingen, aber nach einer Modephase Ende der 90er-Jahre, in der E-Mails noch etwas Exotisches anhaftete und diese deshalb bevorzugt bearbeitet wurden, scheint heute das gute alte Papier wieder ernster genommen zu werden. Jedenfalls ist das unsere Erfahrung bei der Recherche zur fünften Auflage. Unsere Anfragen per Post wurden meist schneller beantwortet als die per E-Mail.

Im Anschreiben sollte nach einem Bezug, wie ihr auf diese Stelle gestoßen seid (z.B. durch dieses Buch), erst mal darlegen, was ihr schon im Natur- und Umweltschutz getan habt bzw. welche sonstigen Qualifikationen, Erfahrungen und Interessen vorliegen. Auch die derzeitige Situation (in der Schule, im Studium, arbeitslos, freiberuflich tätig ...) gehört in den ersten Teil des Anschreibens. Neben fachlichen Qualifikationen (wovon vielleicht noch wenig vorhanden ist) wird oft Wert gelegt auf so genannte Soft-Skills wie Team- oder Kommunikationsfähigkeit, Flexibilität, Selbstständigkeit oder Stressresistenz. Ist der Lebenslauf schon etwas länger, dann sollte man einige für die Stelle relevante Punkte des Lebenslaufes hervorheben. Handelt es sich um eine Bewerbung auf eine ausgeschriebene Stelle, dann ist im Anschreiben klarzustellen, warum euch die Stelle interessiert und warum ausgerechnet ihr für diesen Job geeignet seid. Dabei gilt es stets, ein Gleichgewicht zwischen Selbstanpreisung und Bescheidenheit zu finden. Das Anschreiben sollte eine Seite nicht übersteigen.

Auch Lieblingsbeschäftigungen mit scheinbar wenig Bezug zum Praktikum können für den potenziellen Arbeitgeber von Belang sein: z.B. Tauchschein, Zivildienst im ambulanten Rettungsdienst, Gitarre spielen, Schulsprecher etc. Solche Detailinformationen werden am besten in den Lebenslauf gepackt (s. dazu unser Beispiel). In den Lebenslauf gehört auch ein aktuelles Foto sowie Arbeitsbestätigungen und Zeugnisse, die hilfreich erscheinen. Dazu noch ein selbstadressierter, ausreichend frankierter C4-Umschlag (Inland) und ggf. zwei IS (Ausland) und – ab die Post. Die Empfänger können Internationale Antwortscheine weltweit auf ihren jeweiligen Postämtern gegen das Porto eines Luftpostbriefes einzutauschen; es gibt sie auch bei uns auf jedem Postamt zu 1,80 Euro pro Schein.

Bei Bewerbungen im Ausland herrschen oft andere Regeln und Gepflogenheiten. So wird in Großbritannien mehr Wert auf einen ausführlichen „CV“ (den Lebenslauf) gelegt als auf das Anschreiben, in Frankreich bevorzugen viele Arbeitgeber handgeschriebene Begleitbriefe und in den USA sind Passfotos ungern gesehen. Über das Abfassen von Lebensläufen und die verschiedenen Bewerbungstaktiken im Ausland gibt es gute Fachliteratur, so dass wir hier nicht näher darauf eingehen und lieber auf diese Veröffentlichungen verweisen (s. Adressen und Hinweise zu Ende dieses Kapitels).

Bezüglich der Anschreiben empfehlen wir dringend, die Adresse auf dem Briefumschlag in der landesüblichen Schrift zu schreiben. Besonders denken wir dabei natürlich an Länder, die nicht ein auf dem lateinischen Alphabet aufbauendes Zeichensystem benutzen: Russisch, Japanisch, Thai etc. Selbst wenn der Ansprechpartner unsere Schrift lesen kann, so muss das noch lange nicht auf seinen Briefträger zutreffen. Die Chancen einer korrekten Zustellung, erhöhen sich, wenn z.B. bei Briefen in Nachfolgestaaten der Sowjetunion oder nach Bulgarien die Adresse in kyrillischen Buchstaben geschrieben werden. Aus technischen Gründen war es hier nur möglich, die Adressen im lateinischen Alphabet darzustellen. Die Webseite der entsprechenden Organisation gibt euch vielleicht die Möglichkeit, die richtigen Zeichen vom Bildschirm abzumalen. Ist dies nicht der Fall, empfehlen wir, von einem Muttersprachler eine Übersetzung in das fremde Schriftsystem vornehmen zu lassen, selbst wenn diese nur phonetisch ist. Ansprechpartner können sein: Botschaften, Konsulate, Kulturinstitute, Sprachschulen, Unternehmen oder einfach das Restaurant um die Ecke. Mit einem lockeren Briefchen oder zwei ist es oft nicht getan. Wer nicht sicher ist, ob überhaupt Praktikantenplätze angeboten werden, kann sich die ganze Mühe zunächst ersparen und sich erst mal nur über die Möglichkeiten und Bedingungen telefonisch schlaumachen. Wer etwa eine neue, nicht aus diesem Buch stammende Stelle entdeckt, und bei der es sich nicht um eine einmalige Gelegenheit handelt, der schreibe an den Verlag. Andere werden sich freuen, dort auch mal zu arbeiten!

Auskunftsstelle für die Vermittlung von Ausbildungs- und Arbeitsplätzen weltweit innerhalb des Forschungsrings für Biologisch-Dynamische Wirtschaftsweise e.V.

Brandschneise 1; D-64295 Darmstadt
Tel.: ++49-(0) 6155-841240
Fax: ++49-(0) 6155-846911
auskunftsstelle@forschungsring.de
www.forschungsring.de

Wir versenden Informationen über landwirtschaftliche Berufe und stellen Kontakte zwischen Höfen, Gärtnereien, Gemeinschaften und den Menschen her, die ein Praktikum, eine Ausbildung oder Mitarbeit im biologisch-dynamischen oder ökologischen Landbau suchen. Auch bei speziellen Anliegen, z.B. dem Freiwilligen Ökologischen Jahr, Zivildienst, Landbaupraktikum der Waldorfschulen, Erntehilfe, Mitarbeit in Käserei, Bäckerei, Hofladen etc. können wir vermitteln. Bitte fordern Sie das *Informationsblatt und den Fragebogen* an.
Landwirtschaftliche Betriebe, Gärtnereien sowie Verarbeiter, die Praktikanten, Lehrlinge oder Mitarbeiter (auch verantwortliche Fachkräfte/Mitarbeiter für Übernahme des Betriebes) suchen, erhalten auf Anfrage den *Betriebsfragebogen.*

Lebenslauf (Beispiel)

Name	Sonnenschein
Vorname	Rosemarie
Anschrift	Bahnhofstr. 5, 81637 Waldheim
Geburtstag und -ort	15. Juli 1981 in Waldheim
Nationalität	deutsch
1991-2000	Gustav-Klimt-Gymnasium in Waldheim, neusprachlicher Zweig; allgemeine Hochschulreife
2000 – 2002	Gärtnerlehre (Zierpflanzenbau) bei Blume & Co. in Grüntal
seit Oktober 2002	Angestellt als Beraterin bei Pflanzengroßmarkt Knolle in Erft
seit 1993	Aktives Mitglied in der Regionalgruppe v. Greenpeace, seit 1997 Presseverantwortliche
April 1999	zweiwöchiges Workcamp in der Extremadura, Spanien, organisiert durch örtliche Naturschutzgruppen
August 2000	vierwöchiger Arbeitseinsatz in einem engl. Nationalpark durch die Royal Society for the Protection of Birds
Oktober 2000	Verfassen eines Artikels über Naturschutz in Europa
August-Oktober 1998	Mithilfe in einem Behindertenwohnheim
Sprachkenntnisse	Englisch (gut)
Französisch (gut)	Spanisch (Anfänger)
Sonstige Interessen	Reisen (Nordafrika, England, U.S.A.), Querflöte

(Ort) (Datum), (Unterschrift)

Information

Bei Aufenthalten in anderen Kulturkreisen gilt: Jeder sollte sich ausreichend über Höflichkeits- und Moralvorstellungen des Gastlandes kundig machen, um nicht öfter als nötig ins Fettnäpfchen zu treten. Auch auf folgende Fragen sollte man Antworten wissen: Wie ist die augenblickliche politische Lage? Welcher Lebensstandard wird mich dort erwarten? Werde ich mit meiner Stelle zu einer Art Oberschicht gehören oder arbeite ich mit dem Volk zusammen? Welche Religion herrscht vor? Welche Sitten und Gebräuche erwarten mich? Eine gute Quelle an Informationen bieten neben Reiseführern, Bibliotheken und internationalen Zeitungen die Polyglott-Reihe „Land und Leute", die Länderlexika des C.H. Beck Verlages sowie diverse „Kulturknigge" – oder „Kulturschock"-Bände sowie die Magazine des Studienkreises für Tourismus und Entwicklung (s. Adressen und Hinweise zu Ende dieses Kapitels).

INKUBI – Interkulturelle Beratung und Information der Universität Essen,
Universität Duisburg-Essen,
45117 Essen,
T. 0201-183-0 (Zentrale)

Erteilt telefonisch oder schriftlich kostenlose Auskünfte über Sitten und Bräuche im Ausland.

Hier noch einige Webtips zu Länderinfos:

www.hotelplan.ch/ger/countryinfo

Nützliche Tipps zur Reisevorbereitung und über Link zusätzliche Länderinfos. Die Daten stammen von Polyglott-Langenscheidt.

Auswärtiges Amt der Bundesregierung
www.auswaertiges-amt.de

Unverzichtbare Site für jegliche Reisevorbereitung in ein unbekanntes Land. Angaben zu Einreise- und Visabestimmungen, zur politischen Lage und auch detaillierte Informationen zu Tropenkrankheiten. Die Länderinformationen des Auswärtigen Amtes schließen vor allem Hinweise auf Krisengebiete und andere „Gefahren" für Reisende mit ein und sind immer topaktuell.

Stellen in Krisengebieten:
Besonders bei Einsätzen in anderen Erdteilen kann es nicht schaden, sich vor der Bewerbung zu erkundigen, on Reisen in eurem Zielgebit ungefährlich ist. Da sich die politische Lage in vielen Regionen rasch ändern kann, lohnt es sich hier nicht, eine Liste der gefährlichen Destinationen aufzustellen. Die sorgfältige Planung einer Reise bzw. eines Arbeitseinsatzes ist unabdingbar, nicht nur zur eigenen Sicherheit, sondern auch zur Effektivität eures Besuchs.

So kann es generell als sicherer erachtet werden, im „Konvoi“ zu reisen bzw. sich einer Hilfsorganisation anzuschließen. In jedem Fall empfehlen wir, sich gleich beim Auswärtigen Amt der Bundesregierung zu informieren (Web-Site s.o.).
Buchtipp: The World's Most Dangerous Places von Robert Young Pelton, 1008 S., 5. Auflage März 2002, Quill (Harper), ISBN 0 060011602. Pelton schreibt zwar in reißerischem Ton über Kriegsgebiete und Orte terroristischer Aktivität auf der ganzen Welt, aber der eine oder andere Tipp zu Verhaltensweisen in Krisengebieten und Survivalmaßnahmen ist durchaus zu finden; vor allem die Botschaft des Buches gefiel uns: „the most dangerous place in the world is more of a state of mind: ignorance“.

Sprachkenntnisse

In den meisten Ländern dieser Erde und bei einem Großteil der aufgeführten Praktikanten- und Workcampstellen ist Englisch, Französisch oder Deutsch Verkehrssprache. In Ländern, in denen Englisch nur als Amtssprache gilt (z.B. in Indien), wird es jedoch von großen Bevölkerungskreisen meist schlechter gesprochen und verstanden als von den meisten hierzulande. Wir empfehlen deshalb, trotz der Voraussetzung „Schulenglisch ausreichend“, nie mit nur rudimentären Kenntnissen der Verkehrs- bzw. Landessprache eine Auslandsstelle anzustreben. Oft ist es möglich, einen Sprachkurs mit dem Praktikum zu kombinieren. Profunde Kenntnisse der Landessprache helfen nicht nur bei alltäglichen Dingen weiter, sondern sind auch ein Zeichen von Respekt vor dem Gastland. Anfangs zögerlich ausgesprochene Satzfetzen wird jeder Einheimische mit einem strahlenden Lächeln des Verständnisses quittieren!

Fachliche Vorbereitung

Obwohl die meisten Praktika keine besonderen Vorkenntnisse verlangen, kann es natürlich nicht schaden, sich etwas einzustimmen, vor allem, wenn man es mit unbekannten Klimazonen, Vegetationsformen und Kulturen zu tun haben wird. Es ist ferner angeraten, sich alle Informationen in der Landessprache anzueignen, so dass gleich ein gutes Vokabular vorhanden ist. Material ist nicht nur in öffentlichen Bibliotheken, Fachbereichsbibliotheken der Hochschulen und guten Buchhandlungen erhältlich, sondern auch in staatlichen Fremdenverkehrsämtern, die häufig in Frankfurt ihr Büro unterhalten. Adressen von jedem Reisebüro oder vom Fremdenverkehrsamt der Heimatstadt.

Finanzierung

Das liebe Geld wird kaum Hauptmotivation für ein Praktikum im Natur- und Umweltschutz sein, aber ganz ohne geht's meist auch nicht. Zu bedenken gilt es, dass der Lebensstandard im Ausland meist bedeutend niedriger liegt als bei uns, und dass während des Aufenthaltes weniger Fixkosten anfallen. Kann ich vom Praktikantengehalt leben oder sind noch zusätzliche Geldquellen aufzutun? Wie sehen diese aus? Ersparnisse, Jobben oder Unterstützung von den Eltern? Eine oft nicht bedachte Möglichkeit besteht darin, sich fördern zu lassen bzw. ein Stipendium zu beantragen. Oft sind Bedingungen an diese Stipendien geknüpft, so dass rechtzeitiges Informieren lohnt. Hier die wichtigsten Möglichkeiten; weitere Angaben im Kap. „Umweltreisestudien" und „Öffentliche Programme".

Wichtiger Hinweis für Studierende: unbedingt einen internationalen Studentenausweis, den ISIC (International Student Identity Card), im Scheckkartenformat besorgen. Der ISIC ist der weltweit anerkannte Ausweis, mit dem sich Schüler und Studenten an den meisten Flecken der Erde ausweisen und damit in den Genuss vielfältiger Ermäßigungen gelangen können. Meist bei den Studentenvertretungen der Unis erhältlich (Passfoto mitbringen).

Bundesministerium für Wirtschaft und Forschung (BMWF),
www.sprungbrett-ins-ausland.de

"Sprungbrett ins Ausland – Das Mobilitätsprogramm" nennt sich ein Förderprogramm, das junge Leute in der Ausbildung fördert, die im Ausland im Rahmen eines mindestens dreiwöchigen Praktikums Erfahrungen sammeln wollen. Diese Praktika müssen selbst organisiert werden und werden mit 350 Euro pauschal unterstützt.

Deutscher Akademischer Austauschdienst (DAAD),
Kennedyallee 50, Postfach 20 04 04, 53175 Bonn, T. 0228-882-0, F. -444, postmaster@daad.de, www.daad.de

Büro Berlin: Berliner Künstlerprogramm, Markgrafenstr. 37, 10117 Berlin, T. 030-202208-0, F. 030-2041267, info.Berlin@daad.de, www.daad-berlin.de

Der DAAD fördert die internationalen Beziehungen der deutschen Hochschulen mit dem Ausland und versteht sich als Netzwerk in der internationalen Hochschullandschaft. Er berät und fördert deshalb Auslandsaufenthalte und vergibt dazu Stipendien an deutsche Studierende, Praktikanten, junge Wissenschaftler und Hochschullehrer. Für Praktika im Ausland können vom DAAD Fahrtkostenzuschüsse gewährt werden. Außerdem informiert der DAAD über andere Studien- und Forschungsmöglichkeiten im Ausland sowie Studienmöglichkeiten und Stipendien für Ausländer für Aufenthalte in Deutschland.

Deutsches Studentenwerk,
Monbijouplatz 11, 10178 Berlin, T. 030/29 77 27 0, F. 030/29 77 27 99, dsw@studentenwerke.de, www.studentenwerke.de

BAföG-Empfänger erhalten auch für die Zeit eines Praktikums im Ausland Zahlungen, falls gewisse Bedingungen erfüllt sind. Da sich diese Spielregeln je nach Zusammensetzung der Bundesregierung ändern, verzichten wir auf eine detaillierte Darstellung. Das Deutsche Studentenwerk als Dachverband der lokalen Studentenwerke weiß darüber am besten Bescheid und gibt ein Faltblatt „Mit BAföG ins Ausland!" heraus. Das Praktikantenamt eurer Hochschule kommt als weitere vielversprechende Anlaufstelle in Betracht. Findet das Praktikum nur in den Semesterferien statt, läuft allerdings einfach das normale BAföG weiter.

Bei jedem europäischen Land bzw. bei anderen Kontinenten ist ein anderes Amt für Ausbildungsförderung zuständig. Adressen auf obenerwähnten Faltblatt.

Die zusätzliche Auslandsförderung wird übrigens komplett als Zuschuss gewährt. Der Gesetzgeber schlägt vor, den Antrag mindestens sechs Monate vor Beginn des Praktikums zu stellen.

InWent Internationale Weiterbildung und Entwicklung gGmbH,
Informations- und Beratungsstelle IBS, Weyerstr. 79-83, 50676 Köln, T. 0221-2098-102 o. 0221-2098-148 o. 0221-2098-229, Mo-Do 9-12h, 14-16h, Fr 9-12h, F. 0221-2098-114 o. 0221-2098-482, ibs@inwent.org, www.inwent.org

Im Jahre 2002 schlossen sich die Carl-Duisberg-Gesellschaft (CDG) und die Deutsche Stiftung für internationale Entwicklung (DSE) zur gemeinnützigen GmbH InWent zusammen. Diese berät und informiert über berufliche Qualifizierung im Ausland, bietet eigene Austausch-Programme, Praxisqualifizierungen und spezialisierte Sprachkurse, tritt als koordinierende Organisation für EU-Bildungsprogramme (SOKRATES, LEONARDO etc.) auf, führt in ihrer Online-Datenbank die Angebote von rund 60 weiteren Organisationen auf, nennt weiterführende Adressen zu Praktika und Workcamps im Ausland und bietet einen Service für Fachkräfte in der Entwicklungszusammenarbeit. Beratung bei obenangeführter Beratungsstelle IBS telefonisch, schriftlich oder persönlich.

„40 Wege ins Ausland" heißt eine jährlich neu herausgegebene Infobroschüre. Die darin aufgeführten Programme bieten berufsbezogene, praxisorientierte Qualifizierung in allen Ländern der Erde, vor allem in Europa, den USA und der asiatisch-pazifischen Region. Die Stipendienprogramme werden aus öffentlichen Mitteln und privaten Stiftungen gefördert, setzen aber auch Eigenbeiträge und Eigeninitiative voraus.

Jugend für Europa,
Heussallee 30, 53113 Bonn, T. 0228-9506-220, F. 0228-9506-222, jfe@jfemail.de, www.webforum-jugend.de

Unterstützt Jugendbegegnungen und länderübergreifende Aktionen vor allem in Europa, sowie den Austausch mit außereuropäischen Ländern. „Jugend für Europa" bietet in allen EU / EFTA- sowie in den assoziierten Ländern Ansprechpartner, so genannte Nationalagenturen. Adressen über das deutsche Büro.

Das Programm JUGEND, ein Aktionsprogramm zur Förderung des internationalen Jugendaustausches in der Europäischen Union, besteht seit 1995. Es ist das einzige Jugendprogramm, das sich der außerschulischen Bildung widmet. Alle osteuropäischen Staaten nehmen mittlerweile daran teil, auch so genannte Drittländer wie Russland und Ukraine, die nicht zu den EU-Staaten zählen. Außerdem sind Länder Lateinamerikas, Südafrika und die afrikanischen Mittelmeeranrainerstaaten vertreten. Es richtet sich an Jugendliche und junge Erwachsene zwischen 15 und 25 Jahren, an Jugendbetreuer und an Einrichtungen der Jugendarbeit. Das Programm gliedert sich in fünf Bereiche, Aktionen" genannt:

Aktion 1 fördert Austausch und Begegnung von Jugendgruppen innerhalb aller obengenannter Länder. Für internationale Begegnungen von Jugendlichen aus zwei oder mehr Mitgliedsstaaten auf der Grundlage eines gemeinsamen Projektes gewährt das Programm eine Anteilsfinanzierung. Gruppen, die bislang noch keine Erfahrung mit internationalen Begegnungen haben, können über ein Online-Forum geeignete Partner finden oder ihr Projekt vorstellen.

Aktion 2 widmet sich dem „Europäischen Freiwilligendienst", der individuelle Praktika von 6-12 Monaten Dauer im Ausland ermöglicht (mehr dazu im gleichnamigen Kapitel).

Die Förderungen innerhalb von Aktion 3 wenden sind an Jugendlichen und Jugendgruppen, die selber ein Projekt initiieren (Jugendinitiativen). Daran schließt sich das Future Capital"-Programm an, das eine Brücke schlagen will zwischen den Erfahrungen und Qualifikationen, welche die Freiwilligen während ihres Aufenthalts gewonnen haben, und ihrem lokalen Umfeld, in das sie sich danach begeben".

Aktion 4, ein Versuch, die Programme schulischer und außerschulischer Bildung zu verbinden, wird nicht mehr fortgeführt.

Aktion 5 schließlich finanziert alle Maßnahmen, die nötig sind, um internationale Jugendprojekte erst mal auf die Beine zu stellen, d.h. Treffen, Kontaktseminare, vorbereitende Reisen und Besuche bei den ausländischen Partnern, und wendet sich an Jugendbetreuer und sonstige Multiplikatoren in der Jugendarbeit.

Neben dem Jugendaustausch unterstützt „Jugend für Europa" auch die europäische Zusammenarbeit in der Jugendpolitik. Darunter sind Maßnahmen der Jugendarbeit zu verstehen, die Unabhängigkeit, Kreativität und Unternehmungsgeist von Jugendlichen fördern, insbesondere im sozialen, staatsbürgerlichen, kulturellen und ökologischen Bereich. Die Schaffung eines „europäischen Bewusstseins" wird dabei immer wieder in den Vordergrund gerückt. Dafür werden jährlich ein gutes Dutzend von Kurzstudienreisen zu unterschiedlichsten Themen angeboten, die nur eine geringe Eigenbeteiligung erfordern.

Die Antragstellung ist eine zugegebenermaßen bürokratische Angelegenheit und erfordert etwas Erfahrung im Umgang mit Formularen und Formulierungen. Da die Fördertöpfe von Jugend für Europa" in den letzten Jah-

ren immer beliebter wurden (vor allem was den Europäischen Freiwilligendienst betrifft), werden mittlerweile 20-40% der Anträge abgelehnt. Das soll aber niemand davon abhalten, sich durch Jugend für Europa“ einen Teil der Finanzierung für ein gut durchdachtes Projekt zu sichern. Antragsformulare auf der Webseite.
Zu allen Teilbereichen des Programms JUGEND bietet Jugend für Europa zahlreiche Seminare für Neueinsteiger an. Infos darüber auf der Webseite (Kalender) oder durch Bestellen des E-Mail-Rundbriefes.

Eurodesk, www.eurodesk.org

Das Eurodesk-Datenbanknetzwerk ist eine Fundgrube an Information zur Förderlandschaft Europas: Richtlinien, Ansprechpartner und Adressen von Programmen der EU und des Bundes, Fonds und Stiftungen. Die Benutzerführung ist sehr einfach. Eine Stichwortsuche ermöglicht, die zu einer Projektidee in Frage kommenden Förderprogramme zu finden. Außerdem viele Anschriften und Profile von Projekten, Organisationen, Verbänden, staatlichen Institutionen und internationalen Einrichtungen in den Bereichen Jugend, Bildung, Ausbildung und Europa.

Vertretung der Europäischen Kommission,
Unter den Linden 78, 10117 Berlin, T. 030-2280-0, F. 030-2280-2222, www.eu-kommission.de

Europäisches Informationszentrum,
Jean-Monnet-Haus, Bundesallee 22, 10717 Berlin, T. 030-88412211, F. 030-88412224, info@eu-infozentrum-berlin.de, www.eu-infozentrum-berlin.de oder www.eu-kommission.de/html/wir/infostellen.asp

Mit dem Zusammenwachsen der europäischen Länder ist man auch auf offizieller Seite bemüht, den Austausch junger Leute in Europa zu fördern (s.o.). Bei einigen Austauschprogrammen für Studierende (SOCRATES) und Auszubildende (LEONARDO) gewähren die EU bzw. die zuständigen Studienstiftungen Zuschüsse zum Auslandsaufenthalt und / oder zu den Reisekosten. Einen guten Überblick über solche Programme, wichtige Anlaufstellen u.v.m. bietet die Broschüre „Europa für junge Leute“, herausgegeben vom Presse- und Informationsamt der Bundesregierung und zu beziehen beim Informationszentrum. Studierende können sich auch an den Hochschulkoordinator für die EU-Bildungsprogramme an ihrer jeweiligen Universität wenden.

Spenden und Sponsoring

Natürlich besteht auch die Möglichkeit, sich von privater Seite unterstützen zu lassen. Personen aus dem Verwandten- und Bekanntenkreis kommen dafür ebenso in Frage, wie kommerzielle Unternehmen. Der Aufbau eines Unterstützerkreises ist bei Organisationen freiwilliger Entwicklungshilfe am verbreitesten und beim „Anderen Dienst im Ausland“ (Näheres im Kap. „Öffentliche Programme“) ist unerlässlich, um den Aufenthalt und die Anreise zu finanzieren. Man

unterscheidet dabei Spenden, die keinerlei Verpflichtungen beinhalten, und Sponsoring, bei dem eine Gegenleistung zu erbringen ist. Dies kann die Erlaubnis sein, dass eine Firma offiziell als euer Unterstützer auftreten darf (etwa in Presseartikeln), aber z.B. auch ein Foto, bei dem ihr den Namen des Trekkingladens, der euch verbilligt einen neuen Schlafsack verkauft hat, spektakulär im Dschungel in Szene setzt (s. dazu auch den Kasten „Ökosponsoring" im Kap. „Nationalparks Inland").
Immer gilt es, das Gegenüber davon zu überzeugen, dass das Praktikum nicht nur einen selbst, sondern über den damit verbundenen Umweltschutz auch der Allgemeinheit nützt. Natürlich ist das nicht immer einfach, aber besonders in angelsächsischen Gefilden wird immer wieder bewiesen, dass es geht.

Stiftungen

Es gibt ganze Stiftungshandbücher mit Adressen und Bedingungen zur Stipendienvergabe. Oft können nur bestimmte Personengruppen mit einer Förderung bedacht werden, und das Praktikum muss mit den Zielen der jeweiligen Stiftung übereinstimmen. Aber auch hier gilt: Probieren geht über Studieren. Stiftungshandbücher finden sich in Bibliotheken, im Akademischen Auslandsamt oder in Geschäftsstellen von Jugendverbänden und Körperschaften wie den Stadtjugendringen. Diese Stellen haben oft viel Erfahrung im Umgang mit öffentlichen und privaten Fördermitteln und wie sie zu erlangen sind. Auch der Rotary-Club, vertreten in jeder größeren Stadt, fördert teilweise Projekte junger Bürger. Andere private Stiftungen bei der Heimatgemeinde erfragen.

Stiftungsindex.de,
www.stiftungsindex.de

Der Stiftungsindex ist die umfassendste Darstellung aller in Deutschland eingetragenen Stiftungen. Suche nach verschiedenen Themen und Förderprioritäten möglich.

Bildungsurlaub

Für Berufstätige ist die Möglichkeit, Bildungsurlaub in Anspruch zu nehmen, eine erst wenig bekannte Alternative zu den im Kap. Umweltreisestudien beschriebenen Stipendien. Bislang gibt es Bildungsurlaub nur in den Ländern Berlin, Brandenburg, Bremen, Hamburg, Hessen, Mecklenburg-Vorpommern, Niedersachsen, Nordrhein-Westfalen, Rheinland-Pfalz, Saarland und Schleswig-Holstein. Wer in einem der genannten Bundesländer arbeitet oder eine betriebliche Berufsausbildung macht, sollte sich die einmalige Chance, ein paar Tage auszusteigen und etwas über Natur- und Umweltthemen zu erfahren, nicht entgehen lassen, denn schließlich besteht ein Recht darauf! Am Beispiel des Hessischen Bildungsurlaubsgesetzes werden hier die wesentlichen Bestimmungen von Bildungsurlaub erläutert.

Hessisches Sozialministerium,
Referat Bildungsurlaub,
Dostojewskistraße 4,

65187 Wiesbaden,
T. 0611-8173673, F. 0611-8908421,
www.bildungsurlaub.hessen.de

Nach dem Hessischen Bildungsurlaubsgesetz hat jede Arbeitnehmerin und jeder Arbeitnehmer gegenüber dem Arbeitgeber einen rechtlich verbrieften Anspruch auf fünf Tage bezahlte Freistellung pro Jahr für die Teilnahme an anerkannten Veranstaltungen der beruflichen oder der politischen (Weiter-)Bildung. Die Veranstaltung muss grundsätzlich an fünf aufeinanderfolgenden Tagen mit mindestens sechs Zeitstunden Programm am Tag stattfinden. Eine Bildungsveranstaltung kann auch auf zwei zeitliche Blöcke verteilt werden, sofern es sich um eine inhaltlich und organisatorisch zusammenhängende Veranstaltung handelt, ein Block mindestens zwei Tage umfasst und beide Blöcke innerhalb von höchstens acht zusammenhängenden Wochen durchgeführt werden. Für Auszubildende gilt diese Regelung nicht.

Anspruch auf Bildungsurlaub haben alle mit ihrem Tätigkeitsschwerpunkt in Hessen beschäftigten Arbeitnehmerinnen und Arbeitnehmer sowie Auszubildende, vorausgesetzt das Arbeits- oder Ausbildungsverhältnis besteht seit mindestens sechs Monaten. Grundlage für die Wahrnehmung von Bildungsurlaub ist die Teilnahme an einem vom Hessischen Sozialministerium anerkannten Seminar. Auskunft darüber, welche Veranstaltungen als Bildungsurlaub anerkannt sind, erteilt der jeweilige Träger. Auch Seminarangebote aus den Themenbereichen Umweltschutz und Ökologie sind als Bildungsurlaub anerkannt. Das Ministerium hat die Broschüre „Bildungsurlaub Hessen“ mit den anerkannten Trägern von Bildungsurlaubsveranstaltungen in Hessen herausgegeben, die dort kostenlos zu beziehen ist oder auch über *www.hessen.de/hsm*,.danach „Publikationen“ anklicken) angefordert werden kann. Die Broschüre enthält eine in größeren Abständen aktualisierte Liste der in anderen Bundesländern zuständigen Stellen.

Informationen zum Bildungsurlaub in Hessen sind auch abrufbar unter *www.bildungsurlaub.hessen.de*. Neben der Darstellung der rechtlichen Grundlagen ist die Website so aufgebaut, dass Interessierte sowohl die in Hessen anerkannten Träger als auch die behördlich anerkannten Veranstaltungen nach Themenschwerpunkt und Träger sowie zum Teil nach Veranstaltungsort und -zeitraum recherchieren können.

Devisen

Selbst wer sein Praktikum durch ausreichend eigene Geldmittel finanzieren kann, wird diese vernünftigerweise kaum als Barschaft ständig mit sich herumtragen. Neben Kreditkarten die praktischste Art, in Europa an Geld zu kommen, ist die Sparcard (vormals Postsparbuch). In zwanzig europäischen Ländern kann man monatlich von Geldautomaten oder Postämtern abheben. Auskünfte bei der Postbank.

Die andere Möglichkeit besteht darin, mit EC- oder Kreditkarte das heimische Bankkonto zu erleichtern. Das geht schnell, kostet aber Gebühren (außer beim direkten Bezahlen mit einer Kreditkarte). Kontoauszüge können nach Absprache mit der Bank natürlich auch ins Ausland zugesandt werden. Die oft einfachste Lösung bei längeren Auslandsaufenthalten ist es, ein eigenes Konto zu eröffnen und mitgebrachtes bzw. vor Ort verdientes Geld dort einzuzahlen. Vorteil: kein Risiko mit geklauten Schecks oder Scheckkarten, rasche Übersicht über die finanzielle Lage und keine Verluste durch Umrechnungs- und Scheckgebühren.

In Ländern, in denen Ausländer nicht ohne größere Umstände ein eigenes Konto eröffnen können bzw. bei kürzerem Aufenthalt, raten wir zu Reiseschecks in Landeswährung oder in US-Dollar, Euro oder Pfund Sterling. Reiseschecks sind mit 1% des Kaufpreises gegen Diebstahl versichert. In vielen Ländern, vor allem in den USA, werden Schecks wie Bargeld behandelt. International anerkannte Reiseschecks sind neben AmericanExpress VISA und Thomas Cook. Ansonsten informieren Reisehandbücher am aktuellsten über die finanztechnischen Gepflogenheiten des Gastlandes. Selbst wenn der Aufenthalt mit dem Praktikantengehalt finanzierbar ist, so führe man genügend Geld für den ersten Monat mit, um über die Runden zu kommen und gegebenenfalls eine Kaution für die Wohnung vorstrecken zu können.

Sollte es mal eng werden: Die „telegrafische Geldanweisung“ über Postämter und durchgeführt von Western Union garantiert Bargeldtransfer innerhalb von Minuten, kostet aber auch eine Stange Gebühren. Auch Telefonläden organisieren Bargeldtransfer.

Aufenthaltsgenehmigung, Visum

Vertretung der Europäischen Kommission, *c/o Claudia Keller, Unter den Linden 78, 10117 Berlin, www.eu-kommission.de/html/wir/wir_03.asp*

Die vorgenannte Vertretung der Europäischen Kommission ist eine EU-Bürgerberatungsstelle, um Nachfragende über ihre Rechte aufzuklären und bei Fragen zu einem Arbeitsaufenthalt im europäischen Ausland weiterzuhelfen. Dort kann man sich bei Frau Keller beraten oder sich die kostenlosen Publikationen der EU zum Reise- und Aufenthaltsrecht senden lassen. Und weil's so schön ist, hier ein kleiner Auszug aus unseren neuen Rechten:

„In der EU sind Arbeitssuche wie Arbeitsaufnahme für jeden Bürger eines Mitgliedstaates ohne weitere Formalitäten möglich. Man kann zur Jobsuche in jedes EU-Land einreisen, sich dort aufhalten und einen Arbeitsvertrag unterschreiben, ohne vorher irgendeine Behörde um Erlaubnis gefragt zu haben. Erst nachdem man eine Stelle angetreten hat, muss bei der lokalen Polizeidienststelle eine Aufenthaltsgenehmigung beantragt werden. (...) Auf die Erteilung der Aufenthaltsgenehmigung besteht ein Rechtsanspruch – sowohl für den Arbeitnehmer als auch für seine Fami-

lie." (aus: Europa für junge Leute).
Auch Studenten können in anderen EU-Staaten jede Form der Erwerbstätigkeit ausüben; eine Arbeitserlaubnis ist hierzu nicht erforderlich. Mit einer gültigen Aufenthaltserlaubnis ist es kein Problem, im (europäischen) Ausland Versicherungen abzuschließen, ein dort gekauftes Fahrzeug anzumelden, ein Konto zu eröffnen etc. Der „Wohnsitz Deutschland" geht damit nicht verloren. Nur bei einem permanenten oder langjährigen Auslandsaufenthalt sollte man sich überlegen, den deutschen Wohnsitz aufzugeben und sich in dem anderen Land einbürgern zu lassen. Näheres bei den „Beratungsstellen für Auslandstätige und Auswanderer" beim Bundesverwaltungsamt.

http://citizens.eu.int

Eine guten Überblick zu Rechten, Anerkennung von Ausbildungen, Arbeitsaufnahme in einem anderen EU-Land bietet obengenannte Website. Detaillierte Auskünfte zu den jeweiligen Regelungen in einem anderen Staat der EU, z.B. zu Sozialleistungen. Gut für alle potentiellen Auswanderer.
Für die gerade gültigen Aufenthalts- und Visabestimmungen in allen Ländern außerhalb der EU sind die Botschaften bzw. die Konsulate des betreffenden Landes zuständig. Einen aktuellen Überblick verschafft das Auswärtige Amt (s. „Information"). Der Arbeitgeber im Gastland kennt in der Regel am besten die bestehenden Bestimmungen in seinem Land und kann Auskunft darüber erteilen, ob beispielsweise ein Arbeitsvisum zu beantragen ist, ob er sich selber um die Papiere kümmert, oder ob dieses für eine kurzfristige, freiwillige Beschäftigung entbehrlich ist. Auch hier gilt es, sich frühzeitig schlau zu machen, da manchmal noch Nachweise gefordert werden (Bürgen, Gesundheitszeugnis u.ä.)! Visaausstellungen sind mit Kosten verbunden, die umso geringer ausfallen können, je früher man sich darum kümmert. Auskunft, wo die betreffenden Ländervertretungen zu finden sind, geben Reisehandbücher, Reisebüros, Telefonbuch oder das Internet. Die meisten Konsulate befinden sich in Berlin, Frankfurt, Bonn und München. Im allgemeinen gilt: Keine krummen Sachen! Man fordere das Visum auch erst dann an, nachdem eine schriftliche Bestätigung bzw. ein Praktikumsvertrag vorliegt, denn gegebenenfalls wird der im Visumantrag verlangt. Man erkundige sich im voraus, wie es um eine Verlängerung des Visums bzw. um ein „multiple entry" (mehrmalige Einreise innerhalb eines längeren Zeitraums) bestellt ist. Meist ist es schwieriger und kostspieliger, im Land um eine Verlängerung zu bitten, als von vornherein ein Visum für einen längeren Zeitraum zu beantragen.

Versicherungen und Steuern

Selbst kurzfristige Arbeitsverhältnisse wie Praktika sind entsprechend der Höhe der Vergütung versicherungspflichtig in der Arbeitslosen-, Kranken- und Rentenversicherung und werden besteuert. Das gilt auch für die sogenannten „geringfügigen Beschäftigungsverhältnisse". Die Zeiten, in denen es am besten war, als Studierender sein Geld beitrags- und steuerfrei zu verdienen, sind seit langem vorbei. Eine Freistellung von Lohnsteuer kann nur auf Antrag gewährt werden. Einen guten Überblick über den neuesten Stand vermitteln die Infobroschüren der Finanzministerien (s. Adressen und Hinweise zu Ende dieses Kapitels).

Wie andere Länder das regeln, ist am besten mit dem künftigen Arbeitgeber zu klären, um sich vor unliebsamen Überraschungen zu schützen. In der Schweiz beispielsweise besteht Rentenversicherungspflicht für alle Arbeitnehmer, auch wenn das Praktikantengehalt noch so mager ist. Andererseits ist man im Alpenstaat für die Zahlung seiner Steuern selber verantwortlich; folglich werden sie nicht automatisch vom Lohn abgezogen.

Gegen Krankheit, Unfall und Schäden gegenüber Dritten (Privathaftpflicht) sollte man auch im Ausland versichert sein. Oft verlangen beispielsweise Workcampveranstalter den Nachweis einer Unfall- oder Haftpflichtversicherung, falls sie ihre Teilnehmer nicht selbst versichern. Möglicherweise bietet die eigene Krankenversicherung eine Auslandskrankenversicherung an. Für Aufenthalte in EU-Staaten genügt die Krankenversicherung in Deutschland. Im Ausland entstehende Kosten werden mit dem Formblatt E111 verrechnet, erhältlich beim Krankenversicherer. Man sollte sich aber im Klaren darüber sein, dass mit E111 nur Leistungen unentgeltlich in Anspruch genommen werden können, die im Rahmen der Sozialabkommen zwischen den einzelnen Ländern vereinbart wurden. Dabei handelt es sich um eine Grundversorgung, die oft keine zahnärztlichen, Therapie- oder Rehabilitationsmaßnahmen einschließt. Außerdem ist die Krankenversorgung im Ausland manchmal viel dünnmaschiger und langsamer als hierzulande. Private Auslandskrankenversicherungen sind zwar nicht sehr kostspielig, häufig aber zeitlich begrenzt. Die Leistungen der verschiedenen Anbieter ähneln einander, während Tarife und Bedingungen recht unterschiedlich ausfallen können, so dass ein Vergleich der Angebote lohnt. Neben privaten und öffentlichen Krankenkassen bieten u.a. der Deutsche Alpenverein, das Deutsche Jugendherbergswerk und der VCD (Verkehrsclub Deutschland) günstige Auslandskrankenversicherungen, oft zusammen in einem Paket mit Gepäckversicherung.

Gepäckversicherungen sind umstritten. Kritiker behaupten, sie versichern vor allem die Fälle nicht, in denen am meisten geklaut wird. Fotoausrüstungen und andere Wertgegenstände sind beispielsweise nur bis zur Hälfte des Wertes versichert. Außerdem liegt die Versicherungsprämie ziemlich hoch – unter 100 Euro kommt man oft für ein Jahr nicht hin. Billiger dagegen sind Reisegepäckversicherungen mit einer Laufzeit von sechs Monaten, aber auch hier lohnt es sich, das Kleingedruckte zuerst zu lesen.

Verlagshinweis: ein Angebot zu einer günstigen und umfassenden **Versiche-**

rung für **Langzeitreisende,** ob Au-pairs, Sprachschüler oder Working Holidaymakers u.ä. läßt sich unverbindlich anfordern über interconnections, Schillerstr. 44, 79102 Freiburg, info@interconnections.de, Betreff „Versicherung".

Deutsche Flug-Ambulanz, *Flughafen Halle 3, 40474 Düsseldorf, T. 0211-450651-53, F. 0211-4360252, www.deutscheflugambulanz.org*

Bei einem längeren Aufenthalt in einem Land mit ungenügender medizinischer Versorgung kann der Abschluß eines zusätzlichen Vertrages über eine Rückholung per Hubschrauber oder Flugzeug sinnvoll sein. Ähnliche Angebote bei der Deutschen Rettungsflugwacht Stuttgart, der IFA Flugambulanz Nürnberg, dem ADAC und dem Deutschen Roten Kreuz.

Verbraucherzentrale Bundesverband e.V., *Markgrafenstraße 66, 10969 Berlin, info@vzbv.de, www.vzbv.de*

Verbraucherzentrale Bayern e.V., *Mozartstr. 9, 80336 München, T. 089-53987-0, F. 089-537553, www.verbraucherzentrale-bayern.de*

Die 16 Verbraucherzentralen erteilen Auskünfte über Versicherungen im Ausland und verweisen auf andere, relevante Organisationen und Adressen. Bei Beratungen erhebt die Verbraucherzentrale in München einen geringen Kostenbeitrag, die Benutzung der umfangreichen Infothek ist jedoch kostenfrei. Adressen der Verbraucherzentralen in anderen deutschen Städten über den Bundesverband oder im Telefonbuch.

Medizinische Vorsorge

Deutsche Gesellschaft für Tropenmedizin, *Forum Reisen + Medizin, www.frm-web.de*

Infoservice des Tropeninstituts der Universität München, *Leopoldstr. 5, 80802 München, T. 089-218013500, www.fit-for-travel.de*

Für viele Länder Asiens, Afrikas und Mittelamerikas gelten Impfvorschriften. Der Hausarzt oder ein Tropeninstitut können Auskunft über vorgeschriebene bzw. empfohlene Impfungen erteilen und einen Impfplan aufstellen. Die Website der *„Deutschen Gesellschaft für Tropenmedizin"*, eine Initiative reisemedizinisch fortgebildeter Ärzte, stellt Ärztelisten zur Verfügung, mit der ein Tropenmediziner in der Nähe gefunden werden kann. Der Punkt „Länderinfo" führt direkt zur Website *fit-for-travel.de* des Tropeninstituts München, die uns am besten gefallen hat. Die Beschreibungen einzelner Krankheiten, die einen in verschiedenen Ländern ereilen können, sind so detailliert, dass manchem eventuell die Reiselust vergeht ... Dennoch bietet diese Website umfassende Information auf aktuellstem Stand von Gesundheitsvorsorge, Impfschutz, Ausbreitung von Tropenkrankheiten und medizinischen Einrichtungen im Reiseland bis hin zu Themen wie Reisen mit Kindern, Reisen in der Schwangerschaft und Höhenkrankheit.

Reisemedizinisches Zentrum des Bernhard-Nocht-Instituts für Tropenmedizin, *Seewartenstr. 10, 20459 Hamburg, T. 040-428-18800 (pers. Beratung), F. 040-428-18340, www.gesundes-reisen.de*

Die Seite des Hamburger Tropeninstituts stellt ähnliche Informationen zur Verfügung und ist bei den Länderinfos sogar noch ausführlicher; detailliertere Infos zu Malaria und anderen Tropenkrankheiten sind jedoch erst nach Registrierung erhältlich.
Die „Gesundheitsberatung" des reisemedizinischen Zentrums bietet Beratung und gebührenpflichtige Zusendung von Material an. Originell fanden wir die Checkliste für „Gestresste", die sich schnell auf eine unmittelbar bevorstehende Reise vorbereiten müssen.

Auswärtiges Amt der Bundesrepublik Deutschland, *www.auswaertiges-amt.de*

Nicht zuletzt ist auch das Auswärtige Amt eine zuverlässige Informationsquelle zu Krankheiten in anderen Ländern. Unter „Länder- und Reiseinformationen" gibt der Gesundheitsdienst Merkblätter zu diversen Krankheiten heraus.
Außerdem gehören ein Internationalen Impfpass sowie eine kleine Reiseapotheke mit Medikamenten und sterilen Spritzen mit ins Reisegepäck. Nach - hoffentlich - gesund überstandenem Aufenthalt wäre es eine nette und hilfreiche Geste, unbenutzte Spritzen und Medikamente (mit Erläuterungen) einem im fremden Land ansässigen Arzt bzw. Krankenhaus zu überlassen.

Anreise

Es klingt selbstverständlich, aber auch bei An- und Abreise zu einem Praktikum sollte ökologisch gehandelt werden. Innerhalb Europas ist es möglich, sein Ziel per Bahn oder Bus zu erreichen. Bei Reisen ins Ausland gelten besonders für Jugendliche unter 26 Jahren einige preisgünstige Angebote: Interrail (Gültigkeit ein Monat, lohnt sich nur bei mehreren Fahrten) und TwenTicket (Auslandsreisen, zwei Monate gültig, Ermäßigungen von 20 bis 60% des regulären Fahrpreises auf eine Hin- und Rückfahrt bzw. eine einfache Fahrt, auch im Ausland unter anderen Namen, z.B. „Eurotrain" erhältlich). Interrail existiert unter dem Namen „Euro Domino" auch für Leute, die 26 Jahre und älter sind. An Bahnhöfen und in Reisebüros liegen die Broschüren der Bahn AG mit diesen und weiteren Angeboten kostenlos aus. Ähnliche Angebote im Ausland bei den größeren Servicezentren der DB und bei Bahnhöfen in Grenznähe. Empfehlenswert ist, die Webseite der Deutschen Bahn aufzusuchen: Fahrplanauskünfte und Details zu Tarifen und Rabatten unter *www.bahn.de.*

Deutsche Touring,
Am Römerhof 17, 60486 Frankfurt, T. 069-7903250, F. 069-7903-219, info@deutsche-touring.com, www.deutsche-touring.com

Eher bekannt unter dem in anderen Ländern verwendeten Namen *„euroli-*

nes". Mit dem Bus zu reisen, ist umweltfreundlicher als zu fliegen und kann sich günstig auf die Reisekasse auswirken. Fernverbindungen zwischen Großstädten in allen europäischen Ländern. Die Tochter der DB arbeitet mit Busgesellschaften im Ausland zusammen und bietet meist tägliche, sehr schnelle Verbindungen zwischen größeren Städten an. Fahrpläne mit Start in Deutschland auf der Website. eurolines-Büros gibt es in Leipzig, Hamburg, Hannover, Düsseldorf, Dortmund, Köln, Frankfurt, Stuttgart und München; auch über Reisebüros buchbar.

Außerhalb Europas bleibt wohl nicht viel mehr, als die langen Entfernungen im Flugzeug zurückzulegen. Der einzige „ökologische" Tipp: möglichst lange in Übersee bleiben (d.h. nicht für ein einwöchiges Workcamp nach Südafrika jetten) und vor Ort öffentliche Verkehrsmittel benutzen.

Frachtschiffreisen, auf denen man sich langsam aber zu akzeptablen Preisen und ohne Luxus seinem Ziel nähert, wären eine Alternative; während der nicht sehr ereignisreichen Zeit auf See kann man sich beispielsweise noch einmal in seinen Sprachkurs vertiefen. Die meisten Frachtschiffgesellschaften unterhalten in Hamburg ihr Büro. Ganz günstig für die Reisekasse wird es, wenn man seine Schiffspassage als Zimmermädchen, Entertainer oder Matrose auf einem Kreuzfahrtschiff finanzieren kann. Mehr darüber in so unentbehrlichen Ratgebern wie „Work your way around the world" von Susan Griffith (siehe Literaturverzeichnis) oder anderer spezialisierter Reiseliteratur.

Noch was: viele Arbeitgeber zeigen sich bereit, die Anfahrt zum Praktikumsort zu bezahlen, wenn es eine finanzielle Belastung für euch darstellt – und wenn sie danach gefragt werden!

Climatecare.org,
www.climatcare.org
Futureforests.com,
www.futureforests.com

Zwei britische Organisationen mit derselben Antwort auf ein wirkliches Dilemma: Einerseits tragen speziell Flugreisen durch den Ausstoß von Treibhausgasen massiv zum Klimawandel bei, sind also das genaue Gegenteil von praktiziertem Umweltschutz. Andererseits brauchen Projekte in Übersee Unterstützung aus Europa, um vor Ort Natur und Umwelt schützen zu können. Die beiden Organisationen schlagen vor, einen von der Länge der Flugstrecke abhängigen Geldbetrag für Projekte zu spenden, die entweder die Entstehung von klimarelevanten Gasen an anderer Stelle verhindern (Beispiel: Energiesparlampen für Entwicklungsländer) oder Treibhausgase binden (Beispiel: Bewaldungsaktionen). Damit soll quasi die Klimabilanz ausgeglichen werden. Beide bieten „Air Travel Calculator" an, die ausrechnen wie viel Treibhausgase man produziert hat und wie viel Geld man als Wiedergutmachung spenden sollte; der von *climatecare.org* gefiel uns am besten. Ablasshandel oder effektiver Klimaschutz? Wer ersteres meint, sollte wirklich nicht mehr ins Flugzeug steigen.

EuropeAlive Mitfahrzentrale,
www.mitfahrzentrale.de

Soll es doch das Auto sein, so ist zu empfehlen, per Mitfahrgelegenheit zu reisen. Mitfahrzentralen existieren in allen größeren Städten und an Universitäten (oft unter der Rufnummer 19440). Auch in Anzeigenblättern werden manchmal Mitfahrgelegenheiten angeboten. Im europäischen Ausland sind diese Einrichtungen noch nicht sehr dicht gesät. Ein Lücke schließt hier die elektronische Mitfahrbörse im Internet, in der sich auch viele Fahrten ins Ausland finden.

Verkehrsclub Deutschland (VCD),
www.fairkehr.de

Die Mitgliederzeitschrift des VCD „fairkehr" druckt jedes Jahr in einer der ersten Ausgaben des Jahres die Beilage „Zügig durch Europa", in der sehr gut recherchiert alle in- und ausländischen Vergünstigungen erwähnt sowie die wichtigsten Bahnstrecken innerhalb Europas abgebildet sind.

Wohnung

Wem vom Arbeitgeber kein Zimmer oder keine Wohnung zur Verfügung gestellt wird, erkundige sich, wie man zu einem günstigen Zimmer kommt oder ob er einen für eine Übergangszeit irgendwo einquartieren kann. Da die Gastfreundlichkeit in vielen Ländern für uns ungewohnt groß ist, dürfte das kein Problem sein. Einmal vor Ort, könnt ihr neben Zeitungen das Studentenwerk, die schwarzen Bretter der Universitäten, Studentenwohnheime und Jugendhotels sowie die Kommunalverwaltung konsultieren, um eine günstige Bleibe zu bekommen. Als Übergangslösung bietet sich auch eine Einquartierung in einer Jugendherberge an. Näheres zur Mitgliedschaft (keine Altersbeschränkung!) und Bezug des internationalen Jugendherbergsverzeichnisses bei:

DJH Service GmbH, *Bismarckstr. 8, 32756 Detmold, T. 05231-7401-0, F. 05231-7401-49, service@djh.de, www.djh.de oder www.jugendherberge.de*

Auch Mitwohnmöglichkeiten lassen sich nutzen, siehe **www.mitwohnen.org**

Regelung der Abwesenheit

Bevor ihr euch in die Steppen Zentralasiens verdrückt, sind noch ein paar Einzelheiten bezüglich der Abwesenheit von zu Hause zu beachten.

- Zwischenmieter finden oder Wohnung auflösen
- Vollmachten ausstellen für Bank (Verfügung über Konto) und Uni (Rückmeldung, Anmeldung zu Prüfungen u.Ä.).
- Briefkasten leeren lassen oder Nachsendeantrag stellen
- anstehende Rechnungen bezahlen, Nebenkostenabrechnung mit dem Nachmieter besprechen
- bei anstehenden Wahlen: Wahlunterlagen für Briefwahl anfordern
- neue Adresse an wichtige Freunde

und Institutionen schicken

- Auto verleihen, vorübergehend stillegen oder verkaufen

Und was bleibt?

Nicht nur bei den Vorbereitungen zum Aufbruch, sondern gerade bei der Rückkehr ist mit Schwierigkeiten bei der Eingewöhnung zu rechnen. Stichwort: umgekehrter Kulturschock. Das soll gewiss niemanden von seinem Vorhaben abschrecken, aber alle vorwarnen. Schließlich kann es vorkommen, dass man durch die neuen Erfahrungen in den Freundeskreis nicht mehr hineinpasst, dass sich die Weltsicht grundsätzlich gewandelt hat oder einfach nur – und schwer genug – dass der Virus travelensis zugeschlagen hat. Aber es lohnt auf jeden Fall, denn: „Each longer stay is like holding up a mirror to your own culture; your own views become relative, and you become more open to new ideas, things, ways of being." (Martin Bauer, Teilnehmer an einem Praktikantenprogramm in den USA)

Dann bleibt uns nur noch mit Tony Wheeler, Herausgeber vieler Reisehandbücher für junge Leute, zu sagen: „Don't worry about whether your trip will work out. Just go!"

„Die Reise begann nach der Rückkehr"

„Was, in Bolivien warst Du? In einem kleinen Andendorf? Respekt!" Seit meiner Rückkehr gelte ich als der letzte Abenteurer oder als aufopferungsvoller Held der Menschlichkeit. Alles Quatsch! Ich habe mich nicht für die Erlösung der Menschheit geopfert. Was macht uns glauben, das Leben in einem lateinamerikanischen Land sei unerträglich? Sind wir, die „Bewussten", die „Aufgeklärten", nicht allzu eifrig auf der Suche nach Problemen? Kinder mit Blähbauch – ja, die gibt's. Und Tropenwaldvernichtung und Erosion. Aber das andere: Die Ruhe, die Herzlichkeit, die Lebensfreude, die Feiern, das gibt's alles auch und hat meine sechs Monate in Bolivien außerordentlich schöner gemacht. Nur heute, zurück in Mitteleuropa, krieg' ich manchmal den Blues und denke: „Das ist doch nicht auszuhalten hier!"

„Ja, äh, was hast du jetzt genau gemacht in Bolivien?" Eine unangenehme, aber berechtigte Frage. Ich bin im Weg herumgestanden und habe die Bolivianer bei der Arbeit aufgehalten. Ab und zu habe ich in der Baumschule Pflanzen gegossen. Dazu hätte wirklich kein Deutscher einfliegen brauchen. Nein, helfen konnte ich, der ich nix gelernt habe und nix kann, dort wenig. Das war auch nicht der Hauptsinn der Sache. Ich konnte mich nur umsehen, lernen, versuchen zu verstehen.

Und der wichtigere, zweite Teil meines „Praktikums" begann erst nach meiner Rückkehr. Ich habe eine Vortragsreise durch Deutschland gemacht zum Thema „Bolivien und Entwicklungspolitik", sammle Spenden, veröffentliche

Bilder, schreibe Artikel (diesen hier z.B.), organisiere entwicklungspolitische Veranstaltungen. Denn das eigentliche Entwicklungsland ist nicht Bolivien, sondern Deutschland. Hier muss sich etwas entwickeln, nämlich ein Bewusstsein für das, was wir anrichten. Hier müssen wir aktiv werden, wenn wir den Bolivianern (Indern, Senegalesen ...) helfen wollen. Goodwill-Aktionen in deren Heimatland können allenfalls symbolische Aktionen sein, und für symbolische Aktionen ist die Lage zu ernst.

„Dann hat sich deine Reise also nicht gelohnt?" Doch. Für mich, weil ich die Chance erhielt, Bolivien und damit auch Deutschland, ein völlig anderes und dadurch auch mein eigenes Leben kennenzulernen. Für meine Gastgeber und Freunde hat sich's, glaub' ich, auch gelohnt, weil unser Kontakt mit meiner Abreise nicht abgebrochen ist, und ich versuche das, was ich bei ihnen gelernt habe, hier umzusetzen.

Und ich wünsche allen, die die Dritte Welt verstehen und nicht nur durch die Touristenperspektive begaffen wollen, ähnlich viel Glück bei der Stellensuche, wie ich es hatte.

„Welche Tipps magst du denen auf den Weg geben?" „Bescheiden bleiben. Sich seiner Kleinheit bewusst sein. Sich im Hintergrund halten. Erwartungen mitbringen, aber nicht auf deren Erfüllung drängen. Nichts erzwingen wollen. Sich auf Unerwartetes einstellen. Im Klaren darüber sein, dass die mitgebrachten Lösungen ins Leere zielen. Nicht den Weltenretter markieren. Auf Betroffenheitsgefasel verzichten. Keine Revolution lostreten wollen. Den Einheimischen folgen, ohne sie nachzuäffen. Zuhören. Lernen. Das Schöne genießen.

Und zurück daheim: Laut werden. Aktiv werden. Politisch werden."

Klaus Cäsar Zehrer, Student, 24 Jahre

Adressen und Hinweise

Bayerisches Staatsministerium der Finanzen, *Referat Presse- und Öffentlichkeitsarbeit, Odeonsplatz 4, 80539 München, www.stmf.bayern.de*

Informationen über Besteuerung bzw. Versicherungspflicht abrufbar im Internet in der Sparte Service / Infobroschüren.

Council on International Educational Exchange e.V. (CIEE), *Oranienburgerstr. 13-14, 10178 Berlin, T. 030-284859-0, F. 030-28096180, infoGermany@councilexchanges.de, www.councilexchanges.de*

Das „Work & Travel"-Programm gibt es jetzt außer für USA / Kanada auch in Australien. Neben der Möglichkeit, in einem englischsprachigen Land ein

Praktikum zu absolvieren, organisiert der Council auch Sprachkurse, ein Schuljahr im Ausland oder Kurzstudien und ist bei einem Studium im Ausland behilflich. Alle, die sich eine Praktikantenstelle selber besorgt haben, erhalten vom CIEE ein Arbeitsvisum und ausreichenden Versicherungsschutz. Dieser Service kostet eine einmalige Bearbeitungsgebühr und eine Betreuungs- und Versicherungspauschale pro Monat.

ECON Taschenbuch Verlag,
Bayerstr. 71-73, 80335 München,
T. 089-5148-0, F. 089-5148-2229,
www.econ-verlag.de

„Jobber Atlas –1000 Tipps für haupt- und nebenberufliche Tätigkeiten“, Martin Massow, 8. Aufl. 2002 / 3, 1120 S., 13 Euro. Das Wichtigste über Arbeitsrecht, Steuer- und Versicherungsfragen in kurzer, verständlicher Form. Beschreibungen von 500 Berufen in Teilzeitverhältnissen, Schüler / Studentenjobs und Existenzgründungen.

Eichborn Verlag, *Kaiserstraße 66, 60329 Frankfurt, T. 069 256 003-0, F. 069 256 003-30, www.eichborn.de*

Marktführer zum Thema Bewerbungsliteratur, besonders durch Bücher des Autorenteams Hesse / Schrader, z.B.:

“Die 100 wichtigsten Tipps zur Initiativbewerbung“, Hesse / Schrader, 2000, 158 S., 7,95 Euro, ISBN 3821815507. Ein kleiner, feiner und immer wieder nützlicher Ratgeber.
“Die perfekte schriftliche Bewerbung“, Hesse / Schrader, 7,95 Euro, ISBN 3821838469. Knapp, gut, fängt mit einem Selbsteinschätzungstest an.
“Weltweit bewerben auf englisch“, Schürmann / Mullins, 2003, 184 S., 16,90 Euro, ISBN 3821838078. Sehr klar werden die Anforderungen an eine englischsprachige Bewerbung beschrieben und mit einigen Curriculum-Vitae-Beispielen belegt.
“So finanziere ich mein Hochschulstudium“, Hermann / Verse-Herrmann, 1999, 175 S., 7,95 Euro, ISBN 3821814217. Kurzer Abriss über die verschiedenen Formen von Förderung.
„Handbuch Studium und Praktikum im Ausland“, 2004.

Europabüro München,
Paul-Heyse-Str. 22, 80336 München,
F. 089-514106-96,
info@europabuero.de

Diese im Jugendinformationszentrum München angesiedelte Initiative berät zu Austausch, Praktika, Workcamps, Studium, Sprachreisen und Reisestipendien im europäischen Ausland. Einmal die Woche auch eine offene Beratungsrunde, zu der alle willkommen sind.

Falken Verlag,
www.randomhouse.de/falken

Der Falken-Verlag existiert nicht mehr, aber unten genannte Bücher können noch im Buchhandel bezogen werden. Themenverwandte Bücher bei den Verlagen *Mosaik, Goldmann* und *Bassermann.*
„Gezielt bewerben für Praktika im Studium“, Worth / Weinem, 1999, 143 S., 12,95 Euro, ISBN 3806820899. Eines der wenigen Werke, das sich nicht auf „richtige“ Bewerbungen für

feste Arbeitsverhältnisse bezieht.
„Erfolgreich Bewerben im Internet", Dr. Metzger / Funk, 2002, 128 S., 10,17 Euro. Ein unverzichtbares Buch, um sich auf ein virtuelles Bewerbungsverfahren einzustellen bzw. um sich auf die Suche nach Stellen und Jobbörsen via Internet zu machen.
„Berufschancen im Ausland", Schulze / Winter, 2000, 223 S., 14,95 Euro, ISBN 3806825742. Für jene, die nach einem Praktikum Blut geleckt haben und gerne im Ausland arbeiten würden, eine gute einstimmende Lektüre mit weiterführenden Adressen.

Freiwilligen Zentrum Augsburg,
Auf dem Kreuz 24, 86152 Augsburg,
T. 0821-513868, Fax -513882,
fza@a-city.de,
www.freiwilligen-zentrum-augsburg.de

Eines von mittlerweilen vielen Freiwilligenzentren, die sich mit Möglichkeiten des freiwilligen Engagements beschäftigen und richtige Sprechzeiten besitzen (montags bis freitags von 9 bis 12h). In Augsburg geht es auch um die Einrichtung von Stellen im Ausland für den Europäischen Freiwilligendienst, Tipps für den Anderen Dienst im Ausland etc.

I.L.T. Verlag, *Steinring 88,*
44789 Bochum, T.+49 0234-958609-0, F.+49 0234-958609-9,
info@ILT-Europa.de,
www.ilt-europa.de

„Das Bewerbungshandbuch für Europa", Neuhaus, 2004, ISBN 3930627000. Daraus entstanden länderspezifische Bände, z.B. „Bewerben in Italien", 2000, 8,90 Euro, ISBN 3930627019. Bürokratische Hindernisse, Bewerbungstaktiken und -gepflogenheiten der verschiedenen Länder, und natürlich Adressen der Arbeitsagenturen, Botschaften etc.
„Erfolgreiche Arbeitssuche in Großbritannien und Irland", 2002.

Zum Thema „Bewerben" siehe auch **www.bewerben.net**

interconnections,
Schillerstr. 44, 79102 Freiburg,
T. 0761 700 650, F. 0761 700 688,
info@interconnections.de,
www.interconnections.de

„Preiswert durch Europa – per Interrail, Europabus und Mitfahrzentrale", 17,90 Euro; außerdem viele Jobhandbücher und Reiseführer, z.B. „Ferienjobs – USA / Kanada", 15,90 Euro, „Praktika – USA" mit vielen Einsatzmöglichkeiten in Nationalparks usw. Auch eigene Bände zu Italien, Frankreich, Freiwilligen, Auslandszivi u.ä. Auf der Website finden sich unter „Aktuelles" oder dem „Schwarzen Brett" immer viele Angebote. Weitere passende Seiten sind
www.mitwohnen.org,
www.mitreisen.org.
Riesenforum und alle erdenklichen Informationen zum Thema Interrail bei *www.interrailers.net*

Internationaler Jugendaustausch- und Besucherdienst der Bundesrepublik Deutschland e.V. (IJAB),
Heussallee 30, 53113 Bonn,
T. 0228-9506-208, www.ijab.de

„Jugend in Europa", „Internationale Begegnungen für junge Leute,

Deutschland“, „Internationale Begegnungen für junge Leute, Europa“, „Internationale Begegnungen für junge Leute, Übersee“, „Surfing Europe: Europäische Jugendinformation in den neuen Medien“. Informative Faltblätter listen Veranstalter von Workcamps, Familienaufenthalten, Studienreisen u.Ä. auf, erteilen gute Ratschläge zur Vorbereitung und enthalten weiterführende Adressen und Tipps für Einzelreisende. Bestellung der kostenlosen Broschüren per Postkarte oder Website.

Raphaels-Werk, *Generalsekretariat, Adenauerallee 41, 20097 Hamburg, T. 040-248442-0, F. –26, kontakt@raphaels-werk.de, www.raphaels-werk.de*

Das Raphaels-Werk berät in zahlreichen über das Bundesgebiet verteilten Beratungsstellen Menschen, die Deutschland vorübergehend oder dauerhaft verlassen wollen. Nach eigenen Angaben stellt es dabei immer den ganzen Menschen in den Mittelpunkt und hebt sich damit deutlich ab von einem ausschließlich auf Information abzielenden Angebot. Daneben gibt es auch die Broschüre „Rückkehr nach Deutschland“ für alle Heimkehrer heraus. Das Raphaels-Werk handelt im Auftrag der Katholischen Deutschen Bischofskonferenz.

Reise Know-How Verlag Peter Rump GmbH, Osnabrücker Straße 79, 33649 Bielefeld, T. 0521-946490, F. 0521-441047, info@reise-know-how.de, www.reise-know-how.de

„Respektvoll reisen“, Harald A. Friedl, 2002, 160 S., 8,90 Euro, ISBN 3831710392. Ein Plädoyer für „Genussvolles Erleben der Fremde zum Vorteil für das Reiseland und seine Bevölkerung“. Themen sind u.a. heikle Reiseziele, Tourismus und Entwicklung, Handeln, Geschenke, Umweltschutz und Erfahrungen nach der Reise. Erhielt eine gute Kritik vom alternativen Reisejournalist Norbert Suchanek.

Neben den Reiseführern gibt der Verlag die Reihen „KulturSchock“, „Praxisbücher“ sowie „Sprechführer“ heraus. Die als „Kauderwelsch“-Sprachführer im Hosentaschenformat bekannt gewordenen Büchlein widmen sich vor allem weniger üblichen Sprachen wie Nepali, Tamil, Kisuaheli, Malaiisch etc. In den nach Tätigkeiten geordneten Kapiteln ist auch noch so manches über die alltäglichen Gepflogenheiten des Gastlandes zu erfahren. Über 130 „Kauderwelsch“-Titel, manche ergänzt durch eine Begleitkassette (7,90 bzw. 8,90 Euro). 16 Bände „KulturSchock“ zu beliebten Fernreisezielen wie Indien, Marokko, China, Mexico etc., jeweils 14,90 Euro. Die neue Reihe „Praxisbücher“ widmet sich speziellen Themen. So gibt es u.a. einen schmalen Band „Handbuch für Tropenreisen“ oder „Hinduismus erleben“.

Studienkreis für Tourismus und Entwicklung e.V.,

Kapellenweg 3, 82541 Ammerland / Starnberger See,T. 08177-1783, F. 08177-1349, www.studienkreis.org

„Sympathie Magazine“, über europäische und außer-europäische Reiseländer. Sondernummern „Islam verstehen“, „Judentum verstehen“, „Christentum verstehen“, „Fremdes verstehen“ und „Umwelt verstehen“. Zur Einstimmung und Vorbereitung auf einen längeren Aufenthalt in einem bestimmten Land und Kulturkreis. 14 Euro pro Heft, bei Bestellung ab 10 Exemplaren 8,50 Euro pro Heft.

Vacation Work,
9 Park End Street, Oxford OX1 1HJ, Großbritannien

DER Verlag für Jobhandbücher auf dem britischen Markt. Eine der Neuerscheinungen ist: „Live & Work Abroad, a guide for Modern Nomads“, Huw Francis, Micheleyne Cellan, 256 S., 12 Pfund, ISBN 1854582569 mit eher allgemeinen Tipps.
Immer gut für Adressen verschiedenster Arbeitgeber, Organisationen etc. sind dic folgenden Bände: „Summer Jobs Abroad“, „Summer Jobs in Britain“, „Summer Jobs in USA“, „The Directory of Work and Study in Developping Countries“, „The International Directory of Voluntary Work“, „Work you way around the world“ (s. Literaturverzeichnis), und viele weitere Titel rund ums Thema Arbeiten und Jobben im Ausland. Auf der Website finden sich unter „latest jobs“ immer viele Angebote. Viele Titel auf Deutsch bei *http://shop.interconnections.de,* die engl. Titel bei *www.interconnections.org.*

Vertretung der Kommission der Europäischen Union in der Bundesrepublik Deutschland,
Unter den Linden 78, 10117 Berlin,
T. 030-2280-2000,
F. 030-2280-2222,
www.eu-kommission.de

Kostenlose Broschüre „Europa für junge Leute“, informiert über Rechte in der EU, insbesondere Arbeits- und Aufenthaltsrecht, Austauschprogramme für Jugendliche, Anerkennen von Diplomen, viele wichtige Adressen (z.B. Botschaften) und Anlaufstellen.

Praktika im Ausland

Jeder versteht wohl unter „Praktikum“ etwas anderes. Deswegen hier noch mal unsere Definition, damit später keine Verwirrungen entstehen:
Hervorstechendstes Merkmal eines Praktikantenplatzes ist, dass Arbeitsbeginn und -ende für jede Einzelperson individuell festgelegt werden, auch wenn das nicht ausschließt, dass die übertragenen Aufgaben letztlich von einer Gruppe ausgeführt werden. Jedes der Gruppenmitglieder hat aber sozusagen sein Eigenleben. Die Engländer haben dafür den treffenden Begriff des „Individual placement“. Workcamps legen im Gegensatz dazu die Rahmenbedingungen für eine gesamte Gruppe fest, so dass sie in einem eigenen Kapitel behandelt werden. Die Trennung zwischen beidem ist nicht immer ganz eindeutig, so dass es sich lohnt, immer in beiden Kapiteln bzw. im Index zu schauen, auch wenn nur das eine oder das andere gesucht wird. Praktika sind an keine bestimmte Dauer gebunden. Von einer Woche bis zu zwei Jahren ist hier alles im Programm.

Eine Nennung in diesem Kapitel heißt keinesfalls, dass die Tätigkeit in jedem Fall als Praktikum im Sinne einer Studienordnung anerkannt wird. In vielen Fällen mag dies möglich sein, aber Sicherheit gibt immer erst der Kontakt mit der entsprechenden Adresse und/oder dem zuständigen Prof.
Schließlich gibt der Terminus „Praktikum“, in unserem Sinne verstanden, auch keinen Aufschluss darüber, ob eine Art Ausbildung oder Schulung erfolgt. Die Anbieter selbst z.B. verwenden Begriffe wie „freiwilliger Helfer“, „ehrenamtliche Mitarbeiterin“, „Volontär“ oder „Projektikantin“, was deutlich zeigt, dass die meisten vornehmlich an der Arbeitskraft interessiert sind. Manchmal muss man eben einfach nur irgendwo Müll sammeln. Ein großer Schritt vielleicht für die Persönlichkeit, aber nur ein klitzekleiner für eine Ausbildung.
Wenn nicht anders erwähnt, werden An- und Abreisekosten zum und vom jeweiligen Projekt nicht von den Trägern übernommen. Um Versicherungsschutz hat man sich ebenfalls in der Regel selbst zu bemühen.
Oft bereitet die genaue Zuordnung einer Stelle zu einem bestimmen Kapitel Schwierigkeiten. Wenn sich die angebotene Tätigkeit aus mehreren Komponenten zusammensetzt, oder ein Arbeitgeber verschiedene Jobs bietet, taucht nur in einem Kapitel (gleichbedeutend mit dem Schwerpunkt) eine ausführliche Beschreibung auf. In den anderen Kapiteln finden sich dagegen nur Kurzhinweise und ein Verweis auf diesen langen Text.

Von Seehunden, Kranichen und Schildkröten

Als ich vor wenigen Jahren auf Sylt war, fand gerade das katastrophale Seehundsterben statt. Durch Zufall radelte ich an einer Seevogelrettungswarte vorbei, die kurzerhand zu einem Auffangzentrum für Heuler umfunktioniert worden war. Da waren sie wieder, die traurigen Seehunde. Jedoch nicht auf Papier, nicht eingefangen in eine TV-Reportage, sondern nah vor mir. Der Geruch von See, Blut, Dreck, das Zittern, welches die kranken Körper durchfuhr, drang tief in mich, und ich fühlte eine große Verantwortung. Jeder Tag, den ich lebe, bedeutet eine Belastung für meine Umwelt, auch wenn ich vorsichtig bin. Aber ich kann versuchen, es ein wenig besser zu machen. Ich kann die Ärmel hochkrempeln und mit anderen Gleichgesinnten helfen. Jeden Tag, manchmal bis tief in die Nacht verbrachte ich auf der Station.

Nach den Seehunden arbeitete ich im Kranichschutz für den WWF, an einem Meeresschildkrötenprojekt der AgA in der Türkei, in lokalen Gruppen mit Greenpeace und dem Oceania und im kanadischen Regenwald auf Vancouver Island. Obwohl alle Projekte sehr unterschiedlich waren, atmeten sie doch den gleichen, wie sagt man ... Spirit! Jedes Projekt hat mir so viel gegeben: da waren die verregneten Tage, an denen ich nichts anderes tat, als im Regen unter einem Baum zu sitzen und gebannt Kraniche zu beobachten. Mein Fernglas mit den Regentropfen, mein Vogelbuch mit dem inzwischen wellig gewordenen Papier und vor allem die majestätischen Bewegungen „meiner" Kraniche. Keine Sekunde wollte ich tauschen gegen einen Strandurlaub in Sunshine-Land!

Das AgA-Projekt in der Türkei hatte ganz andere Seiten: Strandkontrollen in glühender Hitze, endlose und oft hoffnungslose Diskussionen mit Behörden und Touristen, aber vor allem die Arbeit mit dem gemischten multi-nationalen Team. Jeder Tag wurde neu geplant, musste neu geplant werden, auf der Grundlage der Erfahrungen des Vortages. Es gab so viele Eindrücke, eigene und auch geteilte, die fest in meinem Herz verankert sind.

Bettina von Hoven, 22 Jahre, zeigt, dass man nicht bei einem Projekt halt machen muss.

Besonders in Afrika, Asien und Osteuropa sind Plätze dünn gesät. Der Grund liegt auf der Hand. Schon die Ausstattung eines zusätzlichen Büroarbeitsplatzes mit Schreibtisch, Stuhl, Schreibmaschine etc. oder die Anschaffung von zusätzlichem Arbeitsmaterial übersteigt oft die Finanzkraft einer kleinen, mit viel Idealismus arbeitenden „Grassroot"-Organisation. Wer jedoch bereit ist, für sein Engagement sogar zu zahlen, und darauf auch in einer Anfrage hinweist, kann vielleicht auf eigene Faust noch unerschlossene Möglichkeiten entdecken. In Lateinamerika sieht's dank der

Nähe zu den USA schon etwas besser aus, und in Mittel- und Westeuropa, Nordamerika und Australien hat man dann sogar eine gewisse Auswahl.

Viele Plätze verlangen besondere Kenntnisse, andere sind auch Erika und Klaus Mustermann zugänglich. Aber mit Sicherheit ist für jeden etwas dabei. Und wer dieses Jahr mit einer Hilfsarbeit anfängt, bekommt im nächsten dank dieser Zusatzqualifikation vielleicht schon einen anspruchsvolleren Job. Selbst bei Praktika kann man die Karriereleiter rauffallen.

Bei jeder Bewerbung bitte folgendes beachten:

1. Den Buchtitel „Jobben für Natur und Umwelt" als Quelle angeben.
2. Einen mit ausreichend frankierten C5-Rückumschlag (Inland) oder mindestens zwei Internationale Antwortscheine (Ausland) beilegen. Besonders bei kleinen Vereinen kann sonst das Briefporto zu einer erheblichen Belastung werden.
3. Auf höfliche Anfragen kriegt man meist auch höfliche Antworten.

Praktische Arbeit

Schweiß und Schwielen

Bäume pflanzen, Gräben entschlammen, Wiesen mähen, Wege anlegen, Steinmauern aufschichten, Müll sammeln, Zaunpfähle einschlagen – all diese Tätigkeiten haben eins gemeinsam: mit Muskelkater und Schwielen an den Händen ist zu rechnen, wenn man im Naturschutz im wahrsten Sinne des Wortes mit Hand anlegen will. Dass ein derartiger Einsatz kein Erholungsurlaub wird, sollte sich jeder klarmachen, der mit dem Gedanken spielt, im schottischen Nebel oder in der Hitze der Tropen Hacke und Spaten zu schwingen. Niemand wird im Akkord schuften müssen, aber ein gewisses Maß an körperlicher Belastbarkeit und Durchhaltevermögen sollte man schon mitbringen, um einen Achtstundentag mit körperlicher Anstrengung durchstehen zu können.

Und die Mühe lohnt: Der Satz „Ich habe etwas für Natur und Umwelt getan" bekommt eine ganz neue Dimension, wenn man abends seine Knochen spürt. Wer mal mit bloßen Händen im Schlamm gewühlt oder den Duft selbstgemähten Heus in der Nase gespürt hat, fühlt sich der Natur ungleich näher als jeder Schreibtischtäter. Von der fast mystischen Beziehung zu einer Pflanze, die man selbst in den Boden bringt, ganz zu schweigen.

Vor allem im Winterhalbjahr, wenn zumindestens in den gemäßigten Breiten die Natur eine Wachstumspause einlegt, ist in vielen Schutzgebieten Hochsaison bei der Biotoppflege. Jedes größere Naturschutzgebiet mit eigener Verwaltung bietet dann Gelegenheit, ein künftiger Arbeitgeber zu werden. Also Augen und Ohren auf beim Durchblättern von Zeitschriften und Prospekten, beim Radiohören und Fernsehen.

Bitte nicht vergessen, bei Anfragen einen ausreichend frankierten C5-Rückumschlag (Inland) oder mindestens zwei Internationale Antwortscheine (Ausland) beizulegen und „Jobben für Natur und Umwelt“ als Referenz anzugeben.

AFS Interkulturelle Begegnungen,
Postfach 50 01 42, 22701 Hamburg, T. 040-399222-0, F. 040-399222-99, info@afs.de, www.afs.de

AFS steht für American Field Service und damit für ein weltweites Netzwerk von Organisationen aus 60 Ländern, die Jugendaustauschprogramme durchführen. AFS Interkulturelle Begegnungen ist der hiesige Zweig und nach eigenen Angaben der älteste deutsche Verband seiner Art. Der Umweltschutz stellt nur einen Teilbereich seiner Aktivitäten dar.
Das Community Service Program (CSP) der AFS richtet sich in erster Linie an Personen, die nach der Schule noch keine Ausbildung abgeschlossen haben, und an Studierende, die Arbeitserfahrung suchen. Es bietet die Möglichkeit, sich in einem Projekt unterschiedlichster Art zu engagieren.
Die AFS legt hohen Wert darauf, für Programm-Teilnehmer individuelle Kontakte vor Ort herzustellen. Eine Schlüsselrolle spielt dabei die Unterbringung. CSPlerinnen und CSPler wohnen grundsätzlich in einer Gastfamilie oder gemeinsam mit anderen Freiwilligen eines Landes in Unterkünften, die zum jeweiligen Projekt gehören.
Der Bewerbungsschluss ist der 15. Februar eines jeden Jahres für Einsätze mit Beginn im Sommer / Herbst bzw. der 15. August für Projekte, die Anfang des Folgejahres starten.
Zunächst trifft AFS nach Sichtung der Bewerbungen eine Vorauswahl. Die Organisation erwartet in erster Linie von den Bewerberinnen und Bewerber aufrichtiges Interesse an der internationalen Begegnung mit anderen Menschen und Kulturen. Geeignete Personen werden zu einem Auswahlwochenende eingeladen, in dessen Folge die glücklichen Auserwählten eine Zusage und Teilnahmevereinbarung erhalten. Danach werden im Gastland Projekte vermittelt, wobei die AFS versucht, die Teilnehmerwünsche zu berücksichtigen. Erst dann erhalten die Freiwilligen eine Garantieerklärung als verbindliche Zusage für ihren Projekteinsatz.
AFS ist außerdem anerkannter Träger des Europäischen Freiwilligendienstes (s. gleichnamiges Kap.).
Dauer: 6 Monate
Kosten: 28 Euro Bewerbungsgebühr, CSP-Teilnahme: 3.300-4.150 Euro
Kost & Logis: frei
Alter: 18-30 Jahre
Einsatzort: Ägypten, Bolivien, Brasilien, Costa Rica, Dominikanische Republik, Ecuador, Ghana, Guatemala, Honduras, Jamaika, Kolumbien, Malaysia, Mexiko, Panama, Paraguay, Peru, Russland, Südafrika, Thailand, Venezuela
Sprachkenntnisse: Grundkenntnisse der Landessprache und des Englischen bereits vor der Abreise. Für Lateinamerika gutes Spanisch. In nicht-englischsprachigen Gastländern Sprachtraining vor Ort.

Archelon – Sea Turtle Protection Society of Greece (STPS),
57 Solomou st, 10432 Athen, Griechenland, T. +F. +30-210-5231342, stps@archelon.gr, www.archelon.gr

Bei der STPS dreht sich alles um Caretta caretta, eine bedrohte Meeresschildkrötenart, die in Griechenland ihr größtes Vorkommen im Mittelmeerraum hat. Die Arbeit dieser Gesellschaft beginnt dort, wo der Lebensraum der Schildkröten aufhört – am Strand. Es gibt zwei Möglichkeiten, die Schutzbemühungen zu unterstützen:

1. Ganzjährig im Sea Turtle Rescue Centre südlich von Athen. Verletzte Schildkröten, die am Strand aufgefunden oder von Fischern aus ihren Netzen gepult werden, erhalten hier die nötige Pflege, um wieder in die Freiheit entlassen zu werden. Die Freiwilligen sammeln die gemeldeten Tiere ein (Führerschein wenn vorhanden mitbringen), kümmern sich um die eingelieferten Schildkröten und beteiligen sich an der wissenschaftlichen Begleitung der Hilfsmaßnahmen. Auch Instandhaltungsmaßnahmen an den fünf Bahnwagen, die das Zentrum bilden, gehören zu den Aufgaben. Leute mit Erfahrung in Tierpflege werden bevorzugt. Im Zentrum selbst gibt's genügend Schlafplätze.

2. Während der sommerlichen Nistaktivitäten der Meeresschildkröten (Mitte Mai-Mitte Oktober) an den von STPS betreuten Stränden auf Zakynthos, Kreta und der Peloponnes. Hier gliedern sich die Aufgaben in drei Bereiche. Erstens verfolgen die Volontäre die Nistaktivitäten an den betroffenen Küstenabschnitten. Während frühmorgendlicher Patrouillen (bei sehr langen Stränden auf Strand-Motorrädern, so genannten Tricycles) wird anhand der hinterlassenen Spuren die Anzahl der in der letzten Nacht gelandeten Weibchen bestimmt. Nachts werden einzelne Exemplare markiert und ihr Brutgeschäft wird detailliert festgehalten. In einigen Gebieten werden die Gelege häufig gegen Beschädigungen geschützt oder sogar umgesetzt. Zweitens zählt die Aufklärung der Touristinnen und Touristen zu den Aufgaben der Freiwilligen, was direkt vor Ort an den betroffenen Küsten, aber auch bei Infoständen und Diavorträgen in Hotels geschieht. Geeignete Kleidung ist unbedingt mitzubringen. Schließlich helfen alle dabei, Campingplätze, Infostände und Brutstationen auf-, ab- oder umzubauen. Kreative Naturen können sich auch an der Gestaltung von Informationsmaterialien beteiligen. Die Unterbringung erfolgt auf hierfür eingerichteten Zeltplätzen. Zelte werden allerdings nicht gestellt.

In beiden Fällen werden die Teilnehmenden Archelon-Mitglieder und zahlen 100 Euro als Anmeldegebühr. Dafür erhält man allerdings auch ein T-Shirt und dreimal jährlich den internen Rundbrief „Turtle Tracks". Wegen des hohen Andrangs ist frühzeitige Bewerbung geboten.

Übrigens veranstaltet Archelon auch regelmäßig Strandsäuberungsaktionen, an denen jeder teilnehmen kann. Wer gerade in dieser Ecke Urlaub macht, kann sich also auch spontan zu aktivem Engagement entschließen.

Praktikum

Dauer: 1-5 Monate
Kosten: 100 Euro Anmeldegebühr (bei Anmeldung zwischen dem 20. September und dem 15. Mai des Folgejahres nur 50 Euro)
Kost & Logis: Logis frei
Alter: mind. 18 Jahre
Einsatzort: Griechenland
Sprachkenntnisse: Englisch

Centro de Investigacion de los Bosques Tropicales (CIBT), *c/o Jonás Guerrero 138 y Rafael León Larrea, 4 floor, P.O. Box: Casilla 17-7-8726, Quito, Ecuador, T. 593-2-286-5176, loscedros@ecuanex.net.ec, www.reservaloscedros.org*

Das CIBT nennt als Aufgaben seiner Freiwilligen auch die Unterhaltung von Wegen und Gebäuden. Näheres im Kap. „Forschung".
Dauer: 1 Monat bis 1 Jahr
Kosten: 10 US-$ Anmeldegebühr + 300 US-$ / Monat
Kost & Logis: frei
Alter: keine Altersbeschränkung
Einsatzort: Ecuador
Sprachkenntnisse: Englisch oder Spanisch

X **Environmental Protection Institute,** *c/o Frau Anneli Palo, Estonian Agricultural University, Akadeemia 4, 51003 Tartu, Estland, palo@envinst.ee*

Viele Organisationen, die uns mitteilten, keine Praktikantenplätze anbieten zu könnten, begründeten dies mit fehlenden Finanzmitteln oder zuviel Arbeit. Hier ist der Beweis, dass es in erster Linie auf den Willen ankommt. Denn zuviel Geld oder zuwenig zu tun, gibt es in Estland sicherlich nicht. Wohl aber eine engagierte Ansprechpartnerin, die bereit ist, bei jedem Einzelfall zu prüfen, ob ein Praktikum möglich ist. Insofern ist dies sicherlich eines der bemerkenswertesten Angebote in diesem Buch.
Der Arbeitsbereich wird meist im praktischen Naturschutz liegen (in diesem Fall Juni - Mitte September), doch auch andere Tätigkeiten sind möglich. Alles hängt von den jeweiligen Fähigkeiten und Wünschen ab, die deshalb in der Bewerbung genau beschrieben werden sollten. Mögliche Arbeitsstellen sind Universitäten, Untere Naturschutzbehörden, Schutzgebiete u.ä.
Falls es dann wirklich klappt, ist man im Research Centre gerne bei der Organisation der An- und Abreise (nicht aber bei deren Finanzierung) behilflich. Anscheinend sind entsprechende Informationen außerhalb Estlands schwer erhältlich. Briefe ohne Internationalen Antwortschein werden ausdrücklich nicht beantwortet.
Dauer: 2 Wochen - 2 Monate
Kosten: keine
Kost & Logis: frei
Alter: mind. 19 Jahre
Einsatzort: Estland
Sprachkenntnisse: Englisch empfohlen

Fundación Jatun Sacha, *c/o Gabriela Cadena, Eugenio de Santillan N34 248 y Maurian, P.O.Box 17-12-867, Quito, Ecuador, T. +593-2-243-2240, F. +593-2-245-*

3583, volunteer@jatunsacha.org, www.jatunsacha.org

In den sechs biologischen Stationen der Stiftung Jatun Sacha in ganz Ecuador gehört u.a. die Anlage und Pflege von Wegen und anderer Infrastruktur zum Programm aller Freiwilligen. Näheres im Kap. „Umweltpädagogik".

Dauer: 14 Tage bis 1 Jahr, mind. 3 Monate für das *environmental education program*

Kosten: 35 US-$ Bewerbungsgebühren (60 US-$ für Galapagos) + für die ersten zwei Monate in einer Station 300 US-$ / Monat, für alle nachfolgenden 270 US-$. 800 US-$ / Monat für Galapagos.

Kost & Logis: frei

Alter: 24-40 Jahre

Einsatzort: Ecuador

Sprachkenntnisse: gutes Englisch ausreichend, Spanisch ratsam

GAIA Foundation,

Elysium Tree Nursery & Visitor Centre, Ghajn Tuffieha Road, Ghajn Tuffieha SPB 07, Malta, T.+F. +356 584473/4, info@projectgaia.org, www.projectgaia.org

Der kleine Mittelmeerstaat Malta ist vielen nur auf Grund seiner jahrtausendealten wechselvollen Geschichte oder als ewig sonniges Urlaubsland bekannt. Dass auf diesem kargen, zersiedelten Eiland auch Umweltschutz betrieben wird, erkennt der Besucher erst auf den zweiten Blick. Kleine und große Umweltvereine kämpfen gegen ungehemmte Bauwut, mangelndes Umweltbewusstsein und die Bejagung von Singvögeln. Um die letzten natürlichen Küstenabschnitte der maltesischen Inseln zu schützen, hat die Umweltorganisation 1996 damit begonnen, nachhaltiges Küstenzonenmanagement zu betreiben. Neben der Betreuung zweier Naturschutzgebiete baut die Stiftung ihr eigenes Ökogemüse an und betreibt eine Baumschule mit einheimischen Gehölzen. Die allmähliche Wiederbewaldung Maltas ist eine der Zukunftsvisionen der Organisation. Das erste Umweltbesucherzentrum Maltas wird gerade fertiggestellt und soll später als Ausgangspunkt für Ökotourismus-Reisende dienen.

Für die vielfältigen Aufgaben werden rund ums Jahr fleißige freiwillige Helfer benötigt. Deren Arbeit reicht von der Mithilfe in der Baumschule und bei den alljährlichen Gehölzpflanzaktionen über den ökologischen Landbau bis hin zu Büro- und Öffentlichkeitsarbeit. Keine Reisekostenerstattung, aber dafür Unterkunft.

Dauer: keine Beschränkung

Entlohnung: keine

Kost & Logis: Logis frei

Alter: mind. 18 Jahre

Einsatzort: Malta

Sprachkenntnisse: Englisch

Genesis II Cloudforest Preserve ,

c/o Steve Friedman, Apartado 655, 7050 Cartago, Costa Rica. kitcom@kitcom.net

Bei Kontaktschwierigkeiten:

Steve Friedmann, SJO-2031, 1601 NW 97th Ave, Unit C-101, PO Box 025216, Miami, Florida 33102-5216, USA

Privat geführtes Schutzgebiet in den Talamanca-Bergen Zentral-Costa

Ricas. Auf rund 40 Hektar Fläche wird dort neben akademischer Forschung vor allem Naturtourismus betrieben. Auf eigens zu diesem Zweck angelegten Wegen können Vogelkundler und andere Naturfreunde Pflanzen- und Tierwelt des Nebelwaldes entdecken. Die Unterhaltung des Wegenetzes und das Anlegen neuer Pfade obliegt den Freiwilligen, die sich in Genesis II engagieren. Neben Anpassungsfähigkeit an neue Situationen wird bei der Auswahl der Kandidaten auf körperliche Leistungsfähigkeit hoher Wert gelegt, denn die anstrengende körperliche Tätigkeit erfolgt oft unter unangenehmen Wetterbedingungen (Regen, Kälte). Wirft die Wegeunterhaltung nicht genug Beschäftigung ab, werden die Freiwilligen auch zu anderen Arbeiten herangezogen. Mitarbeit an einem Wiederaufforstungsprojekt ist ebenso möglich wie T-Shirt-Design oder Vogelkartierungen.

Der vierwöchige Beschäftigungszeitraum gliedert sich in zwei Arbeitsphasen von je zehn Tagen mit anschließend vier Tagen Freizeit zur individuellen Gestaltung. Das Kalenderjahr ist in zehn dieser Einheiten aufgeteilt, in denen je sechs Bewerberinnen und Bewerber angestellt werden. Dem anscheinend großen Andrang begegnen die Verantwortlichen mit einem ganz einfachen System: Wer zuerst kommt, mahlt zuerst.

Dauer: mind. 4 Wochen
Kosten: 600 US-$
Kost & Logis: frei
Alter: mind. 21 Jahre (ab 18 Jahre mit Empfehlungsschreiben)
Einsatzort: Costa Rica
Sprachkenntnisse: Englisch

Global Volunteer Network,
P O Box 2231, Wellington, Neuseeland,
T. +64 4 569 908-0, F. –1,
info@volunteer.org.nz,
www.volunteer.org.nz

Zusammen mit lokalen Programm-Partnern vermittelt dieser Verein Freiwillige auf vier Kontinenten. Je nach Einsatzland stehen praktische Arbeit, Umweltpädagogik, Forschung, Büroarbeit oder auch ökologische Landwirtschaft auf dem Programm. Näheres im Kapitel „Umweltpädagogik“.

Dauer: 1-6 Monate
Kosten: 275 US-$ Bewerbungsgebühren + je nach Programm unterschiedliche Programmgebühren in Höhe von mehreren hundert US-$/ Monat
Kost & Logis: frei
Mindestalter: 18
Einsatzort: China, Ecuador, Ghana, Neuseeland, Rumänien, Russland, Thailand, Uganda
Sprachkenntnisse: mind. gutes Englisch, Landessprache von Vorteil

Involvement Volunteers Association, Inc. (IVI), *c/o Tim B. Cox,*
P.O. Box 218, Port Melbourne, Victoria 3207,
Australien, T. +61-3-96469392,
F. +61-3-96465504,
ivworldwide@volunteering.org.au,
www.volunteering.org.au

Involvement Volunteers Deutschland (IVDE), *c/o Doreen Appelt, Volksdorfer Straße 32, 22081 Ham-*

burg, T. 040-41269450,
F. 040-5113229,
ivgermany@volunteering.org.au

IVI und der deutsche Zweig, IV-Deutschland, gehören zu den vermittelnden Verbänden, die den Kontakt zwischen engagierten Menschen und Umweltinstitutionen herstellen. Die Hauptaktivitäten liegen im Bereich des Umweltschutzes, aber das Angebot umfasst auch die Mitarbeit in karitativen Einrichtungen. Wie so häufig bei dieser Art von Vermittlung ist eine ausführliche Darstellung der Fähigkeiten und Interessen Teil der Bewerbung. IVI vergleicht diese mit den Anforderungen der Projektpartner und weist dann die geeignetsten Personen den entsprechenden Plätzen zu. Der Service geht sogar noch einen Schritt weiter. Die Idee: Die Volontäre sollen nicht nur an einem einzigen Projekt teilnehmen, sondern von einem Einsatz zum nächsten reisen können. Der Wahlspruch: „Don't just travel around, go volunteer". Unter Berücksichtigung der eigenen Wünsche nach Ort und Dauer der Tour stellt IVI deswegen eine ganze Reiseroute zusammen. Auf diese Weise kann man sich bis zu einem ganzen Jahr, und sogar noch länger, die Welt anschauen und dabei noch etwas für die Umwelt tun. Zur Zeit können alle Kontinente berücksichtigt werden. Der geografische Schwerpunkt liegt in Australien / Ozeanien (Australien, Fidschi-Inseln, Neuseeland), denn dort wurde der Verband ins Leben gerufen. Das Konzept findet jedoch immer mehr Anhänger, und es werden immer mehr nationale Anschlussorganisationen gegründet. In Europa kamen zuletzt z.B. Kroatien, Finnland und Estland dazu.

Zwei Möglichkeiten bestehen, sich als Einzelperson vermitteln zu lassen:

1. Individual Volunteer Placements (IVPs) werden normalerweise das ganze Jahr über ausgeschrieben. Auch Paare können berücksichtigt werden. Unterkunft und Verpflegung sind meist frei.
2. Special Individual Volunteer Placements (SIVPs) erfordern besondere Fähigkeiten oder Ausbildungen (Tauchschein, wissenschaftliche Vorkenntnisse, Berufserfahrung etc.), ähneln aber ansonsten den IVPs.

Zudem kann man auch die Teilnahme an Team Tasks und Group Placements in seine Reise einplanen. Näheres im Kap. „Workcamps & Expeditionen".

Den größten Anteil an den IVPs und SIVPs haben ökologische Projekte, meist in Australien und Neuseeland. In Drittweltstaaten sind die Plätze meist in sozialen Projekten und zum Teil auch in Nationalparks angesiedelt.

Die Bezahlung dieses Services erfolgt in mehreren Etappen. Mit der Bewerbung wird eine Anmeldegebühr erhoben, die Verwaltungskosten für die Vermittlung von Projekten für zwölf Monate abdeckt. Bei Annahme des von IVI ausgearbeiteten Programms kommt dann noch die Bestätigungsgebühr / Programmgebühr dazu. Zusammen 290-375 Euro plus ca. 55 Euro (100 AUS-$) für jedes Volontärprojekt, das für den Antragsteller vermittelt wird. Bei einigen besonderen Volontärstellen fällt ferner eine zusätzliche Gebühr an. Sollte das der

Fall sein, ist dieses bei der Projektbeschreibung bereits angegeben. Alle Bewerbungen aus Deutschland und einigen anderen europäischen Staaten werden durch IVDeutschland in Hamburg bearbeitet.
Dauer: 2 Wochen bis 1 Jahr
Kosten: 290-375 Euro plus ca. 55 Euro (100 AUS-$) für jede vermittelte Volontärstelle
Kost & Logis: i.d.R. frei, bei einigen Projekten fällt Zuzahlung zu Verpflegungskosten an
Mindestalter: 18 Jahre
Einsatzort: weltweit in über 30 Ländern
Sprachkenntnisse: Englischgrundkenntnisse, teilweise Grundkenntnisse der Landessprache z.B. Spanisch

The National Trust Office for Northern Ireland, *Community & Volunteering Officer, Rowallane House, Saintfield, Ballynahinch, County Down BT24 7LH, Großbritannien, T. +44-28-9751-0721, F. +44-28-9751-1242, volunteering.ni@nationaltrust.org.uk, www.ntni.org.uk*

Neben den Workcamps, die der NT durchführt (s. Kap. „Workcamps & Expeditionen / Großbritannien"), sind in fünf der von ihm betreuten Schutzgebiete auch Praktika möglich. Die Freiwilligen unterstützen die hauptamtlichen Gebietsbetreuer bei allen Aspekten des Biotopschutzes und -managements.
Dauer: mind. 3 Monate
Kosten: keine
Kost & Logis: Logis frei
Alter: keine Angaben
Einsatzort: Großbritannien
Sprachkenntnisse: Englisch

Plants For A Future (PFAF), *c/o Richard Morris, Blagdon Cross, Ashwater, Beaworthy, Devon EX21 5DF, Großbritannien, T. +44-1208-872963 o. +44-845-4584719, webmaster@pfaf.org, www.pfaf.org*

Bietet Praktikumsplätze. Wie der Name schon sagt, dreht sich alles um Pflanzen, vor allem um ihren Nutzen in vielerlei Hinsicht: ob zum Essen, Färben, Öle herstellen oder für die Gartengestaltung. Plants For A Future hat dazu viele Faltblätter herausgegeben, aus denen eine sehr umfangreiche Datenbank und ein gleichnamiges Buch hervorgegangen sind. Kurz gesagt geht es darum, wie sich mit mehrjährigen Pflanzen (Stauden, Büsche und Bäume) die Umwelt ökologisch und nachhaltig gestalten lässt; hier herein spielen auch Prinzipien der Permakultur und vegane Lebensweise. PFAF hat inzwischen zwei Projektorte: Ein Demonstrationsgelände und Besucherzentrum in Devon, wo über's Jahr verteilt Kurse und Treffen stattfinden, sowie das schon länger bearbeitete Gelände in Cornwall, wo weiterhin Pflanzen erforscht und getestet werden.
Praktikanten können sich in die verschiedensten Bereiche eingliedern: Waldarbeit, Gärtnern, Hausbau und Büroarbeit. Die anfallende Arbeit hängt dabei immer vom jeweiligen Stand des Projektes und von den Jahreszeiten ab. Die Unterkunft wird als „very basic" beschrieben. Im Sommer

ist es zu empfehlen, ein eigenes Zelt mitzubringen. Zum Essen trägt jeder sein Scherflein bei.
Dauer: keine Angaben
Entlohnung: keine
Kost & Logis: Logis frei
Mindestalter: 18 Jahre
Einsatzort: Großbritannien
Sprachkenntnisse: Englisch

X **Royal Society for the Protection of Birds (RSPB),** *Volunteer Unit, The Lodge, Sandy, Bedfordshire SG19 2DL, GB, T. +44-1767-680551, F. +44-1767-683262, volunteers@rsbp.org.uk, www.rspb.org.uk*

Größter Naturschutzverband Europas. Kein Wunder, denn „birdwatching" ist auf der Insel Volkssport. Unter Schirmherrschaft Ihrer Majestät, Queen Elizabeth II., vermittelt RSPB Volontäre in derzeit 34 Schutzgebiete in England, Schottland und Wales. Deren Aufgaben teilt RSPB in fünf Bereiche ein: Landschaftspflege und praktischer Artenschutz, Besucherbetreuung, naturkundliche Forschung, Horstüberwachungen, Anlage und Pflege von Wegen und Beobachtungseinrichtungen sowie Arbeit mit Herdentieren.
Wie so oft bei vermittelnden Organisationen, kann man nur seine Präferenzen (sowohl Zeit als auch Einsatzort) angeben. Die Zuteilung liegt in Abstimmung mit den Schutzgebieten bei der RSPB. In Absprache mit den Festangestellten im jeweiligen Schutzgebiet ist auch ein Praktikum über 6 Monate, ja sogar noch länger möglich. In diesem Fall werden die ersten 4 Wochen als Probezeit angesehen. Der Wunsch nach Verlängerung sollte in jedem Fall bereits in der Bewerbung angekündigt werden.
Dauer: 1 Woche bis 1 Monat, Verlängerung möglich
Kosten: 10 £ / Praktikum
Kost & Logis: Logis frei
Alter: mind. 18 Jahre
Einsatzort: Großbritannien
Sprachkenntnisse: gutes Englisch

Student Conservation Association (SCA), *Conservation Internships Recruiting, 689 River Road, P.O. Box 550, Charlestown, New Hampshire 03603-0550, USA, T. +1-603-543-1700, F. -1828, internships@thesca.org, www.thesca.org*

Vermittelt jährlich über 1.200 Personen u.a. an Nationalparks und Schutzgebiete in den USA. Näheres im Kap. „Nationalparks".
Dauer: 3-4 Monate (bis zu 12 Monate für US-Bürgerinnen und -Bürger)
Kosten/Entlohnung: 40 US-$ Bewerbungsgebühren; 50 US-$ pro Woche Zuschuss zur Verpflegung
Kost & Logis: Logis frei
Alter: mind. 18 Jahre
Einsatzort: USA
Sprachkenntnisse: Englisch

Tortugas – Verein zum aktiven Schutz von Meeresschildkröten, *Rainenweg 136, 4153 Reinach BL, Schweiz, T. +41 (0)61 711 43 78, info@tortugas.ch, www.tortugas.ch*

An zwei nebeneinander gelegenen, mexikanischen Stränden (Platanitos und Chila) mit einer Länge von insge-

samt 14 Kilometern legen akut vom Aussterben bedrohten Meeresschildkröten ihre Eier ab. Diese werden größtenteils von Wilddieben gestohlen und als Potenzmittel verkauft. Tortugas ist während der Schildkröten-Hauptsaison von Juli-Oktober vor Ort, um dies zu verhindern.
Dazu patrouillieren die Freiwilligen während der Nacht am Strand, sammeln die Eier ein und füllen ein Formular über Beobachtungen zum Nest, zur Schildkröte und zum Wetter aus. Die Eier werden ins Camp gebracht und fachgerecht eingenistet. Am Tag findet die Nachbearbeitung (z.B. Daten nachführen, Brutboxen beschriften) und die Vorbereitung für die darauffolgende Nacht (z.B. Brutboxen reinigen und bereitstellen) statt. Einmal wöchentlich sammeln die Helferinnen und Helfer während einiger Stunden angeschwemmten und zurückgelassenen Abfall an den Stränden ein.
Daneben klärt Tortugas auch vor Ort die Menschen auf. Dies geschieht durch Einladungen der Einheimischen in die Camps und durch die Erteilung von Englisch-Unterricht an die einheimischen Kinder.
Es gibt in Nayarit bereits einige staatlich finanzierte Camps – aber längst nicht an allen Niststränden. Tortugas macht es sich zum Ziel, durch Absprachen mit den staatlichen Camps weitere Strandabschnitte zu beschützen und ein Stück zum Schutz dieser Tierart beizutragen.
Dauer: mind. 3 Wochen
Kosten: Beteiligung an Kosten für Lunch und Dinner
Kost & Logis: Logis frei
Mindestalter: 19 Jahre
Einsatzort: Mexiko
Sprachkenntnisse: Deutsch ausreichend, Englisch zur Teilnahme am Projekt „Englischunterricht für Kinder der Region“

The Wilderness Trust,
c/o Jo Roberts,
The General's Orchard, The Bridge,
Little Baddow, Chelmsford, Essex
CM3 4SX, Großbritannien,
T.+F. +44-1245-221565,
info@wilderness-trust.org,
www.wilderness-trust.org

Ungefähr fünf Stunden nördlich von Johannesburg in Südafrika liegt das Schutzgebiet Manavhela-Ben Lavin, unterstützt vom britischen Wilderness Trust. Das Gebiet ist Eigentum der lokalen Bevölkerung und dient nicht nur dem Artenschutz sondern auch der Entwicklung lokaler Umweltbildungs- und Gemeinschaftsprogramme.
Die Freiwilligen, von denen lediglich Motivation und Selbstständigkeit erwartet werden, unterstützen die Gemeinschaft dort, wo gerade eine helfende Hand gebraucht wird. Das kann die Projektverwaltung oder die Teilnahme an Umweltbildungsprogrammen sein, aber auch Landschaftspflege oder bauliche Maßnahmen.
Dauer: 2 Wochen – 3 Monate
Kosten: ca. 175 Euro / Woche
Kost & Logis: keine Angaben
Mindestalter: 20 Jahre
Einsatzort: Südafrika
Sprachkenntnisse: Englisch

Tree Spirit, *c/o Martin Blount, Hawkbatch Farm, Arley, Bewdley, Worcestershire DY12 3AH, Großbritannien, T. +44-1299-400586*

„Trees are good news." meint diese spirituell inspirierte, britische Organisation und hat sich deshalb dem Schutz von Bäumen und Wäldern verschrieben. Jenseits des Ärmelkanals, aber auch im Amazonasgebiet oder anderswo. Leider haben wir nicht viele Informationen darüber, wo der Einsatzbereich der Freiwilligen liegen wird, außer, dass es sich um praktische Arbeit handelt. Bäume pflanzen oder Pflegemaßnahmen wären die naheliegensten Vermutungen.

Die gleichnamige Mitgliedszeitschrift enthält sehr viele Gedichte, Zeichnungen, Kurzgeschichten u.Ä. Wahrscheinlich setzt sich die dort zum Ausdruck kommende mystische Verbundenheit mit den Bäumen auch in der Arbeit fort.

Dauer: 1-2 Wochen
Kosten: keine Angaben
Kost & Logis: keine Angaben
Mindestalter: 16 Jahre
Einsatzort: Großbritannien
Sprachkenntnisse: Englisch

Verlagshinweis: viele Stellen im Umweltbereich aber auch in anderen Bereichen, finden sich in **„Ferienjobs u. Praktika - Großbritannien" sowie „Jobben Weltweite".**
http://shop.interconnections.de

Umweltpädagogik

Mit Kindern jeden Alters

Wir fassen in diesem Kapitel all jene Beschäftigungsformen zusammen, die im weitesten Sinne die Sensibilisierung für die Probleme und Schönheiten von Natur und Umwelt zum Ziel haben. Also Umwelterziehung mit Schulklassen und Führungen für neugierige Touristen genauso wie Fortbildungen für das gehobene Management oder Bereitschaftsdienst in einem Informationszentrum.

In jedem Fall hat man hier unmittelbar mit Menschen zu tun. Kontaktscheue sollten dieses Kapitel also umfahren. Egal ob bei der Arbeit mit Sechsjährigen oder der mit Rentnern: es kommt auf einen selbst an, ob sich in den Köpfen der Leute etwas bewegt oder nicht.

Wie immer, bitte stets einen ausreichend frankierten Rückumschlag oder mindestens zwei Internationale Antwortscheine (Ausland) beilegen. Und nicht vergessen „Jobben für Natur und Umwelt" als Quelle anzugeben!

American Institute For Foreign Study (AIFS) /Camp America,
Baunscheidtstr. 11, 53113 Bonn, T. 0800-7772299, F. 0228-95730-48, info@aifs.de, www.aifs.de

Vormals Gesellschaft für Internationale Jugendkontakte (GIJK). In den USA verbringen viele Kinder ihre Sommerferien nicht mit den Eltern, sondern fahren in eines der 12.000 sogenannten „Summer camps". Kein Camp ist wie das andere, aber „irgendwo in den USA gibt es eins für dich", wie die Informationsbroschüre von **Camp America** verspricht. Mit über 7.500 Vermittlungen pro Jahr ist diese Organisation nach eigenen Angaben die wichtigste internationale Anlaufstelle für das Personal dieser Ferienlager, und die AIFS ist ihr deutscher Ansprechpartner.

Die meisten Plätze werden an „Camp counsellors" vergeben, für die keine weiteren Qualifikationen verlangt werden als Geduld, etwas pädagogische Erfahrung und vor allem Liebe zu Kindern. Da sie jedoch meist dazu eingesetzt werden, den Kindern etwas besonderes beizubringen, hat man umso mehr Möglichkeiten, je mehr Spezialkenntnisse man vorweisen kann. Das kann eine Sportart ebenso sein wie Zeichnen oder eben umweltpädagogisches Geschick. Besonders hoher Bedarf besteht an Menschen, die bei „Scout camps" ihre Pfadfinder- oder Outdoor-Erfahrung miteinbringen können. Außerdem gibt es noch die „Special needs camps", die von verhaltensauffälligen sowie geistig oder körperbehinderten Kindern besucht werden und bei den Betreuern besondere Erfahrungen voraussetzen.

Daneben werden auch Stellen für „Campowers" ausgeschrieben. Diese halten hinter den Kulissen den Laden am Laufen und werden meist in der Küche eingesetzt. Es gibt jedoch auch Bürojobs und vereinzelt sogar Aufgaben in der Landschaftspflege. Als Belohnung für die oft harte körperliche Arbeit bekommen die „Campowers" eine höhere Entlohnung.

Womit wir bei den organisatorischen Rahmenbedingungen wären, die bei Camp America besonders günstig ausfallen. Außer einem Taschengeld sind nämlich auch die Reisekosten (Flug Frankfurt-New York-Frankfurt und weiter zum Camp) bereits in der Anmeldegebühr enthalten. Weiterhin werden die Bewerber auch bei der Visabeschaffung unterstützt und sind versichert. Die Camps beginnen jährlich im Juni.

Dauer: mind. 9 Wochen
Bewerbungskosten / Entlohnung: 539 Euro (Kaution 59 Euro, Vermittlungsgebühr 245 Euro, Krankenversicherung 214 Euro, Flughafengebühr 21 Euro) / 460-1.410 US-$ (abhängig von Job, Alter und Erfahrung)
Kost & Logis: frei
Alter: mind. 18 Jahre
Einsatzort: USA
Sprachkenntnisse: Englisch fließend

Archelon – Sea Turtle Protection Society of Greece (STPS),
57 Solomou st, GR - 10432 Athen,
T. +F. +30-210-5231342,
stps@archelon.gr,
www.archelon.gr

Unter heißer griechischer Sonne klären die Archelon-Volontäre Strandtouristen und Hotelgäste über den Schutz bedrohter Meeresschildkröten auf. Näheres siehe Kap. „Praktische Arbeit".

Dauer: 1-5 Monate
Kosten: 100 Euro Anmeldegebühr (bei Anmeldung zwischen dem 20. September und dem 15. Mai des Folgejahres nur 50 Euro)
Kost & Logis: Logis frei
Alter: mind. 18 Jahre

Einsatzort: Griechenland
Sprachkenntnisse: Englisch

Atlantic Whale Foundation,
St Martins House, 59 St Martins Lane, Covent Garden, GB - London WC2, T.+F. + 44-207-2405795, edb@huron.ac.uk, www.whalefoundation.org.uk

In enger Zusammenarbeit mit der örtlichen Bevölkerung versucht diese englische Initiative auf Teneriffa einen nachhaltigen Walbeobachtungs-Tourismus zu etablieren. Das Projekt ist quasi eine Art Rüstungskonversion: weg von einer auf Walfang ausgerichteten Gemeinschaft, hin zu einem Wirtschafts- und Lebensmodell, das Mensch und Tier das Überleben sichert. Im Sinne der Nachhaltigkeit ist natürlich auch ein Schutzprogramm für die Meeressäuger in das Programm integriert.
Je nach Qualifikation kommen die Teilnehmer 3-4 Tage die Woche als Touristenführer oder Walforscherin, bei der Betreuung von Seminaren, Ausstellungen und Konferenzen oder in der Öffentlichkeitsarbeit zum Einsatz. Welche Aufgaben zu erfüllen sind, wird am Ende einer dreitägigen, intensiven Projekteinführung entschieden. Selbst die Mitwirkung bei Kunst-Projekten ist möglich.
Die Organisatoren legen großen Wert auf eine weitgehende Anpassung an die lokale Lebensweise. Das bedeutet u.a. rustikale Unterbringung, traditionelle Küche, frühe Nachtruhe und vor allem Akzeptanz der Kultur und des Verhaltens der Einheimischen. „These projects are not suitable for either Mr Angry or Miss Whinge!“ warnen die Webseiten. Außerdem müssen alle Freiwilligen schwimmen können.
Trotz oder gerade wegen dieser etwas strengen Haltung macht AWF auch rein touristische Angebote für die Freiwilligen: Tauchkurse oder Mountainbike-Fahren etwa. Entspannung muss halt auch sein!
Dauer: 2-8 Wochen
Kosten: 150 £ / Woche (Studierende 50 £), 680 £ / 8 Wochen (für Studierende 500 £)
Kost & Logis: frei
Alter: 18 - 35 Jahre
Einsatzort: Spanien,
Sprachkenntnisse: Englisch (Spanisch sinnvoll)

Centre Pro Natura Champ-Pittet,
c/o Marie Garnier, Cheseaux-Noréaz, CH - 1400 Yverdon-les-Bains, T. +41-24-426934-1, F. -0, champ-pittet@pronatura.ch, www.pronatura.ch

Naturschutzzentrum in der französischsprachigen Westschweiz am Ufer des Neuenburger Sees, unweit des Genfer Sees. Von Mai bis September oder Oktober sind Schulklassen, Touristen und so manche andere, exotische Gruppen durch die einmalige Riedlandschaft zu führen, das Ökolabor sowie die Ausstellungen zu betreuen sowie diverse andere Aufgaben in der Umwelterziehungsarbeit des Zentrums zu übernehmen. Alle zwei Wochen bietet ein Ausbildungstag Gelegenheit, auch andere Naturschutzgebiete in der Westschweiz und im angrenzenden Frankreich kennenzulernen oder sich naturkundlich fortzubilden. Einmal monatlich ist das Zentrum auch am Wochenende zu betreuen. Für ein sechs Monate langes Praktikum werden allerdings auch zwei Wochen bezahlter Urlaub gewährt. Die Bedingungen für eine der begehrten Praktikantenstellen sind sehr hoch angesetzt: tadelloses Französisch, Kontaktfreudigkeit, gute naturwissenschaftliche Kenntnisse (Studium der Biologie, Geographie, Landespflege oder anderweitig angeeignetes Wissen).

Das Zentrum bietet abgesehen von Praktikantenstellen auch so genannte Volontariatsstellen das ganze Jahr über an. Dabei stehen Verwaltungsaufgaben, Übersetzungen, die Tätigkeit an der Rezeption, Basteln an Ausstellungen und kleinere Reparaturarbeiten auf dem Programm. Die Anforderungen an naturwissenschaftliche Kenntnisse sind geringer.

Dauer: 6 Monate
Entlohnung: 1.500 sFr / Monat
Kost & Logis: Logis frei
Alter: mind. 20 Jahre
Einsatz: Schweiz
Sprachkenntnisse: ausgezeichnetes Französisch

Centro de Investigacion de los Bosques Tropicales (CIBT), *c/o Jonás Guerrero 138 y Rafael León Larrea, 4 floor, P.O. Box: Casilla 17-7-8726, Quito, Ecuador, T. 593-2-286-5176, loscedros@ecuanex.net.ec, www.reservaloscedros.org*

Hier zählt auch die Betreuung von Ökotouristen zu den Aufgaben der Volontäre. Näheres im Kap. „Forschung“.

Wunderwelt im Wasser

„Endlich sehe ich eine Meute 8jähriger Grundschüler den Fußweg entlangkommen und trete mit gemischten Gefühlen aus der Tür. Eine Führung in einem Gebiet, das ich erst eine Woche vorher kennengelernt habe, und dazu noch auf Französisch? Spätestens nachdem wir im Sumpfgebiet angelangt sind, wird klar, dass all meine Zweifel unbegründet sind, und die Kinder gehen begeistert daran, alles zu erkunden. Ich bemühe mich, sie einigermaßen zusammenzuhalten und die vielen Fragen zu beantworten. Erst nach energischem Hindeuten meinerseits können die Stadtkinderaugen die gut getarnten Frösche entdecken. Auf einer kleinen Brücke angelangt, von der aus Wassertiere zu beobachten sind, werde ich begeistert an der Hand gezogen: „une araignée d’eau“ (eine Wasserspinne) und „un escargot de mer“ (eine Meeresschnecke), damit ich diese unbekannten Tiere auch entdecken kann. Beim anschließenden Fischen mit kleinen Netzen sind die Kinder eifrig dabei und überrascht von den vielen kleinen Tieren, die sie finden. Besonders begeistern die von den Kindern als „puce d’eau“ (Wasserfloh) bezeichnete kleine, rote Wassermilbe und der unermüdliche Rückenschwimmer.“

Annette Köber hat mit den Kindern den Mikrokosmos am Teichufer entdeckt.

Dauer: 1 Monat bis 1 Jahr
Kosten: 10 US-$ Anmeldegebühr + 300 US-$ / Monat
Kost & Logis: frei
Alter: keine Altersbeschränkung
Einsatzort: Ecuador
Sprachkenntnisse: Englisch oder Spanisch

Fundación Cabo San Francisco,
Programa de Voluntarios, Casilla 17-15-73-B, Quito, Ecuador, volunteers@fcsf.org, www.fcsf.org

Die Fundación Cabo San Francisco bietet Freiwilligen die Möglichkeit, in der Erforschung und Erhaltung der Flora und Fauna der Region tätig zu werden. Daneben können aber auch Aufgaben in der Umweltpädagogik, sowie im sozialen und kreativen Bereich übernommen werden. Näheres im Kap. „Forschung".
Dauer: mind. 10 Tage
Kosten: 15 US-$ Bewerbungsgebühren + 100 US-$/Woche oder 300 US-$/Monat
Kost & Logis: frei
Mindestalter: keine Angaben
Einsatzort: Ecuador
Sprachkenntnisse: keine Angaben

Fundación Otway,
Dr. Kai Horst und Ilva George, An den Eschen 14e, 26129 Oldenburg, Kaihorstgeorge@aol.com, Ilvageorge@aol.com, www.fundacionotway.cl

Die Fundación Otway, eine chilenische Umweltschutzorganisation, sucht Freiwillige, die in der Station Puñihuil (Insel Chiloé, Chile) als Touristenführer den Besuchern einer Kolonie von Humboldt- und Magellanpinguinen die Schönheit und Artenvielfalt dieses Standortes vermitteln möchten.

Die Pinguinkolonie von Puñihuil verteilt sich auf drei kleine Inseln, die außer den Pinguinen noch einer Vielzahl anderer Küsten- und Meeresbewohner einen Lebensraum bieten. In der Brutsaison (Oktober bis Ende Februar) ist Puñihuil das Ziel einer Jahr für Jahr ansteigenden Zahl von Touristen, die die Schönheit und weitgehende Ursprünglichkeit dieses Ortes suchen und die große Vielfalt an Pflanzen und Tieren bestaunen. Derzeit wird die Schutz-Station erweitert: Ein botanischer Lehrpfad, eine Aussichtsplattform mit einem Münzfernrohr, eine Ausstellungshalle, ein Aquarium, eine Seewasserlagune sowie eine Cafeteria sollen in den kommenden Jahren Puñihuil auch in den Wintermonaten zu einem attraktiven Reiseziel machen, das den Besuchern die wunderbare Tier- und Pflanzenwelt der südchilenischen Küste nahe bringt.

Die Tätigkeiten der Volontäre umfassen vorrangig die (mehrsprachige) Information, aber auch die Belehrung von Touristen sowie deren Begleitung als Führer bei Rundfahrten um die Inseln in Schlauchbooten, die Kundenbedienung in der stationseigenen Cafeteria, den Verkauf von Souvenirs, verschiedene kleinere praktische Tätigkeiten (Reinigungs- und Aufräumarbeiten, Instandsetzungsarbeiten, Gartenpflege, Küchendienst) und die Mitarbeit (durchaus auch handwerklich!) bei der Umsetzung der angesprochenen Erweiterungsmaßnah-

men. Der Aufgabe angemessen werden u. A. ein aufgeschlossenes und freundliches Auftreten, Interesse am Umwelt- und Artenschutz und Teamfähigkeit erwartet.
Dauer: mind. 2 Monate zwischen 15. September und 15. April
Kosten: keine Angaben
Kost & Logis: frei
Mindestalter: 21
Ort des Geschehens: Chile
Sprachkenntnisse: Gutes Englisch und Spanisch in Schrift und Wort, weitere Sprachkenntnisse erwünscht.

Global Volunteer Network,
P O Box 2231, Wellington, Neuseeland,
T. +64 4 569 908-0, F. –1, info@volunteer.org.nz, www.volunteer.org.nz

Mit dem Anspruch Freiwilligeneinsätze für hohe Ansprüche zu schaffen, ist diese neuseeländische Organisation erst im Jahr 2000 an den Start gegangen. Zusammen mit lokalen Programm-Partnern vermittelt sie heute Freiwillige auf 4 Kontinenten. Der Umweltschutz ist ein Schwerpunkt unter mehreren, der in Zukunft weiter ausgebaut werden soll. Je nach Einsatzland stehen praktische Arbeit, Umweltpädagogik, Forschung, Büroarbeit oder auch ökologische Landwirtschaft auf dem Programm. Auf der Webseite kann ein monatlicher Newsletter abonniert werden.
Dauer: 1-6 Monate
Kosten: 275 US-$ Bewerbungsgebühren + je nach Programm unterschiedliche Programmgebühren in Höhe von mehreren hundert US-$/Monat
Kost & Logis: frei
Mindestalter: 18
Einsatzort: China, Ecuador, Ghana, Neuseeland, Rumänien, Russland, Thailand, Uganda
Sprachkenntnisse: mind. gutes Englisch, Landessprache von Vorteil

Hawk Mountain Sanctuary,
c/o Sue Wolfe, 1700 Hawk Mountain Road, Kempton, PA 19529-9449, USA,
T. +1-610-756-6961, F. -4468, info@hawkmountain.org, www.hawkmountain.org

Der Hawk Mountain ist ein vor allem für seinen herbstlichen Greifvogelzug bekanntes Schutzgebiet, das jährlich 40.000 bis 50.000 Besucher anzieht. Daher ist die Touristenbetreuung von April bis Dezember auch wichtigster Arbeitsbereich der zehn Praktikanten pro Jahr. Es gibt drei verschiedene Einsatzbereiche, für die man sich bereits bei der Bewerbung entscheidet: In der Umwelterziehung stehen vor allem Führungen im Gelände für Schulklassen und andere Besucher auf dem Programm. Außerdem ist als Teil der Ausbildung die Durchführung eines eigenständiges Projekts und eventuell auch die Entwicklung neuer Programme und Lehrmaterialien vorgesehen. Besonderer Leckerbissen: die Praktikanten werden in die Pflege und die Einbindung lebender Greifvögel in die Umweltbildung eingewiesen.
Im Tätigkeitsbereich „Research“ arbeiten die Teilnehmer hauptsächlich an verschiedenen ökologischen Studien der Tier- und Pflanzenwelt der Appalachian Mountains. Dies reicht

von Beringungen von Vögeln, Zugvogelstudien, Nestbeobachtungen bis zu Übersetzungsaktivitäten für die Besucher des Zentrums. Auch hier soll jeder ein unabhängiges Projekt verfolgen und darüber einen abschließenden Bericht verfassen.
Praktikantinnen im Bereich „Biological Survey and Monitoring“ schließlich arbeiten an Langzeitstudien über Singvögel, ziehende Raubvögel oder andere Tier- und Pflanzenarten mit. Zu den Aufgaben gehören Datenmanagement und -analyse und Redaktion. Für diese anspruchsvollen Aufgaben bietet das Team von Hawk Mountain eine überdurchschnittlich fundierte Anleitung. Alle Teilnehmer sollen mindestens vier Semester studiert haben. Wissensdurst, Erfahrung im Gelände, Improvisationstalent und Spaß am Umgang mit Menschen sind gern gesehene Eigenschaften. Außerdem muss Englisch fließend von der Zunge gehen. Bewerbungsunterlagen (ein ausführlicher Fragebogen!) bei vorstehender Adresse.
Dauer: 4 Monate (April - Juli und August - Dezember)
Entlohnung: 500 US-$ / Monat
Kost & Logis: frei
Alter: keine Angaben
Einsatzort: USA
Sprachkenntnisse: fließend Englisch

Involvement Volunteers Association, Inc. (IVI)
c/o Tim B. Cox, P.O. Box 218, Port Melbourne, Victoria 3207, Australien, T. +61-3-96469392, F. +61-3-96465504, ivworldwide@volunteering.org.au, www.volunteering.org.au

Involvement Volunteers Deutschland (IVDE), *c/o Doreen Appelt, Volksdorfer Straße 32, 22081 Hamburg, T. 040-41269450, F. 040-5113229, ivgermany@volunteering.org.au*

In verschiedenen Schutzgebieten, die mit IVI und ihrem deutschen Zweig, IV-Deutschland, zusammenarbeiten, werden Leute zur Besucherbetreuung gebraucht. Näheres im Kap. „Praktische Arbeit“.
Dauer: 2 Wochen bis 1 Jahr
Kosten: 290-375 Euro plus ca. 55 Euro (100 AUS-$) für jede vermittelte Volontärstelle
Kost & Logis: i.d.R. frei, bei einigen Projekten fällt Zuzahlung zu Verpflegungskosten an
Mindestalter: 18 Jahre
Einsatzort: weltweit in über 30 Ländern
Sprachkenntnisse: Englischgrundkenntnisse, teilweise Grundkenntnisse der Landessprache z.B. Spanisch

Fundación Jatun Sacha, *c/o Gabriela Cadena, Eugenio de Santillan N34 248 y Maurian, P.O.Box 17-12-867, Quito, Ecuador, T. +593-2-243-2240, F. +593-2-245-3583, volunteer@jatunsacha.org, www.jatunsacha.org*

Die Stiftung bietet in 6 biologischen Stationen Praktikumsmöglichkeiten: in Congal und Bilsa in der Provinz Esmeraldas, Tito Santos in Manabí, Guandera in Carchi im Hochland, Jatun Sacha im Amazonas und San Cristobal auf den Galapagos Inseln. Die Tätigkeiten der Praktikanten sind so vielfältig wie die Lebensräume und die Stationen, in denen sie wirken: Forschung, Umweltpädagogik, Agrarforstwirtschaft und Pflanzenpflege in den unterschiedlichsten Ausprägungen sind möglich.

Zunehmend geht die Stiftung auch über den reinen Biotopschutz hinaus. So gibt es in Jatun Sacha ein Recycling-Programm. Das *environmental education program* wendet sich an die lokale Bevölkerung (sowohl Schulkinder als auch Erwachsene) und bezieht auch den Englischunterricht für verschiedene Gruppen mit ein.

Praktikumsstellen mit besonderen Anforderungen werden auf der Webseite veröffentlicht. Die Organisation erwartet 22 Arbeitstage im Monat.

Dauer: 14 Tage bis 1 Jahr, mind. 3 Monate für das *environmental education program*
Kosten: 35 US-$ Bewerbungsgebühren (60 US-$ für Galapagos) + für die ersten zwei Monate in einer Station 300 US-$ / Monat, für alle nachfolgenden 270 US-$. 800 US-$ / Monat für Galapagos.
Kost & Logis: frei
Alter: 24-40 Jahre
Einsatzort: Ecuador
Sprachkenntnisse: gutes Englisch ausreichend, Spanisch ratsam

Kenya Volunteer Development Service, *c/o Silvanus A.B. Malaho, P.O. Box 2280, Kakamega, Kenia, T. +254-337-30256, F. +254-337-20235, siabuma@yahoo.com*

Nur wer bereit ist, unter sehr schlichten Verhältnissen in abgelegenen Dörfern zu arbeiten, sollte ein Engagement bei dieser Organistion ins Auge fassen, die der Landbevölkerung bei der Wiederaufforstung trockener Gebiete mit Rat und Tat zur Seite steht.

Mit Rat, indem sie Aufklärungsarbeit in Schulen, Gemeinden und anderen organisierten Gruppen durchführt. Für die Zukunft ist auch die Einrichtung von Jugendcamps geplant. Mit Tat, durch konkrete Wiederanpflanzung von Bäumen, Forschung im Bereich traditioneller Kräutermedizin und der Pflege verschiedener Vögel. In beiden Bereichen werden Freiwillige benötigt.

Außerdem ist die Organisation auf der Suche nach Partnern in Europa, mit denen ein Mitarbeiteraustausch unternommen werden kann.

Dauer: 3-6 Monate
Kosten: keine Angaben
Kost & Logis: Logis frei
Alter: 24-40 Jahre
Einsatzort: Äthiopien, Kenia, Ruanda, Sambia, Simbabwe, Uganda, Tansania
Sprachkenntnisse: Englisch

Nature Conservation Centre Poda, *Bulgarian Society for the Protection of Birds/BirdLife Bulgaria, c/o Milen Filev, P.O. Box 361, Bourgas 8000, Bulgarien, T. +359+56+85054-0, F. -1 bspbpoda@mobikom.com, www.bspb-poda.de*

Die „Bulgarian Society for the Protection of Birds/BirdLife Bulgaria“ (BSPB) ist eine der größten Naturschutzorganisationen in Bulgarien und engagiert sich für den Schutz der Wildvögel und ihrer Lebensräume. An der Schwarzmeerküste, ca. 5 km südlich von Bourgas, betreibt sie das

Naturschutzzentrum Poda. Das gleichnamige Naturschutzgebiet ist Teil des größten Feuchtgebietskomplexes Bulgariens und als Important Bird Area anerkannt. Ornithologen kommen in diesem wichtigen Rastgebiet für Zugvögel voll auf ihre Kosten! Das Gebiet beherbergt in einem ausgedehnten Schilfgebiet eine in Bulgarien einzigartige Vogelkolonie mit Löfflern, Sichlern und fünf Reiherarten. Während der Zugzeit können neben zahlreichen Limikolen-, Möwen- und Seeschwalbenarten auch echte Raritäten wie Zwergscharbe, Krauskopfpelikan und Rothalsgans beobachtet wernden. Zudem ist Bourgas für den Storchen- und Greifvogelzug bekannt. Im Herbst überfliegen bis zu 200.000 Weißstörche und 30 Greifvogelarten die Region!

Das Naturschutzzentrum dient der Aufklärung der Bevölkerung und der Gebietsbetreuung. Praktikantinnen und Praktikanten kümmern sich im Sommerhalbjahr vor allem um Besucherinformation (Führungen vor allem auf Deutsch, aber auch auf Französisch und Englisch) sowie naturkundliche Untersuchungen und Kontrollgänge im angrenzenden Naturschutzgebiet. Nach Absprache mit den Leitern sind aber auch andere Tätigkeiten möglich. Daneben werden die Freiwilligen auch zum Müllsammeln oder Schilfschneiden herangezogen.

Ornithologische Grundkenntnisse sind bei der Bewerbung von Vorteil. Die Leiter des Zentrums, die fließend Deutsch sprechen, können aber notfalls einen Crash-Kurs geben.

Dauer: mind. 4 Wochen, von Anfang März bis Ende Oktober
Kosten: keine
Kost&Logis: Logis frei (in Gästezimmer mit Kochgelegenheit)
Alter: keine Angaben
Einsatzort: Bulgarien
Sprachkenntnisse: Deutsch ausreichend, gutes Englisch oder Französisch von Vorteil

Royal Society for the Protection of Birds (RSPB), *Volunteer Unit, The Lodge, GB - Sandy, Bedfordshire SG19 2DL, T. +44-1767-680551, F. +44-1767-683262, volunteers@rsbp.org.uk, www.rspb.org.uk*

In von der RSPB betreuten Schutzgebieten wirken Freiwillige bei der Besucherbetreuung mit. Näheres im Kap. „Praktische Arbeit“.

Dauer: 1 Woche bis 1 Monat, Verlängerung möglich
Kosten: 10 £ / Praktikum
Kost & Logis: Logis frei
Alter: mind. 18 Jahre
Einsatzort: Großbritannien
Sprachkenntnisse: gutes Englisch

Smithsonian Environmental Research Center (SERC), *c/o Dotti Klugel, P.O. Box 28, Edgewater, MD 21037, USA, T. +1-443-4822470, F. +1-301-2613415, klugeld@si.edu, www.serc.si.edu*

Das vornehmlich auf wissenschaftliche Arbeit ausgerichtete SERC stellt im Sommerhalbjahr auch ein bis zwei Studierende für die auf dem Gelände des Centers stattfindende Umwelterziehung ein. Näheres im Kap. „For-

schung".
Dauer: in der Regel 10-16 Wochen
Entlohnung: 300 US-$ / Woche
Kost & Logis: Logis gegen 60 US-$ / Woche
Alter: keine Altersbegrenzung
Einsatzort: USA
Sprachkenntnisse: sehr gutes Englisch

Southface Energy Institute, *Volunteer Coordinator/Internship Coordinator,*
241 Pine St., USA – Atlanta, GA 30308, T. +1-404-872-3549,
F. +1-404-872-5009,
questions@southface.org,
www.southface.org

Das Institut gestaltet ein Fortbildungsprogramm für Bau- und Energieprofis, die sich im Bereich des ökologischen Bauens weiterbilden wollen. Praktikanten werden bei Führungen, auf Messen und bei Seminaren eingesetzt. Näheres im Kap. „Bürojobs".
Dauer: 3-6 Monate, in Ausnahmefällen auch länger
Entlohnung: 335-485 US-$ / Monat (abhängig von der Dauer des Praktikums)+ 250 US-$ Wohngeld / Monat (wenn keine Wohnung im Institut in Anspruch genommen wird)
Kost & Logis: Logis frei
Alter: mind. 18 Jahre
Einsatzort: USA
Sprachkenntnisse: Englisch

The Student Conservation Association (SCA),
Conservation Internships Recruiting, 689 River Road, P.O. Box 550, Charlestown,
New Hampshire 03603-0550, USA,
T. +1-603-543-1700,
F. +1-603-543-1828,
internships@thesca.org,
www.thesca.org

Die SCA vermittelt jährlich über 1.200 Personen (nicht nur Studierende) an Nationalparks, Schutzgebiete, Umweltschutzverbände, sowie verschiedene Bundesämter wie den US Forest Service oder das US Navy's Natural Resources Program. Genauso vielfältig wie die Arbeitgeber sind auch die Aufgabengebiete, die die Teilnehmer erwarten. Näheres dazu im Kap. „Nationalparks".
Dauer: 3-4 Monate (bis zu 12 Monate für US-Bürgerinnen und -Bürger)
Kosten / Entlohnung: 40 US-$ Bewerbungsgebühren / 50 US-$ / Woche Zuschuss für Verpflegung
Kost & Logis: Logis frei
Alter: mind. 18 Jahre
Einsatzort: USA
Sprachkenntnisse: Englisch

Turtle Conservation Project,
The Secretary, 73 Hambantota, Tangalle, Sri Lanka
Sea Turtle Restoration Project,
P.O. Box 400, 40 Montezuma Avenue, Forest Knolls, California 94933, USA,
T. +1-415-488-0370,
F. +1-415-488-0372,
info@seaturtles.org,
www.seaturtles.org

Hier besteht Umweltbildung nicht nur aus Touristeninformation, Öffentlichkeitsarbeit und Fundraising, sondern auch aus Englischunterricht. Das Projekt bindet nämlich seine Artenschutzaktivitäten in ein globales Konzept ein, im Rahmen dessen die ein-

heimische Bevölkerung unterrichtet wird. Näheres dazu im Kap. „Forschung“.
Dauer: 3-6 Monate
Kosten: keine
Kost & Logis: Logis frei
Alter: keine Angaben
Einsatzort: Sri Lanka
Sprachkenntnisse: Englisch

Whale and Dolphin Conservation Society (WDCS), *Goerdelerstraße 41, 82008 Unterhaching, T. 089-6100-2393 o. -2395, F. -2394, info.de@wdcs.org, www.wdcs-de.org*

Außer einem Praktikum im WDCS-Büro in Unterhaching (s. Kap. „Inland / Bürojobs“) vermittelt diese Organisation auch ein Praktikum in der deutschsprachigen Touristenbetreuung im schottischen Moray Firth Wildlife Centre. Dort leiten die Freiwilligen Führungen durch das Besucherzentrum, kümmern sich um Reisegruppen und Schulklassen, halten Vorträge und organisieren Veranstaltungen. Darüber hinaus nehmen sie auch an Forschungsarbeiten, u. a. im Delfinbeobachtungsboot, teil.
Enthusiasmus und Teamfähigkeit sind für die Organisatoren besonders wichtig. Kenntnisse in Biologie, gute Kommunikationsfähigkeit, Erfahrung im Umgang mit Kindern und Forschungserfahrung sind weitere gern gesehene Eigenschaften.
Dauer: 6 Monate
Entlohnung: 50 £ / Woche
Kost & Logis: Logis frei
Mindestalter: 25 Jahre
Einsatzort: Großbritannien
Sprachkenntnisse: ausgezeichnetes Englisch

Whale Museum Húsavík,
P. O. Box 172, 640 Húsavík, Island, T. +354 464 2522, elke@icewhale.is, www.icewhale.is

Das Walmuseum in Húsavík hat es sich zum Ziel gesetzt, bei seinen Besuchern Begeisterung und Verständniss für das Ökosystem Meer im Allgemeinen und für Wale im Besonderen zu wecken. In den Sommermonaten sucht es Freiwillige, vorzugsweise Studierende der Biologie oder verwandter Disziplinen, die Interesse an Walen und Umweltschutz haben.
Die Tätigkeit der Voluntäre umfasst vorrangig die (mehrsprachige) Touristenbetreuung im Museum inform von Präsentationen, Führungen durchs Museum, Verkauf von Eintrittskarten und Souvenirs, aber auch Instandhaltungsarbeiten. Langzeit-Volontäre fahren daneben regelmäßig bei Walbeobachtungstouren mit und werden in die Fotoidentifikation von Walen eingeführt. Doch auch alle anderen Freiwilligen haben die Möglichkeit, an solchen Touren teilzunehmen.
Als eigenverantwortliches Team sind die Mitarbeiter für den organisatorischen Ablauf des Museums zuständig. Selbstständiges Arbeiten ist erwünscht und Eigeninitiative wird in den meisten Fällen unterstützt. Sechs Acht-Stunden-Arbeitstagen folgen in der Regel drei freie Tage.
Dauer: mind. 2 Monate zwischen Mai und September, vorzugsweise länger
Entlohnung: monatliches Taschengeld von 20.000 ISK (ungefähr 240 Euro)

Kost&Logis: Logis frei
Mindestalter: 20
Ort des Geschehens: Island
Sprachkenntnisse: Fließend Englisch, möglichst noch eine weitere Fremdsprache

The Wilderness Trust,
c/o Jo Roberts, The General's Orchard, The Bridge, Little Baddow, Chelmsford,
Essex CM3 4SX, Großbritannien,
T.+F. +44-1245-221565,
info@wilderness-trust.org,
www.wilderness-trust.org

Ungefähr fünf Stunden nördlich von Johannesburg in Südafrika liegt das Schutzgebiet Manavhela-Ben Lavin, unterstützt vom britischen Wilderness Trust. Freiwillige können hier bei Umweltbildungsprogrammen für die einheimische Bevölkerung helfen. Näheres im Kap. „Praktische Arbeit".
Dauer: 2 Wochen – 3 Monate
Kosten: ca. 175 Euro / Woche
Kost & Logis: keine Angaben
Mindestalter: 20 Jahre
Einsatzort: Südafrika
Sprachkenntnisse: Englisch

Bürojobs

Schreibtischakrobatik

Für Organisationsgenies, Workaholics, Jungmanager, Computerfreaks, Schreiberlinge oder einfach Leute, die Spaß am Telefonieren haben. Abzuraten dagegen für alle, die es bei gutem Wetter nicht hinter einem Schreibtisch hält. Büro ist eben Büro. Oder auch wieder nicht, denn zwischen der EU-Kommission und einer militanten NGO liegen Welten. Während auf der einen Seite durch Rundschreiben und Dienstvorschriften alles genau geregelt scheint, hat das Chaos in der anderen vielleicht Methode. So oder so, in einem gewissen Maße belastbar sollte man sein. Denn wenn der Bericht bis morgen fertig sein muss oder der selbstorganisierte Kongress immer näherrückt und noch nicht geklärt ist, wo die Teilnehmer untergebracht werden, wird's schon mal hektisch. Selbstständigkeit ist eine weitere wichtige Eigenschaft, um sich aus solchen Situationen retten zu können.
Zuerst hatten wir dieses Kapitel Kampagnenorganisation genannt, aber nicht überall werden Kampagnen vorbereitet. Manchmal handelt es sich einfach um Verwaltungstätigkeiten, die den Laden am Laufen halten, oder die Betreuung von Archiv und Bibliothek.
Als kleines Training für den Büroalltag, bitte bei jeder Anfrage das Einlegen eines ausreichend frankierten C5-Rückumschlages (Inland) oder mindestens zweier Internationaler Antwortscheine (Ausland) üben. Und nicht vergessen zu erwähnen, woher die Adresse stammt.

Deutsch-Russischer Austausch e.V.,
Eveline Odermatt, Brunnenstr. 181,
10119 Berlin, T. 030-44668025,
F. -4449460,
eveline.odermatt@austausch.org,
www.austausch.org

Der Deutsch-Russische Austausch

vermittelt Freiwillige in soziale, ökologische und Menschenrechtsorganisationen, von West nach Ost und umgekehrt. Vor Ort knüpfen die Freiwilligen Kontakte zu gemeinnützigen Einrichtungen und ermöglichen somit einen Dialog der Zivilgesellschaften direkt an der Basis. Und sie arbeiten nicht nur im Gastland, sondern leben auch in dessen Gesellschaft, sie treffen Menschen, fragen, erklären und diskutieren.
Seit 1994 hat der DRA über 500 jungen Europäern einen Freiwilligenaufenthalt in NGOs vermittelt, in Russland, der Ukraine oder Weißrussland. Mit Hilfe der Robert-Bosch-Stiftung konnte der DRA 1999 seine Freiwilligenagentur ins Leben rufen. Sie gab dem Austausch einen festen und kontinuierlichen Rahmen und ermöglicht seit 2003 auch die Vermittlung osteuropäischer Freiwilliger nach Westeuropa.
Auf der Basis einer formalen Bewerbung und eines Bewerbungsgesprächs, das teilweise auf Russisch stattfindet, sucht der DRA individuell eine geeignete Freiwilligenstelle. Umweltschutzprojekte gibt es derzeit nur in Russland, vor allem in Moskau und St. Petersburg. Dort helfen die Freiwilligen in den Geschäftsstellen der NGOs mit. Erstaunlich häufig sind dabei journalistische Neigungen und Erfahrungen von Vorteil.
Dauer: 3 oder 6 Monate, in Ausnahmefällen 12 Monate
Kosten: 150 € Vermittlungsgebühr
Kost & Logis: frei
Alter: in der Regel 18-30 Jahre, keine formale Altersbegrenzung
Einsatzort: Russland
Sprachkenntnisse: „ausreichende“ Russischkenntnisse

Verlagshinweis: es gibt zwei Bücher zu Freiwilligenstellen im Ausland: „Internationale Freiwilligendienste“ u. „Läuse knacken, na und?, letzteress zu selbstorganisierten.

Fundación Cerro Golondrinas,
c/o Piet Sabbe, La Casa de Eliza, Calle Isabel la Catolica 1559, Quito, Ecuador, T. +593-226-602 o. +593-526-926, manteca@uio.satnet.net, www.ecuadorexplorer.com/golondrinas

Erfahrene Bürohengste können in diesem Forschungsprojekt im Nebelwald von Ecuador Schreibtischarbeit für die Organisation verrichten. Sie sollten dazu einen Bericht über ihre bisherigen Tätigkeiten im Bürobereich vorlegen. Profis in diesem Bereich sollten sich nicht für einen Zeitraum unter drei Monaten bewerben. Ausführliche Beschreibung zu Las Golondrinas im Kap. „Forschung / Ausland“.
Dauer: mind. 1 bzw. 3 Monate
Kosten: 280 US-$ / Monat
Kost & Logis: frei
Alter: mind. 19 Jahre
Einsatzort: Ecuador
Sprachkenntnisse: gutes Spanisch

GAIA Foundation,
Elysium Tree Nursery & Visitor Centre, Ghajn Tuffieha Road, Ghajn Tuffieha SPB 07, Malta, T.+F. +356 584473 / 4, info@projectgaia.org, www.projectgaia.org

In der Geschäftsstelle können Freiwillige beim Kampf gegen ungehemmte Bauwut, mangelndes Umweltbewusstsein und die Bejagung von Singvögeln helfen. Näheres im Kap. „Praktische Arbeit“.
Dauer: keine Beschränkung
Entlohnung: keine
Kost & Logis: Logis frei
Alter: mind. 18 Jahre
Einsatzort: Malta
Sprachkenntnisse: Englisch

Global Volunteer Network,
P O Box 2231, Wellington, Neuseeland, T. +64 4 569 908-0, F. –1, info@volunteer.org.nz, www.volunteer.org.nz

Zusammen mit lokalen Programm-Partnern vermittelt dieser Verein Freiwillige auf vier Kontinenten. Je nach Einsatzland stehen praktische Arbeit, Umweltpädagogik, Forschung, Büroarbeit oder auch ökologische Landwirtschaft auf dem Programm. Näheres im Kapitel „Umweltpädagogik“.
Dauer: 1-6 Monate
Kosten: 275 US-$ Bewerbungsgebühren + je nach Programm unterschiedliche Programmgebühren in Höhe von mehreren hundert US-$/Monat
Kost & Logis: frei
Mindestalter: 18
Einsatzort: China, Ecuador, Ghana, Neuseeland, Rumänien, Russland, Thailand, Uganda
Sprachkenntnisse: mind. gutes Englisch, Landessprache von Vorteil

Internationaler Christlicher Jugendaustausch (ICJA),
Stralauer Allee 20E, 10245 Berlin, T. 030-2123825-2, F. 030-2123825-3, ICJA.Germany@t-online.de, www.icja.de

Der ICJA, eine der evangelischen Kirche nahestehende Organisation und Mitglied der Föderation International Christian Youth Exchange (ICYE), engagiert sich hauptsächlich im sozialen Bereich, bietet aber auch in geringem Umfang Möglichkeiten im Natur- und Umweltschutz. Der Aufenthalt im Ausland soll die Jugendlichen in die Lage versetzen, die Verhältnisse sowohl in Deutschland als auch im Gastgeberland kritisch zu hinterfragen. Letztlich ist ein Beitrag zur Völkerverständigung das Ziel. Zwei Austauschtypen existieren:

1. Schulbesuch und Leben in einer Gastfamilie, daneben Mitarbeit in sozialen Bereichen.
2. Arbeit in Projekten. Leben in einer Gastfamilie oder in dem Projekt.

Was genau getan werden muss, hängt völlig von der einzelnen Stelle ab und lässt sich daher nur schwer voraussagen. Außer Offenheit für und Interesse an einer anderen Kultur werden keine weiteren Anforderungen an die Kandidaten gestellt. Um ein Jahr in einem der weltweit über zwanzig Staaten, in denen der ICJA Partner besitzt, verbringen zu können, fallen Kosten in Höhe von 360 – 7.668 Euro an. Der genaue Betrag hängt vom Reiseziel (Europa ist am billigsten, Neuseeland am teuersten.) und dem Einkommen der Eltern bzw. der teilnehmenden Person ab. Von diesem Geld werden

An- und Abreisekosten, Kost & Logis sowie ein Taschengeld finanziert. Vor, während und nach dem Austausch werden die Teilnehmer durch Seminare und persönlichen Kontakt zum ICJA oder seinen Partnern vor Ort begleitet.

Der Austausch beginnt meist im August, Anmeldungen werden bis zum 31. Dezember des Vorjahres erbeten, danach ist eine Spätanmeldepauschale von 255 Euro fällig. Aber ohnehin steigen die Chancen bei der Vergabe der Stellen berücksichtigt zu werden, wenn man sich zügig anmeldet: wer zuerst kommt, mahlt zuerst. Noch wichtiger ist es allerdings dafür zu sorgen, dass ein ausländischer Jugendlicher eine Gastfamilie in Deutschland findet. Es reisen genauso viele Personen aus, wie einreisen können. Es ist daher von großem Vorteil, im eigenen Familien- oder Freundeskreis eine Bleibe für die Austauschpartner zu finden.

Dauer: 6 Monate oder 1 Jahr
Kosten: Anmeldegebühr ca. 360 Euro. Austausch in europäischen Ländern kostenlos (finanziert durch den Europäischen Freiwilligendienst, siehe gleichnamiges Kap.), ca. 4000-7.400 Euro (abhängig von Gastland und Einkommen der Eltern bzw. eigenes Einkommen). Davon wird ein vom Gastland abhängiges Taschengeld bezahlt.
Kost & Logis: frei
Alter: 18-30 Jahre (Ausnahmen sind möglich)
Einsatzort: Afrika (Ghana, Kenia, Togo, Uganda), Asien (Indien, Japan, Südkorea, Taiwan, Thailand, Nepal), Europa (Finnland, Frankreich, Groß-britannien, Island, Italie
Polen, Russland, Schwe
Ukraine), Kanada, Latei
(Bolivien, Brasilien, Co
duras, Kolumbien, Mexiko), Neuseeland)
Sprachkenntnisse: Landessprache

Plants For A Future (PFAF), *c/o Richard Morris, Blagdon Cross, Ashwater,*
Beaworthy, Devon EX21 5DF, Großbritannien, T. +44-1208-872963 o. +44--845-4584719, webmaster@pfaf.org, www.pfaf.org

Jede Menge Schreibtisch- und Computerarbeit. Mehr im Kap. „Praktische Arbeit“.

Dauer: keine Angaben
Entlohnung: keine
Kost & Logis: Logis frei
Mindestalter: 18 Jahre
Einsatzort: Großbritannien
Sprachkenntnisse: Englisch

Population & Community Development Association, *c/o Mr. Wilas Lohitkul, 6 Sukhumvit Soi 12, Klongtoey, Bangkok 10110, Thailand, T. +66-2-229461128, F. +66-2-2294632, pda@pda.or.th, www.sli.unimelb.edu.au/pda /welcome.htm*

Unter dem Oberbegriff „Ländliche Entwicklung“ führt diese bedeutende NGO in den ländlichen Gebieten Thailands Programme zu so verschiedenen Themen wie Familienplanung, AIDS-Prävention, Demokratisierung und Förderung lokaler Kleinbetriebe durch. Auch der Umweltschutz spielt eine Rolle.

… PDA-Aktivitäten sind allerdings …inem stetigen Wandel unterworfen. Zum Zeitpunkt unserer Recherche war neben einem bereits 20 Jahre andauernden Waldprojekt besonders das „Strengthening Environmental Education in Thailand Project“ (SEET) aktuell. Entsprechende Thai-Kenntnisse vorausgesetzt, ist ein Einsatz vor Ort, d. h. in den Dörfern, durchaus möglich. In der Regel sind die Freiwilligen jedoch als „Planning Officers“ mit der englischsprachigen Korrespondenz der Zentrale in Bangkok betraut. Das Verfassen von Berichten sowie Fundraising bilden den Kern der Aufgaben. Erfahrungen in dieser Richtung gehören neben dem Interesse für Entwicklungsfragen zu den gewünschten Qualifikationen zukünftiger PDA-Mitarbeiterinnen und -Mitarbeiter. Durch seine zahlreichen Kontakte mit anderen Organisationen in Thailand und darüber hinaus im südostasiatischen Raum ist das PDA-Büro auch vielversprechender Ausgangsort zu weiterem Engagement in Asien.

Dauer: 6 – 12 Monate

Entlohnung: keine

Kost & Logis: Mittagessen in den Räumen von PDA frei

Mindestalter: 25 Jahre

Einsatzort: Thailand

Sprachkenntnisse: fließend Englisch in Wort und Schrift

Rainforest Information Centre (RIC), *c/o John Seed, PO Box 368, Lismore, NSW 2480, Australien, T. +61-66-218505, johnseed1@ozemail.com.au, www.rainforestinfo.org.au*

Eines der ältesten Zentren im Bemühen um die Rettung des Regenwaldes rund um den Globus. Hier werden Informationen zusammengetragen und zu Kampagnen, Lobbyarbeit und Bildungsveranstaltungen verdichtet. Der vierteljährlich herausgegebene World Rainforest Report zählt zu den besten Periodika weltweit zu diesem Thema.

Dennoch besteht das Zentrum nur aus ehrenamtlichen Mitarbeiterinnen und Mitarbeitern, d.h. niemand wird bezahlt. Dankenswerterweise arbeiten einige Leute dort Vollzeit und finanzieren sich über die australische Arbeitslosenhilfe. Daneben gibt es noch eine ganze Anzahl von Personen, die mehr oder weniger regelmäßig vorbeischaut.

Je nach Verweildauer kann man Mädchen für alles spielen, bei laufenden Projekten mitmachen oder eigene aufziehen. Insider veranschlagen allerdings mindestens ein halbes Jahr, um den dazu notwendigen Überblick zu bekommen. Aber alleine die vom RIC bereits angestoßenen Kampagnen lassen schon eine gewisse Auswahl: konkrete Projekte in Ecuador, Indien oder Papua-Neuguinea, Weltbank und Entwicklungshilfe, Herstellung von T-Shirts und Schals, um nur einige zu nennen.

In zwei von RIC-Leuten bewohnten Häusern (Stil Kommune) kann man für die Zeit seines Aufenthaltes unterkommen. Der Durchgangsverkehr in diesen Gebäuden ist dem Aufbau des Zentrums folgend hoch. Wer Wert auf Sauberkeit legt, suche sich am besten ein anderes Dach über dem Kopf –

oder bleibe gleich zu Hause, denn auch im Büro selbst ist Stressresistenz eine wichtige Eigenschaft. Generell ist jeder Neuankömmling willkommen. Das heißt aber noch lange nicht, dass man wie der langerwartete Messias behandelt wird. Selbstständigkeit ist ungeheuer wichtig, denn niemand wird ständig an die Hand genommen. Besondere Fähigkeiten sind jedoch nicht erforderlich.

Dauer: Verhandlungssache
Kosten: 40 AUS-$ Miete und 40 AUS-$ Verpflegung / Woche
Kost & Logis: nicht frei
Alter: keine Angaben
Einsatzort: Australien
Sprachkenntnisse: Englisch

Southface Energy Institute,
Volunteer Coordinator / Internship Coordinator,
241 Pine St., Atlanta, GA 30308, USA,
T. +1-404-872-3549,
F. +1-404-872-5009,
questions@southface.org,
www.southface.org

Innerhalb des weiten Bereichs der erneuerbaren Energiequellen haben sich die Mitarbeiter von Southface auf die ökologische Weiterbildung von Bau- und Energieprofis verlegt. Das eigene Gebäude zählt dabei mit Photovoltaikanlage, geothermaler Heizpumpe, umfangreichen Energiesparvorrichtungen und einem Elektro-Auto als Firmenwagen zu den spektakulärsten Ergebnissen der Tätigkeit des Instituts.

Ein Drittel der Arbeitszeit eines Praktikanten bei Southface ist zur Unterstützung und Entlastung des Personals eingeplant, was Telefondienst, Datenbankpflege, Schreibarbeiten und andere lästige Bürofrondienste beinhaltet, aber auch Hausführungen (mit Publikum natürlich) und handwerkliche Tätigkeiten miteinschließt.

Ein weiteres Drittel ist für die Unterstützung der festen Mitarbeiter auf Messen und Ausstellungen oder bei Fortbildungsveranstaltungen außer Haus vorgesehen. Bei entsprechender Qualifikation ist auch ein Einsatz in der Redaktion der vierteljährlich erscheinenden Zeitschrift „The Southface Journal of Energy and Building Technology" oder im Umfeld der institutseigenen Forschungsteams möglich.

Das verbleibende Drittel schließlich wird je nach Fähigkeiten und Interessen der Praktikanten auf ein bestimmtes, laufendes Projekt konzentriert. Dieses kann außer mit erneuerbaren Energien und Bauen auch mit Garten- und Landschaftsbau zu tun haben, denn hier liegt ein weiteres Arbeitsfeld von Southface.

Bewerber sollten mindestens zwei Semester studiert oder eine passende Ausbildung hinter sich haben, sowie bereit sein, in Ausnahmefällen auch samstags und abends zu arbeiten.

Dauer: 3-6 Monate, in Ausnahmefällen auch länger
Entlohnung: 335-485 US-$ / Monat (abhängig von der Dauer des Praktikums)+ 250 US-$ Wohngeld / Monat (wenn keine Wohnung im Institut in Anspruch genommen wird)
Kost & Logis: Logis frei
Alter: mind. 18 Jahre
Einsatzort: USA

Sprachkenntnisse: Englisch

Turtle Conservation Project,
The secretary, 73 Hambantota, Tangalle, Sri Lanka
Sea Turtle Restoration Project,
P.O. Box 400, 40 Montezuma Avenue, Forest Knolls, California 94933, USA, T. +1-415-488-0370, F. +1-415—488-0372, info@seaturtles.org, www.seaturtles.org

Im Rahmen der vielfältigen Aktivitäten des Turtle Conservation Project werden Freiwillige einerseits zur Koordination eines Mangrovenschutzprogramms gesucht, das auch die Betreuung eines Heilpflanzen-Gartens mit einschließt, und andererseits zur allgemeinen Projektadministration. Näheres dazu im Kap. „Forschung".
Dauer: mind. 6 Monate
Kosten: keine
Kost & Logis: Logis frei
Alter: keine Angaben
Einsatzort: Sri Lanka
Sprachkenntnisse: Englisch (fließend für den Posten Projektadministration)

The Wilderness Trust,
c/o Jo Roberts, The General's Orchard, The Bridge, Little Baddow, Chelmsford, Essex CM3 4SX, Großbritannien, T.+F. +44-1245-221565, info@wilderness-trust.org, www.wilderness-trust.org

Ungefähr fünf Stunden nördlich von Johannesburg in Südafrika liegt das Schutzgebiet Manavhela-Ben Lavin, das vom britischen Wilderness Trust unterstützt wird. Freiwillige werden u.a. in der Verwaltung des Gebiets eingesetzt. Näheres im Kap. „Praktische Arbeit".
Dauer: 2 Wochen – 3 Monate
Kosten: ca. 175 Euro / Woche
Kost & Logis: keine Angaben
Mindestalter: 20 Jahre
Einsatzort: Südafrika
Sprachkenntnisse: Englisch

Adressen und Hinweise

Büro Führungskräfte zu Internationalen Organisationen (BFIO) bei der Zentralstelle für Arbeitsvermittlung (ZAV)
Villemombler Straße 76, 53123 Bonn, T. 01805/222023 (0,12 Cent pro Minute aus dem Festnetz), F. 0228-713-270-1036, bonn-zav.bfio@arbeitsagentur.de, www.arbeitsagentur.de > Informationen für Arbeitnehmer > Internationales > Arbeiten bei internationalen Organisationen

Für die Stellensuche in internationalen Organisationen haben das Auswärtige Amt und die Bundesanstalt für Arbeit mit dem BFIO ein eigenes Büro eingerichtet, das wertvolle Tipps zu Möglichkeiten und Bewerbungen gibt. Aus eigener Erfahrung können wir es auch allen auf der Suche nach einer bezahlten Arbeit empfehlen.
Deutschland ist Mitglied in etwa 200 internationalen Organisationen, von denen sich einige besonders mit Umweltbelangen beschäftigen. Wer mit dem Gedanken spielt, bei UNEP (Umweltschutzprogramm der UNO), Kommission Umweltschutz der Europäischen Union oder EEA

(Europäische Umweltagentur) zu arbeiten, fängt am besten schon während der Ausbildung über Praktika an, in diese Institutionen hineinzuschnuppern. Je älter man wird, desto schwieriger wird der Quereinstieg, denn die internationale (!) Konkurrenz um die wenigen Plätze ist groß, und je mehr Insider-Erfahrung vorhanden sind, desto besser.

Kommission der Europäischen Union,
B - 100 01/7, 1049 Bruxelles, Belgien, http://europa.eu.int/comm/stages/index_de.htm

Vertretung der Kommission der Europäischen Kommission,
Unter den Linden 78, 10117 Berlin, T. 030-2280-2000, F. 030-2280-2222, www.eu-kommission.de
Ein Praktikum bei der EU-Kommission in Brüssel, das Hochschulabsolventen und Angehörigen des öffentlichen Dienstes offen steht, bietet Gelegenheit, hinter die Kulissen der Eurokraten zu blicken. Da das Bewerbungsverfahren genauestens geregelt ist, sollte man auf jeden Fall die Webseiten eingehend studieren. Buchtipp: *„Stage Europe – Praktika bei den EU-Institutionen“,* 85 Seiten, ISBN 3980802434, 15,50 Euro. Online zu bestellen bei *www.europa-kontakt.de*

Forschung

Mit Binokularen im Busch

Bei uns nur wenig verbreitet ist die Möglichkeit, in Forschungseinrichtungen mitzuarbeiten oder an Felduntersuchungen teilzunehmen, die eine ökologische Zielrichtung verfolgen. Also z.B. das Sammeln von Umweltdaten oder die Erforschung der Lebensweise einer bedrohten Tierart, um besser für deren Schutz sorgen zu können.

Die meisten hier genannten Arbeitsstellen erfordern eine wissenschaftliche Vorbildung. Das heißt, Studierende oder Diplomierte der Fächer Biologie, Geologie, Chemie, Umwelttechnik u.ä. haben die besten Voraussetzungen. All denen, die damit nicht aufwarten können, sei das Workcamp-Kapitel wärmstens ans Herz gelegt. Besonders angelsächsische Veranstaltern bieten Stellen in zahlreichen *Forschungs*-Workcamps.

Alle Anbieter werden es danken, wenn Anfragen ein ausreichend frankierter Rückumschlag oder mindestens zwei Internationale Antwortscheine (Ausland) beiliegt. Und wir danken euch für die Nennung des Buches als Quelle.

Archelon – Sea Turtle Protection Society of Greece (STPS),
57 Solomou st, 10432 Athen, Griechenland, T. +F. +30-210-5231342, stps@archelon.gr, www.archelon.gr
An den von STPS betreuten Stränden wird das Brutgeschehen von Caretta caretta, einer bedrohten Meeresschild-

krötenart, wissenschaftlich untersucht, siehe „Praktische Arbeit“.
Dauer: 1-5 Monate
Kosten: 100 Euro Anmeldegebühr (bei Anmeldung zwischen dem 20. September und dem 15. Mai des Folgejahres nur 50 Euro)
Kost & Logis: Logis frei
Alter: mind. 18 Jahre
Einsatzort: Griechenland
Sprachkenntnisse: Englisch

Atlantic Whale Foundation,
St Martins House, 59 St Martins Lane, Covent Garden, London WC2, Großbritannien, T.+F. + 44-207-2405795, edb@huron.ac.uk, www.whalefoundation.org.uk

Auf Tenerifa kann man an Forschungsprogrammen für den Erhalt von Walen und Delfinen mitwirken, die in Aktivitäten zur Etablierung eines nachhaltigen Wal-Tourismusses eingebunden sind. Näheres im Kap. „Umweltpädagogik“.
Dauer: 2-8 Wochen
Kosten: 150 £ / Woche (Studierende 50 £), 680 £ / 8 Wochen (für Studierende 500 £)
Kost & Logis: frei
Alter: 18 - 35 Jahre
Einsatzort: Spanien,
Sprachkenntnisse: Englisch (Spanisch sinnvoll)

Bermuda Biological Station for Research, *Education Department, Ferry Beach, St. George's GE01, Bermudas, T. +441-297-1880, F. +441-297-8143, www.bbsr.edu*

Die Forschungsarbeiten des BBSR decken so ziemlich das gesamte Spektrum der Meereswissenschaften ab. Der Bewerbungsbogen für das „Volunteer Internship Program“ listet u. a. auf: Satelliten-Ozeanografie, Klimadynamik, Plankton-Ökologie, Systematik und Evolution, Korallenriff-Ökologie, Umweltqualität und -kontrolle, Biologie der Wirbellosen. Besonders stolz ist das Institut auf seine Einbindung in verschieden Programme zur Untersuchung der Wechselbeziehungen zwischen Atmosphäre und Ozeanen.

Die Freiwilligen, die kurz vor Studien-Ende stehen oder über ein abgeschlossenes Hochschulstudium verfügen sollten, unterstützen die festangestellten Forscher in den verschiedenen Labors. Letztere suchen selbst die Freiwilligen aus, die ihnen zur Hand gehen. Die Stellenausschreibungen werden auf *bbsr.edu* zusammen mit der E-Mail-Adresse des Ansprechpartners veröffentlicht, an den man direkt die Bewerbung senden muss.

Auf wissenschaftliche Erfahrung und Studienschwerpunkte in relevanten Bereichen wird besonderer Wert gelegt. Dem Charakter eines Meeresforschungsinstituts angemessen wird auf dem Bewerbungsbogen aber auch die Taucherfahrung abgefragt. (Eine Flaschenfüllung zum privaten Unterwasser-Vergnügen nach Feierabend wird übrigens für 9 US-$ angeboten.)

Das BBSR teilt das Jahr in drei Intership-Trimester auf: Spring (Jan-Apr), Summer (Mai-Aug) und Fall (Sept-Dez). Winter scheint's auf den Bahamas nicht zu geben! Bewerbungsschluss ist jeweils drei Monate zuvor:

für das Spring-Trimester der 1. Oktober, Summer 1. Februar, Fall 1. Juni. Spätestens 6 Wochen später ist dann das hoffentlich positive Auswahlergebnis im Briefkasten. Mit 150-300 Bewerberinnen und Bewerbern ist der Wettbewerb um die 10-20 Internship-Plätze allerdings „extremely competitive".
Dauer: 3-6 Monate
Kosten: keine
Kost & Logis: frei
Alter: mind. 20 Jahre
Einsatzort: Bermudas
Sprachkenntnisse: gutes Englisch

Biodicomo Volunteers Group,
c/o Simon N. Murangiri, P.O.Box 203, Siakago, 60104 Mbeere, Kenia

Diese kleine Forschungseinrichtung im Bergland Kenias hat sich dem Schutz und der Erforschung von Heilpflanzen verschrieben. Die Pflanzen werden in botanischen Gärten vermehrt und gepflegt, um dann zu verschiedenen Präparaten verarbeitet zu werden. Dementsprechend arbeiten die maximal zwei Praktikanten in der Pflege der Gärten, im Herstellen von Arzneien und im Anlegen eines Herbariums mit. Kenntnisse in Botanik, Biologie o.ä. Fachgebieten sind erwünscht. Ansonsten kann man sich im Tätigkeitsbericht von Astrid Erb (s. Nguruka Women Group im Kap. Ökologische Landwirtschaft) ein Bild vom Alltag eines Praktikums dort machen.
Dauer: 3 - 6 Monate
Kosten: 100 Euro / Monat für Verpflegung
Kost & Logis: Logis frei
Alter: 18-35 Jahre
Einsatzort: Kenia
Sprachkenntnisse: Englisch oder Kiswahili

Biologische Station Rybachy,
c/o Nadja Zelenova, 238535 Russland, rybachy@bioryb.koenig.ru oder
Freundeskreis Rybachy / Biologische Station Rybachy,
c/o Petra Wurst, pewurst@debitel.net oder petra.wurst@bioryb.koenig.ru

Im Jahre 1901 begründete Prof. Johannes Thienemann auf der Kurischen Nehrung in der damals Rossitten genannten Vogelwarte die moderne Vogelzugforschung. Nachdem die Vogelwarte im 2. Weltkrieg nach Radolfzell umsiedeln musste, wurde von russischer Seite an derselben Stelle in den 50er-Jahren die Biologische Station Rybachy gegründet. Heute besteht eine enge Zusammenarbeit mit dem deutschen Schwesterinstitut und anderen europäischen Partnern.
Wichtigster Arbeitsschwerpunkt ist die Erforschung des Vogelzuges, der auf der schmalen Nehrung mit mehreren 100.000 Vögeln pro Tag besonders eindrucksvoll ist. U.a. werden Durchzügler in zwei großen Fanganlagen gefangen, untersucht, beringt und sofort wieder freigelassen.
Die wirtschaftlichen Verhältnisse seit dem Zusammenbruch der UdSSR gefährden die Fortführung dieser auch für den Naturschutz wichtigen und traditionsreichen Forschung. Der Freundeskreis Rybachy engagiert sich mithilfe weiterer Sponsoren für die Unterstützung der Biologischen Station und hilft in enger Absprache mit den russischen Kollegen bei der Koordinierung.

Sowohl in der Hauptstation in Rybachy als auch in der 10 km entfernten Feldstation Fringilla sind während der Zugzeit Praktika möglich (April / Mai und September / Oktober; zwei Praktikumsplätze pro Station und Monat). Die Bewerberinnen und Bewerber sollten Interesse an Freilandbiologie mitbringen und bereit sein, auch bei widrigen Witterungsbedingungen im Freien zu arbeiten, d.h. Vögel den Fangnetzen zu entnehmen und bei Beringungsarbeiten mitzuhelfen. Personen mit Erfahrung bei der Beringung sind besonders gern gesehen.

Die Koordination des Einsatzes erfolgt von Rybachy aus. Die Kontaktaufnahme funktioniert am besten über eine deutsch-, englisch- oder russischsprachige E-Mail an die russische E-Mailadresse,. Wegen der erforderlichen Visa und anderer Formalitäten (bei denen die Biologische Station behilflich ist) ist eine Vorlaufzeit von einem halben Jahr einzuplanen.

Dauer: üblicherweise 4 Wochen, mind. 3 Wochen
Kosten: 5 Euro / Tag
Kost & Logis: frei
Mindestalter: 18 Jahre
Einsatzort: Russland
Sprachkenntnisse: nach Möglichkeit Russisch; Englisch ausreichend

Bird Ringing Station Juodkrant,
c/o Vytautas Pareigis, Mi_ko 4, Juodkrant,5870 Neringa, Litauen, T. +370-469-53151 o. +370-688-91822, pareigis@mail.lt

In unmittelbarer Nachbarschaft zur Vogelwarte Rybachy liegt auch Juodkrante auf der Kurischen Nehrung auf dem Weg vieler Zugvögel. Bis zu 10.000 Tiere von 60-70 Arten werden dort jedes Jahr in Netzen gefangen und beringt. Und genau wie in Rybachy besteht zwischen April und November hoher Bedarf an Freiwilligen, die die Arbeit der Station unterstützen.

Helfer kommen entweder in der Station oder in Wohnwagen in Nähe der Fanganlagen unter. Außerhalb der Hochsaison (Juni-August) ist es sogar möglich, kostenlos in einem nahegelegenen Hotel zu wohnen – Bettwäsche, Computer- und Internetzugang sowie Benutzung der Hotelküche zur Essenszubereitung inklusive! Die festangestellten Kollegen sind gerne auch dabei behilflich, andere Teile Litauens kennenzulernen.

Dauer: max. 3 Monate
Kosten: keine
Kost & Logis: Logis frei
Mindestalter: 18 Jahre
Einsatzort: Litauen
Sprachkenntnisse: Englisch o. Deutsch

Robinson auf Vogelfang

Als Biologie- und Geographiestudent, primär aber als Naturliebhaber, suchte ich eine Semesterferienbeschäftigung, die all meine Interessen vereint. Der Ort sollte wunderschön sein, das Wetter prima, die Arbeit interessant, und lernen wollte ich dabei auch was. Alle Wunschvorstellungen waren als Helfer beim Vögelberingen auf der Nehrung vereint. Ich war die meiste Zeit alleine;

für mich als Eigenbrödler war das aber eher ein Extra-Bonus. Ich konnte mich frei bewegen, was aber auch viel Eigenverantwortung bedeutete. Schon seit langem beschäftigte ich mich mit Vögeln, zuvor jedoch mehr aus akademischer Sicht. Hier konnte ich die Vögel mal wirklich anfassen und genauer begutachten. Gewohnt habe ich in einem alten Wohnwagen, welcher Beringungsstation, Küche, Wohnraum und Schlafplatz darstellte. Er war in malerischer Landschaft direkt am Kurischen Haff platziert, inmitten von wunderschöner Natur, fernab der touristischen Wege. Bei Sonnenaufgang begann der Tag mit der Kontrolle der Netze. In den Morgenstunden befanden sich die meisten Vögel in den Netzen, weil sie in den noch kühleren Stunden die höchste Flugaktivität zeigen. Dann gab es viel zu tun: Vögel aus dem Netz befreien und beringen, d.h. Art, Geschlecht und Alter des Vogels zu bestimmen und ein paar Merkmale wie z.B. Gewicht, Flügellänge und die Stärke der Fettspeicherung zu registrieren und schließlich den Ring am Bein zu befestigen. Über Mittag, während der größten Hitze, fliegen die Vögel nicht, so dass ich Zeit hatte, den kurzen Abschnitt (2 km) über die Nehrung zur anderen Seite zu laufen, um in der Ostsee zu schwimmen. Das war meine tägliche Dusche! Abends war wieder mehr zu tun. Nach Sonnenuntergang bin ich meist schon Schlafen gegangen. Der 18 Stunden Tag war doch sehr anstrengend, aber auch erfüllend und voller schöner Ereignisse.

Renatus Derbridge war auf der Vogelwarte Juodkrante tätig.

Centro de Investigacion de los Bosques Tropicales (CIBT), *c/o Jonás Guerrero 138 y Rafael León Larrea, 4 floor, P.O. Box: Casilla 17-7-8726, Quito, Ecuador, T. 593-2-286-5176, loscedros@ecuanex.net.ec, www.reservaloscedros.org*

Ecuadorianischer Ableger des Rainforest Information Centre in Australien (Näheres zum RIC im Kap. „Bürojobs“). Typisch für seine Arbeitsweise ist die Verbindung von umwelt- und sozialpolitischen Elementen. So spielte das CIBT z.B. eine federführende Rolle bei der Ausweisung zweier Schutzgebiete für die Ureinwohner des ecuadorianischen Regenwaldes. Der Schwerpunkt der Arbeit liegt dabei auf der Entwicklung von Konzepten für eine nachhaltige Landnutzung. Besondere Hoffnung wird auf die Verbreitung der Permakultur (Näheres s. Kap. „Alternative Lebensformen“) gesetzt. CIBT führt dazu in allen drei ecuadorianischen Naturräumen (Küste, Anden, Amazonasgebiet) Seminare durch und hat verschiedene Modellprojekte aufgebaut. Ganz klassisch bemüht man sich jedoch auch um die Einrichtung von Schutzgebieten und führt in den betreuten Regionen ökologische Forschung durch.

Hier liegt dann auch der Aufgabenbereich ausländischer Praktikanten, die

die buntgemischte, internationale Crew des CIBT verstärken. Ein deutscher Student ghat z.B. ein Bauminventar des Los Cedros Schutzgebietes in Nord-Ecuador erstellt. Daneben können auch Ökotourismus und die Unterhaltung von Wegen und Gebäuden zu den Aufgaben zählen.
Dauer: 1 Monat bis 1 Jahr
Kosten: 10 US-$ Anmeldegebühr + 300 US-$ / Monat
Kost & Logis: frei
Alter: keine Altersbeschränkung
Einsatzort: Ecuador
Sprachkenntnisse: Englisch oder Spanisch.

Coral Cay Conservation (CCC),
UK Head Office, The Tower, 13th Floor,
125 High Street, Colliers Wood, London SW19 2JG, Großbritannien,
T. +44-870-7500668, F. +44-870-7500667, info@coralcay.org,
www.coralcay.org

Im Auftrag von Regierungsstellen erforscht und untersucht CCC Korallenriffe, Lagunen und tropische Regenwälder, sammelt Daten und erarbeitet Konzepte zum Schutz und eine nachhaltige Nutzung tropischer Ressourcen. CCC schickt jedes Jahr zahlende Freiwillige in internationalen Expeditionen nach Honduras, nach Malaysia, auf die Fidschi-Inseln und auf die Philippinen. Mit den hohen Teilnahmegebühren wird ein Teil der Forschungsprojekte finanziert. Es gibt sowohl „marine expeditions“ als auch „forest expeditions“. Bei erstgenannten verbringen die Freiwilligen die meiste Zeit mit Tauchgängen. Wer nicht tauchen kann, hat die Möglichkeit, vor Beginn der Expedition an einem Lehrgang direkt vor Ort teilzunehmen. Details im Kap. „Workcamps & Expeditionen“. CCC sucht darüber hinaus hochqualifizierte Taucher (PADI Instructor), erfahrene Biologen, Mediziner und Krankenschwestern als „expedition staff“. Die freiwilligen Mitarbeiter sind in verantwortlicher Position als Expeditionsarzt, Tauchlehrer, Bergführer, wissenschaftliche Seminarleiter oder technischer Leiter tätig. Es gibt zwar keine Entlohnung, dafür sind aber Unterkunft und Unterhalt frei. Gearbeitet wird sieben Tage in der Woche, von 6 bis 22 Uhr. Das Bewerbungsformular ist auf der Website abrufbar.
Dauer: 3 oder 6 Monate
Entlohnung: keine
Kost & Logis: frei
Alter: 18+ Jahre
Orte des Geschehens: Honduras, Fidschi-Inseln, Malaysia, Philippinen
Sprachkenntnisse: Englisch

Fundación Cabo San Francisco,
Programa de Voluntarios, Casilla 17-15-73-B, Quito, Ecuador,
volunteers@fcsf.org, www.fcsf.org

Die Fundación Cabo San Francisco (FCSF) ist eine gemeinnützige Organisation, die im Jahr 1994 gegründet wurde, und deren Mitglieder mehrheitlich Einwohner der Gemeinde San Francisco im Bezirk Muisne (Provinz Esmeraldas) sind. Die Stiftung befasst sich mit Naturschutz- und Umweltbelangen, der nachhaltigen Entwicklung des Landes und der Verteidigung von Natur und Umwelt.

Gleichzeitig bietet sie Freiwilligen die Möglichkeit, in der Erforschung und Erhaltung der Flora und Fauna der Region tätig zu werden. Besonders stehen die Klassifizierung einheimischer Pflanzen, das Sammeln von Samen und Vogelzählungen im Vordergrund. Daneben können auch Aufgaben in der Umweltpädagogik, sowie im sozialen und kreativen Bereich übernommen werden.

Die Freiwilligen müssen Interesse am Umweltschutz und nachhaltiger Entwicklung mitbringen und bereit sein, sich den sehr einfachen Lebensverhältnissen anzupassen. Zur Bewerbung gibt es ein Online-Formular.

Dauer: mind. 10 Tage
Kosten: 15 US-$ Bewerbungsgebühren + 100 US-$/Woche oder 300 US-$/Monat
Kost & Logis: frei
Mindestalter: keine Angaben
Einsatzort: Ecuador
Sprachkenntnisse: keine Angaben

Fundación Cerro Golondrinas,
c/o Piet Sabbe, La Casa de Eliza, Calle Isabel la Catolica 1559, Quito, Ecuador, T. +593-226-602 o. +593-526-926, manteca@uio.satnet.net, www.ecuadorexplorer.com /golondrinas

Immer noch gilt in Ecuador das Gesetz, nach dem gerodetes und bewirtschaftetes Land ohne Bezahlung in den rechtmäßigen Besitz der Siedler übergeht. Auf diese Weise hat Westecuador bereits 92% seiner Bergwälder verloren. In den nächsten Jahren ist mit einem vollständigen Verschwinden dieser Vegetationsform zu rechnen. Biologen vermuten in der kolumbianischen und ecuadorianischen Pazifikregion die artenreichste der Erde.

Um diesen Reichtum zu erhalten, hat der Belgier Piet Sabbe etwa 1.000 Hektar Land aufgekauft, die sich über insgesamt sechs Flusstäler auf einer Höhe von 1.200 bis 1.400 Metern erstrecken. Dort sollen bereits gerodete Flächen wiederaufgeforstet und in den ursprünglich gebliebenen Bergwäldern soll Forschung betrieben werden. Um den Siedlungsdruck zu mildern, werden Lebensgrundlagen und Bildung der Bewohner verbessert. Auf lange Sicht sollen umweltverträgliche Nutzungsformen die derzeitige extensive Bewirtschaftung ersetzen. Dazu gehört euch der Aufbau eines Ausbildungszentrums, der Betrieb von Baumschulen und die Wiederaufforstung erosionsgefährdeter Flächen.

Praktikanten helfen bei den wissenschaftlichen Forschungsarbeiten und in der Umweltpädagogik mit. Obwohl das Projekt nur wenige internationale Kontakte besitzt, finden sich dort engagierte, junge Leute aus der ganzen Welt ein. Die Freiwilligen sollen in guter körperlicher Verfassung und bereit sein, unter einfachen Umständen zu leben und zu arbeiten. Vorkenntnisse in Gartenbau, Landwirtschaft, Permakultur, Naturschutz und Umweltpädagogik sind erwünscht. Die Bewerbung soll Angaben über bereits gesammelte Projekt- und Berufserfahrungen enthalten, die Gründe für den Wunsch nennen, Golondrinas zu besuchen, sowie auch den Zeitpunkt des gewünschten Auf-

enthalts angeben. Freiwillige mit Erfahrung in Waldlandwirtschaft, Bodenschutz und Umwelterziehung sollen sich nicht für einen Aufenthalt unter drei Monaten bewerben. Für Leute ohne große Vorkenntnisse, die Mädchen für alles sein wollen, genügt eine Mindestdauer von einem Monat.
Dauer: mind. 1 bzw. 3 Monate
Kosten: 280 US-$ / Monat
Kost & Logis: frei
Alter: mind. 19 Jahre
Einsatz: Ecuador
Sprachkenntnisse: gutes Spanisch

Fundación Jatun Sacha, *c/o Gabriela Cadena, Eugenio de Santillan N34 248 y Maurian, P.O.Box 17-12-867, Quito, Ecuador, T. +593-2-243-2240, F. +593-2-245-3583, volunteer@jatunsacha.org, www.jatunsacha.org*

In den sechs biologischen Stationen der Stiftung nehmen Freiwillige an Forschungsprojekten im ecuadorianischen Urwald teil. Näheres im Kap. „Umweltpädagogik“.
Dauer: 14 Tage bis 1 Jahr, mind. 3 Monate für das *environmental education program*
Kosten: 35 US-$ Bewerbungsgebühren (60 US-$ für Galapagos) + für die ersten zwei Monate in einer Station 300 US-$ / Monat, für alle nachfolgenden 270 US-$. 800 US-$ / Monat für Galapagos.
Kost & Logis: frei
Alter: 24-40 Jahre
Einsatzort: Ecuador
Sprachkenntnisse: gutes Englisch ausreichend, Spanisch ratsam

Global Volunteer Network,
P O Box 2231, Wellington, Neuseeland, T. +64 4 569 908-0, F. –1, info@volunteer.org.nz, www.volunteer.org.nz

Zusammen mit lokalen Programm-Partnern vermittelt dieser Verein Freiwillige auf vier Kontinenten. Je nach Einsatzland stehen praktische Arbeit, Umweltpädagogik, Forschung, Büroarbeit oder auch ökologische Landwirtschaft auf dem Programm. Näheres im Kapitel „Umweltpädagogik“.
Dauer: 1-6 Monate
Kosten: 275 US-$ Bewerbungsgebühren + je nach Programm unterschiedliche Programmgebühren in Höhe von mehreren hundert US-$/Monat
Kost & Logis: frei
Mindestalter: 18
Einsatzort: China, Ecuador, Ghana, Neuseeland, Rumänien, Russland, Thailand, Uganda
Sprachkenntnisse: mind. gutes Englisch, Landessprache von Vorteil

Hawk Mountain Sanctuary,
c/o Sue Wolfe, 1700 Hawk Mountain Road, Kempton, PA 19529-9449, USA, T. +1-610-756-6961, F. +1-610-756-4468, info@hawkmountain.org, www.hawkmountain.org

Das Greifvogelschutzgebiet verfügt über Praktikantenstellen in den Bereichen „Research“ und „Biological Survey and Monitoring“. Mehr darüber unter derselben Adresse im Kap. „Praktika, Umweltpädagogik“.
Dauer: 4 Monate
Entlohnung: 500 US-$ / Monat

Kost & Logis: frei
Alter: keine Angaben
Einsatz: USA
Sprachkenntnisse: fließend Englisch

Per Infrarot „Ultraschallsendern" auf der Spur
Kurz vor dem Ende der Welt, um uns herum nur wilder Regenwald, verbrachten wir vier faszinierende Wochen bei einem Forscherehepaar. Die Forschungsstation beschäftigt sich mit den Lebensbedingungen einer winzigen, pflanzenfressenden Fledermausart und den ökologischen Wechselwirkungen zwischen ihr und dem Biotop Regenwald.
Im australischen Winter ernähren sich diese Tiere weniger von Blütennektar, als vielmehr von Früchten, besonders Feigen. Deshalb verbrachten wir sehr viel Zeit mit „Figging", dem Begutachten der etwa 250 markierten Feigenbäume. Auf unseren ausgedehnten Wanderungen quer durch den Regenwald, meist entlang der zu dieser Jahreszeit ausgetrockneten Bachläufe, begegnete einem täglich ein neues Wunder. Sei es das „Hauskrokodil" im Mangrovensumpf, das tagsüber relativ harmlos in der Sonne döste, oder ein Schlangenknäuel, das sich als Paarungsspiel einer Baumreptilienart erwies, bis hin zu den Urwaldriesen, die einem jedes Mal aufs neue den Atem verschlugen, wenn man ihre Wipfel im Blättergewirr gegen den Himmel nur schwer ausmachen konnte.
Aber unsere Aufgaben waren weiter gefasst. So verbrachten wir manche Nacht unter den wenigen blühenden Bäumen, den „Syzygium-Trees", um das rege Treiben der Fledermäuse per Infrarotsichtgerät zu verfolgen. Die nächtlichen Zählungen wurden mit tagsüber ermittelten Zahlen von Vögeln verglichen, die ebenfalls als Bestäuber in Frage kamen. Zudem wurden einzelne Exemplare im Netz gefangen, mit einem winzigen Sender markiert und durch den Wald verfolgt.

K. Werner Mayer hat im australischen Regenwald Fledermäuse erforscht.

Kenya Volunteer Development Service, *c/o Silvanus A.B. Malaho, P.O. Box 2280, Kakamega, Kenia, T. +254-337-30256, F. +254-337-20235, siabuma@yahoo.com*

In verschiedenen afrikanischen Ländern ist diese Organisation u.a. im Bereich traditioneller Kräutermedizin forschend tätig. Näheres im Kap. „Umweltpädagogik".

Dauer: 3-6 Monate
Kosten: keine Angaben
Kost & Logis: Logis frei
Alter: 24-40 Jahre
Einsatzort: Äthiopien, Kenia, Ruanda, Sambia, Simbabwe, Uganda, Tansania
Sprachkenntnisse: Englisch

Lajuma Mountain Retreat, *c/o Retha and Ian Gaigher, PO Box 522, Louis Trichardt 0920, Südafrika, T. +27-72-1336208 o. +27-15-5930352 (Wochenende), F. +27-15-5164363, lajumalodge@yahoo.com, www.lajuma.co.za*
Eigentlich eine touristische Einrichtung, die es Naturfreunden ermöglicht, bei komfortabler Unterbringung die Natur des Soutpansberg-Gebirges in Südafrika zu erleben. Das Ehepaar Gaigher gehört allerdings auch der Soutpansberg Conservancy, *www.soutpansberg.co.za*, an und führt Freilandforschungen durch, die der Erhaltung der bedrohten Tierarten des Gebietes dienen. Freiwillige können an diesen Forschungsarbeiten teilnehmen und dabei Arten wie Leopard, Pavian oder Rotducker intensiv kennenlernen.
Dauer: mind. 1 Monat; je länger, desto besser
Kosten: für Unterkunft
Kost & Logis: 8 US-$ / Tag für Unterkunft bei Selbstverpflegung
Alter: keine Angaben
Einsatzort: Südafrika
Sprachkenntnisse: Englisch

Du süßer Rotducker, du ...
Ich habe diesen Sommer gemeinsam mit zwei Freunden einen Monat lang über den Rotducker (kleine Antilopenart) geforscht. Die Unterkunft war zwar bescheiden eingerichtet, aber sehr gemütlich und ziemlich in der Wildnis, so dass eine durchziehende Affenhorde oder frische Leopardenspuren morgens vor dem Camp nichts Ungewöhnliches waren.
Dieser Teil Afrikas entspricht nicht dem Bild, das man oft übers Fernsehen bekommt. Es kommen hier keine Elefanten, Büffel, Gnuherden, Giraffen und Ähnliches vor. Es sind vielmehr die kleinen Dinge, die hier fantastisch sind. Es vergingen Tage, bis wir unseren Rotducker das erste Mal zu Gesicht bekamen, dabei saßen wir viele Tage jeden Morgen an, um ihn beobachten zu können. Da man aber sowieso den ganzen Tag im Busch verbringt, dauert es nicht lange, bis man die herrlichsten Dinge entdeckt, z.B. bunte Nektarvögel, verschiedene Adler- und Geierarten (insgesamt über 300 Vogelarten!), Frösche und Krabben in den Gebirgsbächen, eine Fülle von Schmetterlingsarten in den verschiedensten Farben und Formen, die ich mir vorher nicht hatte vorstellen können, Rockpools zum Schwimmen, hohe Wasserfälle, neongelbe Flechten auf den Felsen, Kratzspuren des Leoparden an den Bäumen, Felsmalereien der Ureinwohner, auf Bäumen wachsende Orchideen, hunderte Termitenhügel ... Die Liste ließe sich endlos fortsetzten.
Ich glaube man merkt, wie wunderschön ich diesen Fleck Erde fand und wie gerne ich noch dort wäre. Auch wenn man das meiste selbst bezahlen muss, so war es jeden Pfennig wert, und ich würde es sofort wieder machen.
Manuel Denner forschte im südafrikanischen Busch im Lajuma Mountain Retreat für Natur und Umwelt.

Nature Conservation Centre Poda, *Bulgarian Society for the Protection of Birds/BirdLife Bulgaria, c/o Milen Filev, P.O. Box 361, Bourgas 8000, Bulgarien, T. +359+56+85054-0, F. -1 bspbpoda@mobikom.com, www.bspb-poda.de*

Praktikantinnen und Praktikanten kümmern sich in diesem Naturschutzzentrum vor allem um Besucherinformation, aber auch um naturkundliche Untersuchungen und Kontrollgänge im angrenzenden Naturschutzgebiet. Näheres im Kapitel „Umweltpädagogik".
Dauer: mind. 4 Wochen, von Anfang März bis Ende Oktober
Kosten: keine
Kost&Logis: Logis frei (in Gästezimmer mit Kochgelegenheit)
Alter: keine Angaben
Einsatzort: Bulgarien
Sprachkenntnisse: Deutsch ausreichend, gutes Englisch oder Französisch von Vorteil

Royal Society for the Protection of Birds (RSPB), *Volunteer Unit, The Lodge, Sandy, Bedfordshire SG19 2DL, GB, T. +44-1767-680551, F. +44-1767-683262, volunteers@rsbp.org.uk, www.rspb.org.uk*

In manchen der von der RSPB betreuten Schutzgebiete wirken Freiwillige an naturkundlichen Forschungsarbeiten mit. Näheres im Kap. „Praktische Arbeit".
Dauer: 1 Woche bis 1 Monat, Verlängerung möglich
Kosten: 10 £ / Praktikum
Kost & Logis: Logis frei
Alter: mind. 18 Jahre
Einsatzort: Großbritannien
Sprachkenntnisse: gutes Englisch

SanWild Wildlife Trust, *c/o Louise Joubert, P.O. Box 418, Letsitele 0885, Südafrika, T.+F. +27-15-3451878, sanwild@pixie.co.za, www.sanwild.org*

Die SanWild Wildlife Pflegestation ist Einsatzort der Freiwilligen im gleichnamigen Schutzgebiet. Während regelmäßig Workcamps angeboten werden (s. Kap. „Workcamps & Expeditionen"), sind individuelle Praktika, vor allem in der Forschung, die Ausnahme. Stellenausschreibung auf der Webseite.
Dauer: keine Angaben
Entlohnung: Verhandlungssache
Kost & Logis: frei
Mindestalter: 23 Jahre
Einsatzort: Südafrika
Sprachkenntnisse: keine Angaben

Smithsonian Environmental Research Center (SERC), *c/o Dotti Klugel, P.O. Box 28, Edgewater, MD 21037, USA, T. +1-443-4822470, F. +1-301-2613415, klugeld@si.edu, www.serc.si.edu*

Das SERC bietet Studierenden sowie Doktoranden aus den Bereichen Ökologie, Physik, Mikrobiologie, Botanik, Zoologie, Chemie und Mathematik die Möglichkeit zur Mitwirkung an Forschungsprojekten. Die Projekte beziehen sich vor allem auf die Wirkungen menschlicher Einflüsse auf die Biosphäre im allgemeinen und auf das

Ökosystem des Rhode River, an dessen Mündung im Bundesstaate Maryland das Center liegt, im besonderen. Hier eine kleine Auswahl aus dem Vorjahr: Nutzung von Sukzessionsvegetation durch Vögel, Einfluss des CO2-Anstiegs auf Pflanzen und Prozesse des Ökosystems, Ökologische Parasitologie. Doktoranden sowie fortgeschrittene Semester können auch mit Unterstützung des SERC-Personals eigene Forschungsvorhaben verwirklichen, wobei sie sich dabei moderner Computertechnologie bedienen können. Kenntnisse auf diesem Gebiet können also nicht von Nachteil sein. Das geht sogar soweit, dass einige wenige Stellen eigens für Computerfachleute eingerichtet wurden.

Das Auswahlverfahren ist nicht ohne. Neben einem zwei- bis dreiseitigen Aufsatz über Motivation und wissenschaftliche Erfahrung, sind auch zwei qualifizierte Gutachten über die Eignung einzureichen. Bewerbungsschluss für zwischen Januar und Mai beginnende Projekte ist der 1. November, für solche mit Anfangsdatum zwischen Mai und August der 1. März eines jeden Jahres.

Ein bis zwei Studenten werden im Sommerhalbjahr auch für die auf dem Gelände des Centers stattfindende Umwelterziehung eingestellt. Hier haben und Kandidaten pädagogischer Fachrichtungen die besten Aussichten.

Dauer: in der Regel 10-16 Wochen
Entlohnung: 300 US-$ / Woche
Kost & Logis: Logis gegen 60 US-$ / Woche
Alter: keine Altersbegrenzung
Einsatzort: USA
Sprachkenntnisse: sehr gutes Englisch

Smithsonian Tropical Research Institute (STRI), *Apartado 0843-03092, Balboa, Ancon, Panama, www.stri.org*

Universität Ulm,
Prof. Dr. Elisabeth Kalko, Biologie III, 89069 Ulm, kalkoe@si.edu

Das STRI ist ein Ableger der Smithsonian Institution und gleichzeitig wohl eines der ältesten Forschungszentren in den Tropen. Gründungsdatum: 1846 - zeitgleich mit dem Bau des Panamakanals.

Zwei Programme stehen Interessierten offen, um aktiv bei der Erforschung tropischer Biotope zu deren Schutz mitzuwirken: das „Internship"- und das „Behind-the-Scenes Volunteer"-Programm. Mit ersterem soll akademischen Talenten die Möglichkeit gegeben werden, praktische Forschungserfahrung zu sammeln. Mit letzterem stärkt die Forschungseinrichtung schlichtweg ihre Arbeitskraft im engeren Sinne. Aus diesem Grund sind im Rahmen des Volunteer-Programms nicht nur Plätze im Forschungs- sondern auch im Verwaltungs- und Lehrbereich vorhanden.

Internship-Anwärter müssen sich bereits bei der Bewerbung Mühe geben, denn es werden eine genaue Beschreibung ihrer Motivation für eine Tätigkeit beim STRI, zwei Empfehlungsschreiben und akademische Leistungsnachweise verlangt. Viermal im Jahr werden die Projekt-Anträge geprüft. Die Bewerbungsfristen enden am 15. Februar, 15. Mai, 15. August und 15. November. Bei der Auswahl der Volunteers geht es erheblich entspannter zu.

Eine der mehreren Dutzend Arbeitsgruppen des STRI arbeitet eng mit der Uni Ulm zusammen, bei der man sich auch direkt bewerben kann. Im Rahmen dauerhafter Forschungsarbeiten zur Gemeinschaftsökologie tropischer Fledermausarten sind laufend Feldassistenten-Stellen auf Barro Colorado Island in Panama frei. Die Forschungsarbeiten umfassen Fang, Markierung und Vermessung von Fledermäusen, Telemetrie und physiologische Untersuchungen. Studierende der Naturwissenschaften werden bevorzugt. Wie auch beim Rest des STRI muss die Bewerbung eine Begründung, Lebenslauf und Empfehlungen beinhalten.

Bedingungen für das STRI allgemein:
Dauer: Interns: meist 3 Monate, Volunteers: mind. 1 Woche
Entlohnung: Interns: Stipendium, Volunteers: keine
Kost & Logis: sind nicht frei
Alter: keine Altersbegrenzung
Einsatzort: Panama
Sprachkenntnisse: Englisch oder Spanisch
Bedingungen für das Angebot der Uni Ulm:
Dauer: 1-3 Monate
Kosten: 625 US-$/Monat + 55 US-$ Registrierungsgebühr
Kost & Logis: frei
Mindestalter: 20

The Student Conservation Association (SCA), *Conservation Internships Recruiting, 689 River Road, P.O. Box 550, Charlestown, New Hampshire 03603-0550, USA, T. +1-603-543-1700, F. +1-603-543-1828, internships@thesca.org, www.thesca.org*

Vermittelt Mitarbeiter an verschiedenste Forschungsprojekte im Bereich des Natur- und Ressourcenschutzes. Näheres im Kap. „Nationalparks“.
Dauer: 3-4 Monate (bis zu 12 Monate bei US-Staatsangehörigkeit)
Kosten/Entlohnung: 40 US-$ Bewerbungsgebühren / 50 US-$ / Woche Zuschuss für Verpflegung
Kost & Logis: Logis frei
Alter: mind. 18 Jahre
Einsatzort: USA
Sprachkenntnisse: Englisch

Turtle Conservation Project,
The secretary, 73 Hambantota, Tangalle, Sri Lanka
Sea Turtle Restoration Project,
P.O. Box 400, 40 Montezuma Avenue, Forest Knolls, California 94933, USA, T. +1-415-488-0370, F. +1-415-488-0372, info@seaturtles.org, www.seaturtles.org

In Zusammenarbeit mit dem Sea Turtle Restoration Project (Details im Kap. „Workcamps & Expeditionen“) entstand 1996 das Turtle Conservation Project an einem paradiesischen Strand im Süden Sri Lankas. Forschung und Schutz bedrohter Meeresschildkröten werden hier nebeneinander betrieben. Die meisten Praktikumsplätze stehen im Forschungs- und Monitoringprogramm zur Verfügung. Die Freiwilligen tragen hier in Wechselschichten dazu bei, eine Rund-um-die-Uhr-Überwachung der

Lege- und Schlüpfaktivitäten am nur 2 km langen Eiablage-Strand zu gewährleisten. Bewerber mit Kompetenzen in Biologie und / oder Schildkrötenschutz werden bevorzugt.

Das ganzheitlich ausgerichtete Schutzprogramm bietet verschiedene Möglichkeiten des Engagements in Umweltbildung, Öffentlichkeitsarbeit, Schutzgebiets-Management und allgemeiner Verwaltung. Ungewöhnlich: Selbst für den Englischunterricht werden Lehrerinnen und Lehrer gesucht, denn das Projekt bindet seine Artenschutzaktivitäten in ein globales Konzept ein, im Rahmen dessen die einheimische Bevölkerung unterrichtet wird.

Die Freiwilligen erwartet eine sehr einfache Unterkunft ohne Strom und eine lokale currygeprägte Küche. Bewerbungen bitte direkt an die Adresse in Sri Lanka.

Dauer: 3-6 Monate
Kosten: keine
Kost & Logis: Logis frei
Alter: keine Angaben
Einsatzort: Sri Lanka
Sprachkenntnisse: Englisch

Entwicklungszusammenarbeit

Mehr als ein Job

„Entwicklungszusammenarbeit“ ist ein Begriff, der sich erst langsam durchzusetzen beginnt. Vielerorts spricht man immer noch von Entwicklungs„hilfe“, aber das ist unzutreffend, da es schon seit geraumer Zeit nicht mehr darum geht, als barmherziger Samariter à la Albert Schweitzer die Not der armen, armen Menschen im Busch zu lindern. Hände, die zupacken können, gibt es überall genug. (Wer es noch nicht getan hat, lese an dieser Stelle am Besten den Erfahrungsbericht „Die Reise begann nach der Rückkehr“ von Klaus Cäser Zehrer im Kap. „Behördendschungel“. Treffender kann man kaum ausdrücken, worum’s geht.) Es werden vielmehr Menschen gesucht, die anderen beizubringen vermögen, wie die Arbeit am zweckmäßigsten ausgeführt wird. „Hilfe zur Selbsthilfe“ wird das oft genannt.

Eigentlich ist Entwicklungszusammenarbeit damit in einem Buch, das sich vorwiegend an junge Leute wendet, etwas deplaziert. Tatsächlich liegt das Durchschnittsalter je nach Träger irgendwo bei Mitte bis Ende Dreißig, und die ältesten Programmteilnehmer sind bereits im Rentenalter.

Das verdeutlicht auch, dass Entwicklungszusammenarbeit keine reine Lustbefriedigung ist, die man mal so kurz nach dem Abi einschieben kann, sondern eine ernste Sache mit einem hohen Maß an Verantwortung, die gut überlegt sein will.

Bei allen Organisationen muss man sich für einen sehr langen Zeitraum (meist mindestens zwei Jahre) engagieren. Die Gelegenheit dazu bekommt man aber nur, wenn eine abgeschlossene Ausbildung und mehrere Jahre Berufserfahrung nachgewiesen werden können.

Der Umweltschutz, im offiziellen Sprachgebrauch meist Ressourcenschutz genannt, spielt überall eher eine untergeordnete Rolle. Je mehr man aber auch auf internationaler Ebene über die Zukunft dieses Planeten nachdenkt, desto mehr ändert sich das.

Wieder gilt: Zu jeder Anfrage gehört ein ausreichend frankierter C4-Rückumschlag (Inland) oder zwei oder mehr Internationale Antwortscheine (Ausland). Um die Informationswege aufzuklären, bitten wir außerdem um Erwähnung von „Jobben für Natur und Umwelt".

Verlagshinweis: Einen Titel zum Thema **Entwicklungszusammenarbeit** gibt's bei interconnections http://shop.*interconnection.de*

Arbeitsgemeinschaft für Entwicklungshilfe (AGEH), *Ripuarenstr. 8, Pf. 210128, 50527 Köln, T. 0221-8896-210, F. 0221-8896-100, infoline@ageh.de, www.ageh.de*

Der „Personaldienst der deutschen Katholiken" AGEH vermittelt als Teil eines weltweiten Netzwerkes Freiwillige in knapp 60 Länder. In ihrer Einteilung der Berufsbereiche fehlt der Umweltschutz, aber es gibt wie immer Überschneidungen, z.B. mit dem Themenfeld „Ländliche Entwicklung". Die Entwicklungshelferinnen und -helfer haben die Aufgabe, sich in ihrem Gastland selbst überflüssig zu machen, indem sie einheimische Fachkräfte ausbilden.

Eine abgeschlossene Berufsausbildung und mehrjährige Berufserfahrung sind unüberwindliche Eingangsvoraussetzung. Außerdem werden u.a. gute Gesundheit, physische und psychische Belastbarkeit sowie pädagogisches Geschick verlangt.

Der Verantwortung der Aufgabe entsprechend ist der Weg vom Wunsch, Entwicklungszusammenarbeit zu leisten, bis zur Erreichung dieses Ziels sehr lang. Einer ausführlichen Bewerbung folgt zunächst ein Vorstellungstag und dann ein einwöchiger Grundkurs. Bei jeder Etappe prüft die AGEH, ob die Bewerber für einen Einsatz in einem Gastland geeignet sind. Erst nach Durchlaufen aller Phasen kann es zu einer Vermittlung und Projektzuordnung kommen.

Dauer: in der Regel 3 Jahre
Entlohnung: Unterhaltsgeld nach dem Entwicklungshelfergesetz
Kost & Logis: Logis frei
Alter: mind. 23 Jahre
Einsatzort: Afrika, Asien, Lateinamerika, Osteuropa
Sprachkenntnisse: keine Eingangsvoraussetzung

Arbeitskreis Lernen und Helfen in Übersee, *Thomas-Mann-Str. 52, 53111 Bonn, T. 0228-908991-0, F. 0228-908991-1, aklhue@entwicklungsdienst.de, www.entwicklungsdienst.de*

Der Arbeitskreis „Lernen und Helfen in Übersee" ist ein Zusammenschluss der anerkannten Träger des Entwicklungsdienstes. Beispielhaft haben wir in diesem Buch genauere Angaben zur Programmstruktur des AGEH und des DED gemacht. Die Adressen der anderen Träger sind nachfolgender Liste zu entnehmen.

Der Arbeitskreis berät und unterstützt Interessierte, die sich im Ausland sozial engagieren wollen und informiert sie über die Angebote und Zugangsbedingungen der verschiedenen Organisationen.

Als solcher ist er auch die erste Anlaufstelle, wenn es um die Ableistung eines Entwicklungsdienstes als Ersatz für Kriegsdienst oder Zivildienst (Näheres im Kap. „Öffentliche Programme“) geht. Diese Möglichkeit existiert allerdings nur noch in wenigen Ausnahmefällen. Im Gegensatz zu Kriegs- oder Zivildienst besteht nämlich kein Anspruch darauf, wirklich im Entwicklungsdienst eingesetzt zu werden. Die Anwerbung und Auswahl von Fachkräften richtet sich ausschließlich nach dem Bedarf der Partner in Übersee und Osteuropa. Dies gilt sowohl beim aktuellen Personalbedarf als auch bei der langfristigen Planung. In der Regel gibt es einen solchen im voraus kalkulierbaren Bedarf fast nur noch bei Ärzten. Bewerber müssen volljährig sein, auch hier eine abgeschlossene Berufsausbildung und genügend Berufserfahrung nachweisen und dürfen noch nicht ihren Einberufungsbescheid oder die Ankündigung dazu erhalten haben. Wer sich noch in der Ausbildung (Lehre oder Studium) befindet, kann sich um den Abschluss eines Entwicklungshelfer-Vorvertrages bewerben. Das führt zur Zurückstellung vom Zivil- oder Kriegsdienst während der Wartezeit, die meist sechs bis acht Jahre dauert (Abschluss der Berufsausbildung, Sammeln von Berufserfahrung, Vorbereitungszeit). Die Pflicht, einen dieser Dienste zu leisten, erlischt jedoch erst nach tatsächlicher Ableistung von mindestens 24 Monate Entwicklungsdienst.

Zum Abschluss sei noch einmal betont, dass wirklich nur in vorgenannten Berufszweigen Aussicht (und mehr auch nicht) besteht, sich erfolgreich zu bewerben. Alles hängt eben vom Bedarf der Partnerländer ab.

Die nachfolgenden Angaben beziehen sich auf den Entwicklungsdienst und nicht etwa auf eine Tätigkeit beim Arbeitskreis. Die Datenbank www.oneworld-jobs.org des AKLHÜ ermöglicht eine gezielte Suche nach aktuellen Einsatzmöglichkeiten im Entwicklungsdienst oder im Rahmen von internationalen Freiwilligendiensten.

Dauer: mind. 2 Jahre + mehrmonatige Vorbereitung

Entlohnung: Unterhaltsgeld nach dem Entwicklungshelfergesetz

Kost & Logis: Logis frei

Alter: formal mind. 18 Jahre, praktisch Mitte 20, max. 30 Jahre

Einsatzort: Afrika, Asien, Lateinamerika, Osteuropa

Sprachkenntnisse: eine „europäische Verkehrssprache“ (Englisch, Französisch, Spanisch, Portugiesisch)

Träger des Entwicklungsdienstes:

Arbeitsgemeinschaft für Entwicklungshilfe (AGEH), *Ripuarenstr. 8, Pf. 210128, 50527 Köln, T. 0221-8896-210, F. 0221-8896-100, infoline@ageh.de, www.ageh.de*

Ausführliche Beschreibung in diesem Kapitel

Christliche Fachkräfte International (CFI), *Wächterstr. 3, 70182 Stuttgart, T. 0711-21066-0, F. 0711-21066-33, cfi-stuttgart@t-online.de, www.christliche-fachkraefte.de*

Deutscher Entwicklungsdienst (DED), *Tulpenfeld 7, 53113 Bonn, T. 0228-2434-0, F. 0228-2434-444, poststelle@ded.de, www.ded.de*

Ausführliche Beschreibung in diesem Kapitel

eed- Evangelischer Enwicklungsdienst, *Ulrich-von Hassell-Str. 76, 53123 Bonn, T. 0228-8101-0, F. 0228-8101-160, eed@eed.de, www.eed.de*

Getragen von evangelischen Verbänden und Institutionen

Eirene, *Internationaler Christlicher Friedensdienst, Engerser Str. 74b, Postfach 13 22, 56503 Neuwied, T. 02631-8379-0, F. 02631-8379-90, eirene-int@eirene.org, www.eirene.org*

Weltfriedensdienst (WFD), *Hedemannstr. 14, 10969 Berlin, T. 030-2539900, F. 030-2511887, info@wfd.de, www.wfd.de*

ASA-Programm, *Lützowufer 6-9, 10785 Berlin, T. 030-25482-0, F. 030-25482-359, asa@inwent.org, www.asa-programm.de*

Horizont 3000, *Wohllebengasse 12-14, 1040 Wien, Österreich, T. +43-1-503000-3, F. -4, office@horizont3000.at, www.horizont3000.at*

Das ASA-Programm ging bereits 1960 aus einer studentischen Initiative hervor und fördert jedes Jahr mit einem Stipendium den Arbeits- und Studienaufenthalt von etwa 200 jungen Studierenden und nichtakademischen Berufstätigen in Organisationen in Afrika, Asien, Lateinamerika und Südosteuropa. Dabei verfolgt es folgenden Ziele: ASA trägt bei zu einem Austausch und gemeinsamen Lernen über Ideen und Lösungen für Entwicklungsprobleme. Es vermittelt jungen Menschen Erfahrungen in der Entwicklungszusammenarbeit, damit sie sich in ihren Gesellschaften für eine weltweite gerechte und nachhaltige Entwicklung einsetzen. Schließlich fördert es die Verständigung und gegenseitige Achtung zwischen Menschen aus verschiedenen Kulturen. Seit 2003 können über Horizont 3000 auch Österreicherinnen und Österreicher teilnehmen, die sich bitte direkt an diese Partnerorganisation wenden.

Zu den ASA-Projekten im Natur- und Umweltschutz gehörten in der Vergangenheit z.B. die Entwicklung von Umweltmanagementkonzepten für südafrikanische Unternehmen, Umweltbildungsmaßnahmen in Bolivien oder eine Fair-Trade-Kampagne in Tansania.

Bis Ende August eines Jahres können Projektvorschläge zum Folgejahr eingereicht werden. Auch Bewerberinnen und Bewerber können sich daran beteiligen. Ab Mitte Oktober wird der Programmkatalog ausschließlich im

Internet veröffentlicht, auf dessen Grundlage die Bewerbungen bis Ende November schriftlich einzureichen sind. Die Auswahl der Teilnehmerinnen und Teilnehmer findet Anfang Dezember statt, und noch vor Jahresende werden die entsprechenden Benachrichtigungen verschickt. Zwischen Februar und Juni gibt es dann Vorbereitungsseminare mit verbindlicher Teilnahme. Die Sprachkenntnisse, die über Tests geprüft werden, muss man sich ebenfalls spätestens in dieser Zeit aneignen. Meist zwischen Juni und September geht's dann endlich los ins Gastland.

ASA bietet den Freiwilligen ein umfassendes Fortbildungsangebot, was die Vorbereitung; den eigentlichen Arbeits- und Studienaufenthalt sowie die Auswertung umfasst. Weiterhin unterstützt das Programm beim Weitergeben der Erfahrungen nach der Rückkehr. Interessierte können die Auswertungsberichte ausleihen. Das Programm bietet allen Teilnehmenden einen Rahmen, der ausgesprochen viel Raum bei Mitgestaltung und Eigeninitiative gewährt. Dies gilt sowohl bei der Ausarbeitung der Projekte, als auch während der Phase der Vorbereitung und des Projektaufenthalts. Gleichzeitig sind, um die Zusammenarbeit für alle Seiten produktiv zu gestalten und die Qualität des Programms zu sichern, bestimmte Verbindlichkeiten einzuhalten.

Dauer: 3 Monate
Entlohnung: Teilstipendien und Fahrtkostenzuschüsse, deren Höhe vom Gastland abhängig ist
Kost & Logis: nicht gestellt
Alter: 21-30 Jahre
Einsatzort: Afrika, Asien, Lateinamerika, Südosteuropa
Sprachkenntnisse: gute Kenntnisse der Verkehrssprache des Gastlandes

Centrum für internationale Migration und Entwicklung (CIM),
Barckhausstr. 16, 60325 Frankfurt,
T. 069-719121-0,
F. 069-719121-19, cim@gtz.de,
www.cimonline.de

Arbeitsgemeinschaft der Deutschen Gesellschaft für Technische Zusammenarbeit (GTZ) und der Bundesanstalt für Arbeit. Als Träger des Programms „Integrierte Fachkräfte" hat es den Charakter einer Personalvermittlung. CIM wendet sich nicht nur an junge Leute, sondern an solche mit abgeschlossener Ausbildung und Berufserfahrung.

In vielen Ländern der Dritten Welt, aber auch Mittel- und Osteuropas, bleiben wichtige Arbeitsplätze häufig unbesetzt, weil berufserfahrene und gut ausgebildete einheimische Fachkräfte nicht in ausreichender Zahl vorhanden sind. In diesen Fällen kann CIM die vorübergehende Beschäftigung deutscher Arbeitnehmerinnen und Arbeitnehmer aus der EU als so genannte „Integrierte Fachkräfte" ermöglichen.

Der Vertrag wird stets mit dem Arbeitgeber des Gastlandes geschlossen. CIM bietet als zusätzlichen Anreiz einen Gehalts- und / oder Versicherungszuschuss. Umwelt- und Ressourcenschutz ist einer der Vermittlungsschwerpunkte.

Dauer: 1-6 Jahre

Entlohnung: unterschiedlich
Kost & Logis: unterschiedlich
Alter: keine Angaben (Durchschnittsalter 46 Jahre)
Einsatzort: Afrika, Asien, Europa, Lateinamerika
Sprachkenntnisse: unterschiedlich

Deutsche Gesellschaft für Technische Zusammenarbeit (GTZ),
Dag-Hammarskjöld-Weg 1-5, 65760 Eschborn, T. 06196-79-0, F. 06196-1115, Internet-Team@gtz.de, www.gtz.de

Weltweites tätiges Dienstleistungsunternehmen, das öffentliche und private Einrichtungen in über 120 Partnerländern bei der Planung und Durchführung von Projekten der Technischen Zusammenarbeit berät. Die Lebenschancen der Menschen sollen verbessert und ihre natürlichen Lebensgrundlagen stabilisiert werden. So zählen z.B. auch Agrarpolitik oder Wald- und Pflanzenwirtschaft zu den Arbeitsfeldern.

Um seinen und den Bedarf anderer entwicklungspolitischer Institutionen an qualifizierten Mitarbeitern zu decken, bietet die GTZ mehrere Nachwuchsförderungsprogramme an. Auf seinen Webseiten hat sie einen „Bewerbungscheck" integriert, damit Interessierte testen können, ob ein Engagement bei der GTZ für sie in Frage kommt.

Das Projekthospitantenprogramm bietet einen dreimonatigen Arbeits- und Studienaufenthalt im Ausland, bei dem die Teilnehmer Kenntnisse über die jeweilige fachliche und regionale Problematik des von ihnen besuchten Projekts erlangen sollen. Vor Ort liegt die Bearbeitung von speziellen fachlichen Aufgaben in ihren Händen. Kooperationsfähigkeit, Belastbarkeit und Verantwortungsbereitschaft werden verlangt. Weiterhin ist ein abgeschlossenes Grundstudium notwendig. Von den direkt umweltrelevanten Studiengängen bringen Agrar-/Forstwirtschaft, Umwelttechnik, Umweltökonomie oder Geografie die meisten Pluspunkte. Dafür gibt's dann eine je nach Einsatzland unterschiedliche einmalige Aufwandsentschädigung, einschließlich der An- und Abreisekosten. Bewerbungszeitraum: 1. Oktober bis 30. November.

Dieselben Studiengänge wie oben bringen Interessenten auch dem Projektassistentenprogramm näher, das schon in Richtung Kaderschmiede geht. „Als Absolventin / Absolvent dieses Programms bestehen gute Voraussetzungen, später anspruchsvolle Fach- und Führungspositionen (...) zu übernehmen." meint die GTZ. Die Messlatte, um an das Monatsgehalt von 2.096 bis 2.608 Euro (je nach Eingangsqualifikation) zu gelangen, liegt entsprechend hoch. Neben einem abgeschlossenen Studium, einem Postgraduiertenstudium oder mehrjähriger Berufserfahrung und verhandlungssicheren Kenntnissen einer Weltsprache, ist auch Auslandserfahrung mitzubringen. Mit Blick auf die zukünftige Berufung hat man auch mit Führungs- und Managementqualitäten aufwarten zu können. Während der 24-monatigen Projektassistenz (4 Monate Vorbereitung in Deutschland, 20 Monate im Projekt) werden dies-

mal nicht nur die Planung, Durchführung und Evaluation von Projekten vermittelt, sondern auch Verwaltungsaufgaben (z.B. Buchhaltung, Personalverwaltung) miteinbezogen. Bewerbungsfrist: 1. August bis 31. Oktober. Höchstalter 32 Jahre.
Zudem besteht noch die Möglichkeit eines Praktikums in der GTZ-Zentrale in Eschborn. Dieses gewährt aber eher Einblicke in die Verwaltung, als sich mit Umweltschutz zu beschäftigen. Es gelten ähnliche Voraussetzungen wie für das Projekthospitantenprogramm bei einer Vergütung zwischen 520 und 620 Euro.
Dauer: 3 bzw. 24 Monate
Entlohnung: bis zu 2.608 Euro im Monat
Kost & Logis: keine Angaben
Alter: bis 32 Jahre
Einsatzort: Afrika, Asien, Europa, Lateinamerika
Sprachkenntnisse: gute Kenntnisse einer Weltsprache.

Energie für eine saubere Zukunft
Tee soweit das Auge reicht. Nach einem erfüllten doch sehr anstrengenden Arbeitstag sind wir mit unserer Equipe in ein riesiges Anbaugebiet südwestlich von Bandung vorgedrungen.
Tief beeindruckt stehe ich unerlaubterweise inmitten einer Teefabrikationsstätte und verfolge die Verarbeitung zwischen mannshohen Ventilatoren, Sieben, Schüttlern, Transportbändern und Trocken-Fermentern. Nebenan stampfen unerbittlich mit einem dumpfen Grollen zehn Dieselgeneratoren. Sie sind der Puls der Fabrik. Doch ein Gedanke bleibt: die massive Umweltbelastung zeigt sich in aller Deutlichkeit. Eine brandschwarze, abgestorbene Vegetation, durchtränkt von schmieröligem Erdreich, umgibt das Produktionsgelände. Eigentlich völlig unverständlich, sind doch nebenan die Überreste eines Kleinwasserkraftwerks als umweltfreundliche Alternative auszumachen. Mit dem Gedanken, einen kleinen Beitrag zur Revitalisierung bereits vorhandener, lokal angepasster Technologien zu leisten, sind wir in Indonesien im Einsatz. Ein Einsatz für einen schonenden Umgang mit den natürlichen Ressourcen wie beispielsweise Wasser, welches hier im Übermaß vorhanden ist.

Roland Bamert wirkte in der Entwicklungszusammenarbeit in Indonesien

Deutscher Entwicklungsdienst (DED),
Tulpenfeld 7, 53113 Bonn,
T. 0228-2434-0, F. 0228-2434-444,
poststelle@ded.de, www.ded.de
Der DED ist eine gemeinnützige GmbH mit dem Arbeitskreis „Lernen und Helfen in Übersee" und der BRD, vertreten durch das Bundesministerium für wirtschaftliche Zusammenarbeit und Entwicklung (BMZ), als Gesellschaftern. Etwa 340 der insgesamt 1.000 Entwicklungshelferinnen und -helfer sind im Ressourcenschutz

und der ländlichen Entwicklung eingesetzt; zwei der wichtigsten Arbeitsgebiete des DED.
Nach einer je nach Qualifikation unterschiedlichen Vorbereitungszeit, in der die sprachlichen, kulturellen und fachlichen Besonderheiten des zukünftigen Gastlandes vermittelt werden, arbeiten die Entwicklungshelfer mindestens zwei Jahre in einem Projekt in Afrika, Asien oder Lateinamerika. Da die Ausbildung einheimischer Fachkräfte und die Vermittlung zeitgemäßer Technologien im Vordergrund der Tätigkeit stehen, ist ein hoher Qualifizierungsgrad vonnöten. Alle Bewerber haben eine abgeschlossene Ausbildung und mindestens zwei Jahre Berufserfahrung nachzuweisen. Im Umweltschutz haben Agraringenieurinnen, Dipl.-Forstwirte, Gartenbauingenieure u.Ä. die besten Aussichten. Die Bezahlung (Unterhalt, Urlaubsgeld, Ausstattungs- und Wiedereingliederungsbeihilfe) ist den hohen Anforderungen angemessen.
Rund 5.000 der jährlich über 20.000 Anfragen sind für die Arbeit des DED interessant und werden mit einer Aufforderung zu einer Bewerbung beantwortet. Falls die fachlichen Voraussetzungen erfüllt sind, wird die Entscheidung über Eignung oder Nichteignung im Laufe einer Vorstellungstagung gefällt.
Dauer: 2-5 Jahre + ca. 6 Wochen Vorbereitungszeit (abhängig von der jeweiligen Qualifikation)
Entlohnung: Unterhaltsgeld nach dem Entwicklungshelfergesetz
Kost & Logis: Logis frei
Durchschnittsalter: 41 Jahre, keine Obergrenze
Einsatzort: Afrika, Asien, Lateinamerika
Sprachkenntnisse: Sprachlernfähigkeit muss gegeben sein. Für viele Arbeitsplätze sind Kenntnisse einer europäischen Verkehrssprache Voraussetzung.

Sustainable Agriculture Centre for Research, Extension and Development in Africa- Sacred Africa,
Dr. Eusebius Mukhwana, P.O. Box 2275, Bungoma, Kenia,
T. +254-55-30788 / 0,
sacred@africaonline.co.ke,
www.acts.or.ke/sacred

Diese erst 1996 gegründete NGO in Kenia versucht durch verschiedene Trainingsprogramme, der seit den 50er Jahren rasant gestiegenen Bevölkerung zu helfen, ihre natürlichen Ressourcen effizienter und nachhaltiger zu nutzen sowie mehr Nahrung und Einkommen für die Familien zu erzeugen. Sacred Africa hat ein beindruckendes Netzwerk zwischen Hochschulinstituten, Regierungsstellen, anderen NGOs und Privatpersonen geschaffen, die diese Bestrebungen unterstützen. Die Zeitschrift „Sacred News“ informiert viermal jährlich über die laufende Arbeit. Die Kernprogramme von Sacred Africa sind:

- nachhaltige Landwirtschaft – jährlich werden mehr als 1.500 Multiplikatoren und Selbsthilfegruppen in Wochenkursen geschult.
- Biodiversität und natürliche Ressourcen – Wiederaufforstungsprojekte und Bodenverbesserungsmaßnahmen.

- Einkommensverbesserung – Training in Marketing, Vorstellung neuer Farmprojekte wie gemischte Geflügelhaltung und Gemüseanbau, Bienenzucht und Fischzucht. Multiplikatoren- und Lehrerausbildung – Training und Unterstützung vor allem für Frauen, Jugendliche, NGOs, Forscher und Regierungsangestellte.

Auf all diesen Gebieten werden freiwillige Mitarbeiter gesucht, allerdings geht aus den uns zur Verfügung stehenden Informationen leider nicht klar hervor, ob Sacred Africa Workcamps oder Praktika anbietet.
Dauer: 3 – 6 Monate
Entlohnung: keine
Kost & Logis: keine
Alter: mind. 20 Jahre
Einsatz: Kenia
Sprachkenntnisse: Englisch, Kiswahili von Vorteil

Voluntary Service Overseas (VSO),
Enquiries Unit, 317 Putney Bridge Road, GB – London SW15 2PN, T. +44-208-780-7500, F. +44-208-780-7300, enquiry@vso.org.uk, www.vso.org.uk

Nach eigenen Angaben ist VSO die größte unabhängige Organisation der Entwicklungszusammenarbeit weltweit. Der Bedeutung des Umweltschutzes wird hier immerhin mit einer speziellen Info-Broschüre „Work overseas in natural resources“ Rechnung getragen. Die Teilnahmebedingungen unterscheiden sich nur unwesentlich von denen deutscher Träger wie AGEH oder DED. Darüber hinaus gibt es auch ein „Youth for Development“ genanntes Programm, das 18-25jährigen für einen kürzeren Zeitraum offen steht.
Dauer: meist 2 Jahre (mehrere Monate beim „Youth for Development“-Programm)
Entlohnung: 150 – 400 Euro je nach Einsatzort
Kost & Logis: Logis frei
Alter: mind. 22 Jahre
Einsatzort: Afrika, Asien, Osteuropa, Pazifikregion
Sprachkenntnisse: Englisch

United Nations Volunteers,
Postfach 26 01 11, 53153 Bonn, T. 0228-815200-0, F. 0228-815200-1, enquiry@unvolunteers.org, www.unvolunteers.org

Das einzige in diesem Buch aufgeführte Programm der Entwicklungszusammenarbeit, das keine Nord-Süd-Einbahnstraße ist. Etwa 80 Prozent der UN-Freiwilligen stammen aus Drittwelt-Staaten, nur eine Minderheit von 20 Prozent aus den Industrieländern.
In der Auswahl der Kandidaten ähneln die UN den heimischen Entwicklungszusammenarbeits-Organisationen. Deutsche wenden sich direkt an den Deutschen Entwicklungsdienst, der für die UN Volunteers Bewerbungen, Vorstellungsgespräche etc. durchführt. Auch wenn es in vielen Büchern oft so dargestellt wird: die UN veranstaltet keine Workcamps!
Dauer: 2 Jahre
Entlohnung: unterschiedliches Unterhaltsgeld
Kost & Logis: Logis u. U. bezuschusst
Alter: mind. 25 Jahre
Einsatzort: Afrika, Asien, Lateiname-

rika, Osteuropa
Sprachkenntnisse: gutes Arabisch, Englisch, Französisch, Portugiesisch, Russisch oder Spanisch

Adressen und Hinweise

Arbeitskreis „Lernen und Helfen in Übersee“ e.V., *Thomas-Mann-Str. 52, 53111 Bonn, T. 0228-634424, F. 0228-650414, aklhue@entwicklungs-dienst.de, www.entwicklungsdienst.de*

Folgende max. 20seitige Broschüren werden vom Arbeitskreis kostenlos verschickt, alle sehr übersichtlich und nützlich. Der Arbeitskreis unterscheidet dabei immer zwischen berufserfahrenen Fachkräften (Entwicklungshelfer) und Freiwilligendiensten.
„Der Arbeitskreis Lernen und Helfen in Übersee e.V. und die Angebote seiner Mitglieder“. Kurzbeschreibungen und Anschriften der im Arbeitskreis vertretenen Verbände und anerkannter Entwicklungshilfeträger. „Chancen des persönlichen Engagements im Ausland“, „Als Entwicklungshelfer nach Übersee“, „Als Freiwillige in Gemeinschaftsdiensten“. Kurzbeschreibungen und Anschriften von Trägern der Gemeinschaftsdienste.

Europäischer Freiwilligendienst

Deutsches Büro „Jugend für Europa“, *Heussallee 30, 51377 Bonn, T. 0228-9506-0, F. 0228-9506-222, jfe@jfemail.de, www.go4europe.de*

Seit 1996 gibt es den Europäischen Freiwilligendienst (EFD), der mit einem pädagogischen Konzept drei Ziele verfolgt:

1. Jugendliche sollen als Freiwillige Solidarität und Verantwortung ausüben können.
2. Sie sollen nützliche Qualifikationen (berufliche, sprachliche, kulturelle und soziale) erwerben, und dies auch bescheinigt bekommen.
3. Das europäische Netz von Projekten im humanitären, sozialen, kulturellen und ökologischen Bereich soll durch die Tätigkeit der Freiwilligen gestärkt werden.

Daraus wird ersichtlich, dass es sich hier nicht um eine reine Öko-Maßnahme handelt, sondern der Umweltschutz nur einer unter vielen anderen Teilaspekten (z.B. Anti-Rassismus, Integration, Obdachlose, Behinderte) ist. Er ist auch weder als Ersatz für den Kriegs- oder Zivildienst noch als Berufsbildungsmaßnahme zu sehen. Vielmehr ist der EFD eine Maßnahme der außerschulischen Bildung.
Jeder Freiwillige steht bei seinem Engagement mit zwei Organisationen in Kontakt: Zunächst einmal mit dem „Entsendeprojekt“ in Deutschland, das die Bewerbung entgegennimmt und den Auslandsaufenthalt vor- und nachbereitet. Oft sind die so bezeichneten Verbände auch Träger des FÖJ oder Zivildienststellen (s. Kap. Inland / Öffentliche Programme). Es können sich aber generell alle gemeinnützigen Vereine, Verbände oder Körperschaften beim deutschen Büro als Entsender registrieren lassen, sofern sie der Zielsetzung dieses Programms entsprechen.

Der Partner im Ausland wird „Aufnahmeprojekt“ genannt. Zusammen mit dem Entsender definiert dieses die Aufgaben des Freiwilligen und stellt letztlich auch die Arbeitsstelle dar. Neben den EU-Nationen haben sich folgende Länder dem Programm angeschlossen: die Staaten der „Europäischen Freihandelszone“ (EFTA), die assoziierten Länder (alle, die bald in die EU eintreten), die Länder des Balkans, die Mittelmeeranrainerstaaten in Afrika und im Nahen Osten, alle Länder Lateinamerikas, Südafrika sowie andere Drittländer im östlichen Europa wie Russland, Ukraine, Aserbaidschan.

Das Aufnahmeprojekt ist es auch, das den Freiwilligen während seines bis zu einem Jahr dauernden Engagements betreut (Tutoren o.Ä. sind von den Richtlinien zwingend vorgeschrieben) und ihm das Taschengeld auszahlt, das von Land zu Land schwankt. Es kümmert sich um ausreichende sprachliche und persönliche Betreuung, den Wohnraum, Essen und die Inhalte des Freiwilligen-Einsatzes. Das Entsendeprojekt hingegen sorgt dafür, dass der Freiwillige an einem Ausreiseseminar teilnimmt und alle bürokratischen Hürden aus dem Weg geräumt werden.

Zudem bietet der EFD den Teilnehmerinnen und Teilnehmern noch eine Perspektive über den Freiwilligendienst hinaus. Durch Beratung und finanzielle Unterstützung können Freiwillige soziale, kulturelle oder wirtschaftliche Projekte selbst in Angriff nehmen. Das Programm „Future Capital“ verbindet die Erfahrungen und Qualifikationen, welche die Freiwilligen während ihres Auslandsaufenthaltes gewonnen haben, mit ihrem lokalen Umfeld, in das sie zurückkehren.

Das deutsche Büro „Jugend für Europa“ ist erste Anlaufstelle für den Europäischen Freiwilligendienst und auch zur Bearbeitung der Förderanträge zuständig. Es gibt eine Liste der deutschen Entsendeprojekte heraus und bietet eine Datenbank, die nach Projekten und Projektträgern durchsucht werden kann. Auf seiner Website veröffentlicht es zudem Erfahrungsberichte und weitere wertvolle Hinweise rund um den EFD.

Dauer: 6-12 Monate
Entlohnung: Taschengeld, dessen Höhe vom Gastland abhängig ist
Kost & Logis: frei
Alter: 18-25 Jahre
Einsatzort: Europa, Israel, Lateinamerika, Nordafrika, Südafrika
Sprachkenntnisse: in der Regel die Landessprache

Verlagshinweis: Zum Freiwilligendienst s. auch den Band **„Internationale Freiwilligendienste“**, **„Läuse knacken, na und“** sowie andere Bände zum Thema; u.a. ist einer auch zum Inland erschienen. Siehe http://shop.interconnections.de

Interkulturelles Lernen in Südamerika

Hola! Ich bin Julika und war nach meinem Abi neun Monate in einem wunderbaren Land: Peru! Dort habe ich zuerst in einem Waisenhaus gearbeitet und anschließend in einer Organisation, die sich der ökologischen Landwirtschaft widmet. Außerdem war ich tätig in einem Verein, der ökologische Produkte herstellt und verkauft.

Offenheit für neue Lebensweisen, Erziehungsformen und Essensgewohnheiten ist meiner Meinung nach eine ganz wichtige Grundvoraussetzung für einen jungen Menschen, der sich entschließt, im Ausland zu leben und zu arbeiten. Auch wenn das leichter gesagt als getan ist.

Oft habe ich mir gedacht: „Das darf doch nicht wahr sein! Warum machen die das so?“ Mir ist z.B. bis heute noch nicht in den Kopf gegangen, warum die Kinder in der Schule das Marschieren lernen, um am Sonntag auf dem Hauptplatz stramm zu stehen. Warum die Menschen ihre Batterien einfach auf die Felder werfen. Oder warum sich in einer Straße sieben oder acht Frisörläden befinden, und man sonst in der ganzen Stadt keine mehr findet. Es sind oft nur Kleinigkeiten, über die ich mich gewundert und manchmal auch geärgert habe. Und oft hatte ich Lust, etwas daran zu ändern oder irgendwie Einfluss zu nehmen.

Doch mir ist sehr schnell klar geworden, dass ich erst mal gar nichts erreiche, wenn ich dort als besserwisserische Deutsche, Weiße, „Gringa“ auftrete und versuche, meine Ideen und Lebensweisen den Menschen aufzudrängen und überzustülpen. Das war und ist nicht meine Aufgabe und auch nicht meine Vorstellung von Freiwilligendienst.

Besonders am Anfang ist es sehr wichtig, sich erst mal an die Menschen, an das Leben, an die Gepflogenheiten zu gewöhnen und einfach überall „mitzudackeln“ und sich einzuleben. Es ist nicht so wichtig, gleich in der ersten Woche oder im ersten Monat Erfolge und Ergebnisse zu liefern. Es ist schon mal viel wert, die Menschen zu verstehen: Warum handeln sie anders, als ich es vielleicht manchmal getan hätte, warum läuft nicht immer alles so glatt, wie ich es vielleicht von zu Hause kenne? (Obwohl ja bei uns auch nicht alles „flutscht“, oder?) Man muss Geduld haben mit sich und mit den Menschen aus dem Umfeld, aus der Arbeitsstelle, aus dem Projekt.

Und irgendwann habe ich mich wohl gefühlt, war akzeptiert und anerkannt als Julika und nicht nur als „deutsche Praktikantin“. Ich habe Freunde gefunden, Arbeitskollegen, mit denen ich mehr Kontakt hatte, so wie es bei uns auch so ist.

Es war sehr, sehr spannend mitzubekommen, wie wir miteinander (Peruaner und ich) in einem langen Prozess Vorurteile und feste Denkschemata differenzieren und abbauen konnten. Und das bedeutet dann für mich interkulturelles Lernen. Alles, was ich bei diesem Aufenthalt lernen und erfahren durfte, hat mich wahnsinnig weitergebracht, und niemand wird mir das jemals nehmen können.

Julika (19 Jahre) aus München nahm – für den EFD ungewöhnlich – an zwei verschiedenen Projekten in Peru teil.

BYCo – Baltic Youth Cooperation, *c/o Jörn Hartje, JUP!, Turmstr. 14a, 23843 Bad Oldesloe, T. 04531-4512, F. 04531-7116, jup@inihaus.de, www.byco.info*

Im BYCo-Netzwerk haben sich 15 Initiativen aus 8 Ländern zusammengeschlossen, um grenzüberschreitende Natur- und Umweltschutzprojekte im Ostsee-Raum (und in Bulgarien) zu verwirklichen. Die Praktikumsplätze werden über den EFD finanziert und übernehmen daher dessen Rahmenbedingungen.

Ein besonderer Höhepunkt sind die internationalen Seminare und Projekte, an denen alle BYCo-Freiwilligen gemeinsam teilnehmen. In der Projektwerkstatt JUP! in Bad Oldeslohe können nichtdeutsche Freiwillige am Programm teilnehmen. Siehe dazu auch den Eintrag im Kap. „Inland / Bürojobs“.

Einsatzort: Bulgarien, Estland, Finnland, Lettland, Litauen, Polen, Schweden

Sprachkenntnisse: Englisch und Lust die Landessprache zu erlernen

Groupement Européen des Campus (GEC), *25 bd Paul Pons, F – 84800 L'Isle sur la Sorgue, T. +33-490272120, F. +33-490868219, gec@apare-gec.org, www.apare-gec.org*

Als anerkannter Träger des EFD hat sich diese Organisation auf die Erhaltung und Entwicklung des europäischen Natur- und Kulturerbes verlegt und führt jährlich ca. 30 Projekte in ganz Europa durch, die auch Deutschen offen stehen. An- und Abreisekosten werden erstattet.

Die GEC hat außerdem einen E-Mail-Newsletter ins Leben gerufen, über den sie aktuelle Ausschreibungen (Europäischer Freiwilligendienst und Workcamps) veröffentlicht.

Einsatzort: EU- und Mittelmeerstaaten

Sprachkenntnisse: keine Angaben

Adressen und Hinweise

evs-info.com, *www.evs-info.com*

Ehemalige Teilnehmerinnen und Teilnehmer des Europäischen Freiwilligendienstes haben bereits in verschiedenen Ländern Netzwerke gegründet, um ihre Erfahrungen an Neulinge weiter zu geben.

Au-Pair-Box   Kostenloser Service für Au-Pairs und Gastfamilien
www.au-pair-box.com

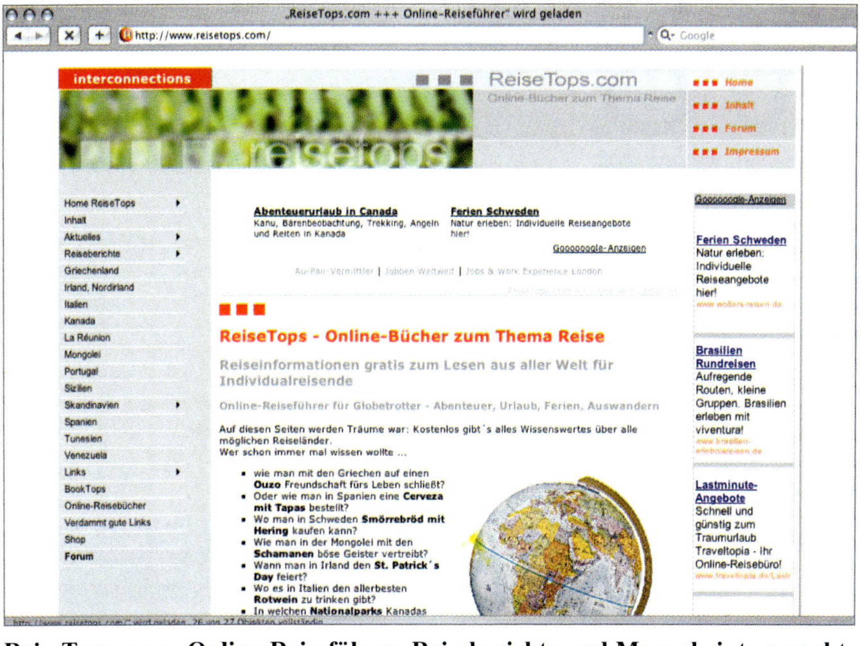

ReiseTops.com   Online-Reiseführer, Reiseberichte und Manuskripte gesucht
www.reisetops.com

Nationalpark®
Hohe Tauern

Volontärprogramm Nationalpark Hohe Tauern

Die Hohen Tauern sind mit 246 Gletschern und über 300 Dreitausendern eine der letzten großflächigen Naturlandschaften Mitteleuropas. Der Hochgebirgsnationalpark erstreckt sich über Teile der österreichischen Bundesländer Kärnten, Salzburg und Tirol und ist mit einer Fläche von 1.800 Quadratkilometern der größte Nationalpark in Mitteleuropa.
Die Volontäre sollten ein freundliches Auftreten besitzen, Freude an der Arbeit mit Menschen zeigen und mindestens eine Fremdsprache beherrschen. Während der Vorbereitungs- bzw. Schulungszeit werden ihnen Allgemeinwissen und auch einige Fachkenntnisse über den Nationalpark vermittelt.
Die Parkverwaltung gewährt freie Kost und Logis (Halbpension) sowie ein Tagegeld.

Nationalpark Hohe Tauern
Nationalparkverwaltung Kärnten
Parkdirektion, Döllach 14
9843 Großkirchheim
Österreich
Tel. +43/4825-6161
Fax +43/4825-6161-16
nationalpark@ktn.gv.at
www.hohetauern.at

Nationalpark Hohe Tauern www.hohetauern.at s.S. 115

Nationalparks

Ökologische Sperrgebiete oder Freizeitparks?

Yellowstone und Yosemite, Krüger-Nationalpark und die Serengeti, Donana und Bialowieza – unsere Gedanken an Nationalparks sind mit klangvollen Namen verbunden. Den ersten Nationalpark schufen die Amerikaner vor über 120 Jahren mit dem Yellowstone, und in Europa waren es als erste die Schweizer, die zu Beginn des 20. Jahrhunderts ihren „Schweizerischen Nationalpark“ errichteten, der bis heute ihr einziger geblieben ist.

Was ein Nationalpark ist, das bestimmen heute internationale Vereinbarungen: Großräumige Schutzgebiete sollen es sein, mit einer Kernzone, in der ein Stück ursprüngliche Naturlandschaft erhalten blieb. Hier gewähren uns Boden, Wasser, Feuer, Wind und Sonne Einblick in den natürlichen Lauf der Dinge. Als im Jahr 1988 weite Teile des Yellowstone-Nationalparks nach einem Blitzschlag niederbrannten, gab es unterschiedliche Meinungen über die Bekämpfung der Waldbrände. Heute wissen wir, dass die Natur unseren Schutz vor solchen „Katastrophen“ nicht braucht. Der Yellowstone blüht wieder. In den Kernbereichen der Nationalparks also trifft einzig und allein die Natur die Entscheidungen.

Nationalparks schließen aber außer Urlandschaften auch Kulturlandschaften ein, die der Mensch einmal geschaffen und auf vielfältige Weise genutzt hat. Deshalb tauchen in den Gründungsakten vieler Nationalparks die Begriffe „Entwicklung des ländlichen Raumes“, aber auch „Erholung“, „Freizeit“ und „Fremdenverkehr“ auf. Außerhalb des streng geschützten Kerns rückt der mit der Natur wirtschaftende Mensch und der Erholung suchende, neugierige und entdeckende Mensch in den Mittelpunkt. Nationalparks wollen mehr sein als Wildgehege mit stündlicher Bärenfütterung; sie sind Existenzgrundlage für ihre Bewohner und einzigartige Erlebnisräume für die Besucher. Sie machen die Bedeutung der Natur für den Menschen unmittelbar erfahrbar.

Don’t worry, just go!

Nach regem Briefwechsel mit dem südaustralischen „Department of Environment and Natural Resources“ bekam ich eine Zusage: Ab Anfang August sollte ich zunächst einen Monat im Coorong Nationalpark, dann einen Monat im Innes Nationalpark arbeiten; schließlich wollte ich mir noch einen Monat gönnen, um mir das Land anzusehen. Genauere Infos wie die Arbeit im Nationalpark aussehen würde, bekam ich auch nach mehrmaliger Anfrage nicht. Ich erfuhr lediglich, dass dies von den Bedürfnissen des Parks abhänge.

Salt Creek im Coorong Nationalpark bestand, wie ich feststellen musste, lediglich aus dem „Park Office“ und einer Tankstelle. Ich wurde von einem

Mann abgeholt, der mich bat, im „Park Office" auf den zuständigen Ranger zu warten. In eben diesem Büro befand sich in einer Art Abstellraum auch meine Unterkunft – bei damaligen 9 Grad Celsius, Regen und Sturm lediglich von einem kleinen Heizlüfter beheizt. Da aber auch eine Kochgelegenheit und sogar eine Dusche am anderen Ende des Büros vorhanden war, hätte ich, was die Unterkunft betrifft, wohl keine Probleme gehabt. Ich muss jedoch gestehen, dass ich nicht gerade erfreut war, dort „in the middle of nowhere" völlig alleine zu sein. Ich hatte erwartet, in der Verwaltung des Parks mit anderen Freiwilligen zusammenzuarbeiten. Stattdessen landete ich alleine in einer, von zwei Kilometer entfernt wohnenden Rangern geleiteten Nebenstelle. Die waren zwar freundlich und wussten auch, wann ich kommen würde. Was ich aber tun sollte, war ihnen wohl selber nicht ganz klar. Ich bekam weder eine Einweisung in den Park, noch eine Antwort auf die Frage, was ich dort arbeiten würde. Den ganzen Tag hatte ich nichts zu tun und das Gefühl, eher lästig zu sein. Derart sinnlos und einsam hatte ich mir meinen „Arbeitseinsatz" wahrlich nicht vorgestellt.

Als ich daraufhin wieder nach Adelaide fuhr, um beim „Department of Environment and Natural Resources" meine Lage zu erklären, hieß es sehr gereizt, ich müsse meine Arbeit fortsetzen. Als ich mich schließlich doch durchsetzte, bekam ich nach einem kurzen Telefongespräch der Bürodame mit dem „Park-Ranger" nur ein knappes, großzügiges „O.k., you can go!" zu hören.

Dennoch: Auf meiner anschließenden unvergesslichen Reise habe ich die Australier immer als besonders freundliche und hilfsbereite Menschen kennengelernt und sicherlich war dies nicht mein letzter Aufenthalt dort. Aber mir ist auch die Philosophie des Reiseführers „Lonely Planet" mehr als klar geworden: „Don't worry about whether your trip will work out. Just go!". Solange man genügend Zeit hat, sollte man nicht versuchen den gesamten Aufenthalt von zu Hause aus zu organisieren. Vielmehr sollte man sich nach anfänglicher Information über die Möglichkeiten auf den Weg machen, um sich vor Ort ein besseres Bild von Arbeitsmöglichkeiten und Organisationen machen zu können. Und man sollte flexibel genug sein, um seine Pläne den jeweiligen Gegebenheiten anpassen zu können. Dann bieten sich im Land oft völlig neue, unerwartete Möglichkeiten.

Sandra Wilcken, kurzzeitig als „Volunteer in Parks" in Süd-Australien

Angaben darüber, in welchem Nationalpark eines Landes Jugendliche die Möglichkeit haben ein Praktikum oder einen freiwilligen Arbeitseinsatz zu absolvieren, sind spärlich – neuerdings hilft aber das Internet bei der Stellensuche erheblich. In manchen, nur wenig besiedelten Ländern, z.B. in

Skandinavien, sind Praktikantenstellen Mangelware und die Aussichten auf Erfolg bei der Suche geringer. Wo weder Massentourismus die Schutzgebiete überschwemmt, noch intensive Nutzung durch Land- und Forstwirtschaft den Naturhaushalt beeinträchtigt, wo überhaupt nur sehr wenige Menschen leben, da ist auch der Bedarf an Naturschutzmaßnahmen und -personal – von der Ausweisung von Wanderpfaden einmal abgesehen – wenig ausgeprägt. Dies ganz im Gegensatz zu den Nationalparks in Mitteleuropa und im Mittelmeerraum sowie in den Vereinigten Staaten.

Am meisten Aussichten hat, wer sich direkt bei der Verwaltung einzelner Nationalparks erkundigt oder sich an das zuständige Ministerium bzw. die für Nationalparks verantwortliche Behörde eines Landes wendet, z.B. den „National Park Service". Adressen sind am schnellsten über das Internet zu recherchieren. Auch Reiseführer und Bildbände enthalten häufig im Anhang Adressen einzelner Nationalparks. Allerdings zeigen unsere Erfahrungen, dass längst nicht jede Anfrage beantwortet wird. Häufig führt eine E-Mail in der jeweiligen Landessprache eher zum Erfolg. Es gibt auch private Naturschutzverbände, Fördervereine etc., die mit der Übernahme bestimmter Aufgaben in einzelnen Nationalparks und ähnlichen Schutzgebieten (Wildreservate, Réserves Nationales, Biosphärenreservate) betraut sind, beispielsweise mit der Betreuung von Infozentren für einheimische und ausländische Besucher, und die dafür gelegentlich freiwillige Helfer suchen.

Siehe hierzu auch *www.nationalparkjobs.de*

Europarc Federation, Hauptgeschäftsstelle, *Pf. 11 53, 94475 Grafenau, T. 08552-9610-0, F. 08552-9610-19, office@europarc.org, www.europarc.org*

Europarc Atlantic Isles, *Ms Helen Noble, c/o Yorkshire Dales National Park Authority, Hebden Road, Grassington, Skipton, North Yorkshire, BD23 5LB, Großbritannien, T. +44-1756-752748, helen.noble@yorkshiredales.org.uk, hq@europarc-ai.org.uk, www.europarc-ai.org.uk*

Europarc Czech Republic, *Mr Dr. Jan Stursa, Krkonose National Park Administration, Dobrovskeho 3, 54311 Vrchlabi, Tschechische Republik, T. +420-438-456224, jstursa@krnap.cz, www.europarc.cz*

Europarc España *Oficina Técnica, Fundación Bernáldez, Instituto Complutense de Estudios Internacionales, Finca Más Ferré, Edificio A. Campus de Somosaguas, 28223 Pozuelo de Alarcón (Madrid), Spanien, T. +34-91-3942522 oder +34-91-3942551, oficina@europarc-es.org, www.europarc-es.org*

Europarc Italy *Mr Fabio Lopez Nunes, c/o Federparchi, Via Cristoforo Colombo, 149, 00147 Roma, Italien, T. +39-6-51604940, www.europarc.it*

Europarc Nordic-Baltic Section, *Mr. Bo Storrank, Metsähallitus, Natural*

Heritage Services, P.O. Box 94, 01301 Vantaa, Finnland, T. +358-205-644421, F. +358-205-644350, bo.storrank@metsa.fr/europarc

Europarc Serbia and Montenegro, *Zlatko Bulic, Director, Institute for Nature Conservation of Montenegro, zastitaprirode@cg.yu*

Ein Großteil der europäischen Nationalparks und Biosphärenreservate ist in der Föderation der Natur- und Nationalparks Europas (Europarc Federation) zusammengeschlossen. Auf den Internetseiten der Hauptgeschäftsstelle findet sich unter „useful links“ eine Linksammlung, die u.a. auch auf die „World's Protected Areas List“ verweist. Die genannten Geschäftsstellen von Europarc in Deutschland, Großbritannien, Italien, Jugoslawien, Spanien und Tschechien leiten ebenfalls Informationen und Nationalparkadressen weiter.

Besteht in Europa, Nordamerika und Australien größere Hoffnung nach längerem Suchen doch noch eine attraktive Stelle zu finden, so haben viele Länder in Afrika und Südamerika, aber auch in Osteuropa verständlicherweise dringlichere Probleme, als sich verstärkt um die Ausstattung der in einigen Ländern sehr zahlreichen Nationalparks mit hauptamtlichem Personal zu bemühen. Gerade in Osteuropa wird sich jedoch mit zunehmendem Fremdenverkehr einiges ändern. Wir haben versuchsweise verschiedene Nationalparkverwaltungen in Ungarn angeschrieben, jedoch keine Antwort erhalten.

Nicht nur an dieser Stelle gilt: Bei Anfragen immer einen adressierten Rückumschlag und mindestens zwei IS beilegen! Außerdem bitte darauf hinweisen, dass die jeweilige Adresse aus diesem Buch stammt, was Vertrauen schafft und uns bei künftigen Recherchen hilft. Verbände, Vereine u.a. Institutionen, die im Rahmen ihrer Aktivitäten gelegentlich ebenfalls Plätze in einzelnen Nationalparks anbieten, sind auch im Kap. „Praktika“ zu finden. Interessante Informationen, Hinweise und Neuigkeiten zum Thema „Praktikum im Nationalpark“ bitte an den Verlag (info@interconnections.de) senden, der uns alle Nachrichten weiterleitet.

Australien

Director of National Parks, *Parks Australia, Environment Australia, GPO Box 787, Canberra, ACT 2601, Australien*

Director of National Parks, *Parks Australia, Level 4 John Gorton Building,
King Edward Terrace, Parkes ACT 2600, Australien, T. +61-02-62742220,
F. +61-02-62742228,
www.deh.gov.au/parks*

Australian Tourism Net,
*parks@atn.com.at,
www.atn.com.au/parks*

In Australien ist die Zuständigkeit für Nationalparks zwischen der Regierung und den Bundesstaaten aufgeteilt. Das „Commonwealth Government“ ist für das Management von sechs Nationalparks zuständig, davon werden der

Kakadu Nationalpark, der Uluru – Kata Tjuta Nationalpark im Northern Territory sowie der Booderee Nationalpark gemeinsam mit den Aborigines, den traditionellen Landeigentümern, verwaltet. Die zuständige Verwaltung für Commonwealth National Parks ist „The Director of National Parks“. Jeder Bundesstaat sowie jedes Territorium verfügt darüber hinaus über eine eigene Nationalparkbehörde. Anfragen bei den Nationalpark- und Wildlife-Behörden sind der beste Einstieg, um sich einen Überblick über etwaige Praktikantenstellen zu verschaffen. In der Regel gibt es dort einen „Volunteer Coordinator“, der für die Anstellung von Freiwilligen zuständig ist. Auf jeden Fall ist im Zeitplan zu berücksichtigen, dass die Beantwortung von Anfragen oft Wochen oder gar Monate dauern kann. Schneller geht es per E-Mail. Die Adressen sind – soweit bekannt – unten angegeben und sollen als erste Anlaufstelle dienen.

Australian Capital Territory

Verlagshinweis: wer sich länger in Australien aufhält und einen Teil seiner Zeit arbeiten will, wird das „Working Holiday“-Visum benötigen. Die meisten Stellen, zumindest die langfristigeren, werden darüber zu bekommen sein. Man kann jeweils drei Monate bei einem Arbeitgeber tätig sein und muß dann den Arbeitgeber wechseln. Wie man seinen Aufenthalt kostenlos organisieren kann, wird ausführlich dargestellt in „Jobhopping Down Under“, siehe auch: http://shop.interconnections.de und www.down-under.org. Gesucht werden weitere Manukripte zu Australien und Neuseeland.

Environment ACT,
P.O. Box 144, Lyneham, ACT 2602, Australien, T. +61-02-62079777 oder +61-02-62072193, F. +61-02-62072227, environmentact@act.gov.au, www.environment.act.gov.au/ie4/bushparksandreserves

New South Wales

National Parks & Wildlife Service,
Project Officer, Community Relations, P.O. Box 1967, Hurstville, NSW 2220, Australien, T. +61-2-5856444, F. +61-2-5856555

Northern Territory

Parks and Wildlife Commission of the Northern Territory,
Volunteer Coordinator, P.O. Box 496, Palmerston, NT 0831, Australien, T. +61-8-89994555 o. +61-8-89995511, F. +61-8-89994558, www.nt.gov.au/ipe

Das Programm „Volunteers in Parks“ ist Freiwilligen aus aller Welt zugänglich. Sie müssen älter als 16 Jahre und körperlich fit sein. Es gelten besondere Visumbestimmungen: „International volunteers on a tourist visa can participate in volunteer work up to a maximum of 45 % of their available time on their visa. The principal of the visa (tourism) must be adhered to as the major component of their time in Australia.“ Bestandserhebungen der Tier- und Pflanzenwelt stehen ebenso auf dem Programm wie Küchendienst für Forscher und Ranger in entlegenen Camps. Ein Anmelde- und Bewerbungsformular gibt’s im Internet.

Queensland

Queensland Parks & Wildlife Service,
Forestry and Wildlife Division,
Volunteer Coordination, Tom Philp,
P.O. Box 155,
Brisbane Albert Street, QLD 4002,
Australien, T. +61-7-32278185
oder +61-7-32277708,
tom.philp@epa.qld.gov.au oder
qpws.volunteer@env.qld.gov.au,
www.epa.qld.gov.au/environment
/careers/volunteers

Zuständig für die Betreuung der Schutzgebiete im Bundesstaat Queensland. Zahlreiche Nationalparks bieten „volunteer programs“ an, u.a. der Venman Bushland National Park, der Tamborine National Park oder der Capricornia Cays National Park. Das ausführliche Internetangebot enthält die Telefonnummern der Volunteer Coordinators in den Regionalbüros des QPWS.

Aufenthaltsdauer, Arbeitszeit und Tätigkeiten sind von Park zu Park unterschiedlich und richten sich nach den Absprachen zwischen dem einzelnen Freiwilligen und dem jeweiligen „program coordinator“ bzw. dem „ranger-in-charge“. Der Einsatz wird nicht bezahlt. Die Freiwilligen tragen ihre Reisekosten und die Kosten für die Verpflegung selbst. Von Zeit zu Zeit kann auch mal eine kostenlose Unterkunft zur Verfügung stehen.

Die Frage der Unterbringung sollte im Vorfeld der Abmachungen besprochen werden. Besondere Fähigkeiten werden nicht vorausgesetzt. Schon aus Gründen der Sicherheit ist es jedoch wichtig, dass Bewerber die englische Sprache gut beherrschen.

Die meisten Praktikanten aus Übersee stammen aus Deutschland. Leider zeigt die Erfahrung, dass viele Freiwillige und Besucher aus Übersee, vor allem aus Deutschland, nur ungenügend auf ihren Aufenthalt vorbereitet sind.

Volunteer Coordinator Tom Philp schreibt uns dazu: „Many people don’t seem to realize our seasons are opposite to the northern hemisphere i.e. your winter is our summer. Summer temperatures in many areas of Queensland are 30-40c and hotter. This may require some acclimatisation if you are coming from a European winter. Climatic extremes such as drought, cyclone / thunderstorms, flood, fire are common in different areas at different times and you need to be aware of these matters. There also appears to be little appreciation of just how big Queensland is. Many visitors have great expectations before arriving but find that the distances they intend to travel are vast. Distances in Australia are vast in comparison to Europe. This will affect the cost of travel and the time it takes to travel. Many parks are in isolated areas not well serviced by tourist

transport facilities. It is safest for a travelling volunteer to be fully self-sufficient."
Wer den „volunteer coordinator" oder verantwortlichen Ranger eines Parks direkt ansprechen will, der kann an Tom Philp mailen, um die entsprechende E-Mail-Adresse zu erfahren.

South Australia

National Parks and Wildlife South Australia, *Manager Community Liaison Unit, G.P.O. Box 1047, Adelaide, SA 5001, Australien, T. +61-8-81244784 o. +61-8-82041910, F. +61-8-82041919, environmentshop@saugov.sa.gov.au, www.environment.sa.gov.au/parks*

Auch die zuständige Behörde von South Australia bietet an, bei rechtzeitiger Anmeldung und Angabe der zeitlichen Vorstellungen einen individuellen Einsatz vorzubereiten. Mehr als 200 Teilnehmer aus Deutschland, Brasilien, den Niederlanden, England, der Schweiz und Dänemark haben in den letzten 16 Jahren bereits vom „International Volunteers Scheme" profitiert. Eure Dienste sind stets ehrenamtlich; die Reisekosten, auch innerhalb des Bundesstaates, und die Kosten für Verpflegung sind selbst zu tragen. Die Form der Unterbringung ist unterschiedlich geregelt: Meist stellt der Park eine kostenlose oder zumindest billige Unterkunft zur Verfügung. Erwartet wird eine tatkräftige Unterstützung der Ranger bei ihren täglichen Routine- und Forschungsarbeiten sowie bei der Überwachung des Parks.

Tasmania

Tasmania Parks and Wildlife Service, Community Liaison Officer, *134 Macquarie Street, G.P.O Box 44, Hobart, TAS 7001, Australien, T. +61-2-332185, ParksEnquiries@dpiwe.tas.gov.au, www.dpiwe.tas.gov.au*

In den Nationalparks Tasmaniens, der oft vergessenen grünen Insel südlich des australischen Festlandes, ist das Rangersystem vorzüglich ausgebaut, so dass die Chancen auch dort gut stehen, als Helfer in einen oder mehrere Nationalparks eingegliedert zu werden.

Victoria

Parks Victoria, *Level 10, 535 Bourke Street, Melbourne, Vic. 3000, Australien, T. +61-3-86274699, F. +61-3-96295563, info@parks.vic.gov.au, www.parkweb.vic.gov.au*

Dandenong Ranges National Park, *Trevor McIntosh, P.O. Box 7040, Upper Ferntree Gully, Victoria 3156, Australien, T. +61-3-97581342, F. +61-3-97523032, intervols@parks.vic.gov.au, tmcintosh@parks.vic.gov.au, www.parkweb.vic.gov.au*

Parks Victoria betreut nicht nur die Nationalparks des Bundesstaates, sondern zahlreiche weitere Schutzgebiete und Kulturdenkmäler. Für Studenten aus Übersee gibt es ein spezielles und attraktives „International Volunteer Program", das vom Dandenong Ranges National Park koordiniert wird. Teilnehmen können Studenten, die ein Studium aus dem Bereich der Umweltwissenschaften (z.B. „Natural Resource Management“) betreiben oder erst vor kurzem abgeschlossen haben. Auf jeden Fall muss das Praktikum einen unmittelbaren Bezug zum Studium aufweisen. Wegen hoher Arbeitsbelastung der Mitarbeiter der Parks während der Zeit der Buschbrände und der Hauptbesuchszeit werden vom 1. November bis 1. März keine neuen Praktikanten aufgenommen. Die Praktikanten arbeiten immer im Team und bilden mit anderen Freiwilligen eine mobile „work force“, die ihre Aufgaben möglichst selbstständig ausführt. Typischerweise haben die Studenten während eines viermonatigen Aufenthalts Gelegenheit, für jeweils eine bis sechs Wochen in drei verschiedenen Parks von Victoria tätig zu sein. Die Kosten für Flüge, Essen und Wochenendausflüge tragen die Teilnehmer selbst. Die Unterbringung erfolgt in Häusern, Hütten, Campingwagen und auf abgelegenen Zeltplätzen. Die Zahl der Praktikumsplätze ist begrenzt. Weitere Details zu den Auswahlkriterien sowie ein vierseitiges Bewerbungsformular für das „International Volunteer Program“ im Internet. Die Bewerbung erfolgt ausschließlich über den Dandenong Ranges National Park.

Dauer: mindestens 4 Monate (gelegentlich auch 2 Monate)
Entlohnung: keine
Kost & Logis: freie Unterkunft
Alter: keine Angaben
Sprachkenntnisse: Englisch

Das Universum liegt vor unserer Haustür

Nach Schätzungen leben auf unserem Planeten zwischen 10 und 80 Millionen Tier- und Pflanzenarten. Davon kennen wir vielleicht gerade einmal 1,7 Millionen Arten. Viele Arten sterben aus, bevor wir sie überhaupt entdeckt haben und bewundern konnten: jeden Tag sind es vermutlich mehrere Hundert Arten, die verschwinden! Die vielen verschiedenen Tier- und Pflanzenarten sind es, die den Planeten Erde für uns so einzigartig machen. Doch diese Vielfalt des natürlichen Lebens, die so genannte Biodiversität, ist nicht gleichmäßig auf dem Globus verteilt. Während in Mitteleuropa gerade einmal 1.000 bis 1.500 Arten von Gefäßpflanzen auf einer Fläche von 10.000 Quadratkilometern vorkommen, sind es auf Borneo oder in Guatemala auf der gleichen Fläche manchmal 5.000 Arten und mehr. Denn die größten Schätze der Natur liegen in den Tropen.

Die tropischen Regenwälder gehören zu den artenreichsten Lebensräumen auf der Erde. Hier leben extrem viele, zum Teil einzigartige Lebewesen auf engstem Raum beieinander. Beispiel: Santa Cecilia in Ecuador, ein regelrechter „Hot spot“ der Artenvielfalt. Hier kommen in einem Gebiet, das kaum größer ist als fünf Fussballfelder, mehr als 80 verschiedene Froscharten vor. Das sind

sehr viel mehr als wir in ganz Europa kennen.
Der Erhalt der biologischen Vielfalt ist eine globale Angelegenheit, bei der gerade den reichen Industrienationen eine besondere Rolle zukommt. Deshalb hat die Staatengemeinschaft auf dem „Erdgipfel“ 1992 in Rio de Janeiro eine Konvention zum weltweiten Schutz des Artenreichtums ins Leben gerufen. Zu ihrer Umsetzung sind aber umfangreiche Bestandsaufnahmen erforderlich. Vielleicht können wir als freiwillige Helfer etwas dazu beitragen, dass wir in naher Zukunft über das Leben an den Korallenriffen, in den Ozeanen und in den Regenwäldern mindestens genauso viel wissen, wie über die bestens erforschte Milchstraße.

Ecuador

Servicio Parque Nacional Galápagos, *Isla Santa Cruz, Puerto Ayora, Av. Charles Darwin s / n, Galápagos, Ecuador, T. +593-5-526189 o. +593-5-526511, F. +593-5-526190, info@spng.org.ec oder volunteer@spng.org.ec, www.galapagospark.org*

Die Galapagosfinken waren es u.a., die Charles Darwin auf einer fünfwöchigen Reise vor über 150 Jahren zu seiner berühmten Theorie der Evolution inspiriert hatten. Auf Grund ihrer Bedeutung als natürliches Forschungslabor der Abstammungslehre wurden die Galapagos-Inseln als erster Nationalpark des Landes bereits 1936 unter Schutz gestellt. Die gesamte Landfläche des Parks beträgt 762.000 Hektar und ist damit 30-mal größer als der NP Bayerischer Wald!
Der „Galapagos National Park Service“ ist für den Park und das ergänzende Meeresschutzgebiet zuständig. Der Nationalpark nimmt Freiwillige aus dem Ausland auf, solange diese selber für ihren Unterhalt aufkommen. Lediglich eine Unterkunft wird gestellt. Die Freiwilligen der Nationalparkverwaltung können jedoch im Essensraum der benachbarten Charles-Darwin-Stiftung (s.u.) ihr Mahlzeiten einnehmen. Die Preise sind dort mit 2,50 $ für Mittagessen und 2 $ für Abendessen (2002) recht moderat.
Die Freiwilligentätigkeit erstreckt sich von der Landschaftspflege über Umwelterziehung in Zusammenarbeit mit örtlichen Schulen bis hin zur Öffentlichkeitsarbeit. Bewerber um ein Praktikum sollten mindestens sechs Semester in einem Fach studiert haben, das Bezug zu den genannten Tätigkeiten aufweist, z.B. Biologie, Ökologie, Umweltmanagement, Agrarwissenschaft, Ozeanografie, Umweltpädagogik. Computerkenntnisse, v.a. Erfahrungen im Umgang mit Layout-Programmen, sind ausdrücklich erwünscht. Die Parkverwaltung garantiert ein ausgezeichnetes Arbeitsumfeld. Die meisten Freiwilligen scheinen jedoch über Vereinbarungen mit Universitäten oder großen

Organisationen wie dem WWF aufgenommen zu werden. Es scheint nur selten vorzukommen, dass ein einzelner Bewerber einfach dort hingeht.

Dauer: mindestens 2 Monate
Entlohnung: keine
Kost & Logis: freie Unterkunft
Alter: mindestens 20 Jahre
Sprachkenntnisse: Spanisch

Eindrücke satt
„Wie, die haben dich nicht dafür bezahlt? Nicht mal den Flug?" Nach der Rückkehr von meinem zweimonatigen Praktikum bei der Nationalparkverwaltung der Galápagos-Inseln musste ich mich immer dafür rechtfertigen, weshalb ich drei Monate in Deutschland Geld verdient hatte, nur um dann auf Galápagos zwei Monate Arbeit dranzuhängen, um dem Nationalpark eine zentrale Tourismus-Datenbank zu programmieren. Gelockt hatten mich Iguanas, Riesenschildkröten, Blaufußtölpel, Pinguine, Seelöwen, Hammerhaie, Delfine, die Reiseberichte einer Freundin, die Aussicht auf äquatoriale Sonne, mein Spanisch zu verbessern und vor allem die Einzigartigkeit des Archipels. Vor Ort waren es die Menschen, der Mix aus Touristen, Wissenschaftlern, Parkwächtern, Praktikanten, Ecuadorianern und Ausländern aus aller Welt, das Gefühl, produktiv mitwirken zu können, die Erfahrung, das Leben aus einer nicht-touristischen Perspektive mitzubekommen, die warmherzige Aufgeschlossenheit der Mitarbeiter und so viel mehr, die diese zwei Monate so bereichernd haben werden lassen. Und das unangenehme Gefühl im Magen, wenn man feststellt, dass für den Schutz des riesigen marinen Reservats (140.000 km_) lediglich zwei Patrouillenschiffe bereitstehen, dass schon mehr eingeführte als heimische Pflanzenarten um die Landfläche konkurrieren, andernorts 80.000 Ziegen den Riesenschildkröten die Lebensgrundlage zerstören, der touristische Druck auf die Ökosysteme unvermindert steigt und notwendige Regeln von Fremdenführern ignoriert werden. Denn so verbleibt mir neben Fotos und E-Mail-Kontakten mit neuen Freunden aus Quito und Guayaquil auch die Bestärkung, mit meinem jetzigen Studiengang „Environmental and Resource Management" in die richtige Richtung zu gehen. Christoph Nolte, Cottbus, zeigt, dass auch Informatiker einen Beitrag zum Naturschutz leisten können.

Estación Científica Charles Darwin / Charles Darwin Research Station
Puerto Ayora, Santa Cruz, Galápagos, Ecuador, cdrs@fcdarwin.org.ec, vol@fcdarwin.org.ec

Charles Darwin Research Station,
External Relations Unit
Casilla postal 17-01-3891, Quito, Ecuador, T. +593-5-526146 o. +593-5-526147,
volunteer@darwinfoundation.org,
www.darwinfoundation.org

"To provide the knowledge and support to ensure the conservation of the environment and bio-diversity of the archipelago of Galapagos", so lautet das Ziel der Charles Darwin Research Station. Sie ist eine Einrichtung der Charles Darwin Foundation, die seit 1959 auf den Galapagos-Inseln forscht und die Nationalparkverwaltung aktiv bei Schutzmaßnahmen sowie bei der Aufklärung von Besuchern und der einheimischen Bevölkerung unterstützt. Die Forschungsstation verfügt über eine Bibliothek, ein Museum, ein Herbarium, ein Meereslabor, ein Rechenzentrum, ein eigenes Forschungsschiff und eine Baumschule sowie über Schlafräume, einen Speisesaal und Unterkünfte für Gastwissenschaftler, Studenten und eigene Mitarbeiter. Ein öffentlicher Bereich dient als offizielles Besucherzentrum für den Nationalpark, wo Besucher eine Aufzuchtstation für Riesenschildkröten besichtigen können.

Ausgewählte ausländische Studenten, deren Ausbildung oder Erfahrung den gesuchten Qualifikationen entspricht, haben die Möglichkeit im Rahmen des „International Volunteer Program" in der Station mitzuarbeiten: in der Forschung, im praktischen Naturschutz, in der Umweltbildung oder in der Öffentlichkeitsarbeit. Die Freiwilligen tragen die Kosten für An- und Abreise sowie für den Aufenthalt. Sie werden bei der Beschaffung des Visums unterstützt. Unterbringung und Essen in der Station (drei Mahlzeiten) kosten etwa 11 US-$ pro Tag. Der beste Weg für eine Bewerbung ist per E-Mail. Bewerbungen (nur an die External Relations Unit) sollten folgende Dinge enthalten: Anschreiben mit Angaben über besondere Interessen und Kenntnisse, Lebenslauf, Bewerbungsformular, Einverständnis mit den Konditionen, drei Empfehlungsschreiben oder Referenzen. Zum Erhalt einer raschen Antwort unbedingt die eigene E-Mail-Adresse angeben. Bewerbungsformular unter
www.darwinfoundation.org/misc/opportunities/volunteer1.html.

Dauer: mind. 6 Monate
Entlohnung: keine
Kost & Logis: nur gegen Kostenbeitrag
Alter: keine Angaben
Sprachkenntnisse: geübtes Spanisch in Wort und Schrift

England und Wales

Countryside Commission, *John Dower House, Crescent Place, Cheltenham,*
Gloucestershire GL50 3RA, Großbritannien, T. +44-1242-521381, F. +44-1242-584270

Broads Authority, *Volunteer Co-ordinator, Maggie Engledow, 18 Colegate, Norwich, Norfolk, NR3 1BQ, Großbritannien, T. +44-1692-582753, maggie.engledow@broads-authority.gov.uk, www.broads-authority.gov.uk/broads*

In England und Wales bestehen zehn Nationalparks. Hinzu kommen die „Norfolk and Suffolk Broads", das größte geschützte Feuchtgebiet in Großbritannien. Die Broads haben einen Status, der dem eines Nationalparks vergleichbar ist. „The Broads Authority" hat die Aufgabe, diesen ausgedehnten Feuchtgebietsgürtel dauerhaft zu sichern. In Schottland sind keine Nationalparks ausgewiesen. Die Briten verfügen traditionell über ein weit verzweigtes Netz von Freiwilligenverbänden mit vor Ort ehrenamtlich tätigen Erwachsenen und Schülern. Ausländischen Freiwilligen stehen in englischen und walisischen Nationalparks nur äußerst wenige Plätze zur Verfügung. Die meisten Einrichtungen bevorzugen Freiwillige aus der näheren Umgebung, die das ganze Jahr über flexibel einsetzbar sind und keine Unterkunft benötigen. Abgesehen von den Nationalparkverwaltungen setzt noch eine ganze Reihe privater Naturschutzverbände und Fördervereine u.U. freiwillige Helfer aus dem Ausland ein. Anfragen am besten an die Countryside Commission.

Frankreich

Fédération des Parcs Naturels Régionaux de France, *info@parcs-naturels-regionaux.tm.fr, www.parcs-naturels-regionaux.tm.fr*

Ministère de l'Écologie et du Développement Durable *Direction de la nature et des paysages, 20, avenue de Ségur, 75302 Paris 07 SP, Frankreich, T. +33-1-42192021, www.environnement.gouv.fr, www.parcsnationaux-fr.com*

In Frankreich und seinen Überseedépartements bestehen gegenwärtig sieben National- und mehr als 30 Regionale Naturparks („Parcs Naturels Régionaux"). Während Nationalparks als zentralstaatliche Einrichtungen dem französischen Umweltministerium unterstehen, sind die Regionalen Naturparks freiwillige Einrichtungen der beteiligten Kommunen, Départements und Regionen. Verwaltung und Geschäftsführung der Parcs Régionaux unterliegen der Aufsicht durch die Vertreter dieser Gebietskörperschaften. Anschriften und Telefonnummern sämtlicher National- und Regionalparks in Frankreich sind unter den oben genannten Internet-Adressen zu finden. Vor allem über die Sommermonate haben in der Vergangenheit einzelne Schutzgebiete Jugendliche und Studenten zur Verstärkung ihres hauptamtlichen Mitarbeiterstabes gesucht. Wir haben alle französischen Nationalparks angeschrieben und eine einzige positive Rückmeldung erhalten. Wer nochmals bei denjenigen National- oder Regionalparks anklopfen möchte, die wir nicht ausdrücklich aufführen, der sollte schon besondere Qualifikationen und Erfahrungen vorweisen können, um vielleicht ausnahmsweise einen Platz zu ergattern.

Parc Naturel Régional de Brière,
Maison du Parc, c/o Mme Dominique Mahé-Vince, 177, île de Fédrun, 44720 Saint-Joachim, Frankreich, T. +33-2-40916868, F. +33-2-40916058, info@parc-naturel-briere.fr oder d.mahe@parc-naturel-briere.fr, www.parc-naturel-briere.fr

Dieser Regionalpark umschließt ein ausgedehntes Feuchtgebiet von internationaler Bedeutung an der französischen Atlantikküste, nur wenige Kilometer nördlich der Hafenstadt Saint-Nazaire nahe der Loiremündung. In seiner ökologischen Bedeutung wird das Gebiet nur noch von der Camargue übertroffen. Ein Mosaik von Kanälen, offenen Wasserflächen, Schilfgebieten, Feuchtwiesen und Sümpfen verdankt seine Entstehung der Nutzung durch den Menschen. Im 18. und im 19. Jahrhundert wurde hier in großem Umfang Torf gestochen und als Brennstoff exportiert. Und nirgendwo sonst in Frankreich sieht man mehr Strohdächer als hier!

Der Park bietet ausländischen Studierenden, vorzugsweise höhere Semester mit Kenntnissen der Ornithologie oder mit Erfahrung in der Umwelterziehung, einen Praktikantenplatz pro Jahr. Die Aufgaben liegen u.a. in der Landschaftspflege sowie in der Besucherbetreuung.

Dauer: mind. 3 Monate
Entlohnung: 229 Euro / Monat
Kost & Logis: freie Unterkunft, sofern Platz vorhanden ist
Alter: mind. 18 Jahre
Sprachkenntnisse: gutes Französisch

Parc National des Cévennes,
c/o M. Gérard Moulinas, 6 bis, place du Palais, 48400 Florac, Frankreich, T. +33-4-66495301, F. +33-4-66495302, info@cevennes-parcnational.fr, www.cevennes-parcnational.fr

Im südlichen Zentralmassiv auf dem Gebiet der Départements Ardèche, Gard und Lozère. Seine Landschaft zeichnet sich durch steile Schluchten und ausgedehnte Kalkhochflächen aus; Pflanzen- und Tierwelt sind hier bereits von der Nähe zum Mittelmeer beeinflusst. Der Park ist der einzige Mittelgebirgsnationalpark in Frankreich. Er wurde 1985 von der UNESCO im Rahmen des Programms „man and biosphere“ mit dem Titel „Réserve mondiale de biosphère“ ausgezeichnet.

Der Park nimmt pro Jahr drei ausländische Studenten mit guten Fremdsprachenkenntnissen auf, die folgende Eigenschaften mitbringen sollten: „être disponible, dynamique et souriant“. Die Aufgaben der Praktikanten liegen in der Naturerlebnispädagogik und in der Mitarbeit bei der Besucherbetreuung in den Nationalparkhäusern – rund 800.000 Besucher verzeichnet der größte Nationalpark Frankreichs jährlich. Bewerber sollten über Kenntnisse in den Bereichen Fremdenverkehr oder Natur-Wissenschaften ver-

fügen und eine Hochschulausbildung begonnen oder abgeschlossen haben. Voraussetzung für ein Praktikum sind gute Französischkenntnisse. Keine Fahrtkostenerstattung für An- und Abreise.
Dauer: 3 Monate (Praktikum) bzw. 6 Monate (Europ. Freiwilligendienst)
Entlohnung: keine
Kost & Logis: freie Unterkunft sowie 230 Euro Essenszuschuss pro Monat
Alter: mind. 18 Jahre
Sprachkenntnisse: Französisch und Englisch

Parc Naturel Régional du Morvan
Maison du Parc, 58230 Saint-Brisson, Frankreich, T. +33-3-86787900, F. +33-3-86787422, parcmorvan@wanadoo.fr, www.parcdumorvan.org

In Burgund gelegen, etwa zwischen den Städten Avallon im Norden und Autun im Süden. Er umfasst eine Mittelgebirgslandschaft mit ausgedehnten Wäldern, zahlreichen Seen und Teichen sowie einigen wertvollen Mooren. Die Ziele des Parks gleichen denjenigen der meisten anderen französischen Regionalparks: „Concilier la préservation du patrimoine naturel et culturel et le développement économique" (... den Schutz des Natur- und Kulturerbes mit der wirtschaftlichen Entwicklung in Einklang bringen).
Der „Parc Naturel Régional du Morvan" ermöglicht jedes Jahr einem ausländischen Studenten mit besonderen Fachkenntnissen ein Praktikum. Wer sich dafür interessiert, sollte entweder Biologie / Ökologie, Forstwissenschaft, Fremdenverkehr oder Kulturwissenschaften studieren, sich bereits im Hauptstudium befinden oder eine entsprechende Ausbildung auf einem dieser Gebiete abgeschlossen haben. Die Praktikanten werden bei der Durchführung wissenschaftlicher Untersuchungen und Studien eingesetzt und sollten über ein eigenes Fahrzeug verfügen. Keine Reisekostenerstattung.
Dauer: mind. 3 Monate
Entlohnung: keine
Kost & Logis: freie Unterkunft
Alter: mind. 22 Jahre
Sprachkenntnisse: fortgeschrittenes Französisch

Verlagshinweis: Frankophile finden interessante Angebote in **„Lust auf Frankreich"**. Der neue Stadtführer **„Paris Preiswert"** bietet übrigens Preisermäßigungen bei Vorlage des Buches bei Hotels u.ä. Auch die **„Ferienjobs u. Praktika – Frankreich** werden neu erscheinen.
Siehe Verlagsprogramm bei
http://shop.interconnections.de sowie
http://www.booktops.com/paris
http://www.reisetops.com mit diversen französischen Regionen.

Italien

Italienische Nationalparks,
www.parks.it

Italien weist 20 Nationalparks aus. Wir haben in der Vergangenheit mehrere Nationalparkverwaltungen angeschrieben, bisher jedoch erst zwei Antworten erhalten. Die italienischen Nationalparks betreiben ein gemeinsames Internetportal. Unter der Rubrik

„Volontariato“ gibt es dort eine Liste von Freiwilligenaktionen, Camps zur Greifvogelzugbeobachtung sowie „Campo di Volontariato“. Wer aktuell und direkt über neue Stellenangebote und Camps informiert werden möchte, kann sich automatisch per E-Mail benachrichtigen lassen.

Parco Nazionale d'Abruzzo, Lazio e Molise, *Centro Internazionale – Ufficio Volontariato, Via Roma, 67030 Villetta Barrea (AQ), Italien, T. +39-086489102, F. +39-086489132, pna.international@flashnet.it, www.parcoabruzzo.it*

Berühmt vor allem wegen seiner Braunbärenpopulation. In den Bergen klettern Gemsen, und durch die Wälder schleicht die Wildkatze. Der Park genießt allerdings auch international wegen seines hervorragenden und modernen Schutzgebietsmanagements hohe Anerkennung. Jedes Jahr unterstützen hunderte Freiwillige, Jugendliche, Studenten, Naturschützer, Forscher oder Lehrer den Park bei seiner Arbeit. Sie sammeln Müll, helfen in den Besucherzentren, kennzeichnen Wanderwege, gehen auf Streife etc. Weitere Tätigkeitsbereiche sind Forschung, Umwelterziehung und Besucherbetreuung.

An ausländische Freiwillige wendet sich das so genannte „Red Program“. Das ganze Jahr hindurch sind Einsatzzeiträume vorgesehen, die entweder sieben Tage, 14 Tage oder drei Wochen dauern. Die Teilnahmevoraussetzungen lauten: „Those who take part need to have some previous work experience in a natural environment and be able to live comfortably for a period in a mountain area, quietly and self-sufficiently in conditions that are sometimes difficult“. Rauchen im Nationalpark ist nicht erlaubt, die Verwendung von Handys ist auf ein Mindestmaß zu beschränken.

Der Park stellt eine Unterkunft zur Verfügung und zahlt einen Essenszuschuss. Bei der Ankunft in Italien sind eine Bearbeitungsgebühr sowie die Kosten für die Versicherung fällig. Die Kosten betragen ca. 100 Euro bei sieben Tagen Aufenthalt, ca. 125 Euro für 14 Tage sowie ca. 150 Euro für drei Wochen. Interessenten müssen ein einfaches Bewerbungsformular ausfüllen. Bei E-Mails soll in der Betreffzeile das Stichwort „Volunteer-program“ stehen. Anfragen an den Nationalpark sind ausdrücklich auch auf deutsch möglich.

Dauer: 1-3 Wochen

Entlohnung: 6 Euro / Tag Essenszuschuss

Kost & Logis: Logis frei

Alter: mindestens 18 Jahre

Sprachkenntnisse: Italienisch oder Englisch (ggf. Französisch)

Parco Nazionale delle Foreste Casentinesi, Monte Falterona, Campigna

Via Guido Brocchi, 7, 52015 Pratovecchio (AR), Italien, T. +39-0575-50301, F. +39-0575-504497, parco@technet.it, www.parcoforestecasentinesi.it

Der erst 1993 eingerichtete Nationalpark liegt entlang des Hauptkamms des Apennin in den Regionen Toskana und Romagna. Die Landschaft ist gekennzeichnet durch enge Täler zwischen Berghängen und durch das Hochtal des Arno, dessen Quelle am Monte Falterona (1654 m) entspringt. In seinen unberührten Wäldern sind noch Wölfe zuhause. Die Nationalparkverwaltung stellt pro Jahr zwei Praktikumsstellen für junge Leute aus EU-Mitgliedstaaten zur Verfügung. Leider macht die Parkverwaltung keine weiteren Angaben zur Art der Tätigkeit und zu den Voraussetzungen. Der Park unterhält zahlreiche Besucherzentren mit unterschiedlichen Themenschwerpunkten.

Verlagshinweis: „Jobs, Praktika, Studium & Sprachschulen – Italien“ von Andreas Neuner, beim BIZ, Arbeitsamt München, s.:
http://shop.interconnections.de
und Online-Reiseführer bei
www.interconnections.de/italien

Kanada

Parks Canada,
Coordinator Parks Canada National Volunteer Program, 25 Eddy Street, 4th Floor, Hull, Québec, K1A 0M5, Kanada,
information@pc.gc.ca,
www.parkscanada.gc.ca

Im Rahmen des „Parks Canada National Volunteer Program“ bestehen für Freiwillige Einsatzmöglichkeiten in einigen kanadischen Nationalparks. Dieses Programm steht grundsätzlich auch Ausländern nach Erlangung des Visums offen. Dieses wird nur bei Vorlage einer schriftlichen Zusage für eine Stelle erteilt. Interessenten haben einen Fragebogen auszufüllen und ihre Bewerbung, am besten mit Lebenslauf, dem Koordinator des „National Volunteer Program“ einzureichen. Stellen für Ausländer existieren nur beschränkt, so dass nicht alle Bewerbungen berücksichtigt werden können. Die besten Aussichten haben Bewerber mit besonderen Fähigkeiten oder Fachkenntnissen auf dem Gebiet der Feldforschung, der Umwelterziehung oder der Besucherinformation.
Einsendeschluss für Bewerbungen auf Stellen der Sommer / Herbst-Saison ist der 1. Dezember des vorhergehenden Jahres, für die Winter / Frühjahr-Saison der 30. Juni. Alle Bewerbungen werden zweimal im Jahr an alle Nationalparks und „national historic sites“ in Kanada geschickt. Interessenten, deren Profil den Anforderungen eines bestimmten Projektes entspricht, werden direkt vom jeweiligen Nationalpark schriftlich oder telefonisch benachrichtigt. Damit kann dann das Visum bei der Kanadischen Botschaft oder den Konsulaten beantragt werden.
Praktikanten haben ihre Kosten für Reise (Flug, An- und Abreise innerhalb des Landes), Unterbringung und Verpflegung selbst zu tragen. Manche Parks können eine günstige, in wenigen Fällen auch eine kostenlose Unterkunft zur Verfügung stellen. Eine Liste aller Nationalparks in Kanada enthält die Website von Parks Canada.
Dauer: variabel
Entlohnung: keine
Kost & Logis: u.U. günstige Unterkunft
Alter: keine Altersbeschränkung

Sprachkenntnisse: Englisch bzw. Französisch (Québec)

Volunteer Coordinator Lake Louise, Yoho and Kootenay National Parks,
c/o Yoho National Park, Box 99, Field, BC V0A 1G0, Kanada, T. +1-250-343-6783, F. +1-250-343-6330, yoho.info@pc.gc.ca, www.worldweb.com/ParksCanada-Yoho/ volunteer_e.html

Die drei genannten Nationalparks bieten einer kleinen Zahl von erwachsenen Freiwilligen Gelegenheit, an der Erforschung und Überwachung wildlebender Tierarten teilzunehmen. Bei der Unterbringung stehen u.U. Hütten („bunkhouses") zur Verfügung. Allerdings tragen die Freiwilligen die Kosten für die Anreise zum Park sowie für die Verpflegung selbst. Die Praktika beginnen drei Mal im Jahr: September, Januar und Mai.
Die Freiwilligen arbeiten eng mit den Nationalparkmitarbeitern zusammen und lernen die atemberaubende Landschaft der kanadischen Rocky Mountains kennen. Praktikanten sollten folgende Qualifikationen vorweisen können: Studium der Biologie oder eng verwandter Fächer, Outdoor-Erfahrungen, z.B. Erfahrungen im Rucksackwandern, Skilaufen, Schneeschuhwandern, Kartenlesen, Umgang mit GPS. Praktische Erfahrungen in der Wildtierforschung sind sehr von Vorteil. Bewerbungen müssen Name, Adresse und Telefonnummer von mindestens drei Referenzen beinhalten.
Dauer: mind. 2 Monate
Entlohnung: keine
Kost & Logis: u.U. freie Unterkunft
Alter: keine Altersbeschränkung
Sprachkenntnisse: Englisch

Verlagshinweis: *„Kanada ist anders"* bei http://shop.interconnections.de und Online-Reiseführer Kanada bei www.reisetops.com/kanada

Neuseeland

Department of Conservation, *Head Office, PO Box 10420, Wellington, Neuseeland, T. +64-4-471-0726, F. +64-4-471-1082, www.doc.govt.nz*

Das neuseeländische Umweltministerium rät allen an einer Freiwilligentätigkeit in einem Nationalpark Interessierten zum Besuch seines Internetangebots. Unter der Rubrik „community" findet sich ein Onlinekalender mit zahlreichen Einsatzmöglichkeiten für junge Leute. Die Aufgaben reichen von Vogelzählungen über Biotoppflege und Rettung gestrandeter Wale bis zur Wiederaufforstung. Bewerber können ein „Volunteer Registration Form" aus dem Internet herunterladen. Es werden u.a. spezielle Interessen abgefragt sowie Fähigkeiten und Erfahrungen der Bewerber wie „administrative", „ecology", „pest management", „field experience" oder „creative writing, design". Außerdem können Interessenten angeben, ob sie lieber selbstständig oder im Team arbeiten wollen. Als besonderen Service gibt es im Internet sogar eine Checkliste mit persönlichen Ausrüstungsgegenständen zu mehrtägigen Einsätzen in abgelegenen Gegenden.

Diese Liste ist nicht nur für Neuseeland nützlich!
Siehe auch den Bericht von Stefanie Tipotsch bei *www.interconnections.de*

Kahurangi National Park, *Department of Conservation, Motueka Area Office, P.O. Box 97, Cnr. King Edward & High Streets, Motueka, Neuseeland,*
T. +64-3-528-1810, F. +64-3-528-1811,
motuekaao@doc.govt.nz

Im Nordwesten der neuseeländischen Südinsel liegt ein Nationalpark wie aus dem Bilderbuch: weit, wild und mit der für das Land typischen Tier- und Pflanzenwelt. Es handelt sich um Neuseelands jüngsten Nationalpark (gegründet 1996) und einen der größten. Das Department of Conservation nimmt etwa 10 Freiwillige pro Jahr aus dem Ausland auf. Die freiwilligen Helfer werden in der Regel in die Arbeit bestehender Teams integriert und nehmen an praktischen Naturschutzeinsätzen teil. Die Teams leben und arbeiten oft in abgelegenen Gegenden des Parks. Erfahrungen im Tourenwandern und eine gute Arbeitsmoral sind daher unabdingbare Voraussetzung. (Vielleicht erinnert sich der eine oder andere Leser jetzt an den neuseeländischen Kinofilm „Das Piano“).
Dauer: 1 bis 2 Wochen
Entlohnung: keine
Kost & Logis: freie Unterkunft
Alter: keine Angaben
Sprachkenntnisse: Englisch

Verlagshinweis: „Farmjobs in Neuseeland“, im Ökobereich und auch andere bei
http://shop.interconnections.de

Die Kraft des Gletschers spüren
Täglich zu High Noon (12.00 Uhr) brachen geschulte und äußerst sprachgewandte Volontäre zur Gletscherbahn auf, wo an der Talstation eine wissbegierige Meute Pasterzen-Touris auf sie losgelassen wurde. Doch nichts konnte die Volontäre aus der Fassung bringen, und so wurden die Touris zuerst einmal mit der Geschichte und der Entstehung des Nationalparks Hohe Tauern konfrontiert, damit der erste Wissensdurst gestillt wurde. Danach konnte der waghalsige Abstieg zum größten Gletscher der Ostalpen beginnen.
Der Volontär, bewandert in allen Bereichen der Naturwissenschaften, brachte auf einfache Art und Weise den Laien die Pioniervegetation, die Geologie, die Fauna als auch die Gletscherkunde näher. Erstaunt von den schier unglaublichen Dingen, die hier auf den Homo sapiens pasterzis einflossen, stockte diesen manchmal der Atem. Doch der Volontär, jederzeit Herr der Lage, wusste, wann selbst für die konditionsstärksten Sandalentouris eine Pause nötig war, und konnte, wenn dies gewünscht war, aus dem unerschöpflich erscheinenden Reservoir an Sagen und Mythen die Glocknersage zum Besten geben.

So erreichte über kurz oder lang jeder der Gruppe den Gletscher und konnte face to face mit der Pasterze die unermessliche Kraft dieses Gletschers spüren. Geblendet von dieser Kraft reifte in einigen der Gedanke, den Gletscher nahe der Gletscherspalten zu erklimmen, um noch mehr von diesem Sonderschutzgebiet für sich beanspruchen zu können. Hier war der Volontär gefordert, der sich in die unergründlichen Gedankengänge der Touris versetzen musste, um eine neue Bewusstseinsbildung in Gang zu setzen.

Hannes Thonhauser, Student der Umweltsystemwissenschaften aus St. Paul im Lavanttal, war einen Sommer Volontär im Nationalpark Hohe Tauern.

Österreich

Nationalpark Hohe Tauern,
Nationalparkverwaltung Kärnten, Parkdirektion, 9843 Großkirchheim, Döllach 14, Österreich, T. +43-4825-6161, F. +43-4825-6161-16, kaernten@hohetauern.at, www.hohetauern.at

Die Hohen Tauern mit 246 Gletschern und mit über 300 Dreitausendern sind eine der letzten großflächigen Naturlandschaften Mitteleuropas. Der Hochgebirgsnationalpark erstreckt sich über Teile der österreichischen Bundesländer Kärnten, Salzburg und Tirol und ist mit einer Fläche von 1.800 Quadratkilometern der größte Nationalpark in Mitteleuropa. Die 29 Nationalparkgemeinden zählen insgesamt etwa 60.000 Einwohner. Die Nationalparkverwaltungen Kärnten und Tirol engagieren für den Zeitraum von Anfang Juli bis Mitte / Ende September alljährlich je acht Volontäre zur Besucherbetreuung und -information, die darüber hinaus auch bei konkreten Projekten eingesetzt werden, wie Biotopkartierungen, Erarbeitung naturkundlicher Führer, regionale Arbeitseinsätze etc. Einsatzorte sind Kärnten in Großkirchheim (Nationalparkregion Oberes Mölltal) und Matrei in Osttirol. Die Volontäre sollten ein freundliches Auftreten besitzen, Freude an der Arbeit mit Menschen zeigen und mindestens eine Fremdsprache beherrschen. Während der Vorbereitungs- bzw. Schulungszeit werden ihnen Allgemeinwissen und auch einige Fachkenntnisse über den Nationalpark vermittelt. Zur Projektbearbeitung sind gute naturwissenschaftliche Kenntnisse, die Fähigkeit zum selbstständigen Arbeiten im Team und eine gewisse Bergerfahrung erforderlich, da die Projekte oft im hochalpinen Gelände stattfinden.

Die Parkverwaltung gewährt freie Kost und Logis (Halbpension) sowie ein Tagegeld von rund neun Euro. Weitere Details über die Web-Site des Volontärprogramms unter: www.hohetauern.at/volunteers

Dauer: 10 Wochen
Entlohnung: 9 Euro / Tag
Kost & Logis: frei (Halbpension)
Alter: mind. 18 Jahre
Sprachkenntnisse: mind. eine Fremdsprache (Besucherbetreuung)

Polen

Gorczanski Park Narodowy, PL – *Poreba Wielka 590, 34-735 Niedzwiedz, T. +48-18-3317207 o. -3317944, F. -3317945*

Manchmal muss man gar nicht in die Rocky Mountains reisen, um Hirsche, Bären, Wölfe und Luchse beobachten zu können. Der Gorczanski Nationalpark ganz im Süden Polens umfasst eine waldreiche Mittelgebirgslandschaft am westlichen Ausläufer der Beskiden. Die Verwaltung bietet ein bis zwei jungen Leuten im Jahr die Möglichkeit, den Park bei der täglichen Arbeit zu unterstützen. Ob ein Praktikum angeboten wird, hängt von den aktuellen Bedürfnissen und Möglichkeiten ab. Vorkenntnisse im Naturschutz sind erwünscht. Die Aufgaben: praktische Naturschutzarbeit, Feldforschung und Büroarbeit. Einfache Unterkunft in einer Wohnung mit Küche und Badezimmer.

Dauer: 1 bis 2 Monate
Entlohnung: keine
Kost & Logis: Logis frei
Alter: mindestens 20 Jahre
Sprachkenntnisse: Englisch

Ruhe und Rummel im Lorbeerwald

Ich konnte in dem etwas abgelegeneren Informationszentrum des Nationalparks wohnen. [...] Da die Nationalparkbehörde kein Fahrzeug stellt, mussten wir, d.h. noch zwei andere Praktikanten und ich, schon leicht abenteuerliche Touren trampender- und wandernderweise in Kauf nehmen, um Versorgung und soziale Kontakte zu sichern. Abgesehen davon, war es allerdings ein wunderbarer Ort zum Leben – Ruhe, Berge, Wälder. Ich hatte mich allerdings damit abzufinden, dass die Insel langsam vor allem vom deutschen Fremdenverkehr erobert wird, so dass ein absolutes Verlassen der deutschen Kultur nicht möglich war, weil mir ständig Urlauber über den Weg gelaufen sind [...] in den Bergen allerdings weniger als an der Küste.

Unsere Tätigkeit bestand neben kleineren Übersetzungs- und Hilfsarbeiten im Info-Zentrum hauptsächlich in der Unterstützung eines Teams von spanischen Biologinnen, die eine Art ökologische Bestandsaufnahme im Lorbeerwald durchgeführt haben. Das war dann schon ein Ganztagsjob im Wald, aber in einer wunderbaren Naturlandschaft, wo dann auch bei weitem keine Touristen mehr unterwegs waren.

Ellen Fetzer verbrachte ein halbes Jahr in einem Nationalpark auf La Gomera, der zweitkleinsten kanarischen Insel.

Spanien

Organismo Autónomo Parques Nacionales (OAPN), *c/o Isabel Tintero, 3, bis, 28005 Madrid, Spanien, T. +34-91-3644658, www.mma.es*

Die spanische Nationalparkbehörde OAPN ermöglicht studentische Praktika in den Nationalparks des Landes. Die Studienpraktika richten sich ausschließlich an Studierende öffentlicher Hochschulen, wobei eine schriftliche Vereinbarung zwischen der OAPN und der jeweiligen Hochschule unerlässlich ist. Leider ist die OAPN im Moment nicht in der Lage, diese Praktika zu entgelten. Die Kosten für Transport, Versicherung, Unterkunft und Verpflegung sind von der Hochschule oder vom Studierenden zu tragen. Der Inhalt des Praktikums wird in Abstimmung mit dem betreffenden Nationalpark festgelegt. Die Dauer ist unterschiedlich und hängt von der Art der Tätigkeit ab. Die Nationalparkbehörde verschickt auf Anfrage Vertragsmuster über die Durchführung von Praktika.

Parque Nacional de Garajonay, *c/o Ángel Fernández López, Carretera General del Sur, 6, San Sebastian de La Gomera, 38800 Santa Cruz de Teneriffe, Islas Canarias, Spanien, T. +34-922-870105, garajonay@mma.es*

La Gomera, die zweitkleinste der Kanarischen Inseln, war die letzte Station von Christoph Kolumbus, ehe er 1492 davonsegelte, um Indien zu erreichen, und in Amerika ankam. Das hoch gelegene Innere der Insel ist mit dem größten und ursprünglichsten Lorbeerwald der Kanaren bedeckt. Nur in Höhen ab 600 Meter kann der feuchte urwaldähnliche Lorbeerwald unter dem Einfluss des Passats gedeihen. Der Wald ist oft in Wolken und regenreich. Wer Sonne und Sommerluft erwartet, ist daher falsch am Platz. Die spanische Naturschutzbehörde ICONA verwaltet auf La Gomera den Nationalpark Garajonay und betreibt dort ein Informationszentrum sowie einen botanischen Garten. Hier besteht für Studierende oder Absolventen insbesondere der Fächer Biologie, Geografie, Landschaftsplanung oder Fremdenverkehr die Möglichkeit zu einem mehrmonatigen Praktikum. Insgesamt werden etwa 30 Plätze pro Jahr in der praktischen Naturschutzarbeit, in der Umwelterziehung, in der Erforschung des Waldökosystems und im Büro angeboten. Die Nationalparkverwaltung gewährt nach Möglichkeit auch Unterstützung bei der Erstellung von Studien- oder Diplomarbeiten. Auf jeden Fall sind aber gute Spanischkenntnisse notwendig. Eine Unterkunft mit Kochmöglichkeit wird gestellt. Die Nationalparkverwaltung verlangt einen Nachweis für ausreichenden Versicherungsschutz im Falle von Krankheit oder Unfall.

Dauer: mindestens ein Monat
Entlohnung: keine
Kost & Logis: Logis frei
Alter: mindestens 18 Jahre
Sprachkenntnisse: gutes Spanisch

Verlagshinweis: Onlinereiseführer bei http://www.interconnections.de/spanien und Barcelona, Madrid bei http://www.reisetops.com

Südafrika

South African National Parks Board
www.sanparks.org

Global Vision International (GVI), *Amwell Farmhouse Nomansland, Wheathampstead, Herts, AL4 8ES, Großbritannien, T. +44-1582-831300, F. +44-1582-83400, info@gvi.co.uk, support@gvi.co.uk, www.gvi.co.uk*

Die Republik Südafrika verfügt über großartige Wildtierreservate, allen voran der Krüger National Park. Das South African National Parks Board bietet ein einzigartiges „National Park's Internship Program" an. Koordiniert und geleitet wird es von der britischen Organisation *Global Vision International*. *GVI* vermittelt jedes Jahr über 500 Freiwillige an Forschungsexpeditionen, gemeinnützige Organisationen und Regierungseinrichtungen auf der ganzen Welt.

Das Programm gibt hochqualifizierten Freiwilligen die Chance, ein Jahr lang an einigen der schönsten Plätze der Erde zu leben und z.B. an sozio-kulturellen Projekten mitzuwirken. Ziel der jüngsten Naturschutzpolitik ist es, durch Umweltbildung die lokale Bevölkerung sehr viel stärker in den Schutz des Natur- und Kulturerbes des Landes einzubeziehen. Die Auswahl der Praktikanten unterliegt strengen Kriterien. Hier ein paar der geforderten Eigenschaften: „Candidates must be very independent and have a proactive personality in planning, development and completion of projects. A positive attitude is absolutely vital, as well as willingness to teach and to be taught. Sensivity and respect for other cultures is required."
Erfahrungen im Naturschutz sind von Vorteil. Kommunikationstalent, künstlerisches Talent, Erfahrungen als Lehrer, Computerkenntnisse, Projektmanagementkenntnisse etc. sind ebenfalls hilfreich, werden aber nicht vorausgesetzt.
Bewerbungen mit Lebenslauf und Anschreiben sollten per E-Mail bei GVI eingereicht werden. Aussichtsreiche Bewerber werden zu einem Auswahlgespräch eingeladen. Die Praktika beginnen einmal im Jahr im Februar.
Die Praktikanten haben eine eigene Unterkunft mit Strom und fließend Wasser, müssen sich allerdings auf eigene Kosten verpflegen. Ausgaben zum Lebensunterhalt in Südafrika liegen schätzungsweise bei 150 Pfund bzw. 200 Dollar im Monat. Allerdings ist auch das Praktikum leider nicht kostenlos: Die Teilnahmegebühr beträgt rund 3000 Pfund bzw. 4.700 $, was die Aufwendungen für einen zweiwöchigen Einführungskurs im Kruger National Park, für Unterbringung und Betreuung bei der Arbeit deckt. Hinzu kommen noch die Kosten für den Flug und für Versicherungen. Ohne lokale Sponsoren wie einem örtlichen Rotary Club ist dieses Praktikum alles in allem eine recht kostspielige Angelegenheit.
Dauer: ein Jahr
Kosten: 4.700 US$
Kost & Logis: Logis frei
Alter: mind. 21 Jahre
Sprachkenntnisse: fließend Englisch, ggf. Niederländisch

African Conservation Experience,
Applications Department,
P.O. Box 9706, Solihull, West Midlands, B91 3FF, Großbritannien,
T. +44-1626-879700,
info@conservationafrica.net,
www.conservationafrica.net

Game Reserves sind kleinere Schutzgebiete für Wildtiere, die oft auf privater Initiative beruhenen. Die britische Organisation African Conservation Experience vermittelt Studenten in solche Schutzgebiete, nicht nur in Südafrika, sondern auch in Namibia, Botswana, Simbabwe und Mozambik. Die Praktika vermitteln Einblicke in die ganze Bandbreite von Naturschutzaufgaben und Forschungsprojekten: Das beinhaltet auch die Zusammenarbeit mit der einheimischen Bevölkerung, sie anzuleiten und von ihr zu lernen. Die Freiwilligen werden dabei von erfahrenen Schutzgebietsmanagern und Rangern persönlich betreut, von der Ankunft bis zur Abreise. Die meisten Schutzgebiete nehmen etwa sechs Praktikanten gleichzeitig auf. Studenten mit Kenntnissen in den Fächern Tiermedizin, Botanik, Zoologie oder Medizin sind für einige Reservate von besonderem Interesse. Aber auch Studenten mit Interesse in Geologie, Soziologie oder Anthropologie können einzigartige Erfahrungen sammeln.

Viele Stellen werden geradezu mit Anfragen überschüttet. Die Parks und Reservate in den meisten afrikanischen Ländern sind gesetzlich verpflichtet, einheimische Bewerber bevorzugt zu berücksichtigen. African Conservation Experience hat aus diesem Grund besondere Abkommen über eine begrenzte Zahl von Praktikumsplätzen geschlossen. Direkte Bewerbungen ausländischer Studenten werden von den beteiligten Schutzgebieten daher nicht akzeptiert. Informationen und Bewerbungsunterlagen gibt's per E-Mail, Telefon oder Post. Die Anforderung der Unterlagen kann auch online ausgeführt werden. Vor einer endgültigen Zusage treffen sich die Bewerber zu einem Einführungswochenende, auf dem sie ihre mentale und physische Eignung unter Beweis stellen sollen.

Die Kosten für einen Aufenthalt betragen etwa zwischen 1.785 Pfund (vier Wochen) und 3.500 Pfund (12 Wochen). Darin enthalten sind internationale Flüge, Inlandsflüge, Transfers und in den meisten Fällen auch volle Verpflegung. Die meisten Teilnehmer sind auf „fund raising" angewiesen, was in angelsächsischen Ländern nicht ungewöhnlich ist, weil dort die private Spendentätigkeit eine starke Tradition hat. African Conservation Experience unterstützt die Studenten bei der Einwerbung von Sponsorengeldern mit Broschüren, Tipps und speziellem Training.

Dauer: 1-3 Monate
Entlohnung: 1785-3500 £
Kost & Logis: Kost frei
Alter: keine Angaben
Sprachkenntnisse: Englisch

Verlagshinweis: „Preiswert durch Südafrika", „Preiswert Übernachten Südafrika & Namibia", s. Verlagsprogramm bei

http://shop.interconnections.de

Online-Reiseführer Namibia, bald auch Südafrika bei *http://www.reisetops.com/suedafrika-namibia*

USA

National Park Service,
Headquarters,
1849 C Street NW, Washington, D.C. 20240, USA, T. +1-202-208-6843,
www.nps.gov/volunteer

In den Vereinigten Staaten bestehen abgesehen von den fünfzig Nationalparks noch weitere 300 „National Preserves“, „National Monuments“, „Historic Sites“, „Battlefields“, „Memorials“, „Seashores and Lakeshores“, „National Rivers“, „National Recreation Areas“ usw. Die zuständige Bundesbehörde ist der „National Park Service“, der mit seinem „ParkNet“ als Portal im Internet auftritt. Das „Volunteers-In-Parks Program“ (VIP) ist ein besonderes Programm zum Einsatz freiwilliger Helfer in den Parks der USA. Es bietet Erwachsenen aller Altersstufen und beruflicher Herkunft, vom Studierenden bis zum Rentnerehepaar, Gelegenheit, ihre Fähigkeiten und Fertigkeiten in den Dienst eines Nationalparks zu stellen. Jährlich leisten mehr als 120.000 Freiwillige über 4 Millionen Arbeitsstunden in den Parks.

Die Aufgaben der VIPs richten sich nach den Anforderungen der betreffenden Parkverwaltung. VIPs betreuen Zeltplätze, helfen an Informationsschaltern, sind in der Öffentlichkeitsarbeit und Umwelterziehung tätig, beteiligen sich am Unterhalt der Infrastruktur des Parks und reparieren Einrichtungen für die Besucher, leisten Verwaltungsarbeit oder kümmern sich um die Sicherheit der Besucher sowie um „Recht und Ordnung“.

Bewerbungen sind stets unmittelbar an den Nationalpark zu richten, bei dem man tätig sein möchte. Die Homepage des „National Park Service“ zeigt eine lange Liste mit Stellenangeboten sämtlicher Schutzgebiete innerhalb des „National Park System“. Wer dann VIP in einem bestimmten Nationalpark werden möchte, schicke seine Bewerbung an den betreffenden „VIP coordinator“. Bewerbungsformular ebenfalls online auf der Webseite. Die Postadressen der einzelnen Parks sind in der Rubrik „Visit Your Parks“ wiedergegeben.

Zwei Referenzen in Form von Personen werden verlangt, die über die Fähigkeiten, das Wissen und die Berufserfahrung des Bewerbers Auskunft geben. Nach Erhalt dieses Formulars prüft der „VIP coordinator“, ob die Voraussetzungen zu einem Einsatz erfüllt sind. Der Bewerber erhält erst dann eine Bestätigung, wenn er für eine Position in Frage kommt. Der „National Park Service“ weist ausdrücklich darauf hin, dass auf Grund der hohen Zahl von E-Mail-Anfragen eine Beantwortung von Mails nicht gewährleistet ist. Außerdem ist zu beachten, dass sich noch nicht alle Nationalparks entschlossen haben, ihre E-Mail-Adressen zu veröffentlichen, so dass hier nur die gute alte Briefpost weiter hilft.

Die meisten Parks sind nicht in der Lage, eine Unterkunft zu stellen, sind aber bei der Suche danach behilflich: „Some parks are able to provide some housing for volunteers for part of the year. Most are not. Some parks are also able to provide a small stipend but it is not enough to cover expenses. You should plan on having to pay for your own expenses, including food and transportation. Since costs vary from park to park, you should ask what they are before you commit yourself to a specific park." Good luck!

Verlagshinweis: Weitere Stellenangebote zu den USA in „Ferienjobs – USA" und „Praktika – USA" bei http://shop.interconnections.de
Online-Reiseführer bei www.reisetops.com

The Student Conservation Association (SCA), *Conservation Internships Recruiting, 689 River Road, P.O. Box 550, Charlestown, New Hampshire 03603-0550, USA,*
T. +1-603-543-1700,
F. +1-603-543-1828,
internships@thesca.org,
www.thesca.org

In vielen Nationalparks, aber auch in anderen Großschutzgebieten der USA wie „National Forests", „National Wildlife Refuges" etc., befinden sich Praktikantenstellen privater Träger, Stiftungen oder Institute. Auskunft über einzelne Einsatzstellen erteilt zumeist die jeweilige Parkverwaltung. Die SCA vermittelt beispielsweise im Rahmen ihres „Conservation Internship Program" jährlich über tausend Freiwillige überwiegend an staatliche Naturschutzverwaltungen. Sie arbeitet dabei mit dem „National Park Service", dem „Bureau of Land Management", dem „U.S. Fish and Wildlife Service" und anderen Partnern zusammen.

"Conservation Internships" richten sich an Freiwillige über 18 Jahre. Es gilt keine Altersobergrenze. Nur Stellen für so genannte „Resource Assistants" sind auch Nicht-Amerikanern zugänglich. Die Freiwilligen sind für einen Zeitraum von drei bis vier Monaten zusammen mit hauptamtlich Beschäftigten in über 50 Bereichen tätig: Archäologie, „backcountry and wilderness management", Umwelterziehung, Forstwirtschaft, Fotografie, Unterhalt von Wanderwegen, „wildlife" usw. Die Praktikanten erhalten zwar keinen Lohn; dafür übernehmen die SCA und die Dienststelle jedoch die Ausgaben für Reise, Lebenshaltung, d.h. Unterkunft und Verpflegung, Unfallversicherung sowie für Dienstfahrten vor Ort. Der Verpflegungszuschuss beträgt 50 Dollar pro Woche. Eine Krankenversicherung kann bei der SCA gegen geringe Gebühr abgeschlossen werden.

Drei Möglichkeiten bestehen, um sich um ein „SCA Conservation Internship" zu bewerben:

1. Interessenten können sich auf der Homepage registrieren lassen und ihre Bewerbung online übers Internet abschicken. Die SCA empfiehlt diese Möglichkeit. Jeder Interessent erhält einen Usernamen und ein Passwort und kann damit seine Bewerbung(en) erstellen und verfolgen.

2. Bewerber können die Bewerbungsunterlagen im Internet herunterladen und anschließend per Post an die SCA schicken.
3. Interessenten können sich die Bewerbungsunterlagen auch per Post zusenden lassen.

Ausländische Bewerber sollten bei der Auswahl der gewünschten Stelle(n) beachten, dass sie mit dem üblichen Visum keine gewerblichen Tätigkeiten ausüben dürfen. Darunter fallen z.B. Tätigkeiten in Buchläden oder Andenkengeschäften. Fünfmal im Jahr beginnt eine neue Bewerbungsrunde. Die SCA leitet die Bewerbungen um jede Stelle an die betreffenden Kooperationspartner weiter und benachrichtigt dabei jedes Mal die Bewerber. Die Vergabe erfolgt nach dem Wettbewerbsprinzip. Nur eine von drei Bewerbungen ist erfolgreich. Telefoninterviews spielen bei der endgültigen Besetzung eine wichtige Rolle. Bewerber sollten sich hierauf gründlich vorbereiten.
Folgende Anmerkung ist für Bewerbungen aus Übersee von Bedeutung: „Individuals from oversea are welcome to apply to our program, but competition is strong." Zur Bewerbung gehören in jedem Fall Referenzen aus früheren Jobs, Zeugniskopien und ein medizinisches Attest. SCA vermittelt auf Anfrage Kontakte zu ehemaligen Freiwilligen.
Unter dem Titel „Conservation Crews" führt SCA auch Workcamps für 15-19jährige Schülerinnen und Schüler durch. Näheres dazu im Kap. „Workcamps & Expeditionen".

Dauer: 3-4 Monate (bis zu 12 Monate für US-Bürgerinnen und -Bürger)
Kosten / Entlohnung: 40 US-$ Bewerbungsgebühren / 50 US-$ / Woche Zuschuss für Verpflegung
Kost & Logis: Logis frei
Alter: mind. 18 Jahre
Sprachkenntnisse: Englisch

Verlagshinweis: *„Übernachten Preiswert - USA mit Kanada",* mit Preisnachlässen bei Hotels usw. *„Ferienjobs USA mit Kanada", „Praktika USA", „AuPair-USA „,* siehe http://shop.interconnections.de
Online-Reisführer bei
www.reisetops.com/usa

Adressen und Hinweise

Centro di Documentazione Internazionale sui Parchi (CEDIP),
Villa Demidoff, via Fiorentina n. 276,
50036 Pratolino (Firenze), Italien,
T. +39-55-409338,
F. +39-55-409272,
cedip.segreteria@provincia.fi.it,
www.unifi.it/unifi/deeaf/CEDIP

Weltweit anerkannte Einrichtung mit umfangreicher Bibliothek zum Thema Natur- und Nationalparks: 40.000 Publikationen, sechzig Zeitschriften, ferner Videokassetten und Poster. Über 6.500 Schutzgebiete sind auf diese Weise dokumentiert. Arbeitet mit der Universität Florenz zusammen. Das CEDIP erteilt auch bei privaten Anfragen und Recherchen Auskunft. Anfragen am besten auf Englisch, Französisch oder Italienisch. Online-Katalog im Internet verfügbar.

Involvement Volunteers Association, Inc. (IVI), *c/o Tim B. Cox, P.O. Box 218, Port Melbourne, Victoria 3207,
Australien, T. +61-3-96469392,
F. +61-3-96465504,
ivworldwide@volunteering.org.au,
www.volunteering.org.au*

Involvement Volunteers Deutschland (IVDE),
*c/o Doreen Appelt, Volksdorfer Straße 32, 22081 Hamburg,
T. 040-41269450, F. 040-5113229,
ivgermany@volunteering.org.au*
Die Projekte von Involvement Volunteers spielen sich häufig in Nationalparks ab. Es gibt sowohl Praktika (s. Kap. „Ausland / Praktische Arbeit") als auch Workcamps (s. Kap. „Workcamps & Expeditionen").

Stiftung Europäisches Naturerbe (Euronatur) *Konstanzer Straße 22, 78315 Radolfzell, T. 07732-9272-0,
F. 07732-9272-22,
info@euronatur.org,
www.euronatur.de*

Gibt viermal im Jahr das Magazin „euronatur" heraus mit Neuigkeiten zur Naturschutzpolitik in Europa sowie zu aktuellen Naturschutzprojekten, u.a. in Slowenien, Kroatien, Polen und Ungarn. Jahresabo zum Preis von 10 Euro (4 Ausg.); Einzelheft 3 Euro. Bezug bei Euronatur. Ein Probeheft kann übers Internet angefordert werden.

Ökologische Landwirtschaft

Zurück zur Scholle

Ökologische Landwirtschaft ist ein wichtiger Bestandteil des Sektors Natur- und Umweltschutz. Wenn sie mehr Förderung und Unterstützung erfahren würde, gäbe es Bodenschutz auf fast „100 Prozent der Fläche".

Dieses Kapitel führt neben konkreten Projekten vor allem wichtige Kontaktadressen auf, die meist nicht selbst Hofstellen vermitteln, aber z.B. Adressen von ausländischen Dachverbänden oder Höfen weitergeben, bei denen man sich dann direkt bewerben kann. Ein Praktikum auf einem ökologisch wirtschaftenden Hof bedeutet meist harte körperliche Arbeit, keine Entlohnung, dafür in der Regel freie Kost und Logis bei aufgeschlossenen, sympathischen Menschen, die sich nicht auf gespritztes Gemüse und auf Hochglanz gewachste Äpfel einlassen wollen. Unserer Meinung nach sind mindestens drei Monate für ein Praktikum auf einem Biohof einzuplanen. Andererseits gibt es Systeme, wo sich auf vielen verschiedenen Höfen für jeweils kurze Zeitspannen Erfahrungen sammeln lassen, was Reiselustige wohl eher ansprechen dürfte. Abgesehen von der Erzeugung leisten viele Höfe und Versuchsanlagen erheblichen Anteil an Forschung und Erziehung. In manchen Forschungszentren in Afrika beispielsweise wird von euch eher erwartet, die der ökologischen Landwirtschaft noch unkundigen Bauern zu unterrichten als selber im Stall auszuhelfen. Erkundigt euch deshalb bitte ausreichend, welches Profil von einem Praktikanten erwartet wird. Nachstehend ein kleiner Überblick über verschiedene Begriffe aus der ökologischen Landwirtschaft, da diese immer wieder auftauchen.

Biologische Anbaumethoden

Die Ursprünge ökologischer Landwirtschaft finden sich in China, wo die Bauern seit Jahrtausenden die Feldflächen durch geeignete Bodenpflege und sorgfältige Kompostierungsmethoden fruchtbar erhalten haben bzw. die Bodenfruchtbarkeit sogar noch steigern konnten.

Der Japaner Masanobu Fukuoka sorgte im 20. Jahrhundert durch seine „natürliche Ackerbaumethode“ für Furore. Ohne jegliche Anwendung von Dünger oder Pflanzenschutzmitteln sowie ohne Umpflügen gelang es ihm, ein stabiles System von ständigem Säen und Ernten zu entwickeln, das auf der gegenseitigen positiven Beeinflussung von Nutzpflanzen und Wildkräutern beruht. Bei Fukuoka spielt die ständige Bodenbedeckung eine zentrale Rolle. Viele Vertreter der ökologischen Landwirtschaft, u.a. die Permakultur (s. auch unter „Alternative Lebensformen“), haben die Ideen Fukuokas aufgegriffen und weiterverbreitet.

Im Westen legte der Anthroposoph Rudolf Steiner durch seinen landwirtschaftlichen Kurs in Kobernitz 1924 die Grundlage zur biologisch-dynamischen Landbaumethode (s. unten). Der Engländer Sir Albert Howard entwickelte 1924-31 eine Art des Kompostierens, die später als die Methode Howard-Balfour bekannt wurde: alle organischen Abfälle sollten durch Kompostierung wiederverwendet werden. Auch der deutsche Landschaftsarchitekt Alwin Seifert war ein früher Verfechter des Komposts und verfasste 1957 ein Buch mit dem Titel „Gärtnern, Ackern – ohne Gift“ – ein Vorläufer der mittlerweile unüberschaubar großen Auswahl an Büchern zum Thema ökologischer Gartenbau und Landwirtschaft.

Was ist „organisch-biologisch“?

Der Begriff organisch-biologischer Gartenbau wurde erstmals begründet vom Schweizer Dr. H. Müller und dem Deutschen Dr. H. P. Rusch um 1930. Sie beschäftigten sich vor allem mit der Gesundheit des Bodens: Dazu soll sich das Bakterienleben im Boden so reich wie möglich entfalten, und eine ständige Bodenbedeckung mit Pflanzen soll den Abtrag der wertvollen Humusschicht verhindern. Alle biologischen Maßnahmen zielen auf eine Verbesserung des Humus ab: Zugabe von Kompost, Flächenkompostierung, Stallmist, Gründüngung, Pflanzenjauche und Anlage von Mischkulturen. Das Umgraben ist im organisch-biologischen Gartenbau verpönt, da davon ausgegangen wird, dass sich das Bodenleben nur in ungestörten Schichten harmonisch und reichhaltig entwickeln kann und somit die Fruchtbarkeit des Bodens erhalten bleibt. Selbstverständlich für ökologischen Landbau ist die Ablehnung von Pestiziden sowie von Kunstdünger. In Frankreich vertritt seit den sechziger Jahren die Methode Lemaire-Boucher eine ähnliche These der Erhaltung und Vermehrung der Bodenfruchtbarkeit durch Zugabe von Kompost und Korallalgen. Neben diesen bekannten Namen gab es in der Schweiz eine Pionierin des ökologischen Landbaus, die durch Selbststudium und jahrelange Arbeit im eigenen Garten Mischkulturen, Bodenpflege, natürliche Düngung u.v.m. bereits um 1920 erforschte. Mina Hofstetter gab ihre Erfahrungen auch an andere weiter und führte einen regen Seminarbetrieb auf ihrem Hof am Greifensee. Diese Pionierin des biologischen Gärtnerns ist vollkommen in Vergessenheit geraten, wie so viele andere auch, die durch Praxis wirkliche Forschung betrieben haben, ohne jemals darüber zu promovieren oder „gelehrt" zu werden.

Was ist „biologisch-dynamisch"?

Auch diese Methode stützt sich auf Kompostierung und organische Düngemittel, allerdings sind einige Mineralstoffe als Dünger erlaubt. Außerdem wird die Wirkung kosmischer Kräfte (dynamos, griech. = Kraft) in die Wahl von Saat-, Pflanz- und Ernteterminen mit einbezogen. Die biologisch-dynamische Methode leitet sich aus dem „landwirtschaftlichen Kurs" des Anthroposophen Rudolf Steiners ab. Dies äußert sich einerseits in der eigenen Herstellung und Anwendung verschiedener Düngepräparate, in der Berücksichtigung von Mond- und Planetenrhythmen bei der Bewirtschaftung sowie andererseits auch in zwischenmenschlichen Verhaltensformen, die nur aus dem philosophischen Hintergrund heraus erklärbar sind. Auf biologisch-dynamischen Höfen wird von den Mitarbeitern gewöhnlich nicht nur eine hohe körperliche Einsatzbereitschaft und Disziplin erwartet, sondern auch eine geistige Auseinandersetzung mit den Steiner'schen Theorien.

Was ist Agrarforstwirtschaft?

Agrarforstwirtschaft ist erst mal eine unglückliche Übersetzung des englischen Begriffes „agroforestry". Bei uns kann sich niemand unter diesem Begriff etwas vorstellen, aus dem einfachen Grund, weil „agroforestry" kaum mehr existiert. Es handelt sich im wesentlichen darum, Forst- und Landwirtschaft auf einer Fläche zu betreiben. Wertvolles Holz (Bauholz, Möbelholz) wird aus licht stehenden, einzeln gepflegten Bäumen gewonnen, die zeitversetzt und nach Bedarf geschlagen werden, während auf dem Boden meist Weidewirtschaft, aber auch Feldbau betrieben wird. Ähnlich wurde in einigen Gebieten Mitteleuropas im Mittelalter verfahren, als Tierherden, die in den Wald getrieben wurden, den Wald lichteten. Zudem lag das Recht über die Bäume bei den

Adligen, den Waldbesitzern, während die Bauern den Boden nutzen durften. Ein Beispiel von Agrarforstwirtschaft in Europa ist in der spanischen Extremadura zu finden: Dort grasen in lichten Stein- und Korkeichenwäldern (Nutzung von Holz, Früchten, Kork, Laub) Schweine, Schafe und Ziegen. Alle Etagen dieser Wald-Weide-Fläche werden optimal und zur gegenseitigen Ergänzung genutzt.

Atlantis Youth Exchange, *Kirkegata 32, 0153 Oslo, Norwegen,*
T. +47-22-477179,
post@atlantis-u.no, www.atlantis-u.no

Gemeinnützige Organisation, 1987 vom Norwegian Youth Council gegründet, die es sich zum Ziel gesetzt hat, interkulturelles Verständnis und Achtung durch verschiedene Jugendaustauschprogramme zu fördern. Diese erlauben es, auf 400 Bauernhöfen in Norwegen am Alltagsleben teilnehmen, also zu heuen, Kühe zu melken, zu jäten, Beeren zu pflücken, Gemüse zu ernten, Reparatur- und Hausarbeiten zu verrichten usw. und so die Norweger, ihre Kultur, Bräuche und Lebensweise besser kennenzulernen. Nicht alle Höfe arbeiteten nach strengen ökologischen Richtlinien, aber allgemein sind in Norwegen ökologische Methoden auch in der konventionellen Landwirtschaft verbreitet. Erwartet werden ungefähr 35 Stunden wöchentlicher Einsatz. Vermittlung ausschließlich über Atlantis, nicht über direkten Kontakt mit den Bauern. Wünsche nach einer bestimmten Region, Nähe zu einem Kontakt in Norwegen u.Ä. werden im Rahmen des Möglichen berücksichtigt. Bewerbungen drei bis vier Monate im voraus bei der vorgenannten Adresse. Atlantis schickt dann ein sehr umfassendes Informationsheft sowie das Anmeldeformular zu. Zur Bewerbung sind ein persönlicher Brief an die Wunschfarm, zwei Passfotos, ein Gesundheitszeugnis, eine persönliche Referenz und die Zahlung der Vermittlungsgebühr nötig.

Dauer: 2-6 Monate (nicht EU-Bürger: max. 3 Monate)
Kosten: 825 Kronen / Woche
Kost & Logis: frei
Alter: 18-30 Jahre
Einsatzort: Norwegen
Sprachkenntnisse: Englisch

»Explore Norway from inside!«
steht es groß auf der Ausschreibung von Atlantis geschrieben. Für mich ein sehr ansprechender Slogan, denn Norwegen war schon immer eine Art Traumland für mich. Durch die Vermittlung bin ich dann schließlich auf Rennescy, der Tomateninsel, in der Nähe von Skavanger gelandet.
Als ich zum ersten Mal aus dem Unterseetunnel, der die Insel mit dem Festland verbindet, auftauchte, war ich tief beeindruckt: ich befand mich auf „Ferien- und Saltkrokan-Land“, auf einer der vielen grünen Inseln im blitzeblauen Meer. Für eine Landratte wie mich schien das ein märchenhafter Som-

mer zu werden. Leider musste ich bald lernen, dass es an Norwegens Westküste ziemlich oft regnet. Immerhin war es nie richtig kalt, das Klima ist verhältnismäßig mild und deshalb auch so geeignet für Gurken, Erdbeeren und Tomaten; letzteres ist das eindeutige Hauptprodukt. Von Rennes¢y und der Nachbarinsel stammen etwa die Hälfte der norwegischen Tomaten, was eine Menge ist, denn dieses nordische Land schafft es zumindest während der Sommermonate, seinen Bedarf selbstständig zu decken. Auch der Hof meiner Gasteltern war eine reine Tomatenfarm, 5000 bis 6000 Pflanzen in zwei großen Gewächshäusern. (Die vielen Treibhäuser waren übrigens das weniger märchenhafte an der Insel.) Meine Arbeit war oft recht eintönig, die selben Handgriffe wie Tomaten pflücken, alte Blätter entfernen, Pflanzen neu aufhängen. Trotzdem faszinierten mich diese industrielle Gemüseproduktion, die Treibhaustechnik und die biologische Schädlingsbekämpfung, die in Norwegen seit einigen Jahren Standard ist. Zum Beispiel werden „gute“ Fressmilben eingesetzt, um die „bösen“, für die Pflanzen schädlichen, Spinnmilben zu vernichten. Aber mein norwegischer Sommer bestand nicht nur aus Tomaten …
In meiner Gastfamilie war ich bestens aufgehoben. Vor allem mit den Enkelkindern hatte ich immer viel Spaß – ich war wohl eine „Sommerattraktion“ für sie – und sie waren meine besten Norwegischlehrer. Allerdings dauerte es einige Zeit, bis ich Kontakt zu anderen Jugendlichen hatte. Doch schließlich kannte ich ein paar Leute von den Inseln; durch Zufall war ich auf eine Gruppe internationaler Austauschstudenten in Skavanger ge-stoßen, worauf ich ziemlich oft die einstündige Busfahrt durch den Unterseetunnel auf mich nahm, um sie in einer der vielen Kneipen von Skavanger zu treffen. Durch eine Wandertour mit dem regionalen Bergverein, einigen Radtouren und Ausflügen mit meinen Gasteltern konnte ich mich immer wieder von der Schönheit der Landschaft überzeugen.

Aber in den drei Monaten habe ich auch erfahren, was Norwegen sonst noch ausmacht: freilaufende Kühe, Holzhäuser in allen Farben, der Ölpreis, ein gewisser Patriotismus, damit verbunden eine recht homogene Gesellschaft, ein Streben nach größtmöglicher Selbstständigkeit (Norwegen ist nicht in der EU!) und Nachrichten, die ausschließlich über kranke Staatsminister berichten, überhöhte Preise im allgemeinen und Bierpreise im besonderen, gute Jazzmusiker, gute Milchprodukte, hundert verschiedene Dialekte und zwei Schriftsprachen, angeln und Blaubeeren pflücken, Edvard Munch, Gustav Vigeland und Edvard Grieg … Und das ist sicher längst nicht alles. Wie auch immer, ich war traurig, dieses Land verlassen zu müssen. Norge, jeg skal komme tilbake!

Tini Lodderstedt (20) verbrachte einen Sommer auf einer norwegischen Farm, vermittelt durch Atlantis.

Auroville, *c/o Dr. Lucas Dengel, AuroAnnam, Grace, Auroville 605101, Indien, T. +91-413-2622044, www.auroville.org.in, www.auroville.info*

In der großen Gemeinschaftssiedlung von Auroville können Volontäre auch in einigen landwirtschaftlichen Projekten aktiv werden. Mehr zum Gesamtprojekt im Kap. „Alternative Lebensformen".
Dauer: unterschiedlich
Kosten: unterschiedlich
Kost & Logis: geringe Kosten
Alter: keine Angaben
Einsatzort: Indien
Sprachkenntnisse: Englisch

Biovin (Schweizer Bio-Weinbauverein), *c/o Marlise Halter, 101, rte du Mandement, 1242 Satigny, Schweiz, T. +41-22-7534031, F. +41-22-7534023, info@biovin.ch, www.biovin.ch*

Dieser Erzeugerverband verschickt auf Anfrage eine Liste mit den Hofbeschreibungen seiner Mitglieder. An Bioweinbau und -kelterei Interessierte setzen sich mit diesen Adressen in Kontakt, ob und wann ihr Einsatz gebraucht wird (überwiegend im Herbst).
Dauer: unterschiedlich
Entlohnung: unterschiedlich
Kost & Logis: unterschiedlich
Alter: 18-60 Jahre
Einsatzort: Schweiz
Sprachkenntnisse: Deutsch oder Französisch

Caritas Schweiz, Freiwilligen- und soziale Einsätze im Schweizer Berggebiet,
Löwenstr. 3, 6002 Luzern, Schweiz, T. +41-41-492222, F. +41-41-4192424, freiwilligeneinsatz@caritas.ch, www.caritas.ch

Freiwillige Mithilfe bei einer Bergbauernfamilie ist soziales Engagement und ein ökologischer Beitrag zur Erhaltung der vielfältigen Kulturlandschaft im Berggebiet. Gesucht werden interessierte Frauen und Männer zwischen 18 und 70 Jahren, die für kurze Zeit dem Alltag oder dem Stadtleben entrinnen möchten, einfach Lust auf kräftigende Bergluft oder einen Kulturaustausch innerhalb der Schweiz haben.
Teilnehmen können Leute aus allen Berufen. Sie unterstützen je nach Fähigkeiten die Familien durch Hilfsarbeiten oder stellen ihr spezifisches Know-How zur Verfügung. Auch bei außerordentlichen Projekten wie Haus- und Stallumbauten suchen Bauernfamilien die Unterstützung der Caritas Schweiz und damit der Freiwilligen. Die tatkräftige Mitarbeit von Freiwilligen fördert den Dialog, bereichert das Zusammenleben und trägt zum Verständnis des Bergbauernalltags bei.
Verpflegung und Logis sind kostenlos. Die Caritas übernimmt zudem die Reisespesen (SBB, 2. Klasse) innerhalb der Schweiz. Das Angebot steht Schweizern und EU-Bürgern offen.
Dauer: min. 1 Woche
Entlohnung: keine
Kost & Logis: frei

Alter: mind. 18 Jahre
Einsatzort: Schweiz
Sprachkenntnisse: Deutsch oder Französisch

El Pardal,
Lista de Correos, 23300 Villacarrillo (Jaén), Spanien, T. +34-953128171

In einer landschaftlich sehr schönen Gegend im Nordwesten Andalusiens liegt dieser 27 Hektar große, abgelegene Hof, auf dem man in extremen Wintern schon mal eingeschneit werden kann. Die Farm arbeitet nach biologisch-organischen Grundsätzen und versucht, einige Permakulturideen umzusetzen (siehe Kap. Alternative Lebensweisen / Permakultur). Die Familie sucht auch nach Partnern, die sich dort dauerhaft niederlassen wollen. Sie bauen Gemüse an, pflanzen Bäume, halten Milchtiere und machen Käse. Normalerweise sind im Sommer und Winter zwei bis drei freiwillige Helfer dort, im Frühjahr und Herbst fünf bis zehn. Je länger sie bleiben wollen, desto besser. Anmeldung am besten abends per Telefon, da die Post nicht direkt zur Farm kommt. Verlangt wird vom Praktikanten nur guter Wille und die Beherrschung einer der unten genannten Sprachen.
Dauer: unterschiedlich
Entlohnung: keine
Kost & Logis: frei
Alter: keine Angaben
Einsatzort: Spanien
Sprachkenntnisse: Deutsch, Spanisch, Englisch oder Französisch

Buddhisten kennen keinen Sonntag
Meine Kontaktadresse im Ecological Center in Leh war Tsewang Rigzin. Leider einer der wenigen eher unfreundlichen Ladakhis, der ganz einfach auf einer Liste den Namen einer Familie fand und mich dorthin schickte – aber meine Familie war ein Glücksgriff. Die Mutter war wie einige ihrer Freundinnen in der „Women Alliance“ organisiert, d.h. die Frauen als Haushaltsvorstände werden über das Ecological Center mit Infos über Düngemittel, Erntefragen und Ungeziefer versorgt. Die Frauen wiederum melden ihr Interesse an „WestlerInnen“ an, die den Familien im Rahmen des Farm-Projekts bei der Arbeit helfen sollen. Natürlich geht es auch um einen interkulturellen Austausch, der es den Ladakhis ermöglicht, durch uns ihr idealisiertes Bild des „Goldenen Westens“ eventuell zu revidieren und uns einen Einblick in eine völlig fremde Kultur gibt, in die wir als bloße TouristInnen niemals so tief eintauchen könnten!
Meine Warnung an alle: Es ist harte und härteste Arbeit. Bäumepflanzen mit einfachsten Werkzeugen, Löcher in steinigen Boden graben, Felsen aushebeln und wegtragen sind keine Ausnahme. Wasserholen aus der Trinkwasserquelle Lehs bedeutet 2-3mal 30 Liter Wasser und mehr in Kanistern über der Schulter nach Hause zu schleppen. Feldarbeit heißt acht Stunden täglich in den Feldern zu sitzen, egal welches Wetter und auch egal, ob der europäische Rücken

schmerzt oder die Hände brennen. Feldarbeit ist – wenn man so möchte – langweilig, ob in Ladakh, Deutschland oder Italien. Der immer selbe Ort, der gleiche Handgriff unter Umständen tagelang. 7-8 Stunden Arbeit, nur unterbrochen von den drei Mahlzeiten, und das sieben Tage lang, denn als Buddhisten kennen die Ladakhis keinen Sonntag. Aber auf was sich jede / r freuen kann, ist unvergleichlich. Ein integriertes Mitglied in einer ladakhischen Familie zu sein, heißt auch viel mitzubekommen von diesen Menschen, die ich als das lustigste, freundlichste und in gewissem Sinne auch lockerste Volk ansehen möchte, das ich je traf. Ich wurde einbezogen in die Freuden und Sorgen aller, seien es die Schulschwierigkeiten der Mädchen, die durch die viele Arbeit auf den Feldern zu wenig zum Lernen kamen, Krankheiten, die Besuche bei den Schamaninnen notwendig machten, zu denen ich wie selbstverständlich mitgenommen wurde. Ich lernte viel und hautnah über die buddhistische Lebensweise, weil Religion nicht wie bei uns abgetrennt vom alltäglichen Leben stattfindet.

Barbara Joachim (38) aus Hamburg half und genoss drei Sommermonate in Ladakh.

Fundación Jatun Sacha, *c/o Gabriela Cadena, Eugenio de Santillan N34 248 y Maurian, P.O.Box 17-12-867, Quito, Ecuador, T. +593-2-243-2240, F. +593-2-245-3583, volunteer@jatunsacha.org, www.jatunsacha.org*

In den sechs biologischen Stationen der Stiftung Jatun Sacha arbeiten die Freiwilligen an Konzepten zu Agroforstwirtschaft und Aquakultur, die für die heimische Bevölkerung wirtschaftliche Alternativen zur Ausbeutung des ecuadorianischen Urwalds darstellen sollen. Näheres dazu im Kap. „Umweltpädagogik“.

Dauer: 14 Tage bis 1 Jahr, mind. 3 Monate für das *environmental education program*

Kosten: 35 US-$ Bewerbungsgebühren (60 US-$ für Galapagos) + für die ersten zwei Monate in einer Station 300 US-$ / Monat, für alle nachfolgenden 270 US-$. 800 US-$ / Monat für Galapagos.

Kost & Logis: frei

Alter: 24-40 Jahre

Einsatzort: Ecuador

Sprachkenntnisse: gutes Englisch ausreichend, Spanisch ratsam

Global Volunteer Network, *P O Box 2231, Wellington, Neuseeland, T. +64 4 569 908-0, F. –1, info@volunteer.org.nz, www.volunteer.org.nz*

Zusammen mit lokalen Programm-Partnern vermittelt dieser Verein Freiwillige auf vier Kontinenten. Je nach Einsatzland stehen praktische Arbeit, Umweltpädagogik, Forschung, Büroarbeit oder auch ökologische Land-

wirtschaft auf dem Programm. Näheres im Kapitel „Umweltpädagogik".
Dauer: 1-6 Monate
Kosten: 275 US-$ Bewerbungsgebühren + je nach Programm unterschiedliche Programmgebühren in Höhe von mehreren hundert US-$/Monat
Kost & Logis: frei
Mindestalter: 18
Einsatzort: China, Ecuador, Ghana, Neuseeland, Rumänien, Russland, Thailand, Uganda
Sprachkenntnisse: mind. gutes Englisch, Landessprache von Vorteil

International Society for Ecology and Culture (ISEC) Deutschland e.V.,
Postfach 11 13 16, 64228 Darmstadt, ISEC.de@gmx.de, www.isec.org.uk/farmproject.html

Beim „Farmprojekt" besteht die Gelegenheit, einige Zeit bei einer Bauernfamilie in Ladakh zu leben und mit ihr zu arbeiten. Ladakh liegt im indischen Teil des Himalajas und ist eine landschaftlich sehr reizvolle, aber klimatisch extreme Hochgebirgsregion. Trotzdem hat sich hier eine blühende Kultur entwickelt, die vom Buddhismus stark geprägt ist und bis heute weitgehend unversehrt ist. Seit zwei Jahrzehnten werden jedoch die modernen westlichen Einflüsse durch Tourismus und „Entwicklung" immer stärker und drohen nun, die sozialen Bande und ökologischen Grundlagen zu untergraben. In dieser Situation begann ISEC (siehe auch Kap. „Entwicklungszusammenarbeit"), einige Projekte in Angriff zu nehmen. Eines davon ist das „Farmprojekt", das einen intensiven Austausch zwischen Menschen aus Industrieländern und Ladakhis ermöglicht. Teilnehmerinnen und Teilnehmer können dabei eine funktionierende östliche Kultur erleben – und auch die Folgen, die die so genannte „Entwicklung" mit sich bringt. Umgekehrt trägt das Projekt dazu bei, den Ladakhis wertvolles Wissen über das Leben bei uns zu vermitteln und ihre Selbstachtung zu stärken.
Wer mitmachen möchte, sollte sich darüber klar sein, dass die Arbeit in der nicht-mechanisierten Landwirtschaft zunächst schwere Arbeit bedeutet. Die Felder werden traditionell (d.h. natürlich auch ökologisch) in Handarbeit mit einfachsten Geräten bestellt. Unterbringung und Verpflegung sind ebenfalls sehr einfach. Landwirtschaftliche Kenntnisse sind allerdings ebensowenig Voraussetzung wie Sprachkenntnisse in Ladakhi. Wichtig ist eine gute gesundheitliche Verfassung (Höhenlage um 3.500m!) und kulturelles Einfühlungsvermögen. Zur Vorbereitung und zum Austausch von Erfahrungen finden begleitend zum Farmprojekt drei Workshops sowie Treffen mit der lokalen Frauen-Initiative statt.
Dauer: ein Kalendermonat, zwischen 1.5. und 31.10.
Kosten: 350 US-$ Verwaltungskostenanteil
Kost & Logis: für 35 Rupien / Tag
Alter: mind. 18 Jahre
Einsatzort: Indien
Sprachkenntnisse: Englisch erwünscht

Involvement Volunteers Association, Inc. (IVI), *c/o Tim B. Cox, P.O. Box 218, Port Melbourne, Victoria 3207, Australien, T. +61-3-96469392, F. +61-3-96465504, ivworldwide@volunteering.org.au, www.volunteering.org.au*

Involvement Volunteers Deutschland (IVDE), *c/o Doreen Appelt, Volksdorfer Straße 32, 22081 Hamburg, T. 040-41269450, F. 040-5113229, ivgermany@volunteering.org.au*

Vereinzelt zählen auch landwirtschaftliche Betriebe zu jenen Institutionen, die am Vermittlungsprogramm von IVI und dessen deutschen Zweig, IV-Deutschland, teilnehmen. Näheres im Kap. „Praktische Arbeit".
Dauer: 2 Wochen bis 1 Jahr
Kosten: 290-375 Euro plus ca. 55 Euro (100 AUS-$) für jede vermittelte Volontärstelle
Kost & Logis: i.d.R. frei, bei einigen Projekten fällt Zuzahlung zu Verpflegungskosten an
Mindestalter: 18 Jahre
Einsatzort: weltweit in über 30 Ländern
Sprachkenntnisse: Englischgrundkenntnisse, teilweise Grundkenntnisse der Landessprache z.B. Spanisch

Landdienst, *Mühlegasse 13, Postfach 2826, 8021 Zürich, Schweiz, T. +41-1-2614488, F. +41-1-2614432, admin@landdienst.ch, www.landdienst.ch*

interconnections, *Schillerstr. 44, 79102 Freiburg, Tel. 0761 700 650, info@interconnections.de, www.interconnections.de*

Anmeldung von Deutschland aus über **interconnections**

Freiwilligeneinsätze auf Schweizer Bauernhöfen. Schweizerische Organisation, von Kantonen, Regierung, dem Fürstentum Liechtenstein und vielen bäuerlichen Verbänden getragen. Ziel ist es, Brücken zwischen Stadt und Land zu schlagen, zwischen Konsumenten und Produzenten und zwischen den verschiedenen Sprachregionen der Schweiz.

Im Sommerhalbjahr können Freiwillige auf Schweizer Höfen in allen Teilen des Landes aushelfen. Es gibt dafür sogar Taschengeld. Dieses Angebot gilt nur für EU-Bürgerinnen und -Bürger. Im letzten Jahr absolvierten 509 Nicht-Schweizer einen Landdiensteinsatz, davon jedoch nur eine erschreckend niedrige Anzahl von Deutschen.

Die Website vom Landdienst bietet übrigens noch eine kommentierte Linkliste zu ähnlichen Angeboten in der Schweiz. Anmeldung von Deutschland aus über www.interconnections.de.
Dauer: 3 Wochen - 2 Monate
Entlohnung: 20 sFr / Tag
Kost & Logis: frei
Alter: ab 17 Jahre
Einsatzort: Schweiz
Sprachkenntnisse: Deutsch, Französisch oder Italienisch

Nguruka Women Group, *c/o Mrs. Helen W. Murangiri, P.O. Box 203, Siakago, 60104 Mbeere, Kenia*

Die Leiterin dieser Frauengruppe betreibt auf einer Fläche von vier Hektar eine Baumschule und ökologische Landwirtschaft, erforscht Biolandbau, Anbau heimischer essbarer Wildpflanzen und biologischer Schädlingsbekämpfung und betreut auch eine Bibliothek. Das Projekt befindet sich in einem kleinen Dorf auf etwa 1800 Meter Höhe. Helen arbeitet mit zwei Freiwilligen pro Jahr, die das ganze Jahr über einsteigen können. Sie arbeiten im Gemüseanbau, bei der Zubereitung von biologischen Pestiziden und beim Konservieren von Lebensmitteln. Mehr zu dieser Farm im Herzen Afrikas im Erfahrungsbericht „Paradies für Vegetarier“.

Nguruka Womens Group arbeitet eng mit Biodicomo Volunteers Group zusammen (s. Kap. Ausland/Foschung).

Dauer: 3 – 6 Monate

Kosten: 100 Euro für Verpflegung

Kost & Logis: Logis frei

Alter: 18 - 35 Jahre

Einsatzort: Kenia

Sprachkenntnisse: Englisch oder Kiswahili

Paradies für Vegetarier

Experimente mit Biopestiziden und organischem Dünger und die Pflege und Organisation der Demonstrationsfarm sind meine Hauptaufgaben. Nebenbei begleite ich Mr. Murangiri auf die Lehrgänge für biologischen Anbau, die wir für die ortsansässigen Bauern abhalten. Wir bemühen uns gerade um einen Exporthandel mit Deutschland, für zukünftige Praktikanten wäre das ein weiteres Betätigungsfeld: Herstellung und Verpackung von Bananenchips. Die Arbeit ist hochinteressant und lehrreich, dabei nie besonders schwer. Das Verhältnis zu meinen Gastgebern ist herzlich, ganz nach afrikanischer Art wurde ich vom ersten Tag an in die Familie integriert und auch sonst lernte ich jede Menge Nachbarn und neue Freunde kennen.

Dieser Kontakt ist auch sehr wichtig, denn ansonsten ist man hier von der Welt abgeschnitten: kein Telefon, das geläufigste Fortbewegungsmittel sind die eigenen zwei Beine und sogar das Postfach in Siakago ist nur in etwa 1 _ Stunden Fußmarsch zu erreichen. Unsere Ansiedlung besteht aus einigen Hütten, die sich im Busch verstecken. Das bedeutet viel Ruhe und Natur, aber auch Verzicht auf viele Annehmlichkeiten. Wer also eine Dusche braucht (womöglich mit warmem Wasser), einen Fernseher, Telefon, Vergnügungsstätten oder auch nur einen Buchladen, wird sich hier schwer tun. Zu essen gibt es reichlich und lecker, das Gemüse und Obst aus dem eigenen biologischen Anbau – für eine Vegetarierin wie mich optimale Bedingungen. Jeden Tag genieße ich eine ausgewogene, gesunde Ernährung.

Astrid Erb (22) arbeitete 6 Monate für das Projekt der Familie Murangiri in Kenia, ohne Entzugserscheinungen nach westlichen Standards zu bekommen.

SAB Alpstellenvermittlung, *c/o Vreni Schriber, Seilerstr. 4, Postfach 7836, 3001 Bern, Schweiz, T. +41-31-3821010, F. +41-31-3821016, vreni.schriber@sab.ch, www.sab.ch*

Die SAB vermittelt bezahlte Stellen auf Schweizer Almen während der Sommermonate. Da auf diesen nur im Sommer bewirtschafteten Flächen meistens (Jung-)Kühe, Schafe oder Ziegen grasen, sollten die Heidis und Peters etwas von Tierhaltung verstehen und sich – je nach Kanton – auf Deutsch oder Französisch verständigen können.
Dauer: keine Angaben; zwischen Mai und September
Kosten/Entlohnung: 30 sFr Vermittlungsgebühr/unterschiedlich
Kost & Logis: frei
Alter: keine Angaben
Einsatzort: Schweizer Gebirgskantone
Sprachkenntnisse: Deutsch oder Französisch

Servicio Parque Nacional Galápagos, *Isla Santa Cruz, Puerto Ayora, Av. Charles Darwin s / n, Galápagos, Ecuador, T. +593-5-526189 o. +593-5-526511, F. +593-5-526190, info@spng.org.ec oder volunteer@spng.org.ec, www.galapagospark.org*

Auf den Galápagos-Inseln fallen neben im Naturschutz üblichen Aufgaben wie Touristenbetreuung und Säuberungsaktionen (mehr dazu im Kap. „Nationalparks) auch landwirtschaftliche Arbeiten an: Vermehrung von Pflanzen in Baumschulen, Verbreitung von Quarantäneprogrammen sowie Aufklärung der ansässigen Bauern und Landbesitzer, mehr einheimische, angepasste Bäume zu pflanzen. Für den Lebensunterhalt müssen die Praktikanten selber aufkommen, da der Nationalpark Galápagos nur mit sehr bescheidenen finanziellen Mitteln arbeitet. Vorkenntnisse in ökologischer Landwirtschaft und ein wissenschaftliches Studium in naturwissenschaftlichen Fächern von mindestens zwei Jahren werden vorausgesetzt.
Dauer: mindestens 2 Monate
Entlohnung: keine
Kost & Logis: Logis frei
Mindestalter: 20 Jahre
Einsatzort: Ecuador
Sprachkenntnisse: Spanisch

The Future in Our Hands (FIOH), *c/o Kenneth Nortey-Mensah, P.O. Box TF 154, LA Accra, Ghana, T. +233-21-716091 o. +233-24-77397, kingzeeh@yahoo.co.uk*

Internationale Bewegung, 1974 in Norwegen ins Leben gerufen, als eine breite Öffentlichkeit auf ein Buch des Norwegers Eric Dammanns mit dem gleichen Titel reagierte. Darin prangert er die immer noch andauernde Ausbeutung der sogenannten Dritten Welt an. FIOH versteht sich vor allem als Vereinigung, um menschliche Werte wieder zu fördern und die verschiedenen Gruppen, Staaten und Wirtschaftsmächte zu einem friedlicheren, gerechteren Umgang miteinander zu bewegen und somit nicht nur den Menschen, sondern auch der Umwelt ein dauerhaftes Überleben zu sichern. Ausgehend von Norwegen existieren inzwischen 14 unabhängig voneinander arbeitende nationale FIOH-Gruppen in Europa (Dänemark, Großbritannien, Irland, Norwegen, Schweden), Asien (Indien, Malaysia) und Afrika (Ghana, Kenia, Nigeria, Sierra Leone, Tansania, Sambia, Simbabwe).

FIOH in Ghana hat mittlerweile ein Netz von 30 Farmen im ganzen Land aufgebaut, auf denen freiwillige Helfer willkommen sind. In einer von FIOH mit getragenen Gemeindeschule mit rund 500 Kindern können junge Menschen aus dem Ausland unterrichten. Jedes Jahr im Mai / Juni findet ein großes Workcamp statt, zu dem Menschen aus der ganzen Welt eingeladen sind, afrikanische Techniken und Musik zu erlernen, zu tanzen und miteinander zu feiern. Das vierwöchige Camp kostet 200 US-$, was Unterkunft, Verpflegung, die Workshops und Transport vom Flughafen beinhaltet.

FIOH ist gleichzeitig der Ansprechpartner von „WWOOF Africa" (zu WWOOF s. weiter unten in diesem Kap.).

Dauer: ab 2 Wochen
Kosten: 25 US-$ und 3 IS für Registrierung
Kost & Logis: Logis frei
Alter: keine Angaben
Einsatzort: Ghana
Sprachkenntnisse: Englisch

Tuna Woman Development Project (TUWODEP), ehemals
Catholic Agricultural Project,
c/o Ali Raphael Tenbapono,
P.O. Box 1, Tuna N/R, Ghana

Der Officer-in-charge, Ali Raphael, scheint wirklich eine Ausnahmeerscheinung zu sein: Zu dieser Ausgabe hat er uns eine Aktualisierung seines Eintrags in „Jobben für Natur und Umwelt" ohne jegliche Aufforderung geschickt! Mittlerweile wurde das Catholic Agricultural Project in „Tuna Woman Development Project" umbenannt, da es hauptsächlich mit Frauen arbeitet, deren Arbeit durch Mikrokredite unterstützt wird. Die Frauen betreiben kleine Handwerksbetriebe, in denen sie Bier (pito), Shea-Butter, Seife und Töpferwaren herstellen. Daneben betreiben sie während der Regenzeit ihre traditionelle Landwirtschaft, auf der Produkte wie Mais, Hirse, Sojabohnen und Erdnüsse angebaut werden. Außerdem halten sie Vieh, das auch zum Pflügen benutzt wird (Esel und Ochsen), pflanzen und pflegen Bäume.

Volontäre leben in der Dorfgemeinschaft mit, lernen deren Kultur und Sprache und helfen bei den alltäglichen Arbeiten mit. TUWODEP bieten den Freiwilligen auch an, Naturschönheiten und Sehenswürdigkeiten in Ghana zu besuchen.

Freie Unterkunft, für Essen und medizinische Versorgung werden 500 US-$ pro zwei Monate Aufenthalt verlangt.

Dauer: keine Beschränkung
Kosten: 500 US-$ / 2 Monate
Kost & Logis: Logis frei
Alter: keine Beschränkung
Einsatz: Ghana
Sprachkenntnisse: Englisch

Starke Frauen in Afrika

Von Anfang Juli bis Ende September 2001 war ich in Ghana. Die meiste Zeit lebte ich in dem Dorf Tuna, wo ich das Catholic Agricultural Project besuchte, das 1987 in Tamale gegründet wurde. Auf das Projekt kam ich durch den Naturschutzbund Deutschland. Das Ziel des Projektes ist es, den Lebensstandard für die benachbarten Dörfer zu erhöhen und für die immer noch unterdrückten Frauen ein eigenes Einkommen zu ermöglichen. Im Moment reichen die Einkommen nur zur Existenzsicherung, für Schulgebühren und Medizin fehlt noch Geld. Deshalb formte sich die Idee der sich selbst organisierenden Frauengruppen: die Frauen eines Dorfes arbeiten zusammen, teilen ihre Einkommen und versuchen, ihren Gewinn sinnvoll anzulegen.

Die Frauen verkaufen ihre Produkte auch auf den lokalen Märkten. Die Aufgabe des Projektmanagers, mit dem ich zusammen arbeitete, ist es, den Frauen zuzuhören und zu helfen, ihre Probleme zu lösen. Das bedeutet u.a. Spender zu finden und Dinge wie Pflüge, Tiere oder Werkzeuge zu kaufen. Was ich an dem Projekt besonders mochte, ist, dass der Manager nur in einer exekutiven Form arbeitet und auf die Bedürfnisse der Frauen reagiert. So können die Frauen sich stärker mit ihrer Arbeit identifizieren und sind sehr motiviert. Es beruhigte mich auch, dass das „katholische Projekt" sich nicht in den Glauben der Frauen einmischt. Mein persönlicher Eindruck der Frauengruppen war höchst positiv. Das Arbeiten war oft sehr lustig, die Frauen waren immer guter Laune; manchmal tanzten und sangen sie. Nachdem ich mich an das Klima und das Essen angepasst hatte, genoss ich das afrikanische Leben sehr.

Ute Radler war eine der ersten vier Praktikanten bei Ali Raphael in Ghana.

Worldwide Opportunities On Organic Farms (WWOOF), *Freiwillige Helfer auf Ökologischen Höfen, Postfach 21 02 59, 01263 Dresden, info@wwoof.de, www.wwoof.de*

WWOOF Pty Ltd (Australia) , *Buchan, Victoria 3885, Australien, T. +61-35155-0218, F. +61-35155-0342, wwoof@wwoof.com.au, www.wwoof.com.au*

Mitgliedschaft kostet AUS-$ 50 plus $5 Versandgebühren nach Übersee, AUS-$ 60 für Paare. Zahlbar in bar, per Kreditkarte oder Schecks ausgestellt in Australischen Dollar, Pfund Sterling oder US-Dollar.

WWOOF Österreich, *c/o Hildegard Gottlieb, Einödhofweg 48, 8042 Graz, Österreich, T.+F. +43-316-464951, wwoof.welcome@telering.at, www.wwoof.welcome.at.tf*

WWOOF Italy, *c/o Bridget Matthews, Via Casavecchia 109, I-57022 Castagneto Carducci, LI, T. +39-565-765001*

WWOOF Independent,
c/o John Cant, Beau Champ, 24610 Montpeyroux, Frankreich
Wer Erfahrungen in biologischer Landwirtschaft sammeln, in ferne Länder reisen, neue Leute und Lebensstile kennenlernen, aber trotzdem flexibel bleiben will, für alle die ist „WWOOFing" genau das Richtige. WWOOF lebt aus der Idee, dass Bauernhöfe, Hofgemeinschaften, Familien, Lebensgemeinschaften, Gärtnereien etc. Leute empfangen, die für durchschnittlich vier bis sechs Stunden Mithilfe pro Tag Kost und Logis erhalten und meist wie ein Familienmitglied aufgenommen werden. Diese Zeitangabe ist eher Anhaltspunkt als Regel, denn häufig wird einfach im Rhythmus der Familie gelebt. Es kann also auch einen anstrengenden Arbeitstag von zehn Stunden bedeuten. Genauso unterschiedlich wie die Auffassung der WWOOF-Höfe über Arbeitszeiten sind Größe und Intensität der Bewirtschaftung. Als „ökologisch" (engl. organic) werden übrigens alle Höfe aufgenommen, die sich selber als solche bezeichnen. WWOOF kontrolliert nicht, ob sie auch wirklich zertifiziert sind. Das kann eine Familie mit Gemüsegarten und kleinem Obstgarten sein, die WWOOFer aufnimmt, weil sie gerne Gäste im Haus hat und immer irgendwas zu reparieren, zu pflanzen und zu ernten ist. Oder die kommerzielle Heidelbeerfarm, auf der ihr aus den blauen Fingern nicht herauskommt. Oder die Töpferei mit Hinterhofgarten, und je nach Interessenlage findet man sich plötzlich mehr mit Töpfern als mit Gärtnern beschäftigt. WWOOFen ist unserer Meinung nach etwas sehr Spontanes, und das offene Schema von „mindestens zwei Tagen" lässt jedem viel Freiraum, wieder zu gehen, wenn einem Aufgaben oder Leute nicht zusagen.

Es ermöglicht, in viele verschiedene Projekte hineinzuschauen (großer / kleiner Betrieb, Permakultur, biologisch-dynamisch, Tierzucht, Selbstversorger, Aussteiger, stadtnahe / abgelegene Orte), um so ein vielseitiges Bild der Landwirtschaft im besuchten Land zu bekommen. Andererseits kann man in Absprache mit den Gastgebern an den meisten Plätzen beliebig lange verweilen. Meist sind sie froh um jeden länger Bleibenden, da dieser einfach weniger betreut werden muss und selbständiger mithilft, ferner, weil es sehr anstrengend sein kann, ständig das Haus voller neuer Gesichter und Namen zu haben. Nicht zu vergessen: „The impression you leave will affect the way your hosts react to further visits. In learning about their lifestyle, remember they have been working and living that way for a long time. Do not condemn what you cannot understand, but open yourself to learning the deeper cultural reasons for doing things as they do. Treat WWOOFing as a total learning experience – you may be surprised at what you learn."

Im Oktober 2001 wurde ein internationaler Dachverband gegründet: International-WWOOF-Association. Jedes Land mit einer WWOOF-Organisation arbeitet jedoch für sich, Ehrenamtliche führen jeweils die Geschäfte. WWOOF Deutschland versendet auf

Anfrage ein Verzeichnis der ausländischen WWOOF-Verbände (Kostenpunkt 2,50 Euro). Bei dem Verband des Landes, in dem man WWOOFen möchte, wird man gegen eine Gebühr Mitglied und erhält eine Liste mit den genauen Beschreibungen der Höfe. Die Mitgliedschaft gilt jeweils ein Jahr, enthält in einigen Ländern eine Unfallversicherung und wird nicht automatisch erneuert.

WWOOF Australia ist einer der rührigsten nationalen Verbände und gibt außer seiner eigenen nationalen Liste mit immerhin 300 Einträgen (eher eine dicke Broschüre als eine Liste!) auch eine „world wide list“ heraus. Darin sind neben den anderen WWOOF-Verbänden alle Adressen von Höfen und Projekten, die WWOOF-ähnlich funktionieren, die aber über keine WWOOF-Organisation in ihrem Land verfügen, aufgeführt.

Seit einigen Jahren gibt es auch in Österreich eine WWOOF-Organisation, die sich sehr rührig um ihre Mitglieder kümmert, einen Rundbrief herausgibt und verschiedene Veranstaltungen wie Mondscheinwanderungen und Permakulturkurse auf dem Terminkalender hat. Die Mitgliedschaft kostet 20 Euro (oder 25 US-$) plus 2 IS bei Bestellungen aus dem Ausland, in der Hofliste finden sich zur Zeit fast 140 ökologisch wirtschaftende Höfe.

Ebenso erst seit kurzem gibt es „WWOOF Italy“, die eine Liste mit 46 Hofbeschreibungen in englischer Sprache herausgibt und „WWOOF Independent“, die in Frankreich operiert – der Name trügt, denn es wird eine Liste mit französischen Biohöfen verschickt oder / und die WWOOF-Kontaktadressen für andere Länder.

Dauer: ab zwei Tagen

Kosten: Mitgliedsbeitrag pro Land verschieden

Kost & Logis: frei

Alter: keine Angaben

Einsatzort: Australien, Dänemark, Finnland, Frankreich, Ghana, Großbritannien, Italien, Irland, Japan, Kanada, Neuseeland, Norwegen, Österreich, Schweiz, Togo, USA (nur Neuengland und Ohio)

Sprachkenntnisse: Landessprache bzw. Englisch

Verlagshinweis: die **„Wwoof-Independent“**-Liste gibt´s bequem über *http://shop.interconnections.de*

Fahrradfahren und mit der Schöpfkelle duschen

In Zentralthailand habe ich auf einer Farm gewwooft, die von einem Amerikaner und einer Thailänderin betrieben wird. Ich hielt mich dort etwas mehr als 2 Wochen auf, wobei außer mir auch immer andere WWOOFer auf der Farm waren. Außer einer kleinen Solarzelle auf dem Dach hatten wir keine Elektrizität, und Wasser förderten wir mittels einer fahrradbetriebenen Pumpe aus einem Brunnen. Während der Regenzeit wird auch das Wasser von den Dächern der Behausungen genutzt. Jeder musste sich in einem bestimmten

Bereich seine eigene Toilette graben, und zum Duschen nutzten wir die landestypische Methode: sich mittels einer Schöpfkelle Wasser übergießen. Die Arbeitstage gestalteten sich sehr unterschiedlich, und es war jederzeit möglich, eine Pause einzulegen. Oft konnte man zwischen verschiedenen Tätigkeiten auswählen oder sogar eigene Projekte starten. Täglich arbeitete ich zwischen zwei und acht Stunden. Neben Reisfeldern gibt es auf der Farm ein Bananenfeld, drei Teiche und einen großen Garten mit Beeten, Papaya- und Mangobäumen, Ananaspflanzen und jeder Menge wilder Blumen.
Meine Aufgaben bestanden hauptsächlich aus Samensammeln, Gartenwerkzeuge reparieren, Hühnerfüttern, in der Küche helfen, „Fahrrad fahren", den Bereich um die Bananenpflanzen freijäten, Papayas- und Bananenpflücken sowie Mithilfe bei der Reisernte. Neben einem Hund und drei Katzen leben zwei Hähne, mehr als zehn Hennen und über 20 Küken auf der Farm, ferner diverse Fischarten in den Teichen, die aber auch wie die Hühner und Eier noch nicht in den Speisezettel aufgenommen wurden.
Nicht zu vergessen ist der zwischenmenschliche Bereich, denn man lernt nicht nur etwas über biologischen Anbau, sondern tauscht auch Erfahrungen und Erlebnisse vor allem mit den anderen WWOOFern aus. Besonders beeindruckt hat mich die Herzlichkeit der Gastgeber.

Oliver Schäfer aus Bad Soden war in Thailand WWOOFen.

Adressen und Hinweise

Weitere Literaturhinweise zum Thema „Ökologische Landwirtschaft" im zugehörigen Kap. des Inlandsteiles.

Deutscher Alpenverein e.V.,
Referat für Natur- und Umweltschutz, Von-Kahr-Str. 2-4, 80997 München, T. 089-14003-72, rnu@alpenverein.de, www.alpenverein.de

Der Arbeitskreis Berglandwirtschaft beim DAV veröffentlicht eine sechsseitige Liste mit „Vermittlern von Freiwilligeneinsätzen im Alpenraum in den Bereichen Landwirtschaft, Forstwirtschaft und Umwelt". Sie nennt fünf Organisationen in Deutschland, drei in Österreich, zehn in der Schweiz sowie zwei in Südtirol (bzw. Italien). Die Liste ist ganz einfach als PDF-Datei von der Homepage des DAV herunterzuladen. Leider etwas schwierig zu finden: Siehe in der Rubrik „Natur & Umwelt", dort unter „Naturschutz", dort unter „Berglandwirtschaft". Sie kann auch als Kopie kostenfrei angefordert werden. Einige Vermittler für Freiwillige sind bereits im Kap. „Workcamps & Expeditionen" beschrieben. Der AK Berglandwirtschaft ist dankbar für Korrekturen und Ergänzungen.

ECEAT Deutschland, European Centre for Ecological and Agricultural Tourism, *Möwenburgstr. 33, 19055 Schwerin, T. 0385-5213568, F. 0385-562922, info@eceat.de, www.eceat.de*

Verlag baerens & fuss, *Leipzig, T. 0341-3065303, F. -3065302, verlag@baerfuss.de, www.baerfuss.de*

ECEAT arbeitet europaweit mit Biobauern und weiteren Akteuren zusammen; sein Ziel ist es unter anderem, den ökologischen Landbau durch Förderung eines sanften Tourismuses zu stärken. Daher gibt ECEAT im Verlag baerens & fuss (Leipzig) „Reiseführer" heraus: sehr gut recherchierte Publikationen, die die natürlichen Gegebenheiten des Landes und seine Biohöfe sowie weitere umweltfreundliche Unterkünfte beschreiben. Einige davon empfangen jedoch auch helfende Gäste, so dass diese Publikation für Freiwilligenarbeit von Nutzen sein kann. Dazu gibt es in den einzelnen Bänden Übersichtstabellen, denen diese Information schnell entnommen werden kann. Mittlerweile existieren Reiseführer auf Deutsch für: Deutschland, Polen, Italien, Schweiz / Österreich, Tschechische Republik und Spanien / Portugal. Geplant sind neue Bände über Skandinavien und das Baltikum. In englischer und niederländischer Sprache erschienen sind z.B. Benelux-Länder und Großbritannien / Irland. Die Bücher kosten zwischen 7 und 14 Euro je nach Umfang und sind per Telefon oder über die Website des Verlages zu bestellen:

farmingsolutions.org, www.farmingsolutions.org

Gemeinsame Webseite von Greenpeace, Oxfam und ILEIA, deren “Good practice“-Berichte aus aller Welt sehr lesenswert sind. Über die Autoren dieser Artikel lässt sich so mancher gute Kontakt herstellen.

OLV-Organischer Landbau-Verlagsgesellschft mbH, *Mölleweg 5, 46509 Xanten, T. 02801-71701, F. 02801-71703, info@olv-verlag.de, www.olv-verlag.de o. www.natuerlich-gaertnern.de*

Whitefield, Patrick, „Das große Handbuch Waldgarten“, 192 S., Großformat 33,23 Euro. Sehr praktische Einführung in das Waldgartenkonzept mit vielen Planungshilfen und Pflanzlisten.

„Natürlich Gärtnern“, Zeitschrift für biologisches Gärtnern und umweltbewusstes Leben, zweimonatlich, 26 Euro im Jahresabo. Im Zeitschriftenhandel erhältlich. Immer wieder Artikel über Ökoprojekte im Ausland sowie eine Rubrik „Vereine und Verbände“.

pala-Verlag, *Rheinstr. 37, 64283 Darmstadt, T. 06151-23028, F. 06151-292713, info@pala-verlag.de*

Fukuoka, Masanobu: „Der große Weg hat kein Tor. Nahrung – Anbau – Leben“, 1999, 12,80 Euro, ISBN 3923176716. Theoretische Grundlage zu Fukuokas natürlicher Ackerbauweise. „In Harmonie mit der Natur. Die Praxis des Natürlichen Anbaus“, 1998, 12,80 Euro, das praktische Buch zur Theorie. „Rückkehr zur Natur. Die Philosophie des Natürlichen Anbaus“, 1998, 12,80 Euro. „Die Suche nach dem verlorenen Paradies“, 1999, 15,80 Euro. de Hart, Robert A.: „Die Wald-Gärtnerei“, 1994, 15,80 Euro. Ein praktischer Ansatz zur Agrarforstwirtschaft im kleinen Maßstab.

„Work and Travel Australia“-Programm der AIFS, ex GIJK,
Baunscheidtstr. 11, 53113 Bonn, T. 0800-7772299, F. +0228-95730-10, info@aifs.de, www.workandtravelaustralia.de

Dieses Programm hilft bei der Organisation eines bis zu einem Jahr dauernden Arbeits- und Reiseaufenthalts in Australien. Alle Teilnehmerinnen und Teilnehmer sind automatisch Mitglied bei WWOOF Australia. Die Kosten liegen zwischen 1.390 und 1.990 Euro, was den Hin- und Rückflug nach Australien und Hilfestellung bei der Organisation des Aufenthalts beinhaltet. Näheres zur AIFS und zum Programm „Camp America“ im Kap. Ausland / Umweltpädagogik.

Alternative Lebensformen

Vom Aussteiger zum grünen Guerilla

Eine immer schneller fortschreitende Zerstörung unserer natürlichen Lebensgrundlagen wie Wasser, Luft und Boden sowie ein Eintreten in ein individualistisches und von Dekadenz regiertes Zeitalter bringt immer noch viele Leute dazu, nach Alternativen zu den Lebensstilen zu suchen, die die Werbung als die einzig lebenswerten anzupreisen sucht. Stattdessen suchen diese Menschen nach mehr Qualität im Leben und das auf jeder Ebene: Umwelt, Nahrung, Kommunikation. „Global denken – lokal handeln“ ist eines der Leitbilder dieser alternativen Bewegung. Begriffe wie Selbstversorgung, „Community“, nachhaltige Landwirtschaft, Ressourcenschutz aber auch spirituelle Ziele wie Selbstverwirklichung, friedliche Problemlösung u.v.m. tauchen in diesen Projekten immer wieder auf. Trotzdem unterstehen sie nicht unveränderbaren Leitbildern oder einer strengen politischen Linie; sie sind so bunt und unterschiedlich wie ihre Gründerinnen und Gründer. Das ist vielleicht die Chance, dass diese Projekte ihre Initiatoren überleben, Impulse geben für die Zukunft und von außen und von unten Druck ausüben auf bestehende Missstände in Gesellschaft und Wirtschaft. Obwohl die Argumente der ersten „Grünen“ mittlerweile konservativen Kreisen genauso leicht über die Lippen kommen, ist es was anderes, diese Ideen auch im täglichen Leben anzuwenden.

Wer Lust verspürt, mal ganz was anderes zu sehen, engagierte Leute kennenzulernen, die neue Wege gehen und sich inspirieren zu lassen von einem anderen Lebensstil, der ist hier richtig. Nehmt Kontakt auf mit den hier genannten Projekten, die euch interessieren. Übrigens kann das in einem etwas formloseren Stil geschehen als bei einer offiziellen Bewerbung, was aber nicht bedeutet, dass auf Antwortporto etc. verzichtet werden soll, denn gerade diese Leute zählen nicht zu den reichsten unter uns. Seid euch bewusst, dass manche Projekte, vor allem größere Lebensgemeinschaften, strenge Kriterien an ihre Besucher stellen, da Privatleben und Projekt oft nicht getrennte Wege gehen. Klärt deshalb bitte vorher ab, wer ihr seid, was ihr wollt etc., um euch und ihnen unnötige Frustrationen und Stress zu ersparen. Wer eine der hier aufgelisteten Adressen kontaktiert, erwähne bitte dieses Buch als Quelle und denke an den Rückumschlag mit zwei IS (Ausland) bzw. 1,44 Euro in Briefmarken (BRD).

Da der Schutz von Natur und Umwelt oft nur eines von vielen Zielen dieser Projekte ist, führt das Kapitel Alternative Lebensformen in diesem Buch ein kleines Stiefmütterchendasein. Mittlerweile gibt es Bücher, die diese Szene besser beleuchten (s. Adressen und Hinweise) und auf diese wollen wir auch verweisen, können und wollen keine Konkurrenz darstellen. Ein wichtiger Teil der alternativen Bewegung, die Permakultur, liegt uns aber nach wie vor sehr am Herzen und dank der persönlichen Beziehungen zu einigen Projekten, konnten wir diesen Abschnitt sehr umfangreich gestalten. Da viele der hier erwähnten Projekte ihre Ursprünge im landwirtschaftlichen Sektor haben, lohnt es sich auch, im Kap. „Ökologische Landwirtschaft“ nachzublättern.

Permakultur

Alles begann Anfang der 70er Jahren, als sich der Tasmanier Bill Mollison zusammen mit seinem Studenten David Holmgren aufmachte, die Idee von Permakultur als nachhaltige Landnutzung niederzuschreiben und diesen Begriff für das neue und doch aus alten Erkenntnissen aufbauende Konzept verwendete. Damals erklärten sie Permaculture als Abkürzung aus PERMAnent und agriCULTURE; doch im Laufe der Zeit wurde das „Agri“ immer mehr abgeschliffen und durch den mehr auf den Menschen und seine Siedlungsformen zutreffenden Begriff „Kultur“ ersetzt. Bill Mollison definiert den praktischen Anspruch der Permakultur als „bewusste Planung und Pflege von produktiven, landwirtschaftlichen Ökosystemen, die sich durch Diversität, Stabilität und Ähnlichkeit zu natürlichen Ökosystemen auszeichnen. Permakultur ist das harmonische Einbinden von Landschaft und Menschen, die ihre Nahrung, Energie, Behausung u.a. materielle und nicht-materielle Güter in nachhaltiger Weise herstellen“.

Mit viel Ratio an die Gartenarbeit

„Permakultur... ist eine Philosophie der Arbeit und des Lebens mit anstatt gegen die Natur, mit andauernden und durchdachten Beobachtungen anstatt langweiliger und unüberlegter Arbeit. Die Betrachtung von Pflanzen und Tieren in all ihren Funktionen und Wirkungen steht im Vordergrund, statt ganze Gebiete als Produzenten von Einzelprodukten zu betrachten. Wir brauchen Modelle, die themenübergreifend, ganzheitlich und intelligent die vielen Faktoren miteinander verknüpfen – zum Nutzen der gesamten Natur, einschließlich des Menschen. Permakultur ist keine neue Erfindung, sondern eine sich ständig weiter entwickelnde Betrachtungsweise, die auf alten und neuen Beobachtungen der Natur beruht."

Peter Birkett half 2000 mit, eine europaweite Liste von Permakulturprojekten zusammen zu stellen

Ursprünglich nur im englischsprachigen Raum bekannt, hat sich Permakultur weltweit ausgebreitet. Den oben angesprochenen Gedanken folgend, versuchen immer mehr Leute, vor allem in Australien, Großbritannien und Deutschland, sowie vereinzelt in vielen anderen Ländern, ihre eigene Umwelt, ihren Garten oder größere Ländereien umzugestalten, alternative Handels- und Geldformen zu entwickeln und auch ihre eigene Energie nachhaltig zu nutzen. Mittlerweile existieren Permakulturprojekte bzw. -Institute auf allen Kontinenten: Ozeanien (Australien, Neuseeland, Samoa), Asien (Bangladesch, Hong Kong, Indien, Israel, Nepal, Vietnam), Nordamerika (USA und Hawaii, Kanada), Lateinamerika (Bolivien, Brasilien, Kuba, Ecuador, El Salvador, Mexiko, Nicaragua), Afrika (Botswana, Ghana, Kenia, Malawi, Südafrika, Swasiland, Tansania, Uganda, Simbabwe) und Europa (Belgien, Dänemark, Deutschland, Frankreich, Großbritannien, Irland, Niederlande, Norwegen, Portugal, Österreich, Schweden, Schweiz, Spanien, Tschechische Republik).

Die beste Art, Permakultur kennenzulernen, ist, direkt in den Projekten mitzuhelfen z.B. über WWOOF (s. Ökologische Landwirtschaft, Ausland). Manche sind durchaus bereit, Hilfskräfte für einen längeren Zeitraum (bis zu sechs Monaten oder länger) aufzunehmen. Die Ideen der Permakultur werden auch in Afrika, Südostasien und Lateinamerika verbreitet. Sie bieten Lösungen für Familien und Dorfgemeinschaften, Selbstversorgergärten und Selbsthilfeprojekte, deren in Monokulturen hergestellte, landwirtschaftliche Produkte fast ausschließlich für die Ausfuhr bestimmt sind. Im britischen Permakultur-Magazin (s. Adressen und Hinweise) sind oft Berichte von Projekten in Übersee (und natürlich auf den britischen Inseln zu lesen), von denen man sich inspirieren lassen kann.

Amador Gonzales,
Cta/Salou 119, 2'1'', 43205 Reus (Tarragona), Spanien,
T. +34-646450307,
amadordelfin@hotmail.com,
amadorsivrana@hotmail.com

Diese Finca liegt im Herzen des Tals Valle de Sivrana zwischen großen Wäldern mit ursprünglicher Fauna, wenige Meter vom Fluss Sivrana entfernt. Die Gegend (15 Min. nach Cornudella de Montsant) ist durchzogen von Wander- und Radwegen sowie Kletterrouten.

Das kleine alte Steinhaus wird nach baubiologischen und bauklimatischen Gesichtspunkten renoviert, der Garten mit Obstbäumen ist nach den Prinzipien der Permakultur angelegt. Kost (ovo-lacteo-vegetarisch) und Logis ist gegen halbtägige Mitarbeit frei, auch Kinder sind willkommen. Neben Spanisch und Catalán spricht Amador auch etwas Englisch und Französisch. Er freut sich darauf, von anderen zu lernen und sein Leitspruch ist: „Man muss nur die Natur beobachten!"

Dauer: keine Angaben
Entlohnung: keine
Kost & Logis: frei
Alter: ab 18 Jahre
Einsatzort: Spanien
Sprachkenntnisse: Spanisch oder Katalanisch

Crystal Waters Permaculture Village,
c/o Global Eco-village Network (GEN),
65 Kilcoy Lane, Conondale Qld 4552, Australien, T. +61-7-5494-4620,
F. +61-7-5494-4653,
crystalwaters@hotkey.net.au,
www.crystalwaters.org.au

In Australien existieren mittlerweile zwei Permakulturdörfer, das heißt nach den Ideen der Permakultur geplantes Land mit privaten Grundstücken. Das bekannteste und älteste, Crystal Waters Permaculture Village, liegt etwa eineinhalb Autostunden von Brisbane / Queensland. Hier leben ca. 200 Leute auf 259 Hektar Land mit zwei Flussläufen und ausgedehnte Flächen von natürlicher Vegetation. Es gibt einige interessante Häuser aus alternativen Baumaterialien sowie sehr schöne Gärten, ein Dorfzentrum, ein Gemeinschaftshaus und einen Campingplatz für Besucher sowie eine Bäckerei, eine Käserei und ein Heilungszentrum. Crystral Waters wurde 1986 vom Leitungskommitee der Vereinten Nationen für beispielhaft angewandte Nachhaltigkeit („Best Practices") in die Liste der 100 besten Projekte weltweit aufgenommen.

Die beste Art, Crystal Waters kennenzulernen, ist bei einem Kurs mitzumachen oder WWOOFing bei einem oder mehreren Bewohnern (s. Ökologische Landwirtschaft / Ausland). Dabei könnt ihr wunderbare Menschen kennenlernen, diskutieren, gärtnern, Bäume pflanzen, Kängurus vorbeihoppeln sehen. Bei den meisten Leuten arbeitet man vier bis sechs Stunden pro Tag und geht den Rest der Zeit seinen eigenen Neigungen nach. Rückporto nicht vergessen!

GEN ist ein erst in den letzten Jahren gegründetes Netzwerk, das versucht, die Idee der Ökodörfer zu stärken und Informationsaustausch zwischen Pro-

jekten in aller Welt zu fördern (siehe dazu auch „G.E.N. Europe" im Anhang an dieses Kapitel). Max Lindegger ist die Kontaktperson für die asiatisch-ozeanische Region.
Dauer: unterschiedlich
Entlohnung: keine
Kost & Logis: meistens frei
Alter: keine Beschränkung
Einsatzort: Australien, Ozeanien
Sprache: Englisch oder Deutsch

Centro de Investigacion de los Bosques Tropicales (CIBT), *c/o Jonás Guerrero 138 y Rafael León Larrea, 4 floor, P.O. Box: Casilla 17-7-8726, Quito, Ecuador, T. 593-2-286-5176, loscedros@ecuanex.net.ec, www.reservaloscedros.org*

Anlaufstelle für Permakultur in Ecuador. In verschiedenen Projekten versucht der CIBT, nachhaltige Landnutzung im Einklang mit dem Schutz des Regenwaldes zu betreiben und somit gleichzeitig Land und Leuten zu helfen. Vgl. „Praktika / Forschung, Ausland".
Dauer: 1 Monat bis 1 Jahr
Kosten: 10 US-$ Anmeldegebühr + 300 US-$ / Monat
Kost & Logis: frei
Alter: keine Altersbeschränkung
Einsatzort: Ecuador
Sprachkenntnisse: Englisch oder Spanisch

Domaine de Magot,
c/o Erica Steinhauer, F – 81330 Vabre, T. +33-5-63504802; Post an: Erica Steinhauer, 40 Cowley Road, Oxford OX4 1HZ, Großbritannien

Eine Adresse aus den Anfängen von „Jobben für Natur und Umwelt" hat sich wieder gemeldet und sich sehr gefreut über die Freiwilligen, die im Laufe der Jahre hier eintrudelten und das Projekt tatkräftig unterstützten. Die Domaine ist ein 33ha großer Wildnisbesitz im Naturpark Languedoc am Fuße des Massif Central, auf dem neben den vielen wilden Ecken eine sanfte Landnahme stattfindet: Waldwirtschaft, Roden von überwucherten Weiden, Gemüseanbau, Landschaftsbau, Sammeln von Wildgemüse, Einmachen, Kunsthandwerk und Renovierungsarbeiten – damit kann man sein Praktikum bei Erica gestalten. Besonders gerne gesehen sind Leute, die Kenntnisse in Waldwirtschaft und Naturschutz haben, aber ganz allgemein ist jeder willkommen, der einen offenen Geist, Lernbereitschaft und Teamfähigkeit mitbringt. Neben den jeweils gerade anstehenden Arbeiten draußen teilen sich alle die Hausarbeit. Obwohl Erica Engländerin ist und auf Magot meistens Englisch gesprochen wird, können Kontakte zur Lokalbevölkerung hergestellt werden, falls ihr euer Französisch praktizieren wollt.
Dauer: mind. 2 Wochen
Kosten: keine
Kost & Logis: frei
Alter: mind. 18 Jahre
Einsatzort: Frankreich
Sprachkenntnisse: Englisch

Equi-libre,
c/o Dinah Faehre, Apartado 15, 43570 Sta. Barbara, Tarragona, Spanien, T. + F. +34-977-261159

Zwischen dem Naturpark Ebro-Delta und den Bergen von Puerto de Beceite liegt ein fruchtbares Tal, hauptsächlich landwirtschaftlich genutzt zum Oliven- und Orangenanbau und für Kleinviehzucht. Mitten in diesem Tal hat Dinah vor mehreren Jahren ein Haus gebaut und lebt dort mit Pferden, Federvieh, Hunden und Katzen. Sie versucht, Permakultur zu praktizieren und Kontakte zu ähnlich denkenden Menschen aufzubauen. Seit einigen Jahren gehört auch ein ehemaliges Farmgebäude zum inzwischen 2,5 ha großen Grundstück, auf dem mehr Platz für die Bewohner, Helfer und Gäste geschaffen wird.

Es gibt somit immer viel zu tun, engagierte Leute (besonders mit praktischer Erfahrung beim Bauen, in der Landwirtschaft und im Umgang mit Pferden) sind sehr willkommen. Gegen entsprechende Mithilfe sind Kost und Logis frei; wer richtig schafft, wird auch schon mal entlohnt; wer nicht arbeiten möchte, zahlt. Die Bedingungen sind also ganz individuell gestaltet und auch von der Dauer des Aufenthaltes abhängig.

Dauer: keine Angaben

Kosten: 60 Euro Kaution, sonst unterschiedlich

Kost & Logis: unterschiedlich; bei Mitarbeit frei

Alter: ab 18 Jahre

Einsatzort: Spanien

Sprachkenntnisse: Englisch, Spanisch, Katalanisch oder Deutsch

Ferme Permaculture Le Lebren,
c/o Matthias Schenkel & Sylvie Weidmann,
24560 Boisse / Issigeac, Frankreich,
T. +33-5-53587381

Auf der Ferme Permaculture Le Lebren werden unter dem Motto „Vielfalt, Dauerhaft, Ganzheitlich" Permakulturstrukturen und -ideen aufgebaut, umgesetzt und laufend an die natürlichen Wachstumsprozesse angepasst. Seit 1984 werden 26 Hektar Land im Perigord entgegen der gesellschaftsgängigen Grundtendenzen nach ökologischen Gesichtspunkten bewirtschaftet.

Eckpfeiler des Permakulturprojektes sind ein Waldgarten zur Selbstversorgung, im Obstgarten Bauminseln mit alten Sorten. Die artgerechte Tierhaltung von Schafen, Pferden und schottischen Hochlandrindern, Enten und Hühnern ergänzt die Gartenpflege. Auf Le Lebren finden regelmäßig Kurse zu verschiedenen Teilgebieten der Permakultur und zu Shiatsu statt. Naturnähe tanken können Gäste hier – sie leben wie die Indianer in Tipis.

Die Praktikanten arbeiten, je nach Saison, im Garten, bei der Tierbetreuung, im Haushalt und bei der Verarbeitung der Hofprodukte mit. Sie helfen auch mit, weitere Permakulturstrukturen (Hecken, Teiche etc.) auf dem Gelände einzurichten. Eine geistige Offenheit gegenüber neuen Formen des Lernens, die Bereitschaft ohne Komfort und abgelegen zu leben und Respekt für die Natur werden vorausgesetzt. Bescheidene Französischkenntnisse sind von Vorteil, aber auf Le Lebren wird auch (Schwyzer-)Deutsch gesprochen.

Dauer: keine Angaben
Kosten: 3,50 Euro pro Tag bei Aufenthalten bis 4 Wochen, danach frei
Kost & Logis: frei (s.o.)
Alter: mind. 18 Jahre
Einsatzort: Frankreich
Sprachkenntnisse: Französisch oder Deutsch

Fundación Cascada Verde,
c/o Patrick Schindler, Uvita de Osa, Costa Rica, T. +506-743-8191, cascadaverde@hotmail.com, www.cascadaverde.org

Staatlich anerkannte gemeinnützige Stiftung, die sich der Verbreitung der Permakultur und einer natürlichen Lebensweise verschrieben hat und mit Bildungsprogrammen und Modellprojekten Costa Rica auf dem Wege zu einer nachhaltigen Lebensweise unterstützt. Seit 1993 helfen Gäste, Besucher, Studierende, Erholung suchende Reisende, Aussteiger auf Zeit und Volontäre dem Projekt und können in unterschiedlichsten Bereichen ihre Erfahrungen einbringen: organischer Gartenbau, Tischlerei, Töpferei, Weberei, Büro- / Webseitenbetreuung, Vollkornbäckerei, veganes Kochen, Erarbeitung von Bildungsprogrammen, Organisation und Planung.

Bis zu 30 Freiwillige teilen sich ein nach ökologischen Gesichtspunkten errichtetes Holzhaus mit Blick aufs Meer, außerdem kann auf dem Grundstück gezeltet werden. Eine formale Bewerbung ist nicht erforderlich, es genügt eine Anmeldung per E-Mail. Gegen entsprechende Mitarbeit können Kost & Logis nach sechs Monaten frei sein, und ein Taschengeld kann vereinbart werden. Normalerweise werden 20 Wochenstunden erwartet. Jede weitere geleistete Stunde senkt den Beitrag für Kost und Logis um einen Dollar.

Für Praktikanten gibt es verschiedenste Möglichkeiten der Mitarbeit: im Hostelbetrieb (v.a. von November bis März), im Garten oder beim Erstellen von Bildungs- und Informationsmaterialien über Permakultur und die Ziele der Farm (vorwiegend Computerarbeit). Gefragt sind stets Leute, die selbstständig und eigenverantwortlich einen Teil der Organisation übernehmen. Die Mitarbeit bei der täglichen Reinigung im Haus und der Zubereitung der gemeinsamen Mahlzeiten wird vorausgesetzt. Besonders erwünscht sind Kenntnisse im Permakultur- und Gartenbaubereich, ferner Kenntnisse über Yoga oder andere holistische Methoden und im kreativen Handwerken. Patrick besitzt auch einen guten Überblick über andere Projekte in Costa Rica und gibt diese Adressen gerne weiter.

Dauer: mind. 2 Wochen, Empfehlung 3 Monate oder mehr, v.a. von Januar bis März
Kosten: bei mind. 3 Monaten einmalig 300 US-$
Kost & Logis: Logis frei, 70 US-$ / Woche für Verpflegung
Alter: 18 Jahre
Einsatzort: Costa Rica
Sprachkenntnisse: Spanisch, Englisch oder Deutsch

Fundación Cerro Golondrinas,
c/o Piet Sabbe, La Casa de Eliza, Calle Isabel la Catolica 1559, Quito, Ecuador, T. +593-226-602 o. +593-526-926, manteca@uio.satnet.net, www.ecuadorexplorer.com/golondrinas

Im ecuadorianischen Bergwald ist dieses Forschungs- und Erziehungsprojekt des Belgiers Piet Sabbe beheimatet. Neben den „großen“ Aufgaben betreibt er dort zusammen mit den Freiwilligen auch intensive Gemüsegärten und Permakulturflächen. Ein Hauptaugenmerk liegt dabei auf Bodenschutz und Rückgewinnung erodierter Flächen. Wer sich in Ecuador die Hände schmutzig machen will, der lese die Projektbeschreibung zu Las Golondrinas im Kap. Praktika, Forschung / Ausland.
Freiwillige mit Erfahrung in Waldlandwirtschaft, Bodenschutz oder Permakultur sollen sich nicht für einen Aufenthalt unter drei Monaten bewerben. Für Leute ohne großen Hintergrund, die eher lernen wollen, genügt eine Mindestdauer von einem Monat.
Dauer: mind. 1 bzw. 3 Monate
Kosten: 280 US-$ / Monat
Kost & Logis: frei
Alter: mind. 19 Jahre
Einsatz: Ecuador
Sprachkenntnisse: gutes Spanisch

Klimata centro de estudos ambientais,
c/o Vera Delacoste Bicca, estrada Rosalina Paulina Ferreira 2748 Pântano do Sul, Florianópolis SC CEP 988066 600, Brasilien, T. +55-48-2375124, contato@klimata.org.br, www.klimata.org.br

Auf der kleinen Insel Santa Catarina vor Florianópolis bemüht sich diese Gruppe, Permakultur und Naturschutz der lokalen Bevölkerung näher zu bringen. Außerdem arbeiten sie an wissenschaftlichen Studien über Regenwälder und bilden Grundschullehrer in Umwelterziehung aus. Sie sind auch mit anderen Gruppen vernetzt, die sich mit Stadtentwicklung, öffentlicher Gesundheit und Naturschutz beschäftigen. Im Moment beschäftigen sie sich hauptsächlich mit drei Projekten: Umwelterziehungsprogramme, ein ökologisches Treibhaus für heimische Regenwaldpflanzen und eine Permakulturplanung für ein ländliches Gebiet. Santa Catarina Island wurde übrigens im September 2002 als Biosphärenreservat nominiert, und die Küste ist Naturschutzgebiet. Zwischen Juni und Oktober lassen sich dort Wale beobachten. Klimata versucht, ihr 30 Hektar großes Gelände über ein Bodennutzungsmodell auch als kleines Biosphärenreservat zu gestalten.
Zwei bis drei Freiwillige können das ganze Jahr mitarbeiten und z.B. einen Permakulturplan machen oder beim Aufbau des Treibhauses helfen. Klimata bietet Unterkunft und die Benutzung einer gemeinsamen Küche, jedoch keine Verpflegung. Portugiesische Sprachkenntnisse sollte man mitbringen. Schulen, Unis und Jugendclubs, wo man sein Portugiesisch aufbessern kann, sind jedoch nicht weit.
Dauer: 3 Wochen - 3 Monate

Entlohnung: keine
Kost & Logis: Logis frei
Alter: 18 – 80 Jahre
Einsatzort: Brasilien
Sprachkenntnisse: Portugiesisch, Spanisch, Englisch, Französisch oder Deutsch

Sualmana Permakultur Gärten, *c/o Margit & Harald Wedig, Kerkebroekweg 46, 6071GL Swalmen, Niederlande, avantgarden@wxs.nl*

Seit sieben Jahren wird das Permakulturgelände von der deutschen Familie Wedig bewirtschaftet und blüht und gedeiht. Es gibt mehrere Gärten verschiedener Art, darunter einen halben Hektar großen Waldgarten. Ein Gebäude aus Strohballen und Lehm ist errichtet worden. Regelmäßig finden Kurse über Permakultur, Waldgärten oder alternative Bauweisen auf dem Gelände statt. Neben den drei Familienmitgliedern leben in den Sommermonaten im Schnitt zwei Praktikanten auf Sualmana.
Dauer: mind. 2 Monate zwischen April und Oktober
Entlohnung: keine
Kost & Logis: frei
Alter: mind. 18 Jahre
Einsatzort: Niederlande
Sprachkenntnisse: Deutsch, Niederländisch oder Englisch

Tapada do Marvanejo,
Rita Fuchs/Waldemar Sztander, Tapada do Marvanejo Nr. 8, Vale de Cavalos, 7300-335 Alegrete, Portugal, T.+F. +351-245-965027, ritafuchs@sapo.pt

Seit 12 Jahren betreiben Rita und Waldemar in Portugal Permakultur auf 2,2 ha. Sie suchen Mithelfer/Praktikanten beim Aufbau eines neuen Permakulturprojekts. Tätigkeiten: Gartenarbeit und Pflege der Tiere, aber auch Ausbau des Hauses und der Bewässerungssysteme mit Solarenergie; Mithilfe und Mitdenken bei Allem - aber auch Entwicklung und Verwirklichung eigener Ideen.
Dauer: je nach Jahreszeit unterschiedlich
Kosten: keine
Kost & Logis: frei
Alter: keine Angaben
Einsatzort: Portugal
Sprachkenntnisse: Deutsch, Polnisch oder Portugiesisch

Permakultur live erlebt
Friederike W., 6 Jahre: „Also hier ist alles Permakultur. Wenn man so arbeitet und bio isst – und alles, was hier gelernt wird, das ist alles Permakultur.“ Friederike ist die Tochter des Hauses und weiß eine Menge. Wer sonst noch eine Menge wissen möchte, und gerade eben auch über Permakultur, der ist hier gut aufgehoben. Ich war zwei Monate im Sommer hier und hatte das große Glück, in der Strohballenhütte neben dem Fluss zu wohnen. Da es sich um einen Privathaushalt handelt, ist Mithilfe auf breiter Front angesagt. Was so an Gartenarbeit anfiel, waren Tätigkeiten wie Mulchen, Sensen,

Pflanzen. Ein Schwerpunkt war Lehmbau und Lehmverputz, da wir ein Gewächshaus aus vorhandenen Mauerresten mit alten Ziegeln und Lehm wieder aufgemauert, überdacht und verputzt haben. Ansonsten habe ich auch viel „studiert", mein Schwerpunkt war dabei die Staudenbepflanzung in einer Lebensgemeinschaft von Obstbäumen. Das heißt, die Baumscheiben werden mit Pflanzenkameraden bepflanzt, die der Insektenweide, Bodenverbesserung, Pflanzengesundheit, als Menschenfutter oder Mulchmaterial dienen. Die von mir erarbeiteten Modelle sollen im Frühjahr eingesät werden. Wer viel tun will, tut viel, aber es ist auch völlig ok, wenn mal ein lauer Tag dabei ist. Bei der schönen Umgebung bietet es sich an, mal für einen Tag im Wald zu verschwinden oder lesend am Flussufer zu liegen.

Es gibt hier nie einen ganz fertigen Stand der Planung, mittenmang während der Arbeit werden oft neue Ideen entwickelt, Unvorhergesehenes kreativ einbezogen – das ist einerseits der Prozesshaftigkeit von Planung angemessen, manchmal vielleicht auch ein wenig über den Daumen gepeilt.

Was schön war, waren auch die vielen Gespräche mit den beiden. Der Themenbogen spannte sich von Beuys, Kinder- und Erwachsenenpsyche, Einkochmethoden bis hin zu Wortetymologien und Bandkeramikkulturen. Und angenehm ist auch das Bemühen um konstruktive Kommunikation, Rücksicht im Zusammenleben und Konfliktkultur. Margit und Harald sind großzügig und stets gerne bereit, sich über ihr Wissen und ihre Erkenntnisse auszutauschen. Friederike ist ein sehr vielseitiges Kind, durch das ich wieder mehr ans Singen gekommen bin, und deren Künstlertum mich angesteckt hat. Für mich hat sich die Zeit sehr gelohnt, weil ich in allen möglichen Gebieten neue Ideen und spannende Leute kennengelernt habe.

Hannah Ehlert verbrachte zwei Monate auf dem Permakulturprojekt in Swalmen / Niederlande.

Kooperativen und Kommunen: Von Aussteigern und Weltverbesserern

Natürlich kann man sie nicht alle über einen Kamm scheren. Den ehemaligen Zahnarzt, der auf Mallorca sein eigenes Gemüse zieht, aber immer noch von seinem Kapital lebt, die zornige Studentin in einer Berliner Kommune, die Stadtteilpolitik betreibt, oder das weltweite Netzwerk, das in Sachen Schutz des Planeten tätig ist. Oder doch? Denn eines haben sie gemeinsam: alle diese „Aussteiger" haben die gewohnten gesellschaftlichen Anforderungen und Erwartungen abgeschüttelt und suchen nach Lösungen, nach menschlichen, gesellschaftlichen und ökologischen Alternativen. Dem Begriff Aussteiger haftet in deutschen Landen schon fast ein Hauch von Makel an, während es in anderen Ländern gar keine spezielle Schubladenbezeichnung für diese Leute gibt, die mutig und fantasievoll neue Wege gehen und unbeirrbar ihre eigenen Überzeugungen leben. Die nachfolgend beschriebenen Projekte sind nur ein Bruchteil des bereits Existierenden. Wir würden uns freuen, von anderen Projekten zu erfahren, um dieses Kapitel auszubauen.

Lebensgemeinschaften: Sektentyrannei oder friedliches Zusammenleben?
Den Ansammlungen mehrerer Menschen unter einem Dach mit gemeinsamen Zielen und Werten, im folgenden Gemeinschaften genannt, haftet oft der Ruch von „Sekten" an. Gewiss gibt es Gemeinschaften, die strenge Regeln an ihre Mitglieder stellen (d.h. sie an sich selbst!), und die Grenzlinie zwischen Sekte und Nicht-Sekte ist oft schwierig zu ziehen. Eine Lebensgemeinschaft ohne Privateigentum und dafür mit gemeinsamer Kasse als Sekte abzustempeln ist sicher nicht gerechtfertigt, solange alle Mitglieder demokratisch mitbestimmen können, wenn es um den Einsatz dieses Geldes geht.
Wirklich sektenhaft wird es unserer Meinung nach, wenn den einzelnen Mitgliedern die Privatsphäre genommen wird, sie für unfähig erklärt werden, eigene Entscheidungen zu treffen oder eigene Gedanken zu hegen und stattdessen auf Gedeih und Verderb den Vorstellungen eines Gurus (auch wenn der nicht mehr physisch, sondern nur noch in Form einer Idee anwesend ist) ausgeliefert sind. Besonders kritisch wird es, wenn hierarchische Strukturen vorliegen, in denen eine Minderheit der Mehrheit, den meist eifrig arbeitenden „Bienen", vorschreibt, was zu tun, zu zahlen und zu entbehren ist, und sich dabei solcher Phrasen wie „zum Wohle der Gemeinschaft" und „zum Andenken an Guru XY" bedient.
Eine Lebensgemeinschaft hingegen, die demokratische Mitbestimmungsregeln aufstellt, die sich eher über die Pluralität der Meinungen als über ein monozentristisches Glaubensbekenntnis definiert, dürfte weniger Probleme haben, in eine sektenähnliche Struktur abzugleiten. Selbstverständlich folgt jede Gemeinschaft, gleichgültig ob hierarchisch, demokratisch oder anarchistisch strukturiert, gemeinsamen Zielen und Interessen, sonst hätten sich diese Menschen wohl kaum zu einem Zusammenleben entschlossen. Bei der Auswahl oder Betrachtung dieser Gemeinschaften ist es unserer Meinung nach hilfreich, darauf zu achten, wie sich die Gemeinschaft selbst definiert und in der Öffentlichkeit darstellt. Je schwammiger, hochtrabender und verlockender die Beschreibungen klingen, desto mehr Vorsicht ist geboten.
Das Erscheinen einer Adresse in diesem Buch kann dabei schon aus rein technischen Gründen kein Persilschein für die dahinter stehende Gemeinschaft sein. Wir haben nicht die Möglichkeit, alle Projekte zu bereisen und uns ein eigenes Bild von den Verhältnissen vor Ort zu machen, sondern sind bei unse-

rer Beurteilung in der Regel auf die Angaben angewiesen, die uns die Gemeinschaften zukommen lassen. Es liegt auf der Hand, dass diejenigen, die etwas zu verbergen hätten, dies in ihrer Antwort an uns geflissentlich täten. Umso mehr sind wir darauf angewiesen, von unseren Leserinnen und Lesern Erfahrungsberichte zu bekommen, um schwarze Schafe möglichst schnell aus „Jobben für Natur und Umwelt“ verbannen und auf der begleitenden Webseite www.praktikum-natur-umwelt.de darauf hinweisen zu können.
Aber wir möchten hier keine Sektenhysterie schüren. Im Gegenteil, das Leben in Gemeinschaften, auch in religiösen und tendenziell politischen, stellt eine Bereicherung unserer Lebenskultur dar und ist oft ein Besinnen auf alte, traditionelle Sozialstrukturen. Wer würde denn bei einem westafrikanischen Dorf mit seinen Häuptlingen und Medizinmännern und feststehendem Verhaltenskodex von einer Sekte sprechen? Von Lebensgemeinschaften gehen Impulse für unsere immer mehr in Einzel- und Zweierhaushalten vereinsamende Gesellschaft aus. „Gemeinsam sind wir stärker“ – dieses Motto dürfte allen diesen alternativen Gruppen und neuen Lebensentwürfen gemeinsam sein, aber es darf nicht zu manipulativen Zwecken gegen das Individuum missbraucht werden.

Association of Camphill Communities,
c/o Gawain House, 56 Welham Road, GB – Norton, North Yorkshire YO17 9DP, T. +44-1653-694197, F. +44-1653-600001, info@camphill.org.uk, www.camphill.org.uk (für England, Schottland und Wales), www.camphill.ie (für Irland), www.camphill.org (für USA und Kanada)
Die Camphillbewegung wurde begründet von Dr. Karl König, einem Wiener Kinderarzt, der zusammen mit einer Gruppe motivierter Leute, die mit behinderten Kindern leben und arbeiteten wollten, 1940 die erste Camphill Lebensgemeinschaft in Aberdeen, Schottland, gründete. Mittlerweile bestehen 90 Gemeinschaften in 20 Ländern der Welt, 47 davon auf den britischen Inseln. Einige sind reine Wohngemeinschaften in Städten, andere großräumige landwirtschaftliche Projekte, und von letzteren soll hier die Rede sein. In diesen Camphill Communities leben Nichtbehinderte und Behinderte („people with special needs“ wie sie im Englischen fairerweise genannt werden) nach christlichen Prinzipien zusammen und teilen die philosophische Weltanschauung Rudolf Steiners. Die Steinerschen Vorstellungen von Gesellschaft (Integration, Toleranz) und Landwirtschaft (biologisch-dynamische Wirtschaftsweise) gehen in den Gemeinschaften eine geglückte Verbindung ein: geistig und teilweise körperlich Behinderte arbeiten dort in der Landwirtschaft und in verschiedenen Werkstätten

(Gärtnerei, Schreinerei, Bäckerei, Weberei u.a.) und leben in Wohngemeinschaften mit Nicht-Behinderten zusammen. Somit leben die Behinderten ein völlig normales Leben, lernen Berufe entsprechend ihrer Fähigkeiten und haben nonstop Betreuung. In jeder Wohngemeinschaft, deren Mittelpunkt eine ständig dort ansässige Familie ist, leben auch ein oder zwei junge so genannte Co-Worker. Und als solcher bewirbt sich, wem diese Mischung aus biologisch-dynamischer Wirtschaftsweise und Community-Leben mit Behinderten zusagt – in Großbritannien übrigens „Villager" genannt, um jede Diskriminierung von vorneherein auszuschließen. Man nimmt wie alle anderen an den täglichen Arbeiten teil und kümmert sich zusätzlich um Freizeitaktivitäten.
Erwartet wird eine Mitarbeit von einem halben oder ganzen Jahr. Es gibt keinen internationalen Dachverband der Camphills, aber die oben angegebene Adresse versendet eine internationale Adressenliste aller Projekte sowie eine Broschüre „An Introduction to Camphill Communities". Die Höfe müssen dann direkt kontaktiert werden, es gibt keinen Vermittlungsservice. Am besten informiere man sich vorab über die oben genannten verschiedenen Websites.
Dauer: 6 oder 12 Monate
Entlohnung: evtl. Taschengeld
Kost & Logis: frei
Alter: keine Angaben
Einsatzort: Botswana, Deutschland, Estland, Finnland, Frankreich, Großbritannien, Indien, Irland, Kanada, Niederlande, Norwegen, Österreich, Polen, Russland, Schweden, Schweiz, Südafrika, USA
Sprachkenntnisse: Landessprache

Auroville, *c/o Dr. Lucas Dengel, AuroAnnam, Grace, Auroville 605101, Indien, T. +91-413-2622044, lucasde@auroville.org.in, www.auroville.org.in*

Versteht sich als Experiment einer spirituellen Gemeinde, basierend auf den Lehren von Sri Aurobindo (1872-1950), der für alle gebildeten Inder eine historisch-politische und spirituell-kulturell bekannte und respektierte Person ist.
Auroville wurde 1968 gegründet, als Projekt einer Stadt, die die menschliche Einheit manifestieren möchte. Gründerin war die französische Mitarbeiterin und spirituelle Lebensgefährtin Sri Aurobindos, die im Allgemeinen als „die Mutter" (1878-1973) bekannt und verehrt ist. Auroville umfasst heute über fünfzig Siedlungen mit insgesamt rund 1.600 Menschen aus über 40 Nationen. Die Zahl der Besucher pro Jahr geht in die Tausende. Ins Auge sticht die Tatsache, dass aus einer erodierten und verarmten Region ein weitgehend bewaldetes Territorium geworden ist und dass die Dörfer der Umgebung in ihrem Erziehungs- und Lebensstandard von Auroville profitiert haben. Dennoch ist es realistisch zu sagen, dass Auroville wenig gesicherte „Errungenschaften" vorzuweisen hat. Erstaunlich ist die Vielfalt der Aktivitäten für eine Gemeinschaft einer dörflichen Größenordnung, und ansteckend ist der Geist von Experimentierfreudigkeit

und Innovationsmut, der alle Lebensbereiche umfasst: Landwirtschaft und Aufforstung, Architektur und Bautechnologien, Erziehung und Medizin, Handwerk usw.
Freiwilligen bieten sich Arbeiten und Studien in einigen interessanten Gebieten:

- im Ökolandbau
- in Aufforstung und Botanik
- im Bereich Wasserhaushalt: Regenauffangteiche, Beobachtung von Grundwasserständen, Fließgeschwindigkeit und Eintrag an Salzen und Verschmutzung
- in Abwasserklärung mit Pflanzenkläranlagen
- eventuell in Experimenten mit Solartechnologie, Bautechnologie und Windmühlenkonstruktion

„Je mehr Vorkenntnisse vorhanden sind, umso nützlicher kann der Praktikant sich einbringen. Voraussetzung ist aber nicht die Qualifizierung, sondern körperliche und geistige Gesundheit und Stabilität, Tropentauglichkeit bzw. die Bereitschaft, ein paar ungewohnte Unannehmlichkeiten an Wetter und physischen Lebensbedingungen auf sich zu nehmen. Es empfiehlt sich immer Voranmeldung, um abzuklären, ob im gewünschten Einsatzbereich hier vor Ort Einsatz gewünscht ist und sinnvoll integriert werden kann." ließ uns Dr. Dengel wissen, der in Auroville als Ansprechpartner für Deutsche fungiert.
Dauer: unterschiedlich
Kosten: unterschiedlich
Kost & Logis: geringe Kosten
Alter: keine Angaben
Einsatzort: Indien
Sprachkenntnisse: Englisch

Communauté de l'Arche La Fleyssière,
c/o Margarete Hiller, La Fleyssière, F – 34650 Joncels, T. +33-4-67444090

Eine der weltweit verbreiteten Arche-Gemeinschaften, die aus der Begegnung von Lanza del Vasto mit Ghandi hervorgegangen sind. 1948 gründete Lanza mit seiner Frau die erste Gemeinschaft in Frankreich. Gruppen und Lebensgemeinschaften bestehen mittlerweile nicht nur dort, sondern auch in anderen Ländern Europas, in Lateinamerika und Kanada. Die Lebensgemeinschaften versuchen, die Gewaltfreiheit nach dem Vorbild Ghandis in möglichst vielen Bereichen des täglichen Lebens anzuwenden: einfacher Lebensstil, Beschränkung der Bedürfnisse, verantwortlicher Umgang mit der Natur, Versöhnung der Religionen, Engagement für Frieden und Gerechtigkeit, Erziehung. Vor allem wird Wert gelegt auf den persönlichen Weg und die Glaubensüberzeugungen jedes Einzelnen.
Die Gemeinschaft im französischen Languedoc heißt neben neuen Mitgliedern auch Gäste und freiwillige Helfer willkommen, die in den folgenden Bereichen mitarbeiten: Landwirtschaft, Garten, Haus und Küche, Käserei, Seminarbetrieb. Die Volontäre werden in alle Arbeits- und Lebensbereiche eingebunden und beteiligen sich auch an den gemeinschaftlichen, kulturellen Aktivitäten. Einen wichtigen Teil im Leben der Arche-Gemein-

schaft nehmen Meditation, Gebet, Yoga, gewaltfreie Aktionen und Feste ein. Wie schon erwähnt, ist der Lebensstil dort sehr einfach; die Ernährung ist vegetarisch, zum Großteil aus den eigenen Bio-Produkten.
Dauer: keine Angaben
Entlohnung: keine
Kost & Logis: frei
Alter: ab 18 Jahre
Einsatzort: Frankreich
Sprachkenntnisse: Französisch

Federation of Egalitarian Communities (FEC), *Tecumseh MO 65760, USA, T. +1-417-679-4682, F. +1-417-679-4684, FEC@ic.org, www.thefec.org*

Zusammenschluss von Lebensgemeinschaften, Ökodörfern und Kommunen in Nordamerika, die sich alle die gleichen Ziele gesteckt haben. In diesen „Communities" wird zusammen gearbeitet und die Einkommen werden in eine gemeinsame Kasse gegeben. Gleichheit wird groß geschrieben, Individualität jedoch gefördert, natürliche Ressourcen werden geschützt und ökologisches Bewusstsein wird voran getrieben. Die Bandbreite der in der Federation zusammengeschlossenen Communities reicht von gerade erst gegründeten, die noch aktiv weitere Mitglieder suchen, bis zur 31 Jahre alten Community „Twin Oaks" mit Bewohnern aller Altersstufen. Sie geben u.a. gemeinsame Veröffentlichungen heraus.
„We want to help more people discover the advantages of a communal alternative, and to promote the evolution of a more egalitarian world. It takes a special kind of person to thrive in community, to forge private income in favour of shared wealth, to accept the challenge of decision-making among equals, to embrace the diversity among community people and to revel in the richness of our complementary strengths. You need courage to break from a competitive, consumption-oriented culture – and attempt with us the formation of an alternative society. We cannot promise utopia, but if you are seriously interested in our joyous struggle, we invite you to come and see for yourself."
Die FEC veröffentlicht ein sehr schön gestaltetes und informatives Heft mit dem Titel „Sharing the Dream" über ihre Mitglieder, das erlaubt, sich ein gutes Bild von den Lebensgemeinschaften zu machen, bevor man sich entschließt, die eine oder andere zu kontaktieren. Es ist jeweils vermerkt, unter welchen Bedingungen alle, die sich ernsthaft überlegen, in einer Community zu leben, empfangen werden. Seht diese Aufstellung der Communities bitte nicht als „Reiseführer zu den Aussteigern Nordamerikas": Anmeldung und Absprachen über den geplanten Besuch, Darstellung eurer Absichten und eurer Person sind unbedingt notwendig! Die FEC bietet Kontakte zu anderen Netzwerken und vertreibt Bücher und Zeitschriften zu diesem Thema. Manche Communities geben einen Rundbrief heraus, in dem mehr über das Leben in der Gemeinschaft zu erfahren ist.
Dauer: unterschiedlich
Kosten: unterschiedlich
Kost & Logis: unterschiedlich

Einsatzort: USA
Sprachkenntnisse: Englisch

Fridhem Stiftelsen Stjärnsund,
c/o Olle Erikson, Fridhem, S – 77071 Stjärnsund, T. +46-225-80001, F. +46-225-80005, fridhempost@hotmail.com, www.frid.nu

Seit 1984 bestehende Gemeinschaft, versteht sich als spiritueller Lernplatz, deren Gründung von den Ideen der Findhorn Community in Schottland inspiriert wurde. Die Stiftungsmitglieder und Gründer glauben daran, dass ein gesteigertes Bewusstsein neue Formen sozialen Zusammenlebens bewirken wird, wo spirituelle Werte in Kultur und Wissenschaft einfließen werden. Fridhem ist eine gemeinnützige Organisation und von jeglicher politischen oder religiösen Gemeinschaft unabhängig. Sie besitzen weder einen geistigen noch einen weltlichen Führer, und die Arbeit geschieht auf kooperative und selbstverantwortliche Weise. Es gibt Gärten und kleinere Handwerksbetriebe, aber die Hauptarbeit liegt im Betreiben eines Kurszentrums mit spirituell-esoterischen Themen, hauptsächlich in den Sommermonaten Juni, Juli und August.

Die Gemeinschaft liegt in einem kleinen Dorf, Stjärnsund, rund 200 km von Stockholm entfernt. Viele Seen laden im Sommer zum Baden und im Winter zum Schlittschuhlaufen ein. Neben Wandern, Skifahren und Radfahren kann man rund um Stjärnsund auch gut Angeln und im Herbst Pilze sammeln.

Praktikanten werden vor allem in Garten und Küche sowie zu Renovierungsarbeiten eingesetzt und sollten sich vor allem für die Sommermonate bewerben. Ggf. können sie auch an den Kursen teilnehmen. Es werden 20 Stunden Einsatz pro Woche verlangt und 200 schwedische Kronen für die Unterkunft; ab der zweiten Woche kann man 30 h Arbeiten und die Unterkunft ist frei.

Dauer: mind. 1 Woche
Kosten: für Logis s.o.
Kost & Logis: Kost frei, Logis 200 SEK / Woche
Alter: ab 18 Jahre
Einsatzort: Schweden
Sprachkenntnisse: Englisch oder Schwedisch

Wildnisgehöft Solberget,
c/o Dirk Hagenbuch, Box 37, S – 98206 Nattavaara, T. +46-970-40144, F.+49-89-244336311, dirk@solberget.com, www.solberget.de

Der Deutsche Dirk Hagenbuch baut seit einigen Jahren ein Wildnisgehöft im schwedischen Lappland auf, um alte Kultur der Umgebung zu bewahren und sie an Touristen zu vermitteln. Mit ihnen veranstaltet er Wanderungen, auch mit Rentieren, Familienwochen, Kurse und vieles mehr. Für die allfälligen Arbeiten an Häusern und Hof wie Holz machen, Wasser holen, renovieren, kochen, Rentiere versorgen, einkaufen etc. werden auch Freiwillige benötigt, die gegen Kost und Logis im Alltag und teilweise auch bei der Betreuung der Gäste mithelfen. Wenn Dirk nicht zuhause ist, kann ein „Housesitter“ auf das Gelände aufpas-

sen und die Tiere versorgen. Dies können Freiwillige (auch gerne zwei auf einmal) gegen freie Logis tun, allerdings ist für die Verpflegung selbst aufzukommen.
Das Leben auf Solberget nördlich der Polarkreises ist sehr einfach (kein Strom und fließend Wasser) und teilweise einsam, aber die Schönheit der umgebenden Natur ist atemberaubend, wie die vielen Fotos auf der Website beweisen. Und nicht unerwähnt sollen bleiben die kleinen Freuden eines solch naturverbundenen Alltags: die Sauna, ein bollernder Ofen, das Nordlicht…
Dauer: mind. 4 Wochen; beim ersten Aufenthalt max. 3 Monate
Kosten: keine
Kost & Logis: frei; bei Hofwachen nur Logis frei
Mindestalter: 21 Jahre
Einsatzort: Schweden
Sprachkenntnisse: deutsch und/oder schwedisch

Adressen und Hinweise

Weitere Literaturhinweise zum Thema „Alternative Lebensformen“ im entsprechenden Kapitel des Inlandteils.

eurotopia,
Ökodorf Sieben Linden, 38486 Bandau, T. 039000–90621, F. –51232, info@eurotopia.de, www.eurotopia.de

Das Buch „eurotopia - Gemeinschaften und Ökodörfer“ in Europa wurde 2005 komplett neu recherchiert und überarbeitet. 348 Gemeinschaften aus 23 Ländern werden ausführlich dargestellt. Dazu gibt es noch einige hundert weitere Adressen von Gemeinschaften & Netzwerken sowie interessante redaktionelle Artikel. Mit seinen 448 Seiten ist das Buch das Standardwerk für alle „Suchenden“ oder an Vernetzung interessierten Menschen. ISBN 3-00-013772-6, 3. Auflage, € 18; portofreier Versand innerhalb Deutschlands. Die neue Auflage ist auch in englischer Sprache erhältlich; die spanische Ausgabe man 2001 heraus und ist schon etwas angejahrt.

Federation of Intentional Communities, *(Herausgeber), Rutledge, Missouri, USA, twinoaks@ic.org, www.twinoaks.org*

„Communities Directory“, listet Hunderte von Communities in Nordamerika und im Rest der Welt auf; umfangreichste und sehr gut recherchierte Ausgabe der letzten zehn Jahre im Telefonbuchformat; Beschreibungen der Projekte, Artikel und Adressen; für die einmalig zu entrichtende Gebühr von 5 US-$ wird alljährlich bis zu einer Neuauflage ein Update zugeschickt. 3. Auflage von 2000; 30 US-$ plus 16-24 US-$ Versand, 456 Seiten, ISBN 0960271481. Über twinoaks.org kann man sich prima über die Versandbedingungen und viele andere amerikanische Publikationen zum Thema Lebensgemeinschaften schlau machen.

Global Ecovillage Network (GEN)-Europe e.V., *Rosa Luxemburg Str. 89, 14806 Belzig, Tel. 033841-44766, F. 033841 44768; info@gen-europe.org; www.gen-europe.org*

Vernetzt Ökodörfer europaweit. Ökodörfer sind ländliche und städtische Gemeinschaften, die kooperative soziale Beziehungen mit einer ökologischen Lebensweise verbinden. Ökodörfer bemühen sich um die Erneuerung lebenserhaltender Systeme, um die Förderung der Entfaltung jedes einzelnen Menschen und um die Erforschung einer Lebensweise, die der Harmonie zwischen den Menschen und des Menschen mit der Natur förderlich ist.
Je nach Erdteil, für den man sich interessiert, sollte man sich an das jeweilige GEN-Regionalbüro wenden.
Für Europa, den Mittleren Osten und Afrika: info@gen-europe.org.
Für Ozeanien und Asien:
genoa@genoa.org.au
Für Nord- und Lateinamerika: ENA (Ecovillage Network of the Americas), ecovillage@thefarm.org

Permakultur Spanien,
c/o Monika Frank, Fichtestr. 22,
10967 Berlin,
monika_pk@hotmail.com

„Permakultur in Spanien und Portugal", 3. Auflage Herbst 2005, 5 Euro incl. Versand; Versand ins Ausland: + 1 E. Broschüre mit detaillierten Beschreibungen von zehn Projekten, in deutscher oder in spanischer Sprache erhältlich. Bestellungen bitte per E-Mail (Postadresse angeben!) oder per Brief mit Briefmarken oder Schein im Werte von 5 Euro.

Permanent Publications Hyden House Limited, *The Sustainability Centre,*
East Meon, Hampshire GU32 1HR,
Großbritannien, T. +44-1730-823311,
F. +44-1730-823322,
enquiries@permaculture.co.uk

Erstellt und vertreibt das „Permaculture Magazine", die britische Zeitschrift zur Permakultur, ein flott gemachtes Magazin. Gut, um Kontakte zu knüpfen und an einem Kurs teilzunehmen.

Umwelt-Reisestudien

Unterwegs

Stipendien für Reisestudien und Studienprojekte oder für ein Auslandsstudium werden außer von den nachfolgend beschriebenen Einrichtungen auch von besonderen Programmen der Europäischen Gemeinschaften und einer Reihe von Akademikervereinigungen angeboten. Nicht alle Stipendien lassen sich auf den ersten Blick mit dem Thema „Natur und Umwelt" verbinden. Es lohnt jedoch immer einen Versuch, den „Geldgeber" davon zu überzeugen, dass Natur- und Umweltschutz ein Querschnittsbereich ist, der vernetztes Denken und fächerübergreifendes Arbeiten erfordert und damit sehr wohl die Kriterien zur Vergabe des betreffenden Stipendiums erfüllt sind. Weitere Möglichkeiten der Finanzierung eines Auslandsaufenthalts im Kap. „Praktische Hinweise".
Reiseerlebnisberichte werden gele-

gentlich in Wettbewerben prämiert. Hat man ein gutes und spannendes Vorhaben ausgearbeitet, sehr klare und realistische Vorstellungen, dann bestehen mit ein wenig Glück gute Aussichten, hinterher einen Bericht an Zeitungs- und Zeitschriftenredaktionen zu verkaufen, die gewonnenen Erfahrungen in Vorträgen und als Reiseleiter weiterzugeben oder später vielleicht eine Broschüre oder ein Buch zu verfassen. Reisestudien lohnen sich immer – als Vorbereitung auf Studium und Beruf, am meisten aber für einen selber.

Wo Umwelt an Grenzen stößt

„Selten sieht man eine Grenze so deutlich in der Landschaft, obwohl durch die Benelux schon seit Jahren die (Zoll-)Grenzen aufgehoben sind: Auf der einen Seite findet man wahllos herumstehende Häuser und stinkende Bäche, auf der anderen Seite der Grenze dagegen die Auswirkungen strenger Politik. Ich pendelte mit dem Fahrrad zwischen den Reichen des Chaos und der Organisation, zwischen Bier und Fritten. Verbunden und getrennt durch die gleiche Sprache und Landschaft. Die unterschiedliche Nationalpolitik hat zwei völlig verschiedene Staaten mit anderen Menschen und einer anderen Umwelt geschaffen.
Mit Rückfahrt und Ausflügen bin ich rund 1.300 Kilometer gefahren – immer und alles mit dem Fahrrad. Vieles lief spontan ab: Da ich im Zeitgeschehen stand, mich für ein Thema der Leute interessierte und auf ungewohnte Weise reiste, waren genügend Ansatzpunkte da. Jeder hatte eine Meinung über seinen „Nationalnachbarn", eine Philosophie über die Flamen oder die Holländer und seine Auffassung vom Umweltschutz. Meine Kontakte zu den flämischen Naturschutzjugendlichen brachten fast die „halbe Miete" ein: Jeder kennt jeden, es gibt gute Kontakte in die Niederlande, Engagement und Wissen sind groß."

Frank Tönnissen hat auf einer ZIS-Studienreise entlang der belgisch-niederländischen Grenze National- und Umweltbewusstsein der Menschen unter die Lupe genommen.

Office franco-allemand pour la Jeunesse, (OFAJ), *51, rue de l'Amiral-Mouchez, F – 75013 Paris, T. +33-1-40781818, F. +33-1-40781888, www.ofaj.org*

Deutsch-Französisches Jugendwerk (DFJW), *c/o Aurore Leconte, Molkenmarkt 1, 10179 Berlin, T. 030-288757-0, F. 030-288757-88, info@dfjw.org oder leconte@dfjw.org, www.dfjw.org*

Vergibt Reisestipendien an Jugendliche und junge Erwachsene, die mit Neugier und Engagement Frankreich auf eigene Faust kennen lernen wollen. Während der Reise haben die Stipendiaten die Aufgabe, ein individuelles Projekt zu einem selbstgewählten

Thema zu verwirklichen. Das Projekt sollte sich mindestens über zwei Wochen erstrecken und sich mit einem besonderen Aspekt, z.B. aus den Bereichen „Sprachen in Europa“, „(Jugend-) Kultur und Lifestyle“, „Geschichte und Politik“, „Wissenschaft und Technik“, befassen. Es kann sowohl in Form eines Studienaufenthalts als auch in Aktionsform durchgeführt werden. Ziel ist eine intensive Begegnung mit Frankreich und den Franzosen.

Bewerber dürfen nicht älter als dreißig Jahre sein. Das Stipendium umfasst einen Zuschuss zu den Fahrtkosten, der sich nach der Entfernung berechnet, sowie einen pauschalen Zuschuss zu den Aufenthaltskosten zwischen 150 und 300 Euro, je nach Dauer. Nach Abschluss des Projekts ist dem DFJW ein Bericht vorzulegen, wobei die Darstellungsform – Texte, Fotos, Video etc. – frei wählbar ist.

Bewerbungen müssen spätestens zwei Monate vor dem geplanten Beginn der Reise beim DFJW vorliegen. Informationen über die Bedingungen bei der Stipendienvergabe und über den Inhalt der Bewerbung auf der Homepage des DFJW.

Reisedauer: mind. 2 Wochen
Höhe des Stipendiums: 150-300 Euro zzgl. Fahrtkosten
Alter: bis 30 Jahre
Reiseziel: Frankreich

Deutsch-Polnisches Jugendwerk (DPJW), *Friedhofsgasse 2, 14473 Potsdam, T. 0331-284790, F. 0331-297527, buero@dpjw.org, www.dpjw.org*

Polsko-Niemiecka Wspólpraca Młodziezy (PNWM) *ul. Alzacka 18, 03-972 Warszawa, Polen, T. +48-22-6173465 o. +48-22-6163246, F. +48-22-6170448, biuro@pnwm.org, www.pnwm.org*

Hauptaufgabe des DPJW ist die Förderung des deutsch-polnischen Schüler- und Jugendaustausches in Form von Begegnungen. Es fördert aber auch Praktika von jungen Leuten aus Deutschland und Polen. Der Aufenthalt einzelner Personen kann gefördert werden, wenn er der beruflichen Orientierung oder Ausbildung dient. Praktika von Studierenden sind davon ausgenommen, da das DPJW keine Programme zu Zwecken des Studiums oder des wissenschaftlichen Austauschs fördern darf. Die Inhalte des Praktikums sind ansonsten nicht vorgeschrieben.

Reisedauer: maximal 3 Monate
Höhe des Stipendiums: keine Angaben
Alter: maximal 26 Jahre
Reiseziel: Polen

Libellen in Südfrankreich

„Während bei einer Zug- und Autofahrt nur die Augen die – im Übrigen viel zu schnell – vorbeiziehende Umgebung wahrnehmen, umweht den Radfahrer der Duft von Lavendelblüten, er hört die Zikaden zirpen, und er spürt die Sonne auf seinem Nacken. Die langsamere Rollgeschwindigkeit erlaubt zudem, erschöpfte Bockkäfer, getrocknete Schmetterlinge und betäubte Libellen am Straßenrand zu finden, was besonders von Vorteil ist, wenn das gewählte Studienthema – wie bei mir – die Insektenwelt zum Gegenstand hat. Ich habe mich zuvor wohl kaum jemals so intensiv und zusammenhängend mit einer Tiergruppe beschäftigt wie auf dieser Reise: Fast jeden Tag untersuchte ich ein oder mehrere Gewässer und traf auf insgesamt etwa dreißig verschiedene Arten. Durch die regelmäßige Übung mit dem Kescher verbesserten sich ganz nebenbei auch meine Werte der Relation „gefangene Libellen / Zeiteinheit". Wurde ich auf meinem bepackten Mountainbike bereits von Rennradlern bestaunt und mit aufgerichtetem Daumen begrüßt, so führte mein Studienthema, das den meisten Leuten recht ungewöhnlich erschien, oft zu längeren Gesprächen und nicht selten zu der Einladung, am Abendessen teilzunehmen. Im Nachhinein hoffe ich auch, den Blickwinkel dieser Menschen auf ihre Umwelt ein wenig erweitert zu haben. Eine ältere Dame jedenfalls, die mich beim Libellenfang beobachtete und neugierig fragte, was ich da treibe, zeigte sich beim anschließenden Gespräch als zwar unwissend, aber höchst interessiert an den Fluginsekten und versprach, beim nächsten Picknick am Flußufer mehr auf diese zu achten.

Janna Nawroth brachte intensive und positive Erinnerungen von einer ZIS-Studienreise mit.

Heinz-Schwarzkopf-Stiftung Junges Europa, *Sophienstraße 28-29, 10178 Berlin, T. 030-28095-146, F. 030-28095-150, info@heinz-schwarzkopf-stiftung.de, www.heinz-schwarzkopf-stiftung.de*
Die Stiftung vergibt Reisestipendien in Höhe von 550 Euro an Jugendliche, die unsere europäischen Nachbarn durch eine Studienreise kennen lernen möchten. Bewerber können ihr europäisches Reiseland frei wählen. Das Stipendium ist lediglich an die Bedingung geknüpft, sich während der Reise inhaltlich mit aktuellen europapolitischen oder gesellschaftspolitischen Fragen des Gastlandes auseinanderzusetzen. Auch Umwelt- und Naturschutzthemen sind zugelassen. Die Reise soll allein geplant und durchgeführt werden und unter einem selbstgewählten Thema stehen. Die Stipendiaten verpflichten sich, einen fundierten Bericht über die auf der Reise erworbenen Kenntnisse vorzulegen und Belege beizufügen, die den Aufenthalt in dem Reiseland dokumentieren. Die Heinz-Schwarzkopf-Stiftung zeichnet besonders gute Berichte zusätzlich mit einem Geldpreis aus. Bewerbungen müssen mindestens acht Wochen vor Reiseantritt und spätestens bis zum 15. September für das laufende Reisejahr vorliegen. Bewerben können sich auch junge Europäer, die durch eine Studienreise Deutschland tiefer kennenlernen wollen. Der Antrag für das Reisestipendi-

um kann auch aus dem Internet heruntergeladen werden.
Reisedauer: ca. 3 Wochen
Höhe des Stipendiums: 550 Euro
Alter: 18-26 Jahre
Reiseziel: alle europäischen Länder

ZIS – Stiftung für Studienreisen ,
Dagmar Baltes, c/o Schule Schloss Salem, 88682 Salem,
T. 07553-919-332,
F. 07553-919-301, info@zis-reisen.de,
www.zis-reisen.de

ZIS vergibt jährlich Stipendien für Studienreisen an junge Leute aus aller Welt. ZIS will damit junge Leute zwischen 16 und 20 Jahren motivieren, aktiv eine Reise zu einem selbstgewählten Studienthema vorzubereiten und durchzuführen. Dabei kommt es nicht auf exotische Ziele oder zurückgelegte Kilometer, sondern besonders auf Selbstständigkeit, Einfühlungsvermögen, Sorgfalt und Ausdauer an. Die Bearbeitung des Studienthemas soll einen tiefer gehenden Bezug zum Reiseland und seinen Bewohnern herstellen, der sich von der Konsumhaltung des herkömmlichen Touristen unterscheidet.

Das Studienthema kann soziale, politische, kulturelle, landeskundliche oder geschichtliche Gesichtspunkte des Reiselandes behandeln. Immer mehr Stipendiaten beschäftigen sich mit Fragen des Natur- und Umweltschutzes. Beispiele sind: „Folgen und Spätfolgen der Ölkatastrophe Amoco Cadiz in der Bretagne“, „Umweltschutz in Ungarn – Staudammprojekte“, „Parc Naturel Régional du Haut Languedoc“, „Orchideen in Griechenland“, „Bei den Bergbauern in Südtirol“, „Atomkraft = Fortschritt? (Schottland)“.

Die Auswahl ist jedoch streng: Etwa drei Viertel aller Bewerbungen werden von den ZIS-Mitarbeitern in die Betreuung übernommen. Und nur die Hälfte der angenommenen Bewerber kann schließlich mit dem „Ja“ ihrer Betreuer und einem Stipendium ins Ausland aufbrechen. ZIS-Stipendiaten sollten über Improvisationstalent und Zielstrebigkeit verfügen, die Kunst beherrschen mit wenig Geld auszukommen, persönliches Engagement beweisen und offen sein im Umgang mit den Menschen eines anderen Landes. Außerdem sind die Stipendiaten verpflichtet ...

1. allein und selbstständig nach eigenem Plan für mindestens vier Wochen ins Ausland zu reisen;
2. ein Thema mit Bezug zum Reiseland selber auszuwählen und vor Ort in Form einer schriftlichen oder praktischen Studienarbeit zu bearbeiten;
3. auf der Reise nur den Stipendienbetrag von zur Zeit 500 Euro und gegebenenfalls unterwegs hinzuverdientes Geld zu verwenden;
4. unterwegs Tagebuch zu führen und dieses zusammen mit der Studienarbeit und einer detaillierten Abrechnung der Reisekosten spätestens 3 Monate nach der Rückkehr abzugeben.

Jeder Stipendiat erhält ein von der deutschen UNESCO-Kommission unterzeichnetes Empfehlungsschreiben, das sich vor allem im Umgang mit offiziellen Stellen als nützlich erweisen kann und manche Tür öffnet. Die besten Reiseberichte und Tagebücher werden von einer Jury prämiert; die Gewinner erhalten weitere Stipendien und Preise. Außerdem kann ZIS erfolgreiche deutsche Stipendiaten für eine Förderung durch die Studienstiftung des deutschen Volkes vorschlagen – oftmals eine gute Starthilfe für die spätere berufliche Laufbahn.

Interessenten dürfen noch kein Studium begonnen haben. Bewerbungsschluss ist jeweils der 15. Februar. Zur Bewerbung gehört auch die Empfehlung durch einen Lehrer oder Vorgesetzten. Über die Annahme der Bewerbung entscheidet eine Jury. Es ist jedoch sinnvoll, sich mit seinem Plan schon einige Zeit vor Bewerbungsschluss an das ZIS-Sekretariat zu wenden, um sich bei der Ausarbeitung des Projekts und bei der Umsetzung in eine konkrete Studienreise beraten zu lassen. Es ist übrigens gar nicht so schwierig, eine Zusage zu bekommen!

Reisedauer: 4-6 Wochen
Höhe des Stipendiums: 500 Euro
Alter: 16-20 Jahre
Reiseziel: wo man ohne Flugzeug hinkommt

Adressen und Hinweise

InWEnt gGmbH, *Weyerstr. 79-83, 50676 Köln, T. 0221-2098-0, F. 0221-2098-111, ibs@inwent.org, www.inwent.org*

InWEnt – Internationale Weiterbildung und Entwicklung gGmbH ist aus der Carl Duisberg Gesellschaft (CDG) und der Deutschen Stiftung für internationale Entwicklung (DSE) hervorgegangen und befasst sich mit internationaler Personalentwicklung, Weiterbildung und Dialog. InWEnt fördert über verschiedene Programme den Austausch sowie Berufs- und Betriebspraktika im Ausland von Studenten, Jugendlichen in der Berufsausbildung und jungen Berufstätigen. Beschreibungen im Programmkatalog „Mit InWEnt ins Ausland“, der Fortbildungsangebote der InWENT und anderer Organisationen enthält.

Internationaler Jugendaustausch- und Besucherdienst der BRD (IJAB) e.V.
Hochkreuzallee 20, 53175 Bonn, T. 0228-9506-0, F. 0228-9506-199, ijab-info@ijab.de, www.ijab.de

Verschickt kostenlos die Broschüren „Internationale Begegnungen für junge Leute“ mit den drei Ausgaben „Deutschland“, „Europa“ und „Übersee“. Einfach anrufen, schreiben, faxen oder eine E-Mail schicken. Auf der Website des IJAB kann man unter dem Stichwort Begegnungen auch in einer Datenbank nach Zielorten und Organisationen recherchieren.

The Rotary Foundation, Group Study Exchange, *One Rotary Center, 1560 Sherman Ave., Evanston, IL 60201, USA, T. +1-847-866-3000, rotaract@rotaryintl.org, www.rotary.org/foundation und www.rotary-deutschland.de*

Das „Group Study Exchange“-Programm (GSE) der Rotary Foundation dient dem kulturellen und beruflichen Austausch von jungen Berufstätigen zwischen 25 und 40 Jahren. Das GSE-Programm gewährt Reisestipendien für den Austausch von Studiengruppen zwischen zwei Ländern. Vier bis sechs Wochen lang erkunden die Teams Institutionen und Lebensweise des Gastlandes, beobachten, wie ihre eigenen Berufe im Ausland ausgeübt werden, bauen persönliche Beziehungen auf und tauschen Ideen aus. Die Rotary Foundation übernimmt die vollständigen Kosten für den Flug. Rotarier im Gastland sorgen für Essen, Unterkunft und Transporte der Gruppe vor Ort. Die Teilnehmer tragen die Kosten für Visa und Versicherungen.

Bewerber müssen Vollzeitbeschäftigte sein. Sie sollten zunächst die Ausschreibung und Teilnahmebedingungen auf der Rotary-Homepage im Internet lesen und sich dann an ihren Rotary Club vor Ort wenden. Alle Bewerber benötigen zuerst die Zustimmung eines Rotary Clubs in dem Rotary Distrikt, in dem sie leben oder arbeiten. Die Adressen aller Clubs in Deutschland sind unter der Webadresse abrufbar. Direkte Bewerbungen bei der Rotary Foundation sind nicht möglich.

Praktika im Inland

Der Inlandsteil ist bedeutend kürzer ausgefallen als der fürs Ausland, weil die Eigenrecherche innerhalb deutscher Grenzen doch erheblich einfacher ist. Man spricht dieselbe Sprache, die Postwege sind kürzer, und man kann eventuell sogar mal persönlich bei einer vielversprechenden Adresse vorbeischauen. Die hier gesammelten Angebote sollen deswegen nur andeuten wie vielfältig die Möglichkeiten eines Engagements für Natur und Umwelt sind. Oft sind nur Dachverbände genannt, die weitere Detailinformationen zur Verfügung stellen können.

Gleichgültig, ob hier gefunden oder selbst gesucht: Der Anfrage einen frankierten C4-Rückumschlag beizulegen, sichert von Anfang an Pluspunkte. Eine Angabe darüber, wie man an die Adresse gekommen ist, gehören ebenfalls zum guten Ton. Also bitte immer „Jobben für Natur und Umwelt“ als Referenz angeben.

Praktische Arbeit

Natur aus zweiter Hand erhalten

Viele Leute fragen: „Warum sollen wir die Natur nicht sich selbst überlassen und warum dürfen Naturschützer Büsche rausreißen, wenn in Naturschutzgebieten die Natur doch geschützt sein soll?“ Die Antwort klingt einfach, ist jedoch nicht immer leicht zu begründen: Schutzgebiete brauchen Pflege und Unterhalt, damit ihre besondere Artenvielfalt erhalten bleibt. In Deutschland gibt es kaum noch unberührte Natur im eigentlichen Sinne des Wortes. Viele Schutzprogramme drehen sich stattdessen um die Erhaltung so genannter Kulturlandschaften, also von Lebensräumen, die erst durch die Tätigkeit des Menschen entstanden. Heiden, Hecken, Obstwiesen und eigentlich alles, was nicht Urwald, Moor oder Fels ist, zählt dazu. In der modernen Agrarlandschaft werden diese Elemente als störend empfunden und im besten Falle links liegen gelassen. Für ihre Erhaltung ist jedoch eine regelmäßige Nutzung notwendig. Früher haben die Bauern Magerwiesen gemäht und das Heu ans Vieh verfüttert. Sauergräser und Binsen aus den Feuchtgebieten fanden wegen ihrer festen Halme mit Vorliebe als Streu im Stall Verwendung. Der Mensch auf dem Land schnitt regelmäßig Hecken und Kopfweiden, um Brennholz, Stöcke und Flechtmaterial für Körbe zu gewinnen. Steine auf den Feldern wurden zusammengetragen und zu Mauern aufgeschichtet, um das Land leichter bearbeiten zu können. Viele solcher herkömmlichen Nutzungsformen sind heute verschwunden, waren jedoch ausschlaggebend dafür, dass sich über Jahrhunderte verschiedenartige Lebensräume für Tiere und Pflanzen herausbilden und erhalten konnten. Hätte der Mensch diese Landschaften nicht mehr regelmäßig genutzt, dann wäre dort nach einiger Zeit ein Wald entstanden. Für die moderne Landwirtschaft lohnt es sich heute jedoch kaum mehr, nach diesen Methoden zu wirtschaften. Dafür übernimmt der Naturschutz geeignete Pflegemaßnahmen. Freiwillige mähen Riedwiesen, entfernen Büsche, heben Teiche aus, befestigen Dünen, schneiden Hecken und Kopfweiden zurück usw. Wir schützen damit immer nur einen bestimmten Zustand der Natur – gleichsam als Momentaufnahme einer jahrhundertewährenden Entwicklung – aber ohne diesen Schutz wäre unser Lebensraum um vieles ärmer und eintöniger.

Wer Gefallen an dieser so genannten Landschaftspflege findet, braucht nach Ende des Praktikums nicht der schönen Zeit hinterherzuweinen. Fast überall finden sich Naturschutzgruppen, die über jeden froh sind, der hilft Kopfweiden zu schneiden, Teiche anzulegen oder Kröten über die Straße zu tragen. Erste Ansprechpartner können z.B. die lokalen Gruppen von Naturschutzjugend (NAJU) und Naturschutzbund Deutschland (NABU) sein.

Um Portokosten und Geduld der Anbieter zu schonen, bitte immer einen ausreichend frankierten C4-Rückumschlag beilegen und dieses Buch als Quelle angeben.

Aktion Wanderfalken- und Uhuschutz, *c/o Christian von Eschwege, Rosbacher Weg 8, 61206 Wöllstadt, T. 06034-2695 oder 4657 oder 0170-3520418, F. 06034-6318, planungsgruppe.f.s@t-online.de*

Wanderfalke und Uhu sind zwei der wenigen Vogelarten, die durch die direkte Verfolgung des Menschen auf die Rote Liste der vom Aussterben bedrohten Tierarten gerieten und dort in den ganz oberen Kategorien geführt werden. Noch heute werden Jungvögel und Eier dieser beiden Spezies ausgehorstet, um für fünfstellige Eurobeträge an kriminelle Falkner verkauft zu werden.

Viele bekannte Horststandorte werden deshalb von Freiwilligen rund um die Uhr bewacht, um unliebsame Besucher abzuschrecken. Im süddeutschen Raum wird diese Arbeit zum Großteil von der Aktion Wanderfalken- und Uhuschutz übernommen. Untergebracht in Wohnwagen, Hütten o.Ä. klären die Helferinnen und Helfer die Bevölkerung über die Schutzwürdigkeit der Vögel auf, betreiben Biotoppflege in Horstnähe und schlagen ggf. bei den Ordnungsbehörden Alarm. Mit der Ausbreitung der Modesportart Freeclimbing spielt auch die Freihaltung der Horstfelsen vom Kletterbetrieb eine immer größere Rolle bei der Arbeit der unentgeltlich arbeitenden Freiwilligen.

Daneben gibt es auch noch einen bezahlten Praktikantenplatz pro Jahr von März bis in den Herbst hinein. Neben der Horstbewachung arbeitet man dort bei der „Planungsgruppe Freiraum und Siedlung" in der Landschaftspflege und -rekultivierung oder der Bauleitplanung mit. Studienkenntnisse aus den Bereichen Botanik, Biologie, Landschaftspflege oder Geografie sind besonders willkommen.

An- und Abfahrtskosten werden erstattet.

Dauer: mind. 2 Monate für Praktikum,

1-3 Monate für Horstbewachung
Entlohnung: 500-1.000 Euro / Monat (Praktikum), kein Lohn für die Horstbewachung
Kost & Logis: Logis frei
Alter: mind. 16 Jahre
Einsatzort: Bayern, Hessen, Rheinland-Pfalz, Niedersachsen

Biologische Station „Rieselfelder Münster“, *c/o Thomas Starkmann, Coermühle 181, 48157 Münster, T. 0251-16176-0, F. 0251-161763, tstarkmann@rieselfelder-muenster.de, www.rieselfelder-muenster.de*

Bis Mitte der siebziger Jahre dienten die Rieselfelder Münsters dazu, die Abwässer der westfälischen Metropole zu klären. Heute zählen die dabei entstandenen Flachwasserzonen zu den bedeutendsten Rastplätzen für seltene Wasser- und Wattvogelarten im mitteleuropäischen Binnenland und sind als „Feuchtgebiet internationaler Bedeutung“ anerkannt. Die direkt im Gebiet gelegene Biologische Station widmet sich seit 1968 der Sicherung dieses Lebensraumes aus zweiter Hand.
Praktikanten können dort bei der Reservatspflege mitanpacken (Schilfmähen, Grabenentschlammung etc.) oder verschiedene Tätigkeiten im Rahmen der Öffentlichkeitsarbeit und im Büro übernehmen. Die Rieselfelder sind als Außenstation der Vogelwarte Helgoland auch ein Zentrum der internationalen Zugvogelforschung. Vogelkundlich Interessierte können daher ihre Kenntnisse auch in den Dienst der laufenden Freilanduntersuchungen (u.a. Kartierungen) stellen.
Grundsätzlich ist die Biologische Station auch Bewerbungen aus dem Ausland aufgeschlossen. Deutsche Sprachkenntnisse sind jedoch unerlässlich. Abgesehen von Interesse am Naturschutz gelten ansonsten keine besonderen Voraussetzungen.
Dauer: mind. 3 Wochen, besser 4-8 Wochen
Entlohnung: keine
Kost & Logis: Logis frei
Alter: mind. 17 Jahre
Einsatzort: Nordrhein-Westfalen

Biologische Schutzgemeinschaft Hunte-Weser-Ems (BSH),
Gartenweg 5, Postfach 11 43, Friedrichstr. 43, 26198 Wardenburg, T. 04407-5111, F. 04407–6760, info@bsh-natur.de, www.bsh-natur.de

Bei der BSH erledigen die Praktikanten u.a. Arbeiten der Landschaftspflege, pflanzen Hecken oder Streuobstwiesen, setzen oder reparieren Zäune.
Dauer: 2 Wochen - 1 Jahr
Entlohnung: keine
Kost & Logis: Logis in der Regel frei
Alter: mind. 16 Jahre
Einsatzort: Niedersachsen

Schutzgemeinschaft Deutscher Wald (SDW), *Stadtverband Hofheim am Taunus, Hubertuspfad 1, 65719 Hofheim am Taunus, T. 06192-921728 u. -921729, F. 06192-958364, sdw.hofheim@gmx.de*

Bei 41 % Waldanteil an der Fläche der Stadt Hofheim ist es kein Wunder, dass der Ort einen aktiven Stadtverband der SDW besitzt. Auf den vereinseigenen Flächen (Streuobstwiesen, Wald, eine ehemalige Kiesgrube u.Ä.)

unterstützen die Freiwilligen den Verband bei Landschaftspflege jeglicher Art vor allem Obstbaumpflege, Wiesenmahd und Gehölzpflanzungen. Motivation für körperliche Arbeit ist ausdrücklich erwünscht. An- und Abreisekosten werden bis 150 Euro erstattet.
Dauer: 2-4 Wochen (evtl. länger)
Entlohnung: 10 Euro / Tag
Kost & Logis: Logis frei
Mindestalter: 18 Jahre
Einsatzort: Hessen

Wasservogelreservat Wallnau,
c/o A. Polzer, 23769 Fehmarn,
T. 04372-1002, F. 04372–1445,
mail@NABU-Wallnau.de,
www.nabu-wallnau.de

Im Winterhalbjahr, wenn die Vegetation eine Pause einlegt und die Tierwelt am wenigsten empfindlich ist, gehört die Biotoppflege zu den Hauptaufgaben der Freiwilligen im Schutzgebiet Wallnau, das vom Naturschutzbund Deutschland (NABU) betreut wird. Näheres im Kap. „Umweltpädagogik“.
Dauer: 4-8 Wochen für freiwillige Helferinnen und Helfer, März-Oktober im Rahmen einer Ausbildung
Entlohnung: keine
Kost & Logis: frei
Alter: mind. 18 Jahre, in den Oster- und Herbstferien mind. 16 Jahre
Einsatzort: Schleswig-Holstein

Gute Gründe, sich auf Praktikanten einzulassen

Obwohl sie die räumlichen, finanziellen und organisatorischen Kapazitäten besitzen, zögern viele Schutzgebiete, Umweltverbände und Informationszentren, Umweltpraktikaplätze einzurichten. Warum, ist nicht ganz klar, denn begeisterte Praktikantinnen und Praktikanten zeugen ebenso von einer erfolgreichen Partnerschaft wie die vielen hier aufgeführten Anbieteradressen, die meist schon seit Jahren ihre Schaffenskraft auf diesem Wege verstärken.

Volontäre gehören zu den besonders motivierten Arbeitskräften. Hinter ihrer Bewerbung steht in der Regel kein Zwang sondern der Wunsch, wirklich etwas zu bewegen. Der frische Wind, den die neuen Kolleginnen und Kollegen in eine feste Struktur bringen, färbt oft auch auf die ab, die dort schon lange beschäftigt sind. Eingefahrene Arbeitsmethoden werden von den Neuankömmlingen kritisch beäugt und durch den anderen Blickwinkel sind oft Verbesserungsvorschläge möglich. Die begrenzte Beschäftigungsdauer prädestiniert Freiwillige geradezu zur Übernahme festumrissener Aufgaben. Warum die neue Ausstellung nicht von einer Design-Studentin entwerfen lassen? Oder einen jungen Computerfreak mit der Neuorganisation der Adressdatenbank betrauen?

Es gibt noch einen weiteren Vorteil: Praktikanten kosten nicht viel Geld. Viele sind bereit, sich unentgeltlich zu engagieren, doch bei einer kleinen Aufwandsentschädigung steigt natürlich die Motivation. Oft lässt sich auch

mit wenig Aufwand in einem Nebengebäude, bei einem Vereinsmitglied oder in einem ungenützten Raum eine Übernachtungsmöglichkeit einrichten, damit auch Interessierte aus anderen Regionen sich bewerben können. Mit dem erweiterten Einzugsbereich steigt auch die Aussicht, eine Person zu finden, die genau dem Anforderungsprofil entspricht. Vielen Freiwilligen gelingt es, direkt über ihre Arbeit oder über ein paar Tage Spendensammeln, direkt ihre Kosten zu amortisieren. Nach dem Praktikum werden die Ehemaligen zu wichtigen Verbündeten. Umweltschutzverbände gewinnen oft neue Aktive, Reservate regelrechte Botschafter, die für „ihr" Gebiet Werbung machen, Spenden sammeln usw. Wir, die Autorin und die beiden Autoren z.B., fühlen uns immer noch mit der Crau, der letzten Steinsteppe Frankreichs, verbunden, wo wir alle drei ein Praktikum absolvierten. Wir schreiben Zeitungsartikel, betreuen Bildungsreisen in die Region und legen Freunden, die in der Provence Urlaub machen, nahe, doch auch dort mal vorbeizuschauen.
Natürlich verursacht die Einrichtung eines Praktikantenplatzes auch Arbeit. Denn selbst bei großer Selbstständigkeit ist ein gewisses Maß an Einweisung und später eine Betreuung der neuen Arbeitskraft unerlässlich. Arbeiten im luftleeren Raum ist für jeden demotivierend und wirkt sich schließlich auch auf die Leistung aus.
Wir würden uns freuen, in der nächsten Auflage viele neue Adressen aufnehmen zu können. Zuschriften bitte an info@praktikum-natur-umwelt.de oder den Verlag, Stichwort: Jobben für Natur und Umwelt. Und noch eins: So wie es viele Deutsche ins Ausland zieht, um das Wort vom grenzüberschreitenden Naturschutz mit Leben zu füllen, so wollen auch viele Nicht-Deutsche sich hier bei uns für Natur und Umwelt engagieren. Sprachprobleme sind meist schnell überwunden. Dafür ist gerade bei Ausländern der Aspekt einer neuen Sichtweise auf alte Probleme besonders hervorzuheben. Und z.B. in Schutzgebieten mit starkem Naturtourismus können fremdsprachliche Mitarbeiterinnen und Mitarbeiter neue Zielgruppen bei der Besucherinformation erschließen. Es lohnt sich deshalb bestimmt, auch Bewerbungen von außerhalb Deutschlands zu berücksichtigen.

Umweltpädagogik

Bildungsnotstand

Deutsche Kinder kennen meist erheblich mehr Automarken als Vogelarten. Die Annahme, die Umweltbildung sei in Deutschland schon ausreichend fortgeschritten, ist falsch. Arbeit gibt es genug!
Wie hier Umweltpädagogik verstanden wird, wurde bereits im gleichen Kapitel des Auslandsteils vorgestellt. Dem ist nicht mehr viel hinzuzufügen, abgesehen davon, dass natürlich an alle Orten mit Touristenverkehr

Fremdsprachenkenntnisse bei der Bewerbung nur von Vorteil sein können. Allen Bewerbungen bitte einen ausreichend frankierten C4-Briefumschlag beifügen und bitte dieses Buch als Quelle angeben.

Biologische Station „Rieselfelder Münster“, *c/o Thomas Starkmann, Coermühle 181, 48157 Münster, T. 0251-16176-0, F. 0251-161763, tstarkmann@rieselfelder-muenster.de, www.rieselfelder-muenster.de*

Die Rieselfelder Münsters ziehen als bedeutender Rastplatz für seltene Wasser- und Watvogelarten viele Besucher an, die von Praktikanten bei Führungen, Projekttagen und ähnlichen Veranstaltungen betreut werden. Näheres im Kap. „Praktische Arbeit“.
Dauer: mind. 3 Wochen, besser 4-8 Wochen
Entlohnung: keine
Kost & Logis: Logis frei
Alter: mind. 17 Jahre
Einsatzort: Nordrhein-Westfalen

Heupferd e.V., *Nadine Struve und Florian Gerlach, Ochsenweg 4, 25560 Hadenfeld, T. 04892-890267, verein@heupferd-hadenfeld.de, www.heupferd-hadenfeld.de*

Der Verein Heupferd bietet erlebnisreiche und kreative Angebote rund um Landwirtschaft, Natur und Ökologie. Zentrum der Aktion und Wohnung einiger Beteiligter ist ein ruhender landwirtschaftlicher Betrieb direkt am Dorfteich in Hadenfeld. Mit dem benachbarten Biolandhof Lieske arbeitet Heupferd intensiv zusammen. Im Landkindergarten „Heupferdchen“ erfahren die Drei- bis Sechsjährigen, dass Natur und Land(wirt)schaft rundum zufrieden machen können. Mädchen und Jungen erleben in freiem Spiel und Tätigsein die eigene Kreativität und einen kindgerechten Umgang mit Tieren und Natur. Der Gruppenraum ist oft nur Start- und Endpunkt des Vormittags - draußen ist es spannender.
Die Praktikanten sind an vier Vormittagen pro Woche bei den Heupferdchen mit dabei und unterstützten die Erzieherinnen mit Tatkraft und Ideen. Viele andere Aktivitäten stehen, je nach Interesse, ebenfalls auf dem Programm: Betreuung von Schulklassen, Gestaltung des Erlebnisbereiches auf dem Hof, praktische Tätigkeiten in der ökologischen Landwirtschaft sowie Pflege und Versorgung der Tiere (Ponys, Ziegen, Hühner). Neben einem Praktikumsplatz ist bei Heupferd auch ein FÖJ-Platz zu besetzen.
Soziale Kompetenz und handwerkliche Kenntnisse werden in der Bewerbung gern gesehen.
Dauer: nach Asprache
Entlohnung: nach Absprache
Kost & Logis: frei
Mindestalter: 18 Jahre
Einsatzort: Niedersachsen

NABU Naturerlebnis Gut Sunder, *OT Meißendorf, 29803 Winsen/Aller, T. 05056-970-111, F. -197, info@nabu-gutsunder.de, www.nabu-gutsunder.de*

Gut Sunder ist ein ehemaliges Teichgut und liegt in herrlicher Landschaft am Rande des Naturschutzgebietes

Meißendorfer Teiche/Bannetzer Moor. Anfang der 80er-Jahre gestaltete es der Bundesverband des NABU (Naturschutzbund Deutschland) in ein Seminarzentrum um, das schnell zu den größten seiner Art in Deutschland wurde. Vielen Zivis ist es sicherlich noch als Ort ihres Einführungslehrgangs bekannt.

Nach finanziellen Schwierigkeiten durch sinkende Teilnehmerzahlen und ausbleibende Förderungen übernahm der NABU-Landesverband Niedersachsen jetzt die Trägerschaft. Tagungen und Seminare zum Thema Natur- und Umweltschutz, Workshops und Angebote für Schulklassen informieren weiterhin interessierte Umweltschützer.

Studierende umweltorientierter Studiengänge erhalten hier einen Einblick in die Bildungsarbeit eines großen Naturschutzverbandes. Je nach Vorkenntnissen und Interessen helfen Praktikantinnen und bei der Vorbereitung und Durchführung des Naturerlebnis-Angebotes. Ergänzend stehen sie im Infozentrum den Gästen mit Rat und Tat zur Seite und übernehmen Aufgaben im Garten und der Bibliothek. Naturerlebnis Gut Sunder arbeitet mit Zivildienstleistenden und FÖJlerinnen, so dass immer junge Menschen anzutreffen sind. Biologische Vorkenntnisse und Erfahrungen in der Naturschutzarbeit erhöhen die Erfolgs-Aussichten der Bewerbung.

Dauer: 4 Wochen - 1 Jahr
Entlohnung: keine
Kost & Logis: frei
Mindestalter: 18 Jahre
Einsatzort: Niedersachsen

NABU-Naturschutzstation Kranenburg,
c/o Klaus Markgraf-Maué, Bahnhofstr. 15, 47559 Kranenburg, T. 02826-92094, F. 02826-92098, info@nabu-naturschutzstation.de, www.nabu-naturschutzstation.de

Betreut Naturschutzgebiete im Feuchtgebiet internationaler Bedeutung Unterer Niederrhein und Besucherzentrum De Gelderse Poort mit einer multimedialen Dauerausstellung über den Naturraum. Acht hauptamtliche Fachkräfte, drei bis vier Zivis und zwei bis vier FÖJlerinnen und FÖJler werden von zwei Praktikantinnen oder Praktikanten unterstützt. Besonders gute Chancen haben Studierende im Ökobereich (weniger gerne auch Schulabgänger), die organisatorische und kommunikative Fähigkeiten mit naturwissenschaftlichen Grundkenntnissen (Zoologie und Botanik) verbinden können.

Ähnlich bunt wie das Anforderungsprofil ist auch das Aufgabenspektrum der Praktikantinnen oder Praktikanten. Kinder- und Jugendarbeit kommen darin vor, zoologische und vegetationskundliche Kartierungen – Kranenburg ist im Winter vor allem für seine Wildgänse bekannt – und die Mitwirkung an vielfältigen umweltpädagogischen Veranstaltungen. Für die Kreativen sind auch Ausstellungsbau und die Erstellung von Infomaterialien von Bedeutung.

Den Weg in die niederrheinische Pampa versüßt die Erstattung von An- und Abreisekosten.

Dauer: mind. 8 Wochen
Entlohnung: 180 Euro / Monat

Kost & Logis: Logis frei
Alter: mind. 18 Jahre
Einsatzort: Nordrhein-Westfalen

Naturschutzstation Fehntjer Tief, *c/o Anneliese Saathoff, Lübbertsfehnerstr.24, 26632 Ihlow, T. 04945-9159851, F. -1205, www.naturschutzstation.de*

Die Station ist am Rande der Fehntjer Tief-Niederung in einem restaurierten Gulfhof in Lübbertsfehn in Ostfriesland untergebracht. Das Naturschutzgebiet zeichnet sich durch vielerlei Biotope wie Nass- und Feuchtwiesen oder Seggenriede in einem ehemaligen Niedermoorstandort aus. Aus diesem Grund wurden seit 1989 insgesamt 1324 ha des Gebietes als Naturschutzgebiet ausgewiesen. Das Gebiet steht darüber hinaus seit 2000 als FFH-Gebiet unter europäischem Schutz. Durch Wiedervernässungsmaßnahmen und extensive Nutzung will man versuchen, die artenreiche Kulturlandschaft zu erhalten.

Die Naturschutzstation besteht seit 1993 und ist eine Außenstelle der oberen und unteren Naturschutzbehörde. Seit kurzer Zeit dient sie zudem als anerkannter außerschulischer Lernstandort.

Die Naturschutzstation sucht ganzjährig Praktikantinnen und Praktikanten für den Bereich Umweltbildung. Da dieser Bereich noch in den Kinderschuhen steckt, sucht die Station hauptsächlich Menschen mit Kreativität und Selbstständigkeit, die Führungen und Ausstellungselemente erstellen und ausprobieren wollen. Biologische und pädagogische Vorkenntnisse sind von Vorteil.

Die Unterbringung kann in der Station in gemütlichen Dachzimmern gestellt werden. Küche, Bad, WC (und Waschmaschine) sind natürlich vorhanden.

Dauer: mind. 6 Wochen
Kosten: unbekannt
Kost & Logis: Logis frei
Alter: keine Angaben
Einsatzort: Niedersachsen

Wasservogelreservat Wallnau, *c/o A. Polzer, 23769 Fehmarn, T. 04372-1002, F. 04372–1445, www.nabu-wallnau.de*

Das Schutzgebiet im Westen der Ostseeinsel Fehmarn wird vom Naturschutzbund Deutschland (NABU) unterhalten und betreut. An der Schwelle zwischen Skandinavien und Mitteleuropa gelegen, stellt es für Land- und Wasservögel einen Knotenpunkt ihrer Zugwege dar. Das Naturschutzgebiet zieht deshalb jährlich viele Tausend Besucher an, die aus Beobachtungsverstecken heraus dem Treiben der seltenen Tiere zuschauen.

Die Tätigkeit für die bis zu zehn Freiwilligen hängt stark von der Jahreszeit ab. Während der Brutzeit von Mai bis September liegt der Schwerpunkt im Bereich Öffentlichkeitsarbeit: Führungen im Gebiet und auf den verschiedenen Naturlehrpfaden, Bereitschaft im Infozentrum, Bewachung. Im Winterhalbjahr dagegen steht die Teilnahme an der Biotoppflege im Vordergrund. Darunter fallen zum einen klassische Arbciten wie Heuen, Bäumepflanzen und Gartenarbeit, ferner aber auch die Mithilfe bei der Betreuung einer

Schafherde. Ganzjährig kommen dann noch die Instandhaltung des Maschinenparks und die Teilnahme an Vogelzählungen und ähnlichen wissenschaftlichen Arbeiten dazu.
Die Unterbringung erfolgt in der Regel in Zweibettzimmern mit Gemeinschaftsverpflegung. Reihum wechseln sich die Freiwilligen auch beim Einkaufs-, Koch- und Hausdienst ab. Pro Woche in der Regel ein freier Tag.
Dauer: mind. 3 Wochen, März-Oktober im Rahmen einer Ausbildung
Entlohnung: keine
Kost & Logis: frei
Alter: mind. 18 Jahre, in den Oster- und Herbstferien mind. 16 Jahre
Einsatzort: Schleswig-Holstein

Beach und Brandgänse
So richtig los ging's schon am ersten Tag. Als Begrüßung für Neuankömmlinge wird man mit einem hinterhältigen Trick von einem Lockvogel zum Schauteich gelockt, wo man dann von einer unüberschaubaren Menge von Händen gepackt wird und samt Gewand im Teich landet. Natürlich war es dann auch ein Riesenspaß, andere mit hineinzuziehen. Im Laufe meines Wallnau-Aufenthaltes hatte ich insgesamt dreimal das Vergnügen, Teichwasser zu kosten; zwischendurch war auch einmal die Ostsee dran.
Nach der Arbeit gingen wir manchmal in der Ostsee schwimmen, natürlich nicht ohne vorher eine wilde Partie Beach-Volleyball hinter uns zu bringen. Für mich als wärmeliebenden Kontinentaleuropäer bedurfte es immer einer gewaltigen Portion Überwindung, ins nicht immer warme Meer zu hüpfen. Als moralische Unterstützer erklärten sich die anderen manchmal bereit, mich in die Fluten zu stoßen oder zu tragen, bis ich die letzten paar Male schon freiwillig reinmarschierte.
Nun zur Arbeit, die ich zu verrichten hatte. Einige Tage war ich zusammen mit Matze, dem Schäfer und Herrn über 250 Schafe, als Hirtenhund eingeteilt. Matze ging mit einem Futterkübel vor der Herde her, die ihm darauf folgte, meist zumindest. Wenn nicht, dann kam ich ins Spiel und musste so lange hinter jedem Schaf herlaufen, bis die Herde wieder vollzählig war.
Einmal pro Woche durfte ich Küchendienst leisten. Da ich als kochfauler Student meist auf Tiefkühlkost angewiesen bin, war das Kochen völliges Neuland für mich. Zum Glück hatte ich immer eine(n) erfahrene(n) Gehilfin(en) an meiner Seite, die dann scheinbar aus dem Nichts etwas Wunderbares zaubern konnte.
Als Vogelfreak durfte ich bei einigen Vogelkartierungen im Gebiet mitmachen und konnte so auch normalerweise unzugängliche Zonen sehen. Säbelschnäbler, Austernfischer, zig andere Limis, Graugänse, Mittelsäger, Zwergseeschwalben und eine Vielzahl anderer Wasservögel konnte ich dort aus nächster Nähe aus den Verstecken beobachten. Da das Infozentrum, in dem

wir auch schliefen, gleich am Reservatsrand lag, hörte man am Abend die Graugänse schnattern. Es gibt keine bessere Melodie zum Einschlafen.

Manuel Denner verbrachte im NABU-Reservat Wallnau auf der Ostsee-Insel Fehmarn den (Zitat) „schönsten Monat seines Lebens.

Bürojobs

Quasi unbegrenztes Angebot

Zugegebenermaßen ist dieses wohl ein bruchstückhaftes Kapitel, denn eigentlich ist in jedem Büro, jeder Behörde, jeder Geschäftsstelle, die sich mit Umweltschutz beschäftigt, ein Praktikum möglich. Es bleibt wieder mal der Eigeninitiative überlassen, herauszufinden, ob der Naturschutzverband um die Ecke ein Angebot unterbreiten, ob vielleicht das Grünflächenamt einen Schreibtisch leerräumen kann, oder, oder, oder.

Büropraktika machen sich in einer späteren Bewerbung sicherlich gut, denn schließlich muss man bei solcher Gelegenheit einigermaßen ordentlich die Verwaltungsabläufe gliedern, lernt mit Behörden zu telefonieren, hat schon mal ein Fax aus der Nähe gesehen usw. Alles Dinge, die ein künftiger Arbeitgeber schätzt.

Und wie immer: frankierten C5-Rückumschlag und die Erwähnung von „Jobben für Natur und Umwelt" bei der Bewerbung nicht vergessen!

Biologische Schutzgemeinschaft Hunte-Weser-Ems (BSH), *Gartenweg 5, Postfach 11 43, Friedrichstr. 43, 26198 Wardenburg, T. 04407-5111, F. 04407–6760, info@bsh-natur.de, www.bsh-natur.de*

Regionaler Naturschutzverband, dank fundierter Arbeit auch über den nordwestdeutschen Raum hinaus bekannt. In der Wardenburger Geschäftsstelle (Nähe Oldenburg) sind Praktika sowohl im Innen- als auch im Außendienst möglich. Bewerben können sich sowohl Studierende und Hochschulabsolventen landschaftsrelevanter Studiengänge (Biologie, Landschaftspflege, Geographie, Forstwissenschaften etc.) als auch Schülerinnen und Schüler, Auszubildende oder Personen in Umschulungsmaßnahmen. Eigenständigkeit, Offenheit, Flexibilität und vor allem Interesse für regionalen Umwelt- und Naturschutz sind gern gesehene Softskills.

Im Innendienst werden die Freiwilligen häufig in der Betreuung der Facharchive oder in der Presse- und Öffentlichkeitsarbeit eingesetzt. Kreative Persönlichkeiten können bei der grafischen und textlichen Umsetzung verschiedener Informationsmaterialien mitwirken (Füllanzeigen, Broschüren, etc.). Allgemein ist so ziemlich alles möglich – die nötigen Fähigkeiten und den Ernst bei der Sache vorausgesetzt.

Im Außendienst erledigen die Praktikanten Arbeiten der Landschaftspflege, pflanzen Hecken- oder Streuobst-

wiesen, setzen oder reparieren Zäune. Zur Klärung aller Einzelheiten sollten sich alle Bewerberinnen und Bewerber nach Terminabsprache zu einem persönlichen Gespräch in Wardenburg vorstellen. Wer weiter als 200 km entfernt wohnt, kommt auch mit einem ausführlichen Bewerbungsschreiben mit Lebenslauf aus.
Dauer: 2 Wochen bis 1 Jahr
Entlohnung: keine
Kost & Logis: Logis in der Regel frei
Alter: mind. 16 Jahre
Einsatzort: Niedersachsen

BUNDjugend im Bund für Umwelt- u. Naturschutz Deutschland, (BUND),
Im Köllnischen Park 1a, 10179 Berlin, T. 030-275865-0, F. 030-275865-5, BUNDjugend@bund.net, www.bundjugend.de

Ähnliche Voraussetzungen, wie in diesem Kapitel auch für die NAJU beschrieben. Tatsächlich arbeiten beide Verbände so eng zusammen, dass in manchen Bundesländern bereits überverbandliche Netzwerke bestehen. Oft sagt man der BUNDjugend nach, sie beschäftige sich im Vergleich mit der NAJU mehr mit technischem Umweltschutz. Wenn überhaupt, dann gilt das höchstens für die Bundes- und Landesebene. Die Ortsgruppen sind genauso häufig auch im praktischen Naturschutz tätig. Adressen der Landesverbände über die Bundesgeschäftsstelle.
In der Bundesgeschäftsstelle der BUNDjugend (sowie einigen Außenstellen in Berlin) werden diverse Kampagnen und Projekte geplant und durchgeführt. Im Frühjahr letzten Jahres waren dies für Kinder der Umweltkindertag, das Naturtagebuch und die UmWeltmeisterschaften Don Cato. Für Jugendliche saß das Redaktionsteam von www.econautix.de in der Geschäftsstelle, es gab ein Projekt zum ökologischen Fußabdruck, und eine Kampagne zur Globalisierung war in Planung.
Bei allen Aktivitäten können Praktikanten selbstverantwortlich mitarbeiten. Sie entwickeln Kampagnenmaterialien, bereiten Veranstaltungen und zentrale Aktionen vor und beantworten Kindern und Jugendlichen am Telefon Anfragen zum Projekt.
Dauer: mind. 2 Monate
Kosten: keine
Kost & Logis: nicht frei
Mindestalter: 18 Jahre
Einsatz: Berlin, bundesweit

ECEAT Deutschland,
Möwenburgstr. 33, 19055 Schwerin, T. 0385-5213568, F. -562922, info@eceat.de, www.eceat.de

Die Erträge aus der Landwirtschaft reichen bei vielen ökologisch wirtschaftenden Bauernhöfen nicht aus, um das langfristige Überleben zu sichern. Deshalb bieten sie auch „Ferien auf dem Biohof" als Dienstleistung an. ECEAT hat es sich zum Ziel gesetzt, diese Form des naturverträglichen Urlaubs durch die Erarbeitung eines Gütesiegels zu unterstützen und so den ökologischen Landbau indirekt zu stärken. Dazu gibt das Zentrum, das im Umfeld der Grünen Liga entstand, Länderhefte heraus, in denen die Biohöfe nach bestimmten Qua-

litätskriterien bewertet werden. Ein besonderer Schwerpunkt der Arbeit dabei liegt auf den Ländern Osteuropas.
Praktikantinnen und Praktikanten helfen in der Geschäftsstelle bei der Länderheft-Recherche, der Aktualisierung der Internet-Seiten, der allgemeinen Öffentlichkeitsarbeit und, last but not least, dem allgemeinen Bürokram. Aufgrund des internationalen Aktionsradiusses sind Englischkenntnisse gern gesehen.
Auch die Biohöfe, die in den Länderheften gelistet werden, suchen verschiedentlich Helferinnen und Helfer. Näheres dazu im Literaturteil des Kap.s „Ökologische Landbau".
Dauer: 1-6 Monate
Kosten: keine
Kost & Logis: nach Absprache
Alter: mind. 18 Jahre
Einsatzort: Mecklenburg-Vorpommern

Eurosolar, *c/o Frau Irm Pontenagel, Kaiser-Friedrich-Str. 11, 53113 Bonn, T. 0228-362373, F. 0228-361279, inter_office@eurosolar.org, www.eurosolar.org*

Auch wenn der Name EUROSOLAR etwas einseitig klingt: die Europäische Vereinigung für Erneuerbare Energien (so der vollständige Name) beschäftigt sich neben der Sonnenstrahlung auch mit anderen erneuerbaren Energien wie Biomasse, Wasser-, Wind- und Gezeitenkraft (indirekte solare Energiequellen). Die dezentral in ganz Europa arbeitende Organisation versteht sich als politische Vereinigung, die für die Veränderung der herkömmlichen politischen Prioritäten und Rahmenbedingungen zugunsten der Solarenergie wirkt – von der lokalen bis zur internationalen Ebene. Entsprechend zählen zu den Mitgliedern auch zahlreiche Parlamentarier.
EUROSOLAR erarbeitet und popularisiert politische und wirtschaftliche Handlungsentwürfe und Konzeptionen zur Einführung der solaren Energie: Markteinführungen, Forschungs- und Entwicklungspolitik, steuerliche Förderungen, u.v.m.
Die Freiwilligen in der Bonner Geschäftsstelle helfen Seminare und Konferenzen zu organisieren, leisten allgemeine Büroarbeit oder sammeln Material zu vorgegebenen Themen. Bei der Aufgabenverteilung versucht EUROSOLAR die Bedürfnisse der Praktikantinnen und Praktikanten zu berücksichtigen, die meist Studierende oder frischgebackene Hochschulabsolventinnen und -absolventen sind.
Dauer: mind. 8 Wochen
Kosten: keine
Kost & Logis: nicht gestellt
Alter: ca. 20-30 Jahre (Studierende)
*Einsatzort:*Nordrhein-Westfalen

Gesellschaft zur Erhaltung alter und gefährdeter Haustierrassen (GEH),
c/o Antje Feldmann, Postfach 1218, 37202 Witzenhausen, T. 05542-1864, -72560, geh.witzenhausen@g-e-h.de, www.g-e-h.de

Ähnlich wie bei den Wildtieren verringert sich auch bei den Haustierrassen die Artenvielfalt immer mehr. Es gibt sogar eine Rote Liste der bedrohten

Rassen, auf der so bizarr klingende Namen wie Hinterwälder (Rind), Rauwolliges Pommersches Landschaf oder Bergische Schlotterkämme (Huhn) auftauchen. Die teilweise nur wenige Tiere umfassenden Restbestände werden durch wenige Hochleistungs-Tierrassen verdrängt. Die GEH hat es sich deshalb zur Aufgabe gemacht, die Haltung und die Zucht der seltenen Rassen zu koordinieren und so die Biodiversität der Landwirtschaft zu erhalten.

In jüngster Zeit bekommen diese Schutzmaßnahmen zunehmend auch einen naturschutzpolitischen Charakter, denn zur Erhaltung gefährdeter Kulturlandschaften und deren wilder Tier- und Pflanzenarten ist eine Beweidung zwingend notwendig. Hochleistungsrassen mit ihrer großen Anfälligkeit gegen Krankheiten und ihren speziellen Futteransprüchen sind dazu häufig ungeeignet. Nicht wenige Naturschutzorganisationen unterhalten deswegen mittlerweile eigene Herden traditioneller Haustierrassen, die an die teilweise extremen Biotopbedingungen bestens angepasst sind. So halten z.B. Skudden-Schafe in Baden-Württemberg Trockenrasen von Gebüschen frei, während Schwarzbunte Niederungsrinder am Niederrhein Feuchtwiesen pflegen.

Kandidatinnen und Kandidaten für ein Praktikum bei der GEH sollten Interesse für Landwirtschaft und Hoftiere mitbringen. Zu ihren Aufgaben gehören Öffentlichkeitsarbeit, Herdbuchführung und die Information der Bevölkerung auf Fachmessen.

Dauer: 2-3 Monate
Kosten: keine
Kost & Logis: nicht gestellt
Alter: mind. 20 Jahre
Einsatzort: Hessen

Greenpeace, *Personalabt.,*
Große Elbstr. 39, 22767 Hamburg,
T. 040-306180,
personal@greenpeace.de,
www.greenpeace.org/deutschland/greenpeace/jobs/praktika-bei-greenpeace

Greenpeace kennt wohl jeder und viele träumen davon, sich todesmutig mit den Regenbogenkämpfern in ein Schlauchboot und vor den nächsten Atommülltransport zu werfen. Aber Vorsicht! Ein Praktikum bei Greenpeace bedeutet vornehmlich Büroarbeit (z.B. in der Pressestelle und bei der Kampagnenorganisation). 10-20 Plätze pro Jahr stehen zur Verfügung, die ausbildungs- oder studienbezogen vergeben werden. Je nach Aufgabe sind unterschiedliche Fähigkeiten und Kenntnisse gefragt. An- und Abreisekosten werden erstattet.

Dauer: 2 Monate
Kosten: keine
Kost & Logis: Logis frei
Alter: mind. 18 Jahre
Einsatzort: Hamburg

JUP! - Jugend-Umwelt-Projektwerkstatt, *c/o Jörn Hartje,*
Turmstr. 14a, 23843 Bad Oldesloe,
T. 04531-4512, F. 04531-7116,
jup@inihaus.de, www.oekojobs.de

Dem Projektwerkstatt-Konzept folgend sind die Projekte, an denen Praktikantinnen und Praktikanten teilnehmen können, sehr vielseitig und außer-

dem einem stetigen Wandel unterlegen. Besonders liegen der JUP! ihre Publikation, der Widerstand gegen die A20, Kritik am Agenda-21-Ansatz, die Aufklärung über Atomkrafttransporte sowie Workshops und Seminare am Herzen. Darüber hinaus ist es auch möglich, eigene Ideen einzubringen und umzusetzen.
Einen besonderen Stellenwert nimmt das Ökomobil ein: ein ehemaliger Zirkuswagen, der jetzt als mobiler Infopunkt und Konzertwagen eingesetzt wird. Freiwillige können sich hier sowohl am Weiter-Umbau von Wagen und Zugmaschine, als auch an der programmatischen Umsetzung des Konzepts beteiligen.
Als Teil des B.Y.Co-Netzwerks ist die JUP! auch deutscher Einsatzort für ausländische EFD-Freiwillige (siehe Kap. „Europäischer Freiwilligendienst“).
Dauer: mind. 1 MonatKosten : keine
Kost & Logis: frei
Alter: mind. 16 Jahre
*Einsatzort:*Niedersachsen

Landesbund für Vogelschutz in Bayern (LBV), *c/o Ralf Hotzy, Eisvogelweg 1, 91161 Hilpoltstein, Deutschland, T. 09174-4775-0, F. 09174-4775-75*

Der Schwesterverband des NABU im Freistaat bietet ein Praktikum im Referat Landschaftsökologie der Geschäftsstelle an. Studierende mit geeigneter Studienrichtung (Biologie, Landespflege etc.) und noch besser mit faunistischen oder floristischen Artenkenntnissen werden bevorzugt.
Dauer: mind. 6 WochenKosten : keine
Kost & Logis: Logis frei
Alter: mind. 18 Jahre
*Einsatzort:*Bayern

NABU-Naturschutzstation Kranenburg,
c/o Klaus Markgraf-Maué, Bahnhofstr. 15, 47559 Kranenburg, T. 02826-92094, F. 02826-92098, info@nabu-naturschutzstation.de, www.nabu-naturschutzstation.de

Für Kreative sind die Praktikantenstellen der Naturschutzstation Kranenburg an der deutsch-holländischen Grenze interessant, die auch Ausstellungsbau und die Erstellung von Infomaterialien beinhalten. Näheres im Kap. „Umweltpädagogik“.
Dauer: mind. 8 Wochen
Entlohnung: 180 Euro / Monat
Kost & Logis: Logis frei
Alter: mind. 18 Jahre
*Einsatzort:*Nordrhein-Westfalen

Naturland, Verband für naturgemäßen Landbau e.V., *Kleinhaderner Weg 1, 82166 Gräfelfing, T. 089-898082-0,* *naturland@naturland.de, www.naturland.de*

Weltweit betreut Naturland rund 36.000 Mitglieder und gehört zu den großen Zertifizierungsorganisationen für Ökoprodukte. In Deutschland betreut die Organisation mittlerweile 1.772 Erzeuger, die zusammen 131.000 Hektar Land bewirtschaften. Neben der Zertifizierung sind weitere satzungsgemäße Aufgaben und Ziele: Verbreitung des ökologischen Landbaus, Förderung von Forschung und Entwicklung sowie Aufklärung der

Verbraucher. Naturland in Gräfelfing bei München bietet Stellen in den Bereichen Öffentlichkeitsarbeit, Messen, Auslandsprojektbetreuung, Landbau, Aquakultur, Richtlinienarbeit und Holzzertifizierung für Praktikanten aus verschiedenen Studienrichtungen, z.B. Land- und Forstwirtschaft und Ökotrophologie.

Dauer: mind. 3 Monate
Entlohnung: 250 Euro /Monat
Kost & Logis: keine Angaben
Alter: keine Angaben
Einsatzort: Bayern

Öko-Landbau im Büro

Die Arbeit beim Naturland Regionalverband gestaltete sich abwechslungsreich. Hauptsächlich hielt ich mich in der Geschäftsstelle auf, wo Büro- und Verwaltungsjobs zu erledigen sind. Daneben reicht die Palette der Aktivitäten über die Beteiligung an Messen und Verkaufsaktionen bis zu Landpartien mit Naturland-Beratern. Hier waren zum Teil auch mal Improvisationstalent und Kreativität gefragt. Nebenher lernte man noch eine Menge über Öko-Landbau und dessen Vermarktung, und obwohl ich nicht vor Ort praktisch eingriff, hatte ich doch das Gefühl, etwas für den Umweltschutz zu leisten.

Rilana Hansen war beim Regionalverband Naturland Süd-Ost tätig

Naturschutzbund Deutschland (NABU), Landesverband Nordrhein-Westfalen,

c/o Birgit Königs, Merowingerstraße 88, 40225 Düsseldorf, T. 0211/15 92 51-14, Fax: 0211/15 92 51-15, presse@nabu-nrw.de, www.nabu-nrw.de

Praktikum in der Pressestelle. Und nicht nur zum Kaffee kochen, sondern zum Recherchieren und Schreiben von Artikeln, Interviewen, zur Organisation und Durchführung von Presseexkursionen, -gesprächen und -konferenzen – richtige Pressearbeit halt. Wer Interesse hat, kann auch inhaltliche Positionen in Abstimmung mit den Fachleuten des NABU erarbeiten.

Bewerber sollten schon einmal journalistische Texte verfasst haben, egal ob für Schülerzeitung, Lokalpresse oder andere Medien. Spaß am Schreiben, Gefühl für die Sprache und Interesse am Natur- und Umweltschutz sind erwünscht.

Dauer: nach Vereinbarung
Entlohnung: nach Vereinbarung
Kost & Logis: nicht frei
Alter: mind. 18 Jahre
Einsatzort: Nordrhein-Westfalen

Naturschutzjugend (NAJU) im Naturschutzbund Deutschland (NABU),

Bundesgeschäftsstelle, Herbert-Rabius-Str. 26, 53225 Bonn, T. 0228-4036-190, F. 0228- 4036-201, naju@naju.de, www.naju.de

Adressen der Landesverbände:

NAJU Baden-Württemberg,

Rotebühlstr. 86/1, 70178 Stuttgart, T. 0711-613454, F. 0711-618931, mail@naju-bw.de, www.naju-bw.de

NAJU Bayern im Landesbund für Vogelschutz (LBV), *Eisvogelweg 1, 91161 Hilpoltstein, T. 09174-4775-51, F. 09174-4775-75, naju-bayern@lbv.de, www.naju-bayern.de*

NAJU Berlin, *Hauptstr. 13, 13055 Berlin, T. 030-9864107, F. 030-9867051*

NAJU Brandenburg, *Lindenstr. 34, 14467 Potsdam, T. 0331-20155-75, F. 0331-20155-78, lgs@najubrabu.de, www.najubrabu.de*

NABU-Büro Bremen, *Contrescarpe 8, 28203 Bremen, T. 0421-33984-28, F. 0421-33984-29, nabubremen@aol.com*

NAJU Hamburg, *Habichtstr. 125, 22307 Hamburg, T. 040-697089-20, F. 040-697089-19, mail@naju-hamburg.de, www.naju-hamburg.de*

NAJU Hessen, *Garbenheimerstr. 32, 35578 Wetzlar, T. 06441-94690-3, F. 06441-94690-4, mail@naju-hessen.de, www.naju-hessen.de*

NAJU Mecklenburg-Vorpommern, *Zum Bahnhof 24, 19053 Schwerin, T. 0385-7588610, F. –7610615, naju-mv@arcor.de, www.naju-mv.de*

NAJU Niedersachsen, *Schlosswall 15, 26122 Oldenburg info@naju-niedersachsen.de, www.naju-niedersachsen.de*

NAJU Nordrhein-Westfalen, *Merowinger Str. 88, 40225 Düsseldorf, T. 0211-159251-30, F. 0211-159251-39, mail@naju-nrw.de, www.naju-nrw.de*

NAJU Rheinland-Pfalz, *Frauenlobstr. 15-19, 55118 Mainz, T. 06131-14039-26, F. 06131-14039-28, lgs@naju-rlp.de, www.naju-rlp.de*

NAJU Saarland, *Antoniusstr. 18, 66822 Lebach, T. 06881- 9368-00, F. -01, lgs@naju-saar.de, www.naju-saar.de*

NAJU Sachsen, *Kamenzerstr. 7, 01099 Dresden, T.+F. 0351-4716566, naju-dd@gmx.de*

NAJU Sachsen-Anhalt, *Schleinufer 18a, 39104 Magdeburg, T. 0391-5440896, F. 0391-5619349, mail@naju-lsa.de, www.naju-lsa.de*

NAJU Schleswig-Holstein, *Carlstr. 169, 24537 Neumünster, T. 04321-53734, F. 04321-5981*

NAJU Thüringen, *Dorfstr. 15, 07751 Leutra, T. 03641-2154-10, F. 03641-2154-11, mail@naju-thueringen.de, www.naju-thueringen.de*

Natürlich gibt es auch bei der Naturschutzjugend (NAJU), mit deren Hilfe dieses Buch erstellt wurde, die Möglichkeit ein Praktikum abzuleisten, und dies nicht nur an einem Ort.
Die NAJU ist der Jugendverband des Naturschutzbundes Deutschland (NABU), d.h. alle Mitglieder des NABU sind bis zum 27. Lebensjahr

theoretisch Mitglieder der NAJU. Die Praxis läuft allerdings anders ab. Eine Mitgliedschaft im NABU ist für eine Mitarbeit keineswegs zwingend, und es sind auch schon Leute über 30 Jahren unter den Aktiven gesichtet worden. Jeder ist eben so alt, wie er sich fühlt.

Bundesweit haben sich mehr als 80.000 Jugendliche in über tausend Kinder- und Jugendgruppen bei der NAJU zusammengeschlossen. Im Gegensatz zu vielen anderen Jugendverbänden, in denen Berufsjugendliche die Verbandspolitik machen und die eigentlichen Mitglieder nur zuschauen können, liegt bei der NAJU die ganze Verantwortung in den Händen der Jugendlichen selbst. Aktivitäten, Programm, Haushalt, Personalentscheidungen, Außenvertretung – alles wird von den Aktiven selbst entschieden.

Die Bundesjugend der NAJU bildet das Dach für die flächendeckend vertretenen Landesverbände, die sich wiederum in Kreis- und Regionalgruppen und schließlich in Ortsgruppen aufteilen. Für die Suche nach Praktikantenstellen sind vornehmlich die Bundes- und die Landesebenen interessant. Hier gibt es meist feste Geschäftsstellen mit ständigen Mitarbeiterinnen und Mitarbeitern, die die Betreuung der Praktikanten übernehmen können. Auf Kreis- und Ortsebene wird die Arbeit meist rein ehrenamtlich geleistet, aber auch hier gibt es Ausnahmen. Die Landesverbände wissen, wo solch große Gruppen vielleicht auch in eurer Nähe existieren.

Die NAJU beschäftigt sich mit fast allen Themen des Natur- und Umweltschutzes. Nicht gleichzeitig und nicht überall, aber es gibt fast nichts, zu dem nicht schon irgendwo eine Aktion veranstaltet worden wäre. Ein besonderer Scherpunkt liegt im Bereich der Umwelterziehung mit Kindern. Die Aktion „Erlebter Frühling“, bei dem die Kinder vier Frühlingsboten entdecken müssen, ist z.B. während ihres langjährigen Bestehens sehr bekannt geworden. Jüngeren Datums ist die Gründung des „Rudi Rotbein“-Clubs, der sich besonders an Kinder in Orten richtet, in denen keine NAJU-Kindergruppe vorhanden ist.

Manche Untergliederungen haben einen ständigen Praktikantenplatz eingerichtet, andere suchen nur für klar umrissene Projekte hin und wieder eine Hilfskraft.

Es liegt an jedem selbst, herauszufinden, wo was möglich ist. Generell werden die Fähigkeit zu selbstständigem Arbeiten, Organisationstalent und Interesse am Natur- und Umweltschutz vorausgesetzt. Ob weitere Fähigkeiten notwendig sind, hängt immer vom jeweiligen Projekt ab.

Dauer: unterschiedlich
Entlohnung: unterschiedlich
Kost & Logis: Logis in der Regel frei
Alter: in der Regel mind. 16 Jahre
Einsatzort: bundesweit

PRO WILDLIFE, *c/o Sandra Altherr, Graefelfinger Str. 65, 81375 München,*
T. 089-81299-507, F. 089-81299-706,
sandra.altherr@prowildlife.de,
www.prowildlife.de

Gemeinnütziger, auf den internationa-

len Schutz von Wildtieren spezialisierter Verein. Zu den Aufgaben gehört die Betreuung von Schutzgebieten vor Ort, aber auch der Einsatz für strengere Schutzbestimmungen für Wildtiere auf EU-Ebene und weltweit. Zu den Arten, die Gegenstand aktueller Kampagnen und Projekte sind, zählen Braunbären in Slowenien und Kanada, Menschenaffen in Zentralafrika und Indonesien, Schildkröten in Asien sowie Wale und Delfine.
PRO WILDLIFE sucht zum einen Praktikanten zur Mitarbeit in seiner Presse- und Öffentlichkeitsarbeit (Ausbau des Presseverteilers, Organisation von Vorträgen und Ausstellungen, Mitgestaltung von Pressemitteilungen etc.) und zum anderen Leute zur Mithilfe bei konkreten Projekten (u.a. Recherche zum Handel mit Wildtieren, Aufbau einer Datenbank, Auswertung der Ergebnisse, Pressearbeit zur Problematik). Zu Beginn des Praktikums ist eine entsprechende Einarbeitung vorgesehen.
Dauer: mind. 4 Wochen
Kosten: keine
Kost & Logis: keine Angaben
Alter: keine Angaben
Einsatzort: Bayern

Projektwerkstätten,
www.projektwerkstatt.de

Die Idee der Projektwerkstätten entstand aus einem Konflikt innerhalb der großen Jugendumweltverbände NAJU und BUNDjugend, bei dem es um Verantwortung, Entscheidungsfindung und den Begriff der „Projektfreiheit" ging. In dessen Folge konstituierten sich die so genannten Projektwerkstätten, die als Plattform für verbandsunabhängige und -übergreifende Projekte in den Bereichen Umwelt- und Naturschutz dienen. In ihnen arbeiten die Aktiven unabhängig von Basis- oder Vorstandsentscheidungen. Nicht Mehrheitsentscheidungen, sondern Konsensprinzipien sind von Bedeutung. Trägervereine übernehmen in der Regel die juristische Verantwortung.
Über ganz Deutschland verteilt gibt es Projektwerkstätten, die manchmal auch Jugendumweltbüros o.Ä. heißen. Allerdings ist ihre Zahl in der letzten Zeit gesunken. Auf der Webseite finden sich die Adressen weiterhin bestehender Einrichtungen. In den meisten ist ein so genanntes „Öko-Projektikum" möglich. Dieses soll dazu dienen, allen Teilnehmenden die Erprobung eigenverantwortlichen Arbeitens im Team und eine berufliche Orientierung zu ermöglichen. Da die einzelnen Einrichtungen völlig unabhängig arbeiten, muss jede einzeln kontaktiert werden, um genauere Angaben über die jeweiligen Aufgaben und Tätigkeiten zu erhalten. Beispielhaft sind in diesem Buch die Projektwerkstätten Saasen und Bad Oldeslohe aufgeführt. Die meisten haben sich auf die Bereiche Öffentlichkeitsarbeit und Umwelterziehung verlegt. Praktische Naturschutzarbeit ist die Ausnahme. Viele geben eine eigene Zeitung heraus, wo immer neue Mitarbeiter einsteigen können. Die Durchführung von Ausstellungen, Infoständen, Diskussionsveranstaltungen etc. ist ebenfalls üblich. Ansonsten ist es Teil des Konzepts, dass jeder seine eigenen Vorstellungen verwirklichen kann. Theo-

retisch ist also alles möglich.
Besondere Fähigkeiten sind nicht vonnöten. Einzig großes Interesse am Umweltschutz, Kooperationsbereitschaft und Teamfähigkeit sind erwünscht. In einigen Projektwerkstätten werden auch neue (alte) Formen des Zusammenlebens ausprobiert. Was darunter zu verstehen ist, ist im Kap. „Alternative Lebensformen" beschrieben. Dort, wo Unterkunft gestellt wird, zählen meist an derselben Stelle beschäftigte Zivis oder FÖJlerinnen und FÖJler zu den Mitbewohnern.
Dauer: max. ein Jahr
Entlohnung: in der Regel 150 – 200 Euro / Monat
Kost & Logis: teilweise Kost und / oder Logis frei
Alter: mind. 16 Jahre
Einsatzort: bundesweit

Projektwerkstatt Saasen, *Ludwigstr. 11, 35447 Reiskirchen-Saasen, T. 06401-90328-3, F. 06401-90328-5, projektwerkstatt@apg.lahn.de, www.projektwerkstatt.de/saasen*

In Saasen wurde ein ehemaliger Bauernhof zu einer Projektwerkstatt umfunktioniert. Dieser beherbergt eine Vielzahl von Werkstätten (Layoutwerkstatt, Foto- und Analyselabor, Tonstudio, Bibliotheken und Archive, Holz- und Fahrradwerkstatt) und sechs Personen, die hier in einer Lebensgemeinschaft wohnen. Zwei bis drei Praktikanten können hier an den bestehenden Projekten mitarbeiten oder eigene Vorstellungen einbringen. Neben Umweltschutzthemen (Anti-Atom, Gentechnik, Food-Coop, Umweltbildung usw.) spielen hier auch allgemeine politische Themen und Aktionen eine große Rolle, z.B. der Widerstand gegen die Expo 2000. In der Projektwerkstatt entsteht regelmäßig die bundesweite Zeitung „Ö-Punkte" sowie der „Rundbrief zu Perspektiven radikaler emanzipatorischer Umweltschutzarbeit". Da die Projektwerkstatt eine offene Plattform ist, d.h. die handelnden Personen selbst bestimmen, was und wie sie agieren, ist der Handlungsspielraum sehr groß. Wer mal reinschnuppern und sich die Sache ansehen will, bevor er Nägel mit Köpfen macht, kann das gegen einen Essensbeitrag tun.
Dauer: 2-6 Monate
Entlohnung: keine
Kost & Logis: frei
Alter: keine Altersbeschränkung
Einsatzort: Hessen

solid,
c/o Matthias Hüttmann oder Michael Vogtmann, Heinrich-Stranka-Str. 3-5, 90765 Fürth, T. 0911-810270, F. 0911-8102711, info@solid.de, www.solid.de

Zwischen Verwaltung und Forschung liegt die Tätigkeit der Praktikanten in diesem gemeinnützigen Solarenergie-Informations- und Demonstrationszentrum. Studierende (solid nennt als mögliche Studiengänge u. a. Architektur, Bau-Ing., Elektrotechnik, Maschinenbau, Wirtschaft, Bibliothekswesen, Gestaltung und Informationstechnik.) und Auszubildende technischer Berufe haben hier die Möglichkeit, selbstständig im Bereich Solarenergie und erneuerbare Energien zu arbeiten.

Dauer: mind. 3 Monate
Entlohnung: 250 Euro (nur als „fachgerichtete Studierende“)
Kost & Logis: nicht frei
Alter: mind. 16 Jahre
Einsatzort: Bayern

Whale and Dolphin Conservation Society (WDCS), *Goerdelerstraße 41, 82008 Unterhaching, T. 089-6100-2393 o. –2395, F. 089-6100–2394, info.de@wdcs.org, www.wdcs-de.org*

Gemeinnützige Organisation zum Schutz von Walen und Delfinen und deren Lebensraum mit Büros in England, Deutschland, den USA und Australien. Die WDCS unterstützt mehr als 80 Wal- und Delfinschutzprojekte weltweit. Einige der unterstützten Projekte sind z.B. der Schutz von Flussdelfinen in Südamerika und Asien, die Rettung von Walen und Delfinen aus Fischreusen oder die Erforschung von regionalen Wal- und Delfinpopulationen. Darüber hinaus ist die WDCS bei zahlreichen internationalen Konventionen vertreten und setzt sich bei Konferenzen für verbesserte Schutzmaßnahmen für die Meeressäuger ein. Mehr Details dazu im Kap. „Workcamps & Expeditionen“, denn die WDCS führt auch Forschungsreisen für Gruppen durch. Ein weiteres Standbein der Organisation ist die Öffentlichkeitsarbeit. Dabei geht es besonders um Pressearbeit und die Durchführung von Kampagnen, um auf die Notwendigkeit des Schutzes für Meeressäuger aufmerksam zu machen.

Das Praktikum findet im Büro der WDCS in Unterhaching bei München statt. Zu den Aufgaben zählt u. a. die Betreuung der interessierten Öffentlichkeit. Generell versucht die Organisation bei der Aufgabenverteilung auf die Interessen der Freiwilligen einzugehen. Man kann beispielsweise Recherchen zu einem bestimmten Problemkreis durchführen (Walfang, Fischerei, Delfinarien, etc.), Pressetexte erarbeiten, Infostände gestalten oder, entsprechende Sprachkenntnisse vorausgesetzt, aktuelle Artikel übersetzen. Im Sommerhalbjahr rekrutiert das deutsche Büro darüber hinaus auch einen Praktikanten für das Moray Firth Wildlife Centre in Schottland. Mehr dazu im Kap. „Ausland / Umweltpädagogik“.
Dauer: mind. 1 Monat
Entlohnung: nach Absprache
Kost & Logis: Logis frei
Alter: keine Angaben
Einsatzort: Bayern

Forschung

In Deutschland sind die Leute, die außerhalb der Universitäten wissenschaftlich an naturschutz-relevanten Themen arbeiten, oft identisch mit denen, die sich um den Schutz bedrohter Arten und Lebensräume bemühen. Man findet sie meist in so genannten „Biologischen Stationen“, die sich schwerpunktmäßig mit ihrer Region beschäftigen. Die nachfolgenden Adressen sind wieder als Anregung für eure eigenen Recherchen zu verstehen.

Auch unter Forscherinnen und Forschern gehört zum guten Ton: einen frankierten C5-Briefumschlag beifügen und „Jobben für Natur und Umwelt“ als Referenz angeben!

Biologische Station „Rieselfelder Münster“,
c/o Thomas Starkmann, Coermühle 181, 48157 Münster, T. 0251-16176-0, F. 0251-16176-3, tstarkmann@rieselfelder-muenster.de, www.rieselfelder-muenster.de

Die Rieselfelder Münster sind als Außenstation der Vogelwarte Helgoland ein Zentrum der internationalen Zugvogelforschung. Näheres im Kap. „Praktische Arbeit“.
Dauer: mind. 3 Wochen, besser 4-8 Wochen
Entlohnung: keine
Kost & Logis: Logis frei
Alter: mind. 17 Jahre
Einsatzort: Nordrhein-Westfalen

NABU-Naturschutzstation Kranenburg,
c/o Klaus Markgraf-Maué, Bahnhofstr. 15, 47559 Kranenburg, T. 02826-92094, F. 02826-92098, info@nabu-naturschutzstation.de, www.nabu-naturschutzstation.de

Nicht nur zoologische sondern auch vegetationskundliche Kartierungen werden von den Freiwilligen in der Naturschutzstation durchgeführt. Näheres im Kap. „Umweltpädagogik“.
Dauer: mind. 8 Wochen
Entlohnung: 180 Euro / Monat
Kost & Logis: Logis frei
Alter: mind. 18 Jahre
Einsatzort: Nordrhein-Westfalen

Wasservogelreservat Wallnau,
c/o A. Polzer, 23769 Fehmarn, T. 04372-1002, F. 04372–1445, mail@NABU-Wallnau.de, www.nabu-wallnau.de

Und wieder sind es die Zugvögel, die Interessierten einen Orni-Arbeitstag auf der Ostseeinsel Fehmarn bescheren können. Näheres im Kap. „Umweltpädagogik“.
Dauer: 4-8 Wochen für freiwillige Helfer, März-Oktober im Rahmen einer Ausbildung
Entlohnung: keine
Kost & Logis: frei
Alter: mind. 18 Jahre, in den Oster- und Herbstferien mind. 16 Jahre
Einsatzort: Schleswig-Holstein

Öffentliche Programme

Zivildienst, ADiA, FÖJ

Auf vielfachen Wunsch nennen wir hier auch Programme, die zumindestens zum Teil direkt vom Staat bezuschusst werden: den Zivildienst, den Anderen Dienst im Ausland und das Freiwillige Ökologische Jahr (FÖJ). Arbeitsstellen sind aber meist keine öffentlichen Einrichtungen, sondern gemeinnützige Verbände, die von den entsprechenden Ämtern offiziell anerkannt worden sind. Wer besonders in rechtlicher Hinsicht detaillierte Auskünfte sucht, wende sich bitte an die entsprechenden Stellen. Wir übernehmen ausdrücklich keine Gewähr.

Zivildienst im Umweltschutz

Bundesamt für den Zivildienst (BAZ), *Sibille-Hartmann-Str. 2-8, 50964 Köln, T. 0221-3673-0, F. 0221-4661/4662, www.zivildienst.de*

„Niemand darf gegen sein Gewissen zum Kriegsdienst mit der Waffe gezwungen werden.“ so steht es im Artikel 4 Abs. 3 des Grundgesetzes. Obwohl von Anfang an in der Verfassung so verankert, dauerte es bis 1961 bis die ersten 340 anerkannten Kriegsdienstverweigerer ihren Ersatzdienst antreten konnten. Heute machen jährlich rund 30 % der Wehrpflichtigen eines jeden Jahrgangs von ihrem Grundrecht Gebrauch, bei steigender Tendenz.

Der weitaus überwiegende Teil leistet den Zivildienst im sozialen Bereich ab. Spitzenreiter sind Pflege- und Betreuungsdienste, gefolgt von Handwerkstätigkeiten u. Mobilen Sozialen Hilfsdiensten. Zusammen beschäftigen diese über 2/3 aller Zivis. Die ca. 6.000 Umweltzivis machen mit 3% eher eine Minderheit aus. Ihr Anteil nimmt jedoch ständig zu.

Gemäß Richtlinien des BAZ müssen Zivis im Natur- und Umweltschutz überwiegend praktische Arbeiten verrichten. Darunter sind nicht nur Biotoppflegemaßnahmen zu verstehen, sondern auch Tierbeobachtungen, Landschaftsbestandsaufnahmen, Kontrolldienste, Kartierungen, Deichbau, Auszeichnung von Wanderwegen, Führungen und vieles mehr. Ist diese Voraussetzung erfüllt, dürfen Zivis auch Aufgaben im Innendienst und in der Öffentlichkeitsarbeit übernehmen. Dazu zählen: Erstellung und Vertrieb von Informationsmaterial, Vorträge, die Betreuung von Informationsständen und sogar die Mithilfe bei Stellungnahmen gemäß §29 Bundesnaturschutzgesetz, der den anerkannten Naturschutzverbänden ein Mitspracherecht bei öffentlichen Entscheidungen einräumt.

Viele Institutionen im Natur- und Umweltschutz nutzen die Möglichkeit zur Beschäftigung von Zivis. Die Geschäftsstellen gemeinnütziger Verbände und Biologische Stationen zählen ebenso dazu wie Grünflächenämter oder Informationszentren von Schutzgebieten. Fast alle Adressen des Praktikumteils sind übrigens auch anerkannte Zivildienststellen. Im Gegensatz zum Kriegsdienst kann man sich im Zivildienst quasi den Dienstort aussuchen. Dazu hat man sich bei den jeweiligen Zivildienststellen zu bewerben. Eine aktuelle Liste der Stellen im Umweltschutz erhält man beim BAZ, bei einer der Zivildienstgruppen (s. weiter unten.) oder mit der „Zivi-Man-CD“ von interconnections. Wertvolle Hilfe kann auch die Stellenbörse bei *www.zivi.org* leisten. Die Dienststelle gibt seine Entscheidung an das BAZ weiter, das zum gegebenen Zeitpunkt den Einberufungsbescheid ausstellt.

Seitdem man die Gründe für eine Verweigerung nicht mehr vor einem Ausschuss verteidigen muss, ist das Anerkennungsverfahren als Kriegsdienstverweigerer verhältnismäßig einfach geworden (festgelegt übrigens im Kriegsdienstverweigerungsgesetz –

KDVG). Ein Antrag mit einem Lebenslauf, einer ausführlichen Darlegung der Beweggründe für die Gewissensentscheidung und einem polizeilichen Führungszeugnis wird an das zuständige Kreiswehrersatzamt geschickt, das ihn an das dem Bundesministerium für Jugend und Familie unterstellten BAZ weiterleitet (nicht etwa dem Verteidigungsministerium). Dort wird dann die Entscheidung über Annahme oder Ablehnung gefällt. Übrigens werden nur 0,1% der Anträge abgelehnt, weil die Gewissensgründe nicht ausreichen. Auch Soldaten und Gediente können jederzeit den Kriegsdienst verweigern.
Bei Redaktionsschluss dauerte der Zivildienst 9 Monate. Die Bezüge setzen sich aus Sold sowie Sachbezügen für Verpflegung, Arbeitskleidung und Reinigung zusammen.
Seit Mitte 2002 ist es möglich, ein FÖJ (s. weiter unten in diesem Kap.) als Ersatz für den regulären Zivildienst abzuleisten, wobei dieses dann mind. 12 Monate dauert. In Ausnahmefällen ist auch die Teilnahme am Entwicklungsdienst als Ersatz für den Zivildienst möglich. Näheres im Kap. „Entwicklungszusammenarbeit" unter der Adresse „Arbeitskreis Lernen und Helfen in Übersee".
Dauer: 10 Monate
Entlohnung: Sold + Sachbezüge
Kost & Logis: unterschiedlich
Alter: mind. 18 Jahre
Einsatzort: bundesweit

Unter *www.zivi.org* existiert eine große Stellenbörse zu Zivistellen im In- und Ausland.

Nur Teiche graben oder was?
„Was hast du in deinem Zivildienst denn so gemacht?" – diese Frage können die meisten Altgedienten wohl kaum noch hören. Doch lohnt es sich, sie zu beantworten, um den Klischees von vielen Zivildienstmöglichkeiten zu begegnen. Denn so wenig das Vorurteil vom Krankenhauszivi als schlichtem „Urinkellner" stimmt, so passte ich nicht in die Schublade des „Spatenzivis", der tagtäglich Teiche aushebt.
Ich verbrachte meine Zeit in der Landesgeschäftsstelle der Naturschutzjugend NRW: Zusammen mit zwei Kollegen hatte ich die Aufgabe, das Innenleben des Vereins mitzugestalten. So war ich zuständig für eher lästige, aber notwendige Dinge wie die Verwaltung des Materiallagers und der Adressdatenbank. Mit mehr Vergnügen widmete ich mich dagegen der Redaktion der Mitgliederzeitschrift „NATZ" und der normalen Pressearbeit.
Die Arbeit in der Natur sorgte für den nötigen körperlichen Ausgleich zur geistigen Bürotätigkeit: Kopfweiden und Hecken schneiden, Wiesen mähen – am Ende eines Tages merkte ich manchmal, wie viele Knochen ich habe.
Nun stellt sich natürlich die Frage: Was hat mir die Dienstzeit bei der NAJU gebracht? Zum einen führte es mir zum erstenmal deutlich vor Auge, was es

heißt, montags bis freitags acht Stunden täglich zu arbeiten – Wochenenddienst nicht eingerechnet. Also ein erster Vorgeschmack auf die spätere berufliche Karriere. Das hieß auch, sich nicht nur die Rosinen aus dem Kuchen picken zu können, sondern auch Aufgaben zu erledigen, die eher lästig waren. Viel wichtiger war aber, für meine Arbeit voll verantwortlich zu sein und für Fehler einzustehen.

Sascha Hollands leistete seinen Zivildienst bei der Naturschutzjugend NRW

Zivildienstgruppen

Zuständig zu Fragen über eine Verwendung im Umweltschutz.

Zivildienstgruppe Berlin (zuständig für Berlin, Brandenburg, Mecklenburg-Vorpommern), *Emser Str. 43, 10719 Berlin, T. 030-880357-0, F. 030-880357-99.*

Zivildienstgruppe Chemnitz (Sachsen), *Glockenstr. 1, 09130 Chemnitz, T. 0371-369996-0 bis -3, F. 0371-369996-9.*

Zivildienstgruppe Dortmund (Reg.-Bez. Detmold, Münster, Arnsberg in NRW), *Ostwall 5, 44135 Dortmund, T. 0231-577596-0 bis -3, F. 0231-577596-9.*

Zivildienstgruppe Frankfurt (Hessen), *Mainzer Landstr. 78, 60327 Frankfurt / Main, T. 069-7438907-0, F. 069-7438907-19.*

Zivildienstgruppe Hannover (Bremen, Hamburg, Niedersachsen, Schleswig-Holstein), *Schillerstr. 34, 30159 Hannover, T. 0511-301868-60 bis -63, F. 0511-301868-69.*

Zivildienstgruppe Köln (Reg.-Bez. Köln, Düsseldorf in NRW, Rheinland-Pfalz, Saarland), *Bernhard-Feilchenfeld-Str. 9, 50964 Köln, T. 0221-3673-2644 und -2649, F. 0221-3673-2900.*

Zivildienstgruppe Magdeburg (Sachsen-Anhalt, Thüringen), *Sternstr. 8, 39104 Magdeburg, T. 0391-535679-0, F. 0391-535679-69.*

Zivildienstgruppe Nürnberg (Bayern), *Winklerstr. 12, 90403 Nürnberg, T. 0911-2147288-0, F. 0911-2147288-9.*

Zivildienstgruppe Tübingen (Baden-Württemberg), *Karlstr. 11 / 1, Postfach 12 01, 72072 Tübingen, T. 07071-36691-0 bis -3, F. 07071-36691-9.*

Anderer Dienst im Ausland

Bundesamt für den Zivildienst (BAZ), *Sibille-Hartmann-Str. 2-8, 50964 Köln, T. 0221-3673-0, F. 0221-4661/4662, www.zivildienst.de*

Statt dem normalen Zivildienst können Kriegsdienstverweigerer auch den so genannten „Anderen Dienst im

Ausland" ableisten. Dieser muss, laut §14b ZDG „das friedliche Zusammenleben der Völker fördern", wobei „die sozialpraktische Komponente im Vordergrund stehen muss". Ein Engagement mit Schwerpunkt Umweltschutz ist daher kaum möglich, aber da diese Form des Zivildienstes wenig bekannt ist, führen wir sie hier trotzdem auf. Die Hauptunterschiede zum klassischen Dienst bestehen in der längeren Dienstdauer (2 Monate länger) und der Unentgeltlichkeit, d.h. es werden weder Sold noch Sachbezüge gezahlt. Die Einsatzgebiete des Anderen Dienstes im Ausland liegen nicht etwa nur in Entwicklungsländern sondern auch in Israel oder Ost- und Mitteleuropa. Genaueres sowie eine Liste der anerkannten Träger des AdiA beim BAZ und *www.zivi.org*.
Dauer: 12 Monate (2 Monate länger als der reguläre Zivildienst)
Entlohnung: keine
Kost & Logis: frei
Alter: muss vor Vollendung des 25. Lebensjahres angetreten werden
Einsatzort: weltweit

Verlagshinweis: Wie man an eine Stelle im Ausland herankommt und wie man für bisher nicht anerkannte Projekte, die man sich selbst ausgesucht haben kann, einen Träger hier findet, d.h. wie man letztlich seinen Auslandszivildienst selbst organisiert, das verrät das Buch **„Zivi Weltweit"**,

s. *http://shop.interconnections.de*

Webseite dazu mit umfangreicher Stellenbörse *bei www.zivi.org*

Freiwilliges Ökologisches Jahr (FÖJ)

Bundesministerium für Familie, Senioren, Frauen und Jugend (BMFSFJ), *Referat BE2, Rochusstr. 8-10, 53123 Bonn, T. 0228-930-0, F. 0228-2221, www.foej.de*

Schon seit 1964 gibt es das Freiwillige Soziale Jahr (FSJ), bei dem junge Leute 12-18 Monate im Pflege- und Betreuungsdienst tätig sind. 1987 verfiel man dann in Niedersachsen auf den Gedanken, etwas Vergleichbares mit ökologischer Ausrichtung auf die Beine zu stellen. Das Modellprojekt Freiwilliges Ökologisches Jahr (FÖJ) entstand, dem sich später auch Baden-Württemberg und Schleswig-Holstein anschlossen. 1993 wurde endlich ein FÖJ-Gesetz des Bundes verabschiedet. Mittlerweile gibt es in jedem Bundesland Anlaufstellen für das FÖJ, die eine Aufstellung der FÖJ-Träger herausgeben. Adressliste der Anlaufstellen ebenso wie die Informationsbroschüre „Für mich und für andere" beim BMFSFJ oder auf dessen Webseiten.

Manche behaupten, das FÖJ, auch wenn es natürlich freiwillig ist, sei so etwas wie ein freiwilliger Zivildienst für Mädchen. In der Tat sind es hauptsächlich junge Frauen, die von diesem Angebot Gebrauch machen, und die Aufgabenfelder sind wirklich so gut wie identisch: praktische Biotoppflege, Umweltpädagogik, Geschäftsstellendienst, Umweltuntersuchungen etc. Was genau auf eine(n) zukommt, hängt von der konkreten FÖJ-Stelle ab. In der Mehrzahl sind

dies gemeinnützige Verbände (nicht nur Umweltverbände, wie der Erfahrungsbericht zeigt), aber auch öffentliche Institutionen oder Umweltzentren.
Das könnte sich zukünftig ändern, denn seit dem Mitte 2002 ist es möglich, ein FÖJ als Ersatz für den regulären Zivildienst abzuleisten. Allerdings muss ein solches FÖJ mind. 12 Monate dauern. Der Zivildienst dauert normalerweise 10 Monate.
Seit demselben Stichtag ist es auch möglich, das FÖJ im Ausland abzuleisten, allerdings nur wenn der Träger des FÖJ, also sozusagen der Arbeitgeber, seinen Sitz in Deutschland hat. Die Dauer beträgt hier zwingend 12 Monate. Eine Verlängerung auf bis zu 18 Monate, wie beim FÖJ in Deutschland, ist nicht möglich.
Die Mindestbeschäftigungsdauer für FÖJlerinnen und FÖJler liegt bei sechs Monaten. Die Ableistung eines ganzen Jahres ist jedoch die Regel. Diese Zeit ist voll als Wartesemester anrechenbar. Die Teilnahme an mehreren FÖJs oder an einem FÖJ und einem FSJ ist nicht möglich. Ähnlich wie beim Zivildienst setzt sich die Entlohnung aus Taschengeld und Sachbezügen (Unterkunft, Verpflegung, Arbeitskleidung) zusammen, wobei letztere nur gewährt werden dürfen, wenn die Dienststelle nicht selbst für die entsprechenden Leistungen sorgt. Das „angemessene" Taschengeld liegt in der Regel bei ca. 150 Euro pro Monat, manchmal wird jedoch auch mehr bezahlt.
Mindestens 25 Tage des FÖJ sind für Seminare vorgesehen. Bei dieser Gelegenheit kommen FÖJlerinnen und FÖJler aus einem Bundesland zentral zusammen, um sich kennenzulernen, Erfahrungen auszutauschen und sich über Natur und Umwelt fortzubilden. Diese Seminare behandeln jeweils verschiedene Schwerpunkte wie z.B. Abwasser, Grünplanung oder Arten- und Biotopschutz.
Dauer: 6-18 Monate
Entlohnung: meist 153 Euro / Monat + Sachbezüge
Kost & Logis: unterschiedlich
Alter: 15-27 Jahre
Einsatzort: bundesweit

Verlagshinweis: „Freiwilligendienste in Deutschland", in Umwelt- und Denkmalschutz, im Sport und sozialen Bereich, siehe
http://shop.interconnections.de

Warum eigentlich freiwillig Öko sein?
Ich wollte nicht länger rumsitzen und zusehen, wie die Natur immer weiter kaputtgemacht wird, wusste aber nie genau, wie und wo ich das tun könnte. Das FÖJ schien mir das beste Mittel zu sein, um dem Abhilfe zu schaffen. Ich bin jetzt beim Büro für Gesellschaftsdiakonie in Bad Bentheim. Die Arbeit hier ist sehr vielseitig (Naturkostladen, Korksammelaktionen, Streuobstwiese oder Naturgarten z.B.), und wir haben viel Freiraum für eigene Ideen.
Wenn auch viele Themen während meines FÖJ nur angeschnitten werden, eines habe ich inzwischen gelernt: Umweltschutz beschränkt sich nicht nur auf spektakuläre Aktionen wie die von Greenpeace oder Robin Wood, sondern bedeutet viel mehr: Umweltschutz ist auch, sich ökologisch zu ernähren und zu kleiden oder Nistkästen zu säubern.
Nicht nur in ökologischer Hinsicht bringt mir das FÖJ viel. Ich habe gelernt mit Behörden, Verlagen und Firmen zu telefonieren, offizielle Briefe zu schreiben, Akten anzulegen ... Bürokram halt! Für eine theoretisch orientierte Gymnasiastin wie mich ist es gar nicht so schlecht, den „Ernst des (Arbeits-)Lebens“ mal ein bisschen kennenzulernen.
Und noch was finde ich gut am FÖJ: Man macht etwas, was nicht jeder macht, und lernt viele neue (und meist nette) Leute kennen.

Sigrid Tinz, 19 Jahre, FÖJ beim Büro für Gesellschaftsdiakonie in Bad Bentheim.

Nationalparks

Vom Alpenrand bis an die Waterkant

Zwei neue Nationalparke innerhalb eines Jahres sind ein riesiger Erfolg: Zum 1. Januar 2004 wurde der Nationalpark Eifel aus der Taufe gehoben. Das Land Nordrhein-Westfalen erklärte damit den Truppenübungsplatz Vogelsang sowie die angrenzenden Staatswaldflächen zum Nationalpark. Durch seine Ausweisung im atlantisch geprägten Westen Deutschlands konnte eine Lücke im Nationalparknetz geschlossen werden – bisher konzentrierten sich die Nationalparke in Deutschland im Norden und Osten. Nur kurze Zeit später, im Mai 2004, fand in Hessen die Einweihung des Nationalparks Kellerwald-Edersee statt. Beide Nationalparks schützen großflächig Buchenwälder und ihre Lebensgemeinschaften. Vierzehn Nationalparke gibt es in Deutschland, sieben in den alten und sechs in den neuen Bundesländern sowie den Ländergrenzen überschreitenden Nationalpark Harz, der seit 2005 Harz und Hochharz vereint.
Rund zehn Prozent der Fläche der

neuen Bundesländer stehen unter Naturschutz. Kurz vor dem Beitritt zur Bundesrepublik Deutschland hatte die Regierung der DDR am 12. September 1990 in einer ihrer letzten Amtshandlungen gerade noch vierzehn Großlandschaften unter Schutz gestellt und damit vor Vermarktung und drohender Bodenspekulation bewahrt. Im Vergleich zu knapp einem Prozent in den alten Bundesländern nimmt sich dies geradezu atemberaubend aus. Dennoch handelt es sich bei den geschützten Flächen auf der Landkarte des vereinten Deutschlands, um einen Ausdruck von Horst Stern zu gebrauchen, nach wie vor nur um winzige „Fliegenschisse". Ein halbes Prozent der gesamten Fläche der Bundesrepublik nahezu vollständig der Natur zu überlassen, ist immer noch zu wenig. Mit der Senne, dem Nordschwarzwald und dem Pfälzerwald stehen weitere Nationalparks auf der Wunschliste der Naturschutzverbände. Argumente für den Schutz dieser Landschaften gibt es reichlich. Jetzt kommt es darauf an, die Forderung nach neuen Nationalparks Stück für Stück durchzusetzen. Helft diesen Initiativen: Sie brauchen mindestens ebenso viel Unterstützung wie unsere bestehenden Nationalparks.

Europarc Deutschland e.V.,
Bundesgeschäftsstelle, Friedrichstr. 60, 10117 Berlin, T. 030-2887882-0, F. 030–2887882-16, freiwillige@europarc-deutschland.de, www.europarc-deutschland.de

Praktikum für die Umwelt,
c/o Commerzbank AG, Zentraler Stab Kommunikation, 60261 Frankfurt/M., T. 069-136-23719, www.praktikum-fuer-die-umwelt.de

EUROPARC Deutschland, ein Zusammenschluss von 14 Nationalparks, 13 Biosphärenreservaten und einem Teil der Naturparks Deutschlands, führt in Zusammenarbeit mit der Commerzbank jedes Jahr das Programm „Praktikum für die Umwelt" durch. Vermittelt werden 40 bis 50 mehrmonatige Praktika in Nationalparks, aber auch in Biosphärenreservaten, Naturparks sowie in verschiedenen Naturschutzeinrichtungen. Die Praktikanten unterstützen die in den Schutzgebieten tätigen Naturschützer beim Auf- und Ausbau der Öffentlichkeitsarbeit sowie bei Aufgaben in der Natur- und Umweltbildung. Sie veranstalten zum Beispiel Umwelt-Nachmittage für Kinder oder informieren auf Exkursionen über die Einzigartigkeit der geschützten Gebiete.

Praktikumsbeginn ist überwiegend im April und Mai. Die monatliche Vergütung beträgt 255 Euro netto. Unterkünfte werden gestellt und liegen in der Nähe des Einsatzortes, zum Teil auch direkt in den Nationalparkhäusern. Die Ausschreibungen für das folgende Jahr erfolgen über das Internet: Unter www.praktikum-fuer-die-umwelt.de finden engagierte junge Leute nicht nur eingehende Stellenbeschreibungen und Anforderungsprofile für jeden einzelnen Praktikantenplatz, sondern auch Erfahrungsberichte und das Bewerbungsformular zum Ausdrucken. Bewerbungen können zusammen mit den erforderlichen Anlagen auch online verschickt wer-

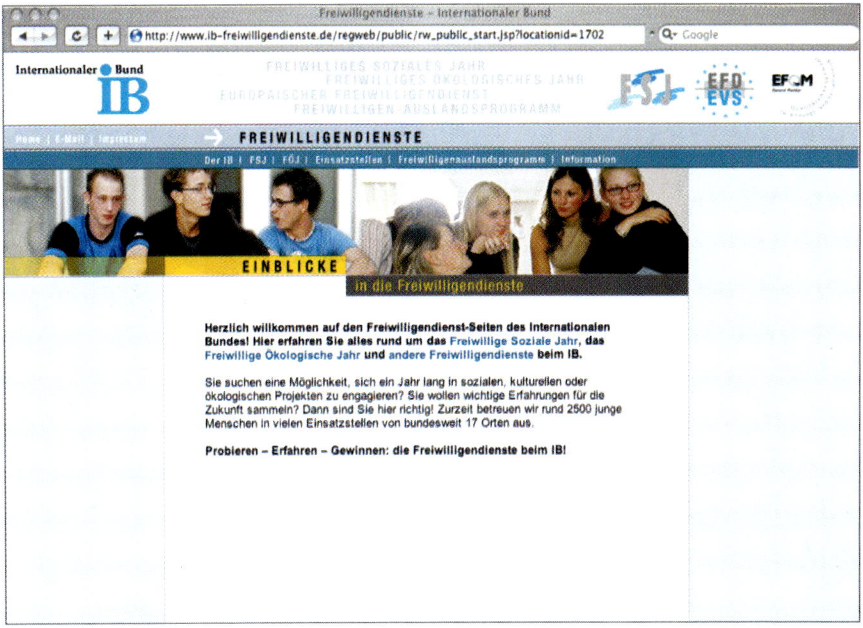

www.ib-freiwilligendienste.de

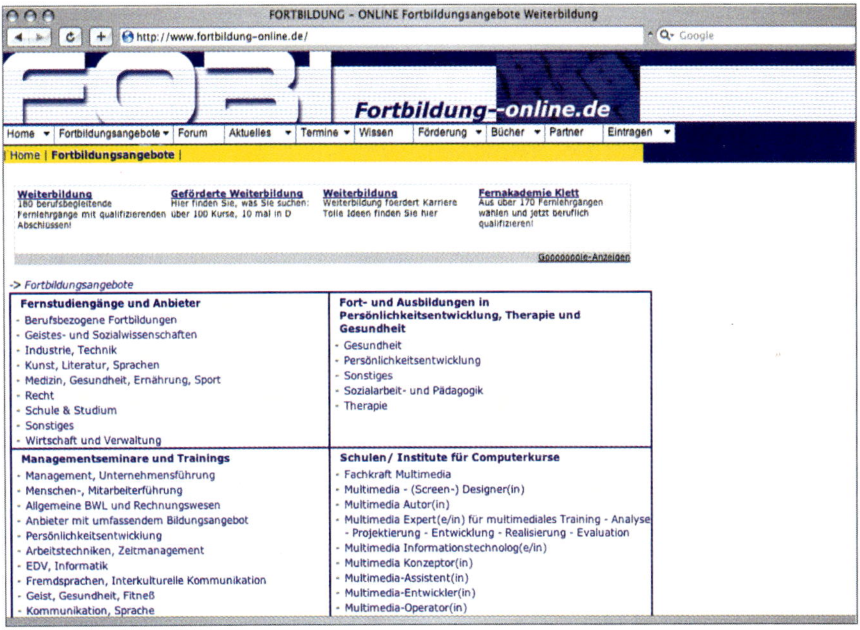

Fortbildung Online   Alles rund um Fort- und Weiterbildung

www.fortbildung-online.de

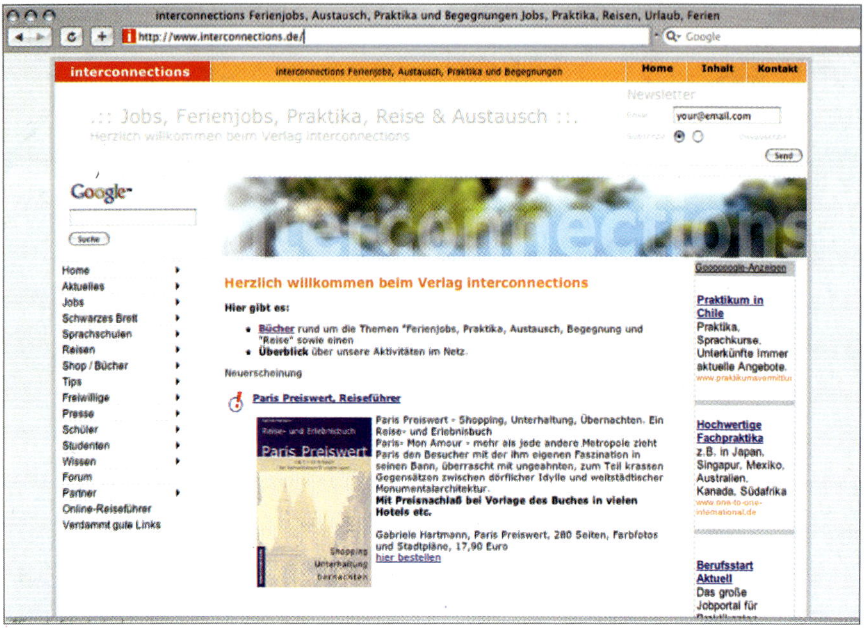

interconnections.de Jobs, Praktika, Austausch und Begegnungen
www.interconnections.de

Interrailers.net Alles für den Interrailer. Riesenforum, tausend Tipps
www.interrailers.net

den. Angesprochen sind keinesfalls nur Biologie- und Geografiestudenten, sondern auch Interessenten anderer Disziplinen, die sich im Naturschutz engagieren möchten, wie Pädagogen, Betriebswirte und Ingenieure. Ein Praktikum war für zahlreiche Teilnehmer schon das Sprungbrett für eine berufliche Karriere im Naturschutz.

Bewerbungen sind bis spätestens Januar unmittelbar an die jeweilige Schutzgebietseinrichtung zu richten, die das betreffende Praktikum ausgeschrieben hat. Bis Ende Februar werden die Bewerber gegebenenfalls zu einem Gespräch eingeladen. Bis Mitte März werden die Zusagen verschickt und im April findet für die Auserkorenen ein mehrtägiges Einführungsseminar im Nationalpark „Bayerischer Wald“ statt.

Dauer: 3 bis 6 Monate
Entlohnung: 255 Euro / Monat (netto)
Kost u. Logis: Unterkunft frei
Alter: keine Angaben
Einsatz: bundesweit

Öko-Sponsoring

„Sponsoring“ beruht auf dem Grundsatz von Leistung und Gegenleistung. Ein Unternehmen erwirbt mit einer Leistung – meist Geld oder Sachwerte – das Recht auf eine vorher definierte Gegenleistung des Gesponserten, die sich oft in Sätzen wie „Unterstützt von der Gutherz GmbH & Co. KG“ ausdrückt.

Seitdem Umweltschutz ein Verkaufsargument geworden ist und die Umweltverbände angesichts leerer öffentlicher Kassen nach neuen Finanzquellen suchen, kommt es auch beim Schutz von Natur und Umwelt immer häufiger zu einer derartigen Zusammenarbeit. Die Meinungen, wie dies zu beurteilen sei, sind natürlich gespalten. Während die einen die Zusammenarbeit von Industrie und Vereinen als Schritt in Richtung eines gesamtgesellschaftlichen Umweltschutzes auslegen, sehen die anderen ihre hehren Ideen vom schmutzigen Geld skrupelloser Geschäftemacher korrumpiert.

Die Wahrheit liegt, wie so häufig, wohl in der Mitte. Fest steht einerseits, dass viele Schutzprojekte und Kampagnen ohne Unterstützung seitens der Unternehmen weniger erfolgreich, oft sogar gar nicht möglich wären. Tatsache ist aber auch, dass so mancher Konzern Geld für sein „uneigennütziges Engagement“ nur zum Aufpolieren seines miesen Öko-Images lockermacht.

Eine Reihe von Angeboten in diesem Buch verdankt ihre Existenz auch dem Öko-Sponsoring. Ob man dies als gegeben hinnimmt, vielleicht sogar begrüßt, oder ob man sich nicht vor anderer Leute Karren spannen lässt und sich deshalb lieber eine andere Beschäftigung sucht, muss ein jeder selbst entscheiden. Wir haben jedenfalls keine Vorauswahl getroffen und führen alle Anbieter auf, die in Erfahrung zu bringen waren.

Praktika

Freiwillige in Parks,
Europarc Deutschland, Bundesgeschäftsstelle, Friedrichstraße 60, 10117 Berlin, T. 030-2887882-0, F. -16, freiwillige@europarc-deutschland.de, www.freiwillige-in-parks.de

Im Jahre 2005 wurde das Praktika-Programm durch das Programm „Freiwillige in Parks" (www.freiwillige-in-parks.de) ergänzt, im Rahmen dessen Interessierte sich in 27 deutschen Groß-Schutzgebieten (Nationalparks, Naturparks und Biosphärenreservate) engagieren können. Anders als „Praktikum für die Umwelt" richtet es sich an alle, die sich ehrenamtlich mit einbringen wollen - ob jung (Mindestalter: 14 Jahre), ob alt, Arbeitnehmer, Schüler oder Rentner. Die Tätigkeitsfelder reichen vom praktischen Arten- und Biotopschutz über Monitoringaufgaben und die Pflege von Besuchereinrichtungen bis hin zu Öffentlichkeitsarbeit, Umweltbildung und Bürotätigkeiten. Dabei ist die Arbeitszeit je nach Einsatzgebiet und Aufgabe variabel (ein paar Stunden pro Woche oder pro Monat; kurz-, mittel- oder langfristig etc.).

Dauer: einzelne Tage bis mehrere Monate
Entlohnung: keine
Kost und Logis: Unterkunft in Einzelfällen frei
Mindestalter: 14 Jahre
Einsatzort: bundesweit

Naturschutzgesellschaft Schutzstation Wattenmeer e.V.,
Geschäftsstelle, Grafenstraße 23, 24768 Rendsburg, T. 04331-23622, F. 04331-25246, info@schutzstation-wattenmeer.de, www.schutzstation-wattenmeer.de

Wer weiß schon, dass es in Deutschland Wale gibt? Jahrzehntelang waren sie fast verschwunden. Dann sind sie vor Sylt wieder aufgetaucht: Hier ist eine „Kinderstube" der Schweinswale (auch „Kleiner Tümmler"). Und hier im Nationalpark Schleswig-Holsteinisches Wattenmeer wurde auch das erste deutsche Walschutzgebiet eingerichtet. Die Schutzstation Wattenmeer betreut im Auftrag des Landes weite Teile des Nationalparks und unterhält zu diesem Zweck mehr als ein Dutzend Informationszentren und Stationen an der gesamten schleswig-holsteinischen Nordseeküste, u.a. auf den Inseln Sylt, Föhr und Amrum, auf der Hallig Hooge, in St. Peter-Ording, Büsum und Friedrichskoog. Hier sind im Sommer bis zu 100 Mitarbeiter tätig, meist Zivis und freiwillige Helfer. Die Zahl der Praktikanten, vorzugsweise Studierende der Fächer Biologie, Pädagogik oder Geografie, schwankt zwischen 50 und 80.

Die Praktika finden zwischen April und Oktober statt und erstrecken sich über ca. sechs Monate, mindestens jedoch über sechs Wochen. Die Naturschutzarbeit besteht aus den Schwerpunkten Umweltbildung, Umweltbeobachtung und Schutzgebietssicherung. Vorausgesetzt wird die Bereitschaft sich außer an praktischer Natur- schutz- und Öffentlichkeitsarbeit auch an Haus- und Verwaltungsarbeiten zu beteiligen. Gearbeitet wird im Team, gelegentlich auch am Wochenende. Eine Unterkunft im Rahmen der örtli-

chen Möglichkeiten wird gestellt. Kurzzeitpraktikanten erhalten eine Fahrtkostenpauschale in Höhe von 25 Euro pro Woche. Wer ein sechsmonatiges Praktikum absolviert, erhält eine Vergütung von 200 Euro pro Monat und zwei Wochen bezahlten Urlaub.
Nach Ablauf des Praktikums ist ein Erfahrungsbericht anzufertigen, in dem die inhaltlichen Schwerpunkte der Mitarbeit kurz dargestellt und bewertet werden. Über den Einsatzort entscheidet in der Regel die Schutzstation Wattenmeer; Bewerber können jedoch eigene Wünsche nach einem bestimmten Einsatzort angeben.
Dauer: mind. 6 Wochen
Entlohnung: 200 Euro / Monat (ab 6 Monate)
Kost u. Logis: Logis frei; 25 Euro / Woche Fahrtkostenpauschale (bis 6 Monate)
Alter: mind. 18 Jahre
Einsatz: Schleswig-Holstein

Nationalparkhaus Sächsische Schweiz, *c/o Stefanie Engelbrecht, Sächsische Landesstiftung Natur und Umwelt, Hohnsteiner Str. 3, 01814 Bad Schandau, T. 035022-502-54, F. 035022-502-33, stefanie.engelbrecht@lanu.smul.sachsen.de, www.lanu.org*

Praktikantinnen und Praktikanten im Nationalpark Sächsische Schweiz können im Büro oder in der Besucherinformation tätig werden.
Dauer: mind. 6 Wochen
Kosten: keine
Kost u. Logis: keine Angaben
Alter: mind. 18 Jahre
Einsatz: Sachsen

Nationalparkverwaltung Bayerischer Wald, *z. Hd. Lukas Laux, Freyunger Straße 2, 94481 Grafenau, T. 08552-9600-0, F. 08552-1394, www.nationalpark-bayerischer-wald.de*

Zwecks grenzüberschreitender Bildungsarbeit sucht die Nationalparkverwaltung Bayerischer Wald regelmäßig Praktikantinnen oder Praktikanten mit tschechischen Sprachkenntnissen. Das Praktikum umfasst Führungen in tschechischer und deutscher Sprache in den Nationalpark „Bayerischer Wald“ und in den Nationalpark „Sumava“ (Böhmerwald, Tschechische Republik) sowie die Organisation und Durchführung eines deutsch-tschechischen Jugendcamps. Neben Tschechischkenntnissen sind auch natur- und landeskundliche Vorkenntnisse vom Bayerischen Wald und vom Böhmerwald von Vorteil.

Mit Sinn und Verstand: Umweltpädagogik im Bayerischen Wald
Aber nicht nur Bäume wurden versetzt, sondern auch Felsen: ein drei Meter hoher Summstein, der den menschlichen Körper in Schwingungen versetzen kann. Das Geheimnis dieser Schwingungen liegt in einer kopfgroßen Aushöhlung des Steines. Steckt man seinen Kopf in diese Aushöhlung und summt in verschiedenen Stimmlagen, findet man einen Ton, der Resonanz auslöst und den ganzen Körper von Kopf bis Fuß in harmonische Schwingungen versetzt.

[...] Aus der früheren Waldschule mit ihren Schrifttafeln entstand ein Erlebnispavillon mit eingebauten Tastboxen, wo Früchte, Zweige und Rinde der drei Hauptbaumarten des Bayr. Waldes (Fichte, Tanne, Buche) „versteckt" sind und die Besucher Informationen über den Wald ertasten, ja buchstäblich „begreifen" lassen, statt sie über Schrifttafeln zu belehren. So entstanden Bäume, die mit ihren Wurzeln gen Himmel wachsen, die Besucher zum Staunen anregen und somit das Wurzelsystem der verschiedenen Baumarten anschaulich darstellen. Ferner wurde ein Granitfelsen aufgestellt und ein Waldxylophon gebaut, um den Gehörsinn anzuregen. Ein Märchenhaus aus Baumrinde entführt Besucher in die traumhafte Welt der Mythen und Sagen des Waldes.

Blicken wir auf unsere Arbeit zurück, so hat uns nicht nur die Planung, sondern vor allem die praktische Umsetzung der Ideen beschäftigt und viel Spaß gemacht. Zusammen mit Josef, einem Waldarbeiter, und Werner, unserem zuständigen Revierförster, bildete sich eine feste Gruppe, mit der man auch nach der Arbeit oft zusammen war.

Bernhard Mähler und Axel Schauf, „Praktikanten für die Umwelt", über ihre Arbeit am Waldspielgelände im Nationalpark Bayerischer Wald

Das Praktikum wird im Rahmen des Commerzbank-Programms „Praktikum für die Umwelt" ausgeschrieben. Dauer, Unterbringung, Gehalt und Ablauf der Bewerbung richten sich nach den Regelungen dieses Programms. Mehr hierzu weiter oben in diesem Kapitel. Bewerbungen sind erst nach Zusendung der Stellenausschreibung unmittelbar an die Nationalparkverwaltung zu richten.
Dauer: 6 Monate
Entlohnung: 255 Euro / Monat (netto)
Kost u. Logis: Unterkunft frei
Alter: keine Angaben
Einsatz: Bayern, Tschechische Republik

Verein Jordsand zum Schutz der Seevögel und der Natur e.V.,
Geschäftsstelle, „Haus der Natur" Wulfsdorf, Bornkampsweg 35, 22926 Ahrensburg, T. 04102-32656, F. 04102-31983, info@jordsand.de, www.jordsand.de

Der Verein Jordsand wurde 1907 in Hamburg gegründet und betreut heute 23 Naturreservate in Norddeutschland, vorwiegend an der Küste. Dazu gehört auch der Nationalpark Hamburgisches Wattenmeer. Seine Aufgaben sind die Einrichtung und Betreuung von Schutzgebieten auf wissenschaftlicher Grundlage sowie die Öffentlichkeitsarbeit und Umweltbildung. Der Verein bemüht sich ebenfalls um internationale Jugendarbeit (Naturschutzjugend

Jordsand).
Zur Betreuung seiner Schutzgebiete, als Unterstützung für Vogelwärter sowie zu Tätigkeiten in der Geschäftsstelle bietet der Verein engagierten Helfern Praktikumsplätze. Der Einsatz sollte sich mindestens über vier Wochen erstrecken. Der Verein Jordsand stellt eine kostenlose Unterkunft in vollausgestatteten Stationen. Verpflegungsgeld und Reisekostenerstattung werden im Einzelfall geregelt. Anspruch auf ein Honorar besteht nicht. Dafür erhalten die Praktikanten eine Einarbeitung im „Haus der Natur“, der zentralen Geschäftsstelle des Vereins. Hier ist nicht nur die Verwaltung untergebracht; Werkstätten, Seminar- und Ausstellungsräume dienen darüber hinaus der Vorbereitung von Pflegemaßnahmen sowie der Einweisung der Vogelwärter in ihre Aufgaben. Bei Bewerbungen am besten gleich eine konkrete Terminvorstellung angeben.
Dauer: mindestens 1 Monat
Entlohnung: keine
Kost u. Logis: Unterkunft frei
Alter: keine Angaben
Einsatz: Hamburgisches Wattenmeer

Adressen und Hinweise

Europarc Deutschland e.V., *Bundesgeschäftsstelle, Friedrichstr. 60, 10117 Berlin, T. 030-2887882-0, F. 030–2887882-16, info@europarc-deutschland.de, www.europarc-deutschland.de*

Die Broschüren „Nationalparks in Deutschland – Naturerbe bewahren – Natur erleben“ (ca. 36 S.) und „Biosphärenreservate in Deutschland – Ankommen lohnt sich – Bleiben auch“ (ca. 36 S.) können mit einem mit 1,44 Euro frankierten DIN A4-Rückumschlag bei EUROPARC Deutschland angefordert werden. Zum Inhalt: kurzes Porträt von jedem Schutzgebiet, Angaben zu Büchern und Karten, Anschriften, Telefon und Homepage von Nationalparkhäusern, Infozentren und anderen Anlaufstellen, Hinweise auf Fremdenverkehrsverbände und spezialisierte Reiseveranstalter.

Verein der Freunde des Ersten Deutschen Nationalparks Bayerischer Wald e.V., *Kröllstraße 5, 94481 Grafenau, T. 08552-625060, F. 08552–920529, redaktion@nationalparkzeitung.de, www.nationalparkfreunde.de*

Gibt die Zeitschrift „Nationalpark“ heraus. Diese stellt Nationalparks im In- und Ausland vor, veröffentlicht für den Naturschutz bedeutsame Forschungsarbeiten und berichtet über den politischen Schlagabtausch zur Durchsetzung der Interessen des Natur- und Landschaftsschutzes. Ferner Reiseberichte und Porträts von Menschen im Naturschutz. Erscheint 4x jährlich, ca. 48 Seiten. Zu beziehen über den Verein der Freunde zum Jahresabonnementpreis von ca. 21 Euro, zzgl. Versand, Einzelpreis ca. 5 Euro.

Vehling-Verlag, Postfach 1901, 59455 Werl, *T. 02922-97900, F. 02922–84735, vehling@vehlingbuch.de, www.vehlingbuch.de*

Gibt die Reihe „Deutsche Nationalparks" heraus. Kompakte Reiseführer mit Tourenvorschlägen zu einzelnen oder beieinander liegenden Nationalparks, u.a. Bayerischer Wald, Harz und Hochharz, Sächsische Schweiz. Beschreibungen von Geschichte, Naturraum, Tieren und Pflanzen. Die Texte sind außerordentlich informativ, leider aber manchmal etwas anstrengend zu lesen. Neuauflagen wären erforderlich. Ca. 160 Seiten, Fotos. Preis beim Verlag ca. 3 Euro, im Handel ca. 5,50 Euro.

Ex und hopp: Müllprobleme im Nationalpark Sächsische Schweiz

„Dann bin ich hinein in den Nationalpark, von dessen Existenz einige Leute auf der Straße nichts zu wissen scheinen: „Nationalpark? – Gibt's hier nischt!" Ich war hingerissen von der Einmaligkeit des Elbsandsteingebirges, von den romantischen Schluchten und den gewaltigen Felsen mit ihren bizarren Formen. Trotzig und fest blickte der „Talwächter" als Zeuge von Jahrmillionen auf mich und den Amselsee herunter. Vergänglich und verletzlich trotz seines Alters, besteht er doch aus weichem, zwischen den Fingern zerrinnenden Sandstein. [...]

Da habe ich gemerkt, dass ich mit meinen Ideen in der Nationalparkverwaltung auf offene Ohren stoße. Man hat mich angehört und meinen Vorschlag, ein Konzept zur Linderung der Müllproblematik im Nationalpark Sächsische Schweiz zu erstellen, willkommen geheißen. So arbeite ich nun [...] an einem Informations- und Öffentlichkeitsarbeitskonzept zur Müllproblematik. Hauptbestandteil meiner Arbeit wird es sein, ein Faltblatt zur Thematik zu entwerfen. Dazu kommt die Gestaltung eines Plakats, das Entwerfen von Informationsbriefen an Gaststättenbetreiber, Besuchergruppen und Schulen und die Gestaltung von Schildern im Gelände, an Mülleimern. [...]

Natur- und Umweltschutz lohnen sich, gerade hier in den neuen Bundesländern. Es gibt noch eine ganze Menge zu tun, auch hier im Nationalpark Sächsische Schweiz. Schritt für Schritt muss der Nationalpark seine hochgesteckten Ziele verfolgen und erreichen. In der ganzen Region muss verstanden werden, dass Umweltschutz Arbeitsplätze bringt und sie nicht dadurch verschwinden!"

Karin Schulte-Wermeling, Studentin in Zürich, als „Praktikantin für die Umwelt" in der Sächsischen Schweiz

Ökologische Landwirtschaft

Die etwas anderen Rüben

Der Begriff ökologischer Landbau ist in Deutschland mittlerweile in den allgemeinen Sprachgebrauch übergegangen. Der Bund Ökologischer Lebensmittelwirtschaft (BÖLW) verzeichnet nach wie vor eine steigende Tendenz, sowohl in der Zahl der Betriebe, als auch in deren Größe und in der Nachfrage der Konsumenten. Im BÖLW schlossen sich 2002 nach Auflösung der Arbeitsgemeinschaft Ökologischer Landbau (AGÖL) die neun Anbauverbände, Fachverbände Naturkost, einige Einzelmitglieder und Stiftungen zusammen. Eine Übersicht über die Anbauverbände findet sich zu Ende des Kapitels. Einige haben uns auch direkt geantwortet und wurden in die Stellenbeschreibungen aufgenommen.

Das klingt gut und schön – wie in Deutschland üblich ist alles übermäßig organisiert, klassifiziert, in Schubladen gesteckt. Was dabei meist auf der Strecke bleibt, ist Spontaneität, freiwilliges Engagement und Lebensfreude! So ist es beispielsweise gar nicht so einfach, innerhalb der deutschen Grenzen auf einem ökologischen Hof mitzuarbeiten, ohne in die Kategorien Lehrling oder Angestellter zu fallen. Das System „Arbeit gegen Brot und Bett" ist aus der Vorstellungswelt der Deutschen nahezu verschwunden. Man arbeitet einfach nicht umsonst und ohne genaue Bezeichnung des Beschäftigtenverhältnisses – wo käme man da hin. Angesichts der momentanen Arbeitsmarktlage ist allerdings damit zu rechnen, dass finanziell nicht vergoltene Arbeit und ähnliche Tauschhandel wieder auf dem Vormarsch sind. Wir haben hierzu einige interessante Stellen ausfindig gemacht und raten, sein Glück bei den Verbänden oder am besten unmittelbar bei einzelnen Biohöfen zu versuchen. Nicht zuletzt hat auch WWOOF, vormals „Willing Workers On Organic Farms" das „workers" aus (steuer)-rechtlichen oder meldetechnischen Gründen aus ihrem Namen nehmen müssen und elegant umgemünzt auf „World Wide Opportunities on Organic Farms". Denn um das geht es ja: mal über den Tellerrand gucken und gleichzeitig erfahren, wo das Essen herkommt.

Arche Hof Noah, *c/o Ingrid Blume & Fritz-Günther Röhrßen, Meinershagener Str. 6, 27726 Worpswede/Ostersode, T. 04794-766, F. 04794-963074, archehof.noah@t-online.de*

Anerkannter Arche-Hof der Gesellschaft zur Erhaltung alter und gefährdeter Haustierrassen (GEH, s. Inlandspraktika/Bürojobs) und züchtet bzw. hält deshalb Tiere mit nicht ganz alltäglichen Namen: Bunte Bentheimer Schweine, Thüringer Waldziegen, Vorwerkhühner, Exmoorponies und Meißner Widderkaninchen. Die Betreiber pflanzen ihr eigenes Gemüse auf Hochbeeten und pflegen eine Benjeshecke und eine Streuobstwiese. Eigene Produkte wie Wurst, Ziegenkäse, Brot und Honig werden jede

Woche auf dem Worpsweder Markt oder ab Hof verkauft. Großer Wert wird dabei auf Direktmarketingstrategien und auf kundenorientierte Produktverarbeitung gelegt.
Praktika können nur in einem Zeitraum von vier bis sechs Wochen stattfinden, da außerdem Selbstversorgerkurse für Städter angeboten werden, die beabsichtigen, sich auf dem Lande ein Selbstversorgerleben aufzubauen. Durch dieses Angebot konnte bereits bei der Gründung neuer Biohöfe mitgewirkt werden. Für die Praktikanten steht ein Gästezimmer mit Badbenutzung im Haus zur Verfügung. Das Arbeiten und Leben während des Praktikums findet mit Familienanschluss statt.
Dauer: max. 4 - 6 Wochen
Entlohnung: keine
Kost & Logis: frei
Alter: ab 16 Jahre
Einsatzort: Schleswig-Holstein

Auskunftsstelle für die Vermittlung von Ausbildungs- und Arbeitsplätzen,
c/o Frau Daniel, Brandschneise 1, 64295 Darmstadt, auskunftsstelle@forschungsring.de, www.forschungsring.de

Die Auskunftsstelle berät Menschen, die im biologisch-dynamischen oder ökologischen Landbau, Gartenbau oder in der ländlichen Hauswirtschaft ein Praktikum oder eine Ausbildung machen möchten. Wegen der unterschiedlichen Ausgestaltung dieser Praktika oder Ausbildungen ist es am besten, Informationsmaterial und Fragebögen schriftlich bei der Auskunftsstelle anzufordern. Zur weiteren Beantwortung, die meistens aus Listen mit Adressen, Hofbeschreibungen und Angeboten besteht, wird um einen Kostenbeitrag von 10 Euro gebeten. Ein Kurzzeitpraktikum dauert bis zu drei Wochen, ein so genanntes „Praktikum zum Kennenlernen“ bzw. ein Hochschulpraktikum zwischen einem halben und einem ganzen Jahr. Eine Lehre bzw. Ausbildung kann zwei, drei oder vier Jahre dauern.
Dauer: unterschiedlich
Entlohnung: meistens Taschengeld
Kost & Logis: frei
Alter: mind. 18 Jahre
Einsatzort: keine Angaben

Bioland – Verband für organisch-biologischen Landbau e.V.,
Kaiserstr. 18, 55116 Mainz, T. 06131-235750, F. 06131–2357527, oeffentlichkeitsarbeit@bioland.de

1971 gegründet, zählt Bioland zu den ältesten und größten Verbänden der ökologischen Landwirtschaft. Vor allem in den alten Bundesländern werden rund 170.000 Hektar Fläche nach Biolandrichtlinien bewirtschaftet. Die oben genannte Geschäftsstelle verschickt kostenlos eine Adressenliste von Mitgliedern, die ein landwirtschaftliches Praktikum anbieten. Die genauen Bedingungen sind dann mit dem jeweiligen Hof abzusprechen. Manche Bioland-Landesverbände können auch konkretere Angaben über die insgesamt 4.400 Mitglieder machen.
Dauer: unterschiedlich
Entlohnung: unterschiedlich
Kost & Logis: unterschiedlich

Alter: keine Angaben
Einsatzort: bundesweit

Herrmannsdorfer Landwerkstätten, *Herrmannsdorf 7, 85625 Glonn, T. 08093-90940, F. 08093-909410, glonn@herrmannsdorfer.de, www.herrmannsdorfer.de*

Herrmannsdorfer Landwerkstätten Hannover, *Debberoder Str. 61, 30539 Hannover, T. 0511-51500-500*

Ökologisch wirtschaftender Betrieb, dem anerkannten Erzeugerverband Biokreis angeschlossen. Aktivitäten: ökologische Landwirtschaft (Ackerbau, Tierhaltung), Vollkornbäckerei, Warmfleischmetzgerei, Rohmilchkäserei, ökologische Brauerei, Hofmarkt und Filialen in und um München. Ferner sind dem Gelände eine gewerbliche Gärtnerei und ein Wirtshaus angeschlossen. Auf einer Fläche von insgesamt 185 Hektar wird seit 1986 das Konzept naturnahen, umweltverträglichen Wirtschaftens verfolgt. Eine besonders nachahmenswerte Idee, die hinter der Philosophie der Herrmannsdorfer Landwerkstätten steckt, ist das Produzieren „aus der Region für die Region", um Transportwege zu verkürzen.

Ein Praktikum in den Herrmannsdorfer Landwerkstätten inmitten der typisch oberbayerischen Landschaft führt innerhalb von sechs Monaten durch alle Produktionsgebiete, es sei denn, man kann eine besondere Ausbildung und Berufserfahrung vorweisen und möchte daher nur in einer Werkstätte arbeiten. Beruflicher Hintergrund aus Handwerk, Landwirtschaft, Biologie o.Ä. sind von Vorteil. Bewerbungen bitte sechs Monate vor dem beabsichtigten Praktikumsbeginn. Das Praktikum wird angemessen vergütet. Es steht ein Gästehaus mit Zimmervermietung zur Verfügung, aber die Unterbringung dort kann nicht in jedem Fall zugesichert werden. Die Praktikantenstelle steht auch Nicht-Deutschen offen, allerdings sind gute Grundkenntnisse in Deutsch Voraussetzung.

Die als externes Projekt der Expo 2000 bei Hannover errichteten Landwerkstätten arbeiten nach dem selben Prinzip wie die Werkstätten in Glonn (s.o.) und bieten Praktika zu den gleichen Bedingungen an. Allerdings in etwas flachere Gelände ...

Dauer: 6 Monate
Entlohnung: 350 Euro / Monat
Kost & Logis: nicht gestellt
Alter: keine Altersbeschränkung
Einsatzort: Bayern, Niedersachsen

Königsfarm, *c/o Friedmunt Sonnemann, Königsfarm, 54472 Longkamp, T. 06531-7757*

Seit 1991 leben vier Menschen und teilweise bis zu 15 Helfer auf dieser abgelegenen Farm zwischen Wald und Obstwiesen ohne Stromanschluss und feste Zufahrt - ein ganz ungewöhnlicher Fall für unser übererschlossenes Deutschland. Wer sich mit einfachen Verhältnissen und Wasser aus dem Brunnen abfinden kann bzw. gerade diese Abgeschiedenheit sucht, ist hier sicher gut aufgehoben. Friedmunt bemüht sich, die genetische Vielfalt von Kulturpflanzen zu erhalten und

züchtet auch neue Sorten bzw. versucht Rückzüchtungen zu alten, angepassten Sorten, die sich in der ökologische Landwirtschaft eignen. Als Tätigkeitsfelder für Praktikanten gibt er an: Mithilfe bei Anlage und Pflege der Samenkulturen, beim Ernten und Reinigen der Samen, Hausbau mit Stroh und Lehm sowie weitere Tätigkeiten eines einfachen Lebens.
Dauer: unterschiedlich
Entlohnung: bei längeren Aufenthalten evtl. Taschengeld
Kost & Logis: frei
Alter: keine Angaben
Einsatzort: Rheinland-Pfalz

Stiftung Ökologie & Landbau, SÖL, *Postfach 1516, 67089 Bad Dürkheim, T. 06322-989700, F. 06322-989701, info@soel.de, www.soel.de*

Die seit vier Jahrzehnten tätige Stiftung setzt sich für eine natur- und umweltverträgliche bäuerliche Landwirtschaft ein und damit für den Erhalt unserer wichtigsten Lebensgrundlagen. Die Arbeit richtet sich zum einen an Entscheidungsträger in Wissenschaft, Praxis und Beratung, zum anderen können Kinder und Jugendliche auf dem SÖL-Seminarbauernhof ökologischen Landbau hautnah erleben. Ergänzend zur Information über Schriften und Medien soll dort der unmittelbare Zusammenhang von Natur und Landschaft mit unserem täglichen Einkaufs-, Berufs- und Freizeitverhalten begreifbar werden. Bei Projektseminaren, Führungen, Fachtagen und Freizeiten wird bäuerliche Landwirtschaft mit ihrem Einfluss auf den Zustand von Boden, Wasser und Luft erlebbar gemacht. In Kursen und Vorträgen zum Brotbacken, Acker- und Gartenbau, bei Kochkursen, Kulinarien, Weinproben u.a. will die Stiftung zeigen, woher unsere Lebensmittel stammen.
Neben der Produktion und Forschung bietet die Stiftung auch die Möglichkeit, Praktikanten anzustellen. Die Einsatzmöglichkeiten erstrecken sich auf alle Forschungs- und Bildungsprojekte sowie auf Versuchsfeld und Hof. Vorkenntnisse in Biologie oder Landwirtschaft sind erwünscht, ebenso wie ein Führerschein.
Dauer: ab 2 Monate
Entlohnung: 200 Euro / Monat
Kost & Logis: Logis frei
Alter: ab 20 Jahre
Einsatzort: Rheinland-Pfalz

WWOOF-Deutschland (World Wide Opportunities On Organic Farms) – Freiwillige Helfer auf ökologischen Höfen e.V., *Postfach 21 02 59, 01263 Dresden, info@wwoof.de, www.wwoof.de*

Ausführliche Beschreibung über das WWOOF-System im Kapitel „Ökologische Landwirtschaft / Ausland“. Nach Entrichten des Mitgliedsbeitrags bei WWOOF Deutschland in Höhe von 18 Euro erhält man die Hofliste (ca. 150 Höfe in Deutschland, 70 Höfe im Ausland) sowie einen periodisch versandten Rundbrief mit Aktualisierungen der Hofliste, allgemeinen Nachrichten und Erfahrungsberichten sowie Kleinanzeigen von Höfen und WWOOFern.
Dauer: ab zwei Tage

Entlohnung: keine Angaben
Kost & Logis: frei
Alter: unter 16 nur mit Zustimmung der Eltern, keine Obergrenze
Einsatzort: bundesweit

Adressen und Hinweise

Weitere Literaturhinweise zum Thema „Ökologische Landwirtschaft“ im zugehörigen Kap. des Auslandsteiles.

Blattlaus Verlag,
Försterstr. 22, 66111 Saarbrücken

Manfred Weiss, „Ferien auf dem Bio-Hof“, 2000, 242 S., 9,20Euro, ISBN 3930771098, enthält Adressen und Beschreibungen von Biohöfen in Europa, die Feriengäste aufnehmen, ggf. ist Mitarbeit möglich. Schwerpunkt Westeuropa, aber auch einige Einträge in Tschechien, Ungarn und Polen. Im Buchhandel und in Naturkostläden erhältlich.

Bund Ökologischer Lebensmittelwirtschaft (BÖLW),
Marienstr. 19/20, 10117 Berlin, info@boelw.de, www.boelw.de

Im BÖLW sind die folgenden neun Anbauverbände zusammengeschlossen:

Bioland, *www.bioland.de*

Siehe Text in diesem Kapitel. Bundesweit.

Naturland, Verband für naturgemäßen Landbau e.V. *,Kleinhaderner Weg 1, 82166 Gräfelfing, T. 089-898082-0, naturland@naturland.de, www.naturland.de*

Siehe Kap. Inland / Bürojobs.

Gäa, *Am Beutlerpark 2, 01217 Dresden, T. 0351-4012389,www.gaea.de*

Nur in den neuen Bundesländern tätig. Offene Praktikumsstellen werden auf der Website veröffentlicht.

Ecovin, *Wormserstr. 162, 55276 Oppenheim, ecovin@t-online.de, www.ecovin.de*

Bundesweiter Anbauverband und Zertifizierer für ökologischen Weinbau.

Demeter, *Brandschneise 1, 64295 Darmstadt, www.demeter.de*

Anbauverband für biologisch-dynamische Landwirtschaft. Siehe auch Eintrag „Auskunftsstelle für die Vermittlung von Ausbildungs- und Arbeitsplätzen“ in diesem Kapitel.

Biopark, *Karl-Liebknecht-Str. 26, 19395 Karow, info@biopark.de, www.biopark.de*

Anbauverband. In den östlichen Bundesländern tätig.

Biokreis e.V., *www.biokreis.de*

Vormals „Biokreis Ostbayern e.V.“, nur in Bayern tätig seit 1979.

Bäuerliche Erzeugergemeinschaft Schwäbisch Hall, *Haller Str. 20, 74549 Wolpertshausen, info@besh.de, www.ecoland-verband.de*

Kleiner Verband in Süddeutschland.

Ökosiegel e.V.,
Nordweg 42, 29352 Adelheidsdorf-

Großmoorwww.oekosiegel-ev.de
Kleiner Anbauverband.

Gesellschaft zur Erhaltung alter und gefährdeter Haustierrassen (GEH),
c/o Antje Feldmann, Postfach 1218, 37202 Witzenhausen, T. 05542-1864, -72560, geh.witzenhausen@g-e-h.de, www.g-e-h.de

Verleiht Bauernhöfen, die sich um den Schutz gefährdeter Nutztierrassen bemühen, den Namen „Arche-Hof". Eine Liste dieser ca. 40 Höfe kann bei der GEH angefordert werden. Es ist sicherlich nicht ausgeschlossen, dass diese Höfe Verstärkung suchen, selbst wenn sie nicht zwingend einem ökologischen Anbauverband angeschlossen sind. Näheres zur GEH im Kap. „Praktika / Bürojobs".

Infostelle Amthor, *Graue Burg Str. 72a, 53332 Bornheim-Sechten, T. 0171-3441967, F. 0221-322961, info@infostelle-amthor.de, www.infostelle-amthor.de*

Seit 1993 gibt es die Infostelle (früher „Stellenbörse" in Großostheim) „für Menschen, die ihre Lebenszeit bewusst einsetzen sowie ihr Lebensumfeld zukunftsorientiert und nach ganzheitlichen Prinzipien gestalten, die offen sind für neue Ideen, für Idealisten, die auch gegen den Strom schwimmen sowie für Menschen, die z.B. aus anthroposophischer Menschenerkenntnis neue Impulse setzen." Die Infostelle stellt Angebote für Fachkräfte, Azubis etc. auf kostenpflichtigen Listen vor. Auf der Website kann man sich als Sucher oder Anbieter registrieren lassen und findet so hoffentlich bald den richtigen Chef bzw. Mitarbeiter.

Riemann Verlag,
www.randomhouse.de/riemann

„Wenn's um die Wurst geht – Gedanken über die Würde von Mensch und Tier", Karl Ludwig Schweisfurth, 18 Euro, ISBN 3570500012. In dieser Autobiographie beschreibt Karl L. Schweisfurth seinen Lebensweg, der ihn von traditionellen Produktionsmechanismen zu ökologischen Alternativen in der Tierhaltung und -vermarktung führte, wie sie jetzt in den Herrmannsdorfer Landwerkstätten praktiziert werden.

Stiftung Ökologie & Landbau, *Postfach 1516, 67089 Bad Dürkheim, T. 06322-989700, F. 06322-989701, info@soel.de, www.soel.de*

Die Stiftung Ökologie & Landbau gibt viele interessante Broschüren und Bücher über Ökolandbau heraus, Verzeichnis kann angefordert werden.

Alternative Lebensformen

Ein paar Spinner gibt's doch noch ...

.... die sich im genormten Deutschland quer stellen und eigene Vorstellungen verwirklichen. Es gibt sogar erstaunlich viele davon! In allen Landesteilen finden sich alternative Bauernhöfe (mehr dazu im Kap. „Ökologische

Landwirtschaft / Inland“), Kommunen, Solidaritätsaktionen, Antifaschisten, Grüne, Anthroposophen und die vielen anderen, die wir hier vergessen haben. Regelmäßig finden Vernetzungstreffen der verschiedenen Lebensgemeinschaften statt, und es besteht auch ein reger Austausch mit Projekten im Ausland. Wer im Zuge seiner Recherchen oder aus eigener Kenntnis von interessanten, alternativen, schreibfreudigen Projekten in deutschen Landen weiß, schreibe uns über den Verlag an unter info@interconnections.de.
Ansonsten bitte im Anschreiben auf dieses Buch als Quelle verweisen und einen frankierten C4-Rückumschlag beilegen.

Permakultur

Allmende e.V. – gemeinschaftlicher Permakulturgarten für Verden, *c/o Klaus Dichtel, Artilleriestr. 6, 27283 Verden, T. 04231-957571, 0171-1565620, F. 01212-510857480, allmende@web.de*

In Verden leben ein paar junge Leute, die auf dem Land an Selbstversorgung und Naturschutz arbeiten und forschen. Sie experimentieren mit ungewöhnlichen Pflanzen und Methoden, ebenso wie mit alten Sorten und Werkzeugen. Das Projekt ist ehrenamtlich und unkommerziell, eher als Forschungs- und Vorzeigeobjekt gedacht. In der Kleinstadt Verden gibt es eine Alternativszene mit Wohngemeinschaften, Wagenplätzen und dem großen Ökologischen Zentrum, wo auch noch drei bis vier weitere FÖJler beschäftigt sind.
Die Permakulturgruppe selbst versucht, möglichst gleichberechtigt zu arbeiten, d.h. volles Mitsprache-/Entscheidungsrecht für die Praktikanten, eigene Zeiteinteilung, Urlaubsplanung etc. Praktikanten werden zwischen Frühling und Herbst angenommen.
Dauer: unterschiedlich
Entlohnung: keine
Kost & Logis: Logis frei
Alter: keine Altersbeschränkung
Einsatzort: Niedersachsen

Gudhorst Seminar-Hotel-Zentrum und Kräutergärtnerei, *c/o Gudrun und Horst Leinweber, Querenhorster Str. 1, 38368 Rennau / OT Rottorf, T. 05356-91810, F. 05356–918134, gudhorst@t-online.de, www.gudhorst.de*

Im Gudhorst Seminarzentrum, in dem neben Gesundheitsberatung und –ausbildung auch Permakulturkurse stattfinden und eine biologische Kräutergärtnerei zu Hause ist, sollen Mensch, Natur und Technik in Einklang miteinander leben und eine Lebensschule bilden. Gudhorst versorgt sich völlig selbstständig mit Strom durch einen großen Windgenerator sowie mit Wasser, indem das Regenwasser genutzt wird. Schmutzwasser wird durch ein eigenes Wasserreinigungssystem geklärt. Ebenso wird die Energie von Erdwärme und Solarkollektoren genutzt. Es werden große Mengen an Obst, Gemüse, Kräutern und Pflanzen zur Eigenversorgung erzeugt.

Zwischen März und Oktober werden Praktikumsplätze von mindestens einem Vierteljahr Dauer angeboten. Die Inhalte der Stelle gibt Gudrun nur kurz und prägnant mit „learning by doing“ wieder. Das heißt wohl, dass Praktikanten sowohl im Freiland und in der Gärtnerei sowie in Küche, Seminarbetrieb und Verwaltung mithelfen.
Dauer: mind. 3 Monate
Entlohnung: keine Angaben
Kost & Logis: keine Angaben
Alter: mind. 16 Jahre
Einsatzort: Niedersachsen

natURWALDgarten, *c/o Johannes Dickmann, Echoer Str. 57, 42369 Wuppertal, T. 0202-469160*

In jahrelanger Kleinarbeit ist dieser Permakulturgarten entstanden, der seinen Namen zu Recht trägt: waldartige Bereiche wechseln mit offenen Flächen ab, je nach Boden, Kleinklima und anderen Bedingungen werden die unterschiedlichsten Obst-, Beeren- und Gemüsearten kultiviert. Pflanzen werden selbst vermehrt und veredelt, Wildsträucher und Stauden bieten Wildtieren bessere Lebensbedingungen, Sonnenfallen verändern das Kleinklima und die zahlreichen „Ecken und Ränder“ schaffen viele Mikro-Lebensräume mit mehrfachen Funktionen. Praktikanten beschäftigen sich im Sommer vor allem mit den Arbeiten im Garten (Mulchen, Pflanzen, Pflanzenvermehrung). Dauer und Zeitpunkt werden mit Johannes Dickmann abgesprochen.
Es besteht während des Praktikums auch die Möglichkeit, im Schulgarten der Umweltstation in Remscheid mitzuarbeiten, wo Johannes beruflich tätig ist. Hier wird mit umweltpädagogischen Zielen an der Erhaltung lokaler Tier- und Pflanzenarten gearbeitet. Es werden Schafe, Hühner und Bienen gehalten; im Bauern- und Apothekergarten wachsen seltene und lokale Kulturpflanzen.
Außerdem verschickt Johannes Listen von Permakultur- und anderen Projekten in Europa, vor allem in Spanien. Es besteht ein enger Kontakt mit dem Permakulturprojekt „Jardines de Acuario“ in der Sierra Espuña (Murcia) in Spanien, so dass Praktikanten des natURWALDgartens bei Interesse auch dieses Projekt besuchen und sich dort nützlich machen können; hierfür sind aber Spanischkenntnisse unabdingbar. Generell ist Johannes sehr aufgeschlossen für eine Zusammenarbeit mit ausländischen Interessenten, und er kann sich neben Deutsch auf Englisch und Spanisch und bedingt auf Französisch verständigen.
Dauer: keine Angaben
Entlohnung: keine Angaben
Kost & Logis: frei
Alter: keine Angaben
Einsatzort: Nordrhein-Westfalen; Spanien

Permakultur Institut e.V. Deutschland,
Informationsbüro: Sonja F. Hörster, Oberer Graben 3a, 85354 Freising, infobuero@permakultur.de, www.permakultur.de

Permakultur Akademie, *c/o Jascha Rohr, Birkenallee 35, 26197 Huntlosen,* *info@permakultur-akademie.net, www.permakultur-akademie.net*

Permakultur in Deutschland entwickelt sich beständig weiter. Die Zahl der Projekte stieg auf 16 (Ende 2002), wovon neun Praktikumsplätze anbieten. Die Bedingungen und Arbeitsschwerpunkte für ein Praktikum sind bei den einzelnen Betreibern zu erfragen. Bei einigen Projekten ist die Teilnahme an einem Permakultur-Einführungskurs Voraussetzung. Seminare, Kurse und Workshops werden regelmäßig von sechs Projekten angeboten, doch kümmern sich auch einzelne Permakultur-Designer um die Weiterbildung. 2002 wurde deshalb auch die Permakultur Akademie gegründet, die das Bildungsangebot vernetzt und erweitert. Ansprechpartner dafür ist Jascha Rohr (s.o.).

Die 1998 begonnene Zusammenarbeit mit Österreich und der Schweiz hat sich weiter verdichtet.

Über das Informationsbüro des Permakultur e.V. ist eine Infomappe über den Verein, seine Aktivitäten, Vernetzungen und Ausbildungsmöglichkeiten erhältlich (4 Euro). Zusammen mit dem Einsteigerbuch „Permakultur kurz und bündig“ von Patrick Whitefield (aktualisierte 2. Auflage) wird daraus das Infopaket, das für 12 Euro zu beziehen ist. Über Rundbriefe, die zweimal im Jahr erscheinen, erfahren die Mitglieder (maximale Zusendung an Interessenten dreimal) die aktuellen Termine und die Arbeitsweise des Vereins. Jährliche Veranstaltungen sind: Himmelfahrtstreffen im Mai im Zentrum PrinzHöfte, Simmerhauser Straße 1, 27243 Harpstedt-Prinzhöfte und die September-Tagung zu einem Schwerpunktthema mit geladenen Referenten an jedes Jahr wechselnden Orten.

Die Internetseite *permakultur.de* bietet Verbindung zu anderen europäischen Permakultur-Organisationen sowie die Möglichkeit, sich in eine Mailing-Liste einzuschreiben, in der Permakultur relevante Fragen diskutiert und beantwortet werden. Dort kann man auch Anfragen zu Praktikumsorten u.Ä. stellen.

Dauer: unterschiedlich

Entlohnung: unterschiedlich

Kost & Logis: in der Regel frei

Alter: mind. 18 Jahre

Einsatzort: Bayern, Hessen, Mecklenburg-Vorpommern, Niedersachsen, Nordrhein-Westfalen, Niederlande

Kooperativen und Kommunen

Fercher von Steinwand e.V.,

Ulrike Reisiger, Im Winkel 11, 88422 Dürnau, T. 07582-9300-0
ulrike@ferchervonsteinwand.org
www.ferchervonsteinwand.org
www.kooperative.de

Die Kooperative Dürnau ist eine Lebens- und Arbeitsgemeinschaft, im Herzen Oberschwabens, zwischen Stuttgart und dem Bodensee gelegen. Um die landwirtschaftlichen, ökologischen und sozialen Aktivitäten der Kommune formalrechtlich zu unterscheiden, wurde der Verein „Fercher von Steinwand“ gegründet, der sowohl Praktika als auch Workcamps anbietet. Was die Praktika angeht, bieten sich,

laut dem Verein, „verschiedene Möglichkeiten“ an. Es steht zu vermuten, dass alles möglich ist, solange die Bedürfnisse des Vereines und die Wünsche der Freiwilligen unter einen Hut gebracht werden können.. Näheres im Kap. „Workcamps & Expeditionen / Deutschland“.
Dauer: Praktika nach Absprache, Workcamps vier Wochen
Kosten: keine
Kost & Logis: frei
Mindestalter: 18 Jahre
Einsatzort: Baden-Württemberg

Ökodorf Sieben Linden, *c/o Ines Lüdemann, Sieben Linden 1, 38486 Poppau, T. 039000-51235, F. –51232, verein@oekodorf7linden.de*

In der Altmark in Sachsen-Anhalt entsteht derzeit ein Ökodorf für etwa 300 Menschen. Anders als so viele Dörfer ist das Ökodorf Sieben Linden ein Versuch, weder entlegene Provinz noch Vorort von Stadt und Industrie zu sein. Es ist der Versuch einer zukunftsorientierten Lebensweise, in der Arbeit und Freizeit, Ökonomie und Ökologie, Individuum und Gemeinschaft, städtische und dörfliche Kultur in kleinen Lebenskreisen zu einem Gleichgewicht finden können. Auf dem 1997 erworbenen Gelände leben zur Zeit etwa 50 Menschen. Eine alte Hofstelle wurde ökologisch ausgebaut und dient als Gemeinschaftshaus und Regionalzentrum für Seminare und andere öffentliche Veranstaltungen. Für Freilichtveranstaltungen wurde ein Amphitheater geschaffen. Im Jahr 2000 wurden zwei Wohnhäuser für ca. 20 Personen im Niedrigenergiestandard gebaut. Kürzlich wurde ein zweigeschossiges Strohballen-Wohnhaus, das in reiner Handarbeit von einer Lebensgemeinschaft des Ökodorfes (Club 99) nur unter Verwendung von regionalen und Recyclingmaterialien gebaut wurde, fertiggestellt. Mit dem Bau eines weiteren großen Strohballenwohnhauses begann eine andere Gruppe. Außerdem gibt es eine Schmuckschmiede und Steinschleiferei, ein Atelier künstlerisch kreativer Frauen und eine Foodcoop.
Neben zwei FÖJ-Stellen besteht die Möglichkeit wochenweise, auf den Selbsthilfebaustellen, bei Pflanzarbeiten im Wald, im Garten oder in der Küche mitzuhelfen und darüber einen Einblick in ökologisches Gemeinschaftsleben zu erhalten.
Dauer: mind. 1 Woche
Entlohnung/Kosten: unterschiedlich
Kost & Logis: gewöhnlich frei od. geringer Eigenbeitrag
Alter: keine Angaben
Einsatzort: Sachsen-Anhalt

Stamm der Likatier, *c/o Ulrike Driendl, Magnusplatz 6, 87629 Füssen, T. 08362-38993, F. 08362–6418, stamm-der-likatier@likatien.com, www.likatien.de*

Als eines der wenigen Gemeinschaftsprojekte hat Stamm Füssen Eins seine Gründungsphase in den 70er Jahren überlebt. Seit kurzem nennen sie sich Stamm der Likatier. Mittlerweile leben dort 156 Stammesmitglieder und besitzen 44 Häuser und über 60 Hektar Land in Füssen und in einigen umliegenden Ortschaften. Diese beherbergen etliche Betriebe: Verlag, Marketingfirma, Einzelhandelsgeschäft, Versandhandel, Internetshop, Computergeschäft, Softwarefirma, Seminarbetrieb, Heilpraktikerschule, Arztpraxis, Rechtsanwaltskanzlei, Messe- und Marktveranstaltungen, Ökologischer Landbau, Forstwirtschaft und Biologisches Bauen. Auf lange Sicht streben sie eine wirtschaftliche, kulturelle und politische Unabhängigkeit an, wobei sie gleichzeitig intensive Zusammenarbeit und Freundschaft mit anderen Gemeinschaften pflegen.

Über ihre eigene Philosophie äußert sich der Stamm der Likatier wie folgt: „Wir lehnen auf der einen Seite künstliche Hierarchien und künstliche Autoritäten genauso ab, wie wir auf der anderen Seite natürliche Hierarchien und Autoritäten befürworten. Wir arbeiten an der Verwirklichung matriarchalischer Strukturen in unserem Stamm, wichtige Entscheidungen werden nach dem Konsensprinzip getroffen. Unser wichtigstes Ziel ist die Wahrnehmung und das Verstehen von Wirklichkeit und dessen Ausdruck in Lebendigkeit. Stämme und Gemeinschaften erscheinen uns als Grundlage von Erkenntnis und wirklicher Lebendigkeit, und nach unserer Auffassung sind einzig sie in der Lage, Kultur zu bilden."

Der Einsatz Freiwilliger muss aufgrund der großen Vielfalt an Aktivitäten auf die Interessen des Einzelnen abgestimmt werden. So kann man in praktischen Naturschutzarbeiten, Landwirtschaft und Umweltbildung sowie bei Büro- und Verwaltungsaufgaben helfen.

Dauer: unterschiedlich
Entlohnung: unterschiedlich
Kost & Logis: frei
Alter: keine Angaben
Einsatzort: Bayern

Association of Camphill Communities, *c/o Gawain House, 56 Welham Road,*
Norton, North Yorkshire YO17 9DP, Großbritannien, T. +44-1653-694197, F. –600001, info@camphill.org.uk, www.camphill.org.uk

Auch in Deutschland gibt es zwölf Camphillprojekte, vier davon sind Dorfgemeinschaften in Süddeutschland und im Rheinland. Eine ausführliche Beschreibung der Camphillbewegung ist im Kap. „Alternative Lebensweisen / Ausland" nachzulesen.

Wer sich für eine zeitweilige Mitarbeit in einem dieser Projekte interessiert, wende sich bitte an die englische Adresse, um die internationale Adress- und Telefonliste zu erhalten und sich dann direkt mit den Gemeinschaften in Verbindung zu setzen.

Dauer: 6 oder 12 Monate
Entlohnung: evt. Taschengeld
Kost & Logis: frei
Einsatzort: Baden-Württemberg, Bayern, Nordrhein-Westfalen

Adressen und Hinweise

Siehe auch Literaturhinweise bei „Alternative Lebensformen" im Kap. des Auslandteils.

Ch. Links Verlag, Berlin,
mail@linksverlag.de

“Ausstieg in die Zukunft, eine Reise zu Ökosiedlungen, Energie-Werkstätten und Denkfabriken“, Ulrich Grober, 1998, 283 S., 18 Euro, ISBN 3861531593. Beschreibungen und ausführliche Interviews mit einigen der größeren und bekannteren alternativen Projekten im bundesdeutschen Raum. Gut zu lesen, leider schon wieder etwas veraltet.

eurotopia,
Ökodorf Sieben Linden, 38486 Bandau, T. 039000–90621, F. –51232, info@eurotopia.de, www.eurotopia.de

Das Buch „eurotopia - Gemeinschaften und Ökodörfer“ in Europa wurde 2005 komplett neu recherchiert und überarbeitet. 348 Gemeinschaften aus 23 Ländern werden ausführlich dargestellt. Dazu gibt es noch einige hundert weitere Adressen von Gemeinschaften & Netzwerken sowie interessante redaktionelle Artikel. Mit seinen 448 Seiten ist das Buch das Standdardwerk für alle „Suchenden“ oder an Vernetzung interessierten Menschen. ISBN 3-00-013772-6, 3. Auflage, € 18; portofreier Versand innerhalb Deutschlands. Die neue Auflage ist auch in englischer Sprache erhältlich; die spanische Ausgabe man 2001 heraus und ist schon etwas angejahrt.

OLV Organischer Landbau Verlagsgesellschaft mbH, *Mölleweg 8, 46509 Xanten, T. 02801-71701, F. 02801–71703, info@olv-verlag.de*

Zeitschrift „Natürlich Gärtnern“; erscheint sechs Mal jährlich, 26 Euro im Abonnement incl. Versand (34 Euro ins Ausland).

„Permakultur kurz und bündig – Schritte in eine ökologische Zukunft“ von Patrick Whitefield, 2. aktualisierte Aufl. 2001, 78 S., 9,50 Euro. Eine knappe aber umfassende Einführung in die Permakulturidee, zahlreiche Skizzen und Zeichnungen, im Buchhandel oder direkt beim OLV-Verlag zu bestellen.

„Das große Handbuch Waldgarten“ von Patrick Whitefield, 1999, 178 S., 25,50 Euro. Ein gutes, praxisnahes Fachbuch zum Thema Waldgarten mit guten Beschreibungen der Pflanzen.

Workcamps und Expeditionen

Hart aber herzlich

„Gemeinsam leben und arbeiten“ – unter diesem Motto bringen internationale Workcamps für eine kurze Zeit Freiwillige unterschiedlicher Herkunft zusammen. Die gemeinsame Arbeit an einem Projekt steht dabei stets im Dienst der Allgemeinheit. Die ersten Workcamps standen im Zeichen von Frieden und Völkerverständigung. Bis heute finden zahlreiche „peace camps“ auf dem Gelände ehemaliger Konzentrationslager und anderer Gedenkstätten für die beiden Weltkriege statt. Ein besonderer Aspekt von Workcamps ist auch die Beschäftigung mit Geschichte und Kultur des Gastlandes sowie die persönliche Anschauung seiner sozialen und wirtschaftlichen Bedingungen. Neben der praktischen Arbeit gehört auch die inhaltliche Vertiefung eines Studienthemas zum Programm der meisten Workcamps. Bei außereuropäischen Camps finden zusätzlich Vorbereitungsseminare statt.

Das Angebot an Workcamps mit dem Schwerpunkt Natur und Umwelt ist mittlerweile nahezu unüberschaubar. Hinzu kommt, dass nur wenige Veranstalter getrennte Programme für soziale, kulturelle und ökologische Dienste vorlegen; so gehen beispielsweise Umweltschutz und Entwicklungshilfe häufig Hand in Hand. Genaues Durchlesen der Ausschreibungen lohnt sich also. Kritisch sehen wir Programme mit stark touristischem Anklang: zwei halbe Tage Mitarbeit an einem Projekt mit „Einheimischen“ und den Rest der Zeit geführte Wanderungen und „sight seeing“ fallen sicherlich nicht mehr unter die Rubrik „Workcamp“, sondern sind allenfalls noch als Seminar zu bezeichnen.

In diesem Kapitel sind zunächst unter der Überschrift „Workcamps weltweit“ solche Organisationen aufgeführt, die Workcamp-Teilnehmer in eine Vielzahl von Ländern vermitteln. Manche dieser Träger sind international verzweigt und treten nicht nur in Deutschland, sondern auch in anderen Staaten auf, beispielsweise der Service Civil International (SCI) oder das Christian Movement for Peace (CMP) / Christlicher Friedensdienst (cfd). Daneben gibt es in vielen Ländern natürlich auch noch nationale Verbände und Einrichtungen, die in erwähnenswertem Umfang Workcamps anbieten, die auch Teilnehmern aus dem Ausland offen stehen. Solche Veranstalter sind jeweils unter dem betreffenden Ländernamen aufgeführt. Im Zweifelsfall haben wir gerade kleinere Workcampveranstalter mit aufgenommen, weil uns das Projekt interessant und wichtig erschien, ohne dass wir deshalb den Anspruch auf Vollständigkeit erheben können. Es ist also nicht ausgeschlossen, dass in einem Land noch weitere Angebote bestehen – auch solche internationaler Organisationen.

Für alle Workcamps sind Anmelde- oder Teilnahmegebühren in unterschiedlicher Höhe zu entrichten. Wenn im Text nicht anders aufgeführt, dann sind Unterkunft und Verpflegung stets in den Teilnahmegebühren enthalten. Die Unterbringung ist schlicht und die Gruppen versorgen sich in der Regel selbst. Campsprache ist überwiegend Englisch; jedoch sind in vielen Fällen auch Kenntnisse der jeweiligen Landessprache mehr als hilfreich. Wir raten, sich auf jeden Fall vor einem Workcamp nach dem Versicherungsschutz zu erkundigen und eine zusätzliche Auslandskranken- und Unfallversicherung abzuschließen. Gerade bei Workcamps im Bereich „praktischer Naturschutz" ist eine Tetanusimpfung unerlässlich! Hier kann der Hausarzt ohne großen Aufwand behilflich sein (Apropos Infektionen: Kondome nicht vergessen!)

Die meisten Veranstalter verschicken wesentlich mehr Programme und Broschüren, als dann tatsächlich Anmeldungen eingehen, was die Kosten in die Höhe treibt. Daher immer ausreichendes Rückporto in Briefmarken bzw. bei Organisationen im Ausland mindestens zwei IS beilegen – am besten auch noch einen an sich selbst adressierten C5-Umschlag – und bei Anfragen immer angeben, dass die Anschrift aus diesem Buch stammt. Sollte jemand abweichende Auskünfte erhalten, auf ganz neue Möglichkeiten stoßen oder gar selbst an einem Workcamp teilnehmen, bitten wir um Nachricht über den Verlag,
info@interconnections.de
Anregungen, Erfahrungen und Wünsche sind stets willkommen.

Workcamps weltweit

Akademie für Natur- und Umweltschutz *beim Ministerium für Umwelt und Verkehr Baden-Württemberg, Postf. 10 34 39, 70029 Stuttgart, T. 0711-126-2818, F. 0711-126-2893, umweltakademie@uvm.bwl.de, www.uvm.baden-wuerttemberg.de/akademie*

Stiftung Europäisches Naturerbe (Euronatur), *c/o Matthias Meißner, Grabenstraße 25, 53359 Rheinbach, T. 02226-2045, F. 02226-17100, matthias.meissner@euronatur.org, www.euronatur.org*

Die Akademie ist eine Einrichtung des Landes Baden-Württemberg und unmittelbar dem Ministerium für Umwelt und Verkehr unterstellt. In Zusammenarbeit mit der Stiftung führt sie seit 1987 pro Jahr etwa fünf international besetzte Jugendworkcamps in europäischen Ländern durch, z.B. in Deutschland, auf Island, in Spanien, Polen und Griechenland. Gemeinsam mit Jugendlichen aus den besuchten Regionen werden praktische Naturschutzarbeiten ausgeführt, die für die Projekte der nationalen Partnerverbände wichtig sind. Die Naturschutz-Jugendworkcamps dienen der europäischen Umweltverständigung. Sie sind in dieser Form beispielhaft in der internationalen Jugendarbeit. Im Teilnahmebeitrag sind im Normalfall auch die gemeinsame Anreise, Exkursionen und ein umfassendes Versicherungspaket enthalten. Näheres ist dem jährlichen Programm zu entnehmen, das bei der Akademie für Natur- und

Umweltschutz Baden-Württemberg angefordert werden kann und über die Homepage der Akademie abrufbar ist.
Dauer: 2 Wochen
Kosten: 300-400 Euro
Alter: 16-25 Jahre
Sprachkenntnisse: Englisch und/oder jeweilige Landessprache

British Trust for Conservation Volunteers (BTCV), *Booking Office, International Conservation Holidays, 36 St Mary's Street, Wallingford, Oxfordshire OX10 0EU, Großbritannien, T. +44-1491-821600, F. +44-1491-839646, information@btcv.org.uk, international@btcv.org.uk, www.btcv.org.uk*

Führende Organisation in Großbritannien bei Freiwilligeneinsätzen im praktischen Natur- und Umweltschutz. Neben den Veranstaltungen in Großbritannien führt der BTCV auch internationale Naturschutz-Workcamps in über 20 Ländern auf der ganzen Welt durch. BTCV hat z.T. exklusive Camps im Programm, die sonst kein Veranstalter anbietet. Als Highlight sind seit einigen Jahren jeden Sommer spezielle Einsätze auf Island im Angebot. Sechs Camps gab es im letzten Jahr in den schönsten Nationalparks und Naturschutzgebieten der Insel. Allerdings sind die Einsätze auf Grund der anstrengenden Arbeit und der rauen Bedingungen nur für körperlich fitte Teilnehmer mit guter Ausrüstung geeignet. Der professionell gestaltete Katalog „conservation holidays" mit vielen Farbfotos macht sofort Lust, mit der Arbeit loszulegen. Fast jedes Camp hat ein gewisses Etwas: atemberaubende, unbekannte Landschaften, spannende Projekte oder einfach ungewöhnliche Begegnungen mit Menschen einer fremden Kultur. BTCV-Freiwillige und Camp-Teilnehmer unterstützen und fördern dabei gezielt neugegründete, lokale Umweltgruppen und Initiativen. In den Camps arbeiten auch Freiwillige der Gastorganisationen oder aus dem Projektgebiet mit. Reisekosten sind in der Teilnahmegebühr in der Regel nicht enthalten. Teilnehmer aus Übersee buchen ihre Flüge und organisieren die Anreise zum „pick-up point" selbstständig. Der BTCV setzt verstärkt auf Online-Buchungen über die Internet-Homepage als schnelle und kostengünstige Buchungsmöglichkeit. Alle „conservation holidays" erscheinen auch im Internet, wobei Spezialangebote zuerst im Netz bekannt gemacht werden. Wer dennoch den gedruckten Katalog haben möchte, der wird aufgefordert, 2,20 Pfund fürs Rückporto beizulegen. Für die internationalen Workcamps außerhalb des Vereinigten Königreichs ist das „International Conservation Holidays Department" mit eigenem „Booking Office" und eigener E-Mail zuständig.
Dauer: 1-2 Wochen
Kosten: 320-1.450 £ (z.T. inkl. Flug)
Alter: mind. 18 Jahre
Sprachkenntnisse: grundlegende Englischkenntnisse

Coral Cay Conservation (CCC), *UK Head Office, Volunteer Recruitment Coordinator, The Tower, 13th Floor, 125 High Street, Colliers Wood, Lon-*

don SW19 2JG, Großbritannien,
T. +44-870-7500668,
F. +44-870-7500667,
info@coralcay.org,
recruitment@coralcay.org,
www.coralcay.org

Die Anfänge von Coral Cay liegen im Great Atlantic Barrier Reef, das zu dem mittelamerikanischen Staat Belize (ehemals Britisch-Honduras) gehört. Der Küste des Landes sind zahlreiche kleine Koralleninseln und -riffe, die so gen. Cays, vorgelagert. Im Auftrag von Regierungen erforscht und untersucht CCC Korallenriffe und Lagunen, sammelt Daten und erarbeitet Konzepte für den Schutz und eine nachhaltige Nutzung tropischer Ressourcen. Für seinen Einsatz zum Schutz der Korallenriffe sowie tropischer Küsten und Wälder in der Karibik und im Pazifik hat CCC bereits zahlreiche Auszeichnungen erhalten.

CCC schickt jedes Jahr Hunderte von Freiwilligen in internationalen Expeditionen nach Belize, nach Malaysia, auf die Fidschi-Inseln und auf die Philippinen. Zu jeder Expedition gehören etwa 30 Leute. Die Teams arbeiten oft in abgelegenen tropischen Regionen. Zitat: „Coral Cay Conservation Volunteers are at the extreme end of tourism – they are hard-core ecotourists." Es bestehen keine Teilnahmevoraussetzungen: Jeder Teilnehmer durchläuft die erste Woche bzw. die ersten zwei Wochen einen obligatorischen Lehrgang, der Tropenökologie, Sicherheit u.a. Aspekte der Expeditionen beinhaltet. CCC bietet sowohl „marine expeditions" als auch „forest expeditions". Bei erstgenannten verbringen die Freiwilligen die meiste Zeit mit Tauchgängen. Wer nicht tauchen kann, hat die Möglichkeit eine Woche vor Beginn der Expedition vor Ort an einem Lehrgang teilzunehmen. Dabei fallen zusätzliche Kosten an. Die ersten beiden Wochen danach bestehen aus einem Lehrgang und dienen der wissenschaftlichen Einarbeitung. Zwei Tauchgänge täglich sind kein Zuckerschlecken und nur für Leute mit ausgezeichneter Kondition und ohne gesundheitliche Einschränkungen geeignet. Wer nicht tauchen will, kann an „forest expeditions" teilnehmen und macht Bestandserhebungen im Tropenwald. Der Einführungslehrgang dauert hier nur eine Woche. Auch die Teilnahmegebühr ist niedriger. Internationale Flüge, Versicherungen und Ausrüstung sind nicht im Teilnahmebeitrag enthalten. Bewerber werden nach Eingang der schriftlichen Anmeldung noch einmal telefonisch interviewt. Ein ausführlicher „Expedition Guide" dient der gezielten Vorbereitung.

Dauer: mindestens 2 Wochen
Kosten Tauchtraining: 400 £ (1 Woche)
Kosten Lehrgang: 350 £ (1 Woche) bzw. 700 £ (2 Wochen)
Kosten Expedition: 100-300 £ / Woche
Mindestalter: 16 Jahre
Sprachkenntnisse: Englisch

Earthwatch Europe,
267 Banbury Road,
Oxford OX2 7HT, Großbritannien,
T. +44-1865-318838, F. +44-1865-311383, info@earthwatch.org.uk,
www.earthwatch.org/europe

Earthwatch Institute, *Headquarters, 3 Clock Tower Place, Suite 100, PO Box 75, Maynard, Massachusetts 01754-0075, USA, T. +1-978-461-0081, F. +1-978–461-2332, info@earthwatch.org, www.earthwatch.org*

Wurde 1971 in Boston, Massachusetts, gegründet: „The mission of Earthwatch is to improve human understanding of the planet, the diversity of its inhabitants, and the processes that affect the quality of life on earth." Earthwatch ist die größte internationale Organisation, die wissenschaftliche Forschungsprojekte fördert, indem sie Freiwillige vermittelt. Jedes Jahr unterstützen nahezu 4.000 so genannte „EarthCorps" Wissenschaftler in der ganzen Welt bei ihren Feldstudien durch aktive Mitarbeit und finanzielle Beteiligung nach dem Motto „Serve to learn, learn to serve". Die Teilnahme an einer Earthwatch-Expedition erfordert daher keinerlei Fachkenntnisse.

Jährlich beantragen über 1.200 Wissenschaftler Unterstützung für ihre Projekte. Eine unabhängige, Kommission prüft und entscheidet, welche Vorhaben von Earthwatch gefördert werden. Im letzten Jahr wurden über 130 Projekte in 45 Ländern gesponsert. Insgesamt hat Earthwatch bisher weltweit über 2.900 Projekte unterstützt und dafür mehr als 50 Mill. US-Dollar und zehn Millionen Arbeitsstunden aufgebracht. Die Projekte beschäftigen sich mit Fragen der Artenvielfalt, der globalen Umweltveränderung, der nachhaltigen Entwicklung, der Verhaltensforschung sowie mit der Erforschung gefährdeter Arten, von Korallenriffen, der Regenwälder, der Lebensweise von Walen, Delfinen u.a. Meeressäugern etc.

„Expedition Briefings" informieren auf 25 bis 50 Seiten über jedes einzelne Projekt, seine Geschichte und Forschungsziele, über das Forscherteam und den täglichen Arbeitsablauf. Sie können gegen eine Gebühr telefonisch oder per E-Mail angefordert werden. Daneben gibt es einen jährlichen „Research and Exploration Guide" mit Beschreibungen aller Forschungsexpeditionen. Er kostet ca. acht Pfund und kann ebenfalls über die Homepage bestellt werden.

100 Prozent Luftfeuchtigkeit: Unter Geiern und Bären in Nordspanien

Morgendlicher Rundblick: Hinter der kleinen Kirche, die sich ängstlich an den Hang drängt, schlitzen die schroffen Felsen wieder einmal die Wolken auf. Es regnet leicht. Trotzdem ist der Hang auf der anderen Talseite deutlich zu erkennen. Der Blick schweift weiter gen Himmel. Da! Schwarze Punkte zeichnen sich gegen das Grau ab – zwei, vier, fast ein Dutzend. Das Fernglas gibt Aufschluss. Über jener Stelle, an der gestern eines der kleinen, gedrungenen Pferde, wie sie für das Kantabrische Gebirge typisch sind, abgestürzt ist, kreisen wieder die Geier. [...]

Für uns und die zwölf jungen Naturschützer aus Spanien waren fünf Zelte und

eine Gemeinschaftsbaracke zehn Tage lang das „Basislager“ im Rahmen des von der Stiftung Europäisches Naturerbe zusammen mit der Spanischen Stiftung zum Schutz wildlebender Tiere durchgeführten Jugendworkcamps.
Die Zelte sind zum Glück wasserdicht, denn der Regen ist inzwischen zu unserem ständigen Begleiter geworden. Selbst die Stieleichen und Wildkirschen, die wir an den Hängen rund um San Esteban pflanzen, kommen nicht immer im Trockenen in die Erde. Die Pflanzaktion ist ein Teil des Programms „Früchte für den Bären“, mit dem der Lebensraum der rund achtzig noch im Kantabrischen Gebirge lebenden Braunbären verbessert werden soll. Exkursionen und Wanderungen, Gespräche mit Naturschützern und Regierungsbeamten vermitteln uns einen umfassenden Eindruck von den Möglichkeiten und Problemen, die beim Schutz der Bären und bei der Auswilderung der Geier bestehen.“

Matthias Krause, Teilnehmer an einem EURONATUR-Workcamp, über Geier, Bären und viel Regen in Nordspanien.

Da die „EarthCorps“ sowohl Vorbereitung, als auch Durchführung der Projekte mitfinanzieren, liegen die Teilnahmegebühren außergewöhnlich hoch. Die Kostenbeteiligung beträgt im Durchschnitt 1.800 Dollar für ein bis drei Wochen. Zudem gehen die teils erheblichen Kosten für An- und Abreise zum und vom Einsatzort zu Lasten der freiwilligen Helfer. Manche Teilnehmer finanzieren ihre Teilnahme daher über lokale Sponsoren, Stipendien und außergewöhnliche Spendenaktionen. Earthwatch wirbt gezielt Sponsoren aus der Wirtschaft und sucht die Zusammenarbeit mit Unternehmen. 20 Prozent der Einnahmen sind Beiträge aus der Industrie und Zuwendungen von Stiftungen. Earthwatch-Büros sitzen in Melbourne, Oxford und Tokio. Für Internet-Surfer hat Earthwatch ein eigenes (sehr gutes) Angebot eingerichtet, das mehr als 1000 Seiten mit detaillierten Projektbeschreibungen, Fotos und den neuesten Forschungsergebnissen umfasst.

Dauer: i. d. R. 2 Wochen (gelegentlich 4 Wochen)
Kosten: 700-4.000 US-$
Alter: mind. 16 Jahre
Sprachkenntnisse: Englisch

Ecovolunteer Program, *c/o Roel Cosijn, Meyersweg 29, 7553 AX Hengelo, Niederlande, T. +31-74-2508250, F. +31-74-2506572, info@ecovolunteer.org, www.ecovolunteer.org*

Das „Ecovolunteer Program“ entstand 1992 aus einem Reiseveranstalter und arbeitet seit 1998 als eigenständige Non-Profit-Organisation mit Sitz in den Niederlanden. Von dort aus wird ein Netz unabhängiger nationaler Agenturen koordiniert. Ziel des Pro-

gramms sind besondere, verantwortliche, lehrreiche und freudige Naturerlebnisse in Gesellschaft mit Gleichgesinnten. Mit ihrem Einsatz unterstützen die Freiwilligen die Projekte nicht nur durch ihre aktive Mitarbeit, sondern auch finanziell: etwa 75 Prozent des Reisepreises fließen unmittelbar in das Projekt. Gerade Forschungsprojekte, die sich mit der Erhaltung der Natur beschäftigen, sehen sich einem immer größer werdenden wirtschaftlichen Druck ausgesetzt und sind auf solche Mittel angewiesen.
Das Ecovolunteer-Programm unterstützt weltweit etwa 30 überwiegend wissenschaftliche Projekte in den Bereichen Naturschutz, Artenschutz und Erforschung wildlebender Tierarten. In Europa gibt es zum Beispiel Wal- und Delfinprojekte am Mittelmeer und Wolfsprojekte in Rumänien oder Polen. Aber auch Projekte zur Erforschung der Lebensweise von Brüllaffen (Mexiko), Otter (Brasilien), Nashörnern (Swaziland), Flusspferden (Malawi), Przewalski-Pferden (Mongolei) oder von Gibbons (Thailand) sind am Programm beteiligt. Die Arbeit läuft in kleinen Teams aus Experten, Einheimischen und Volontären. Die Möglichkeit an einem Projekt teilzunehmen, besteht im Prinzip das ganze Jahr über. Die Teilnahmebedingungen (Versicherungen, Unterkunft, Anreise, Benimmregeln etc.) sind ausführlich im Internet beschrieben.
Dauer: mind. 1 Woche, max. 6 Monate
Kosten: 200 Euro (1 Woche) bis 1.500 Euro (3 Wochen)
Alter: mind. 18 Jahre
Sprachkenntnisse: Englisch

Frontier, *Volunteer Coordinator, 50-52 Rivington Street, GB – London EC2A 3QP, T. +44-20-76132422, F. -76132992, enquiries@frontierprojects.ac.uk, www.frontierprojects.ac.uk*

Unter dem Motto „conservation through exploration“ fördert Frontier Forschungsprogramme unter anderem in Tansania (Korallenriffe, Küstenwälder, Savanne), Madagaskar und Vietnam (Regenwald), indem es Wissenschaftlern freiwillige Helfer zur Seite stellt, die ihre eigenen Kosten und einen Teil der Expeditionskosten tragen. Für viele Teilnehmer ist das Einwerben von Sponsorengeldern eine ebenso große Herausforderung wie die Expedition selbst. Jedes Frontier-Projekt basiert auf der Zusammenarbeit mit Forschungseinrichtungen und Naturschutzverbänden des Gastlandes. Einheimische Wissenschaftler leiten auch die Arbeit der Freiwilligen. Dazu gehört das Sammeln und Auswerten von Umweltdaten und sozioökonomischen Daten, das Erstellen von Arten-Inventaren sowie das Anfertigen von Karten und Plänen zu Topografie und Pflanzenwelt. Daneben kann man jedoch auch in kurzer Zeit einiges über den wahren Alltag auf einer Expedition lernen, denn es gilt notwendige Aufgaben für das Team zu erledigen: Einkauf auf lokalen Märkten, Küchendienst, Bau von Unterkünften, Waschgelegenheiten und Latrinen etc.
Expeditionen von vier, acht, zehn oder

20 Wochen Dauer stehen zur Auswahl. Je nach Einsatzort sind unterschiedlichste Eigenschaften von Nutzen, jedoch nicht unabdingbare Voraussetzung. Die fürs Expeditionsleben und für die Naturschutzaufgaben nötigen Kenntnisse und Fähigkeiten werden vor Ort durch ein „training programme“ vermittelt. Vor einer Bewerbung sollten Interessenten zunächst ein Informationspaket anfordern oder aus dem Internet herunterladen. Es besteht aus zwei Broschüren und einem Bewerbungsformular. Bevor es losgehen kann, durchlaufen die Expeditionsmitglieder ein Telefoninterview und werden für ein Wochenende zu einer „briefing session“ eingeladen. Gefragt sind u.a. Eigeninitiative und Begeisterung. Die unten aufgeführten Kosten decken u.a. das Einführungswochenende sowie Verpflegung, Transport, Ausrüstung, Training und Unterkunft vor Ort. Hinzu kommen noch Kosten für den Flug sowie eventuell für einen Tauchlehrgang (ca. 300 Pfund).

Dauer: 4-20 Wochen

Kosten: ab 1.600 Pfund (4 Wo.), ab 2.200 Pfund (10 Wo.), ab 3.550 Pfund (20 Wo.)

Alter: mind. 17 Jahre

Sprachkenntnisse: Englisch

Global Volunteers, *375 East Little Canada Road, St. Paul, Minnesota 55117-1628, USA, T. +1-800-4871074 o. -651-407-6100, F. +1-651-482-0915, info@globalvolunteers.org oder email@globalvolunteers.org, www.globalvolunteers.org*

Gemeinnützige amerikanische Einrichtung, die sich zum Ziel gesetzt hat, durch langjährige Partnerschaften mit lokalen Gemeinden ein Fundament für mehr Verständigung in der Welt zu schaffen. Sie entsendet jedes Jahr auf Anfrage lokaler Stellen und unter einheimischer Anleitung 150 Freiwilligenteams in insgesamt 18 Länder. Die Helfer leben für kurze Zeit mit der Bevölkerung und verwirklichen mit ihr zusammen Projekte für die wirtschaftliche und gesellschaftliche Entwicklung. Die Arbeit der Volontäre umfaßt sechs Kategorien: u.a. Englisch-Sprachunterricht, Gesundheitsvorsorge, Bau und Reparatur sozialer Einrichtungen, aber auch Umweltschutzprojekte. In Costa Rica und auf Hawaii helfen die Freiwilligen beim Schutz der Regenwälder und Korallenriffe. Sie entfernen eingewanderte Pflanzenarten und legen neue Wanderwege an. Nebenbei lernen sie einfachste Lebensbedingungen kennen, da sie in Gastfamilien untergebracht sind.

GV vermittelt Freiwillige aller Altersgruppen und jeder Bevölkerungsschicht – von der Studentin bis zum Berufstätigen. Sehr viele Teilnehmer sind übrigens zwischen 50 und 80 Jahre alt. Auch Teilnehmer aus Europa sind willkommen. Interessenten sollten vor einer Bewerbung das „Online Volunteer Booklet“ auf der Homepage durchlesen. Bewerbung auch online. Das Bewerbungsformular lässt sich aber auch ausdrucken und per Post oder Fax verschicken. Besondere Fähigkeiten oder eine Berufsausbildung werden nicht verlangt. Mehr als 90 Prozent der Bewerbungen sind

erfolgreich. Die „Volunteer Coordinators" geben auch Namen und Telefonnummern von Freiwilligen weiter, die von Erfahrungen vor Ort berichten können. Die Teilnehmer zahlen den Flug ins jeweilige Gastland aus eigener Tasche.
Dauer: 1-3 Wochen
Kosten: 1.300-2.400 US-$
Alter: mind. 18 Jahre
Sprachkenntnisse: Englisch

Internationale Begegnung in Gemeinschaftsdiensten e.V. (IBG)
Schlosserstr. 28, 70180 Stuttgart, T. 0711-6491128 o. –6490263, F. 0711-6409867, ibg-workcamps@t-online.de, www.ibg-workcamps.org

Veranstaltet pro Jahr rund dreißig internationale Workcamps in eigener Regie in Deutschland und der Schweiz und vermittelt in Workcamps von Partnern in Europa und Übersee. Die Teilnehmer arbeiten mit Senioren und Kindern, an der Renovierung von Gebäuden, an Projekten gegen Ausländerfeindlichkeit, an Umwelt- und Naturschutzprojekten oder mit Behinderten. Umweltcamps dienen u.a. dem Schutz von Schildkröten in Mexiko oder dem Schutz der Leuchtkäfer in Japan. Andere Freiwillige legen Wanderwege in Nationalparks in Wales an. Insgesamt sind circa 1.000 Workcamps pro Jahr im Angebot, das sich z.T. mit dem Angebot des SCI (s.u.) überschneidet. Umweltcamps für Teenager gibt es in Armenien, Frankreich, Estland und Litauen.
Eine Besonderheit sind gemeinnützige Projekte in Lateinamerika, z.B. ein Umweltprojekt in Ecuador. IBG bietet mehrtägige Vorbereitungstreffen an, besonders für Teilnehmer, die keinerlei Workcamp-Erfahrung haben und in eines der folgenden Länder oder eine der Regionen reisen möchten: Ecuador, Mexiko, Fernost, arabische Länder. Bevor die Freiwilligen aufbrechen, werden sie dort über besondere Themen und die Situation in ihrem Gastland informiert. In Einzelfällen gewährt IBG unter Umständen im Nachhinein einen Fahrtkostenzuschuss. Einzelheiten im Sommerprogramm „Workcamps in Europa und Übersee". Anmeldeformulare sind im Internet abrufbar.
Dauer: 2-4 Wochen
Kosten: ca. 100-150 Euro
Alter: 18-30 Jahre bzw. ab 15 Jahre (Teenager-Camps)
Sprachkenntnisse: Englisch, gutes Spanisch (Lateinamerika)

Internationale Jugendgemeinschaftsdienste e.V. (IJGD),
Bundesverein, Kaiserstraße 43, 53113 Bonn, T. 0228-22800-0 o. -22800-11 /-12, F. 0228-22800-24, ijgd.bonn@ijgd.de, ijgd.bonn@ijgd.de, www.ijgd.de

IJGD Berlin, *Workcamps in Afrika, Asien und Lateinamerika (AALA), Glogauer Straße 21, 10999 Berlin, T. 030-6111091, F. 030–6111094, ijgd.berlin@ijgd.de*

Führt jährlich etwa 120 eigene Workcamps und Europäische Jugendwochen im gesamten Bundesgebiet durch. Internationale Kontakte ermöglichen die Teilnahme an Workcamps zahlreicher Partner im Ausland – von

Armenien bis Weissrussland –, wobei der zahlenmäßig größte Austausch mit europäischen und nordamerikanischen Partnern abgewickelt wird. In den letzten Jahren kamen neue Organisationen hinzu, z.B. in Südkorea und der Mongolei. Erst seit kurzem führen die IJGD auch Teilnehmeraustausch mit Ländern auf dem Balkan durch. Die nationalen Partner regeln Gestaltung und Durchführung ihrer Workcamps völlig eigenständig. Die Projekte gliedern sich in Bereiche wie Bauen & Renovieren, Archäologie & Kulturhistorisches, Soziale Dienste, Wald & Flur, Natur & Umwelt. Maßnahmen im Bereich des Umwelt- und Naturschutzes haben sich seit einigen Jahren zu einem Programmschwerpunkt entwickelt. Sie reichen von der Landschafts- und Biotoppflege über den Küstenschutz bis zur Mitarbeit auf einem Ökohof. Teenage-Camps richten sich speziell an Jugendliche ab 15 Jahren.

Jedes Jahr können rund hundert Freiwillige an Workcamps in Asien, Afrika und Lateinamerika (AALA) teilnehmen. Diese internationalen Workcamps dauern in der Regel drei Wochen. Ihr Ziel ist es, die Landbevölkerung beim Bau von Schulen, Bewässerungsanlagen etc. zu unterstützen. Bewerber sind verpflichtet, an zwei Vorbereitungsseminaren teilzunehmen und Sprachkenntnisse nachzuweisen.

Auch bei den IJGD müssen die Teilnehmer ihre Anreise selber organisieren. In einigen Ländern fällt ein höherer Teilnahmebeitrag an als unten angegeben. Jedes Jahr erscheint ein umfangreiches Programm „Internationale Workcamps“ fürs Inland. Ab März oder April kann auch das Auslandsprogramm mit den Camps der IJGD-Partner zusammen mit dem Anmeldeformular von der Homepage heruntergeladen werden. Die Geschäftsstelle Berlin/Potsdam ist für die Workcamps in Afrika, Asien und Lateinamerika zuständig.

Dauer: 2-4 Wochen

Kosten: 95 Euro (Inland) bzw. 120-145 Euro (Ausland)

Kosten: 200 US-$ (AALA)
Alter (Inland): 16-26 Jahre

Alter (Ausland): 18-30 Jahre bzw. 15-17 Jahre (Teenage-Camps)

Sprachkenntnisse: Englisch bzw. Spanisch, Französisch (AALA)

Involvement Volunteers Association, Inc., (IVI), *c/o Tim B. Cox, P.O. Box 218, Port Melbourne, Victoria 3207, Australien, T. +61-3-96469392, F. +61-3-96465504, ivworldwide@volunteering.org.au, www.volunteering.org.au*

Involvement Volunteers Deutschland (IVDE),
c/o Doreen Appelt, Volksdorfer Straße 32, 22081 Hamburg, T. 040-41269450,
F. 040-5113229,
ivgermany@volunteering.org.au

Vermittelt zwischen Institutionen im Naturschutz und interessierten Einzelpersonen weltweit. Der geografische Schwerpunkt liegt in Australien / Ozeanien (Australien, Fidschi-Inseln, Neuseeland), denn dort wurde IVI ins Leben gerufen. Es gibt aber auch Workcamps in vielen europäischen Ländern und in Übersee. Jährlich machen ca. 500 Personen von den Angeboten Gebrauch. Die Workcamps, in diesem Fall „Team Tasks“ (TT) oder „Group Placements“ (GP) genannt, dauern meist zwei Wochen und beschäftigen sich mit der Anlage von Wegen oder anderen Einrichtungen für den Naturtourismus in Nationalparks und Schutzgebieten. Ausnahmen sind z.B. die Teilnahme an einem Segeltörn im Großen Barrier-Riff vor der australischen Küste, um ein Forschungsprojekt zu unterstützen.

IVI bietet eine Besonderheit: Volontäre sollen nicht nur an einem einzigen Projekt teilnehmen, sondern von einem Einsatz zum nächsten reisen können. Motto: Don't just travel around, go volunteer. Unter Berücksichtigung der individuellen Wünsche bezüglich Ort und Dauer der Tour stellt die Organisation eine ganze Reiseroute zusammen. Auf diese Weise lassen sich die einzelnen Workcamps bis zur Dauer eines ganzen Jahres aneinander reihen. Zusätzlich ist die Kombination mit so genannten „Individual Volunteer Placements“ und „Special Individual Volunteer Placements“ möglich. Mehr im Kap. „Ausland/Forschung“.

Die Abrechnung erfolgt in mehreren Etappen: Zusammen mit der Bewerbung wird eine Anmeldegebühr erhoben, die die Verwaltungskosten für die Projektvermittlung zwölf Monate lang abdeckt. Bei Annahme des von IVI ausgearbeiteten Programms kommt dann noch die Bestätigungsgebühr/Programmgebühr dazu. Zusammen 290-375 Euro plus ca. 55 Euro (100 AUS-$) für jedes Projekt, das für den Antragsteller organisiert wird. Bei einigen besonderen Volontärstellen fällt ferner eine zusätzliche Gebühr an. Sollte das der Fall sein, ist dieses bei der Projektbeschreibung bereits angegeben. Alle Bewerbungen aus Deutschland und einigen anderen europäischen Staaten werden durch IVDeutschland in Hamburg bearbeitet.

Dauer: 2 Wochen bis 1 Jahr

Kosten: 290-375 Euro plus ca. 55 Euro (100 AUS-$) für jede vermittelte Volontärstelle

Mindestalter: 18 Jahre

Sprachkenntnisse: Englischgrundkenntnisse, teilweise Grundkenntnisse der Landessprache, z.B. Spanisch

Kolping-Jugendgemeinschaftsdienste, *Kolpingplatz 5-11, 50667 Köln, T. 0221-20701-115, F. 0221–20701-140*

Die Bundesarbeitsgemeinschaft katholischer Ferienwerke, ein Zusammenschluss fünf katholischer Ferienwerke, veranstaltet „Reisen für junge Leute“, u.a. Begegnungsreisen, Workcamps, Abenteuer- und Aktivreisen etc. Einige Workcamps unterstützen ökologische Projekte oder engagieren sich in der Landwirtschaft. Ökologieprojekte gibt es in England, Frankreich, Nordirland, Spanien, Tansania, Togo und Ecuador. Die Teilnehmer arbeiten in Naturparks mit, helfen bei der Wiederaufforstung von Mangroven an der Pazifikküste oder bei der Pflege von Vogelschutzgebieten. Die Workcamps werden von den Kolping-Jugendgemeinschaftsdiensten zusammen mit einheimischen Organisationen durchgeführt. Die Workcamps sind für „Jung und Alt", d.h. für alle von 18 bis 40 Jahren. Ab dem vollendeten 26. Lebensjahr wird allerdings, aufgrund wegfallender Zuschüsse, ein Preisaufschlag von 360 Euro berechnet. Neben Englischkenntnissen sind Kenntnisse der jeweiligen Landessprache erwünscht. Vorbereitung und Anforderungen an die Teilnehmer sind insgesamt anspruchsvoller als bei den meisten anderen Veranstaltern. In der Gebühr sind bereits die Kosten für An- und Abreise, Versicherungen, Exkursionen und für die Teilnahme am Vorbereitungsseminar in Köln/Bonn enthalten. Zusätzliche Kosten entstehen z.B. für die Ausrüstung, Impfungen, das Visum.

Dauer: 3-4 Wochen
Kosten: 450-1.450 Euro
Alter: 18-26 Jahre
Sprachkenntnisse: Englisch und / oder Landessprache

Komitee gegen den Vogelmord e.V.,
Bundesgeschäftsstelle,
Auf dem Dransdorfer Berg 98,
53121 Bonn, T. 0228-665521,
F. 0228–665280,
komitee@komitee.de,
a.heyd@komitee.de, www.komitee.de

Das Komitee gegen den Vogelmord sucht Freiwillige für groß angelegte Aktionen gegen Wilderei und Jagd in Italien und in Ostdeutschland, wo jedes Jahr überwinternde Wildgänse von deutschen Waidmännern erlegt werden. Während eines der letzten Zugvogelschutzcamps in den italienischen Alpen wurden mehr als 20.000 Bogenfallen und 160 Fangnetze beschlagnahmt. Außerdem verfügt das Komitee seit einigen Jahren auf Ischia über eine eigene Umweltpolizei, was einmalig in Europa ist. Per Dekret hat der Präsident der Provinz Neapel ein Dutzend italienische Mitglieder mit weitreichenden Befugnissen ausgestattet.

Für die Camps im Ausland werden Teamgeist, Einsatzbereitschaft und eine gute Kondition für die oft recht anstrengenden Touren in den Fanggebieten in den Bergen erwartet. Außerdem ist ein Führerschein erforderlich. Aus organisatorischen Gründen ist die Anzahl der Teilnehmer begrenzt. Die Kosten für Unterkunft, Reise (Fahrgemeinschaften) und Ausrüstung übernimmt das Komitee gegen den Vogelmord, das sich aus Spendengeldern finanziert. Übernachtet wird in einfachen Ferienbungalows, auf Campingplätzen und bei Bedarf auch in Berghütten.

Dauer: 1-6 Wochen
Kosten: keine
Alter: mind. 18 Jahre
Sprachkenntnisse: Englisch

Norddeutsche Jugend im internationalen Gemeinschaftsdienst e.V. (NIG),
Am Gerberbruch 13a, 18055 Rostock,
T. 0381-4922914, F. 0381–4900930,
nig@campline.de, www.campline.de

Im Oktober 1990 von Studierenden an der Universität Rostock gegründet und führt selbst etwas mehr als ein Dutzend internationaler Workcamps im Jahr durch, überwiegend in Mecklenburg-Vorpommern, veranstaltet Seminare und Aktionen und vermittelt Ferienlager. Zusätzlich gibt NIG ein internationales Sommerprogramm mit Workcamps ausländischer Partnerorganisationen heraus. Die Jugendlichen arbeiten an Projekten im Umwelt- und Naturschutz, im sozialen und pädagogischen Bereich, auf kulturellem und historischem Gebiet sowie in den Bereichen Renovierung und Bauarbeit. Die Hin- und Rückreise erfolgen eigenverantwortlich. Bei Auslandsreisen können Teilnehmer eine Fahrtkostenerstattung beantragen. Einige Partner erheben zusätzlich geringe Gebühren. Das Anmeldeformular gibt's auf der Homepage zum Ausdrucken.

Dauer: 10 Tage bis 3 Wochen
Kosten: 55 Euro (Inland) bzw. 80-110 Euro (Ausland)
Alter: 18-35 Jahre bzw. 15-17 Jahre (Jugendcamps)
Sprachkenntnisse: Englisch

Nothelfergemeinschaft der Freunde e.V. (NdF), *Postfach 10 15 10, 52349 Düren, T. 02421-76569, F. 02421–76468, info@nothelfer.org, ndf-dn@t-online.de, www.nothelfer.org*

Freiwilligendienste im In- und Ausland, meist von sozialem Charakter. Die NdF bietet dabei zwei Einsatzformen an: Workcamps bis vier Wochen (short terms) und Langzeiteinsätze bis zu einem Jahr (long terms). Die NdF vermittelt die Freiwilligeneinsätze meistens nicht über Organisationen im Gastland: Oft bestehen über „Paten“ direkte Kontakte zu den Projektträgern. Umweltschutz ist nur eines von vielen Tätigkeitsfeldern, selbst wenn er auch hier an Bedeutung gewinnt. Das Angebot in diesem Bereich ist daher gering. Es handelt sich um meist praktische Arbeiten, wie Wiederaufforstungen, in Projekten mit starker sozialer Komponente. Im Jahr 2003 lag der Schwerpunkt auf Südkorea. Die Bereitschaft, aktiv an einem Vorbereitungsseminar oder -gespräch mit ehemaligen Teilnehmern und sachkundigen Mitgliedern der Nothelfergemeinschaft teilzunehmen, wird vorausgesetzt. Die Reisekosten trägt jeder Teilnehmer selbst. Die Projektträger der Übersee-Einsätze erheben jeweils eine zusätzliche Gebühr, die zwischen 50 und 200 US-Dollar liegt.

Dauer: 2 bis 4 Wochen
Kosten: 50-150 Euro
Alter: 18-26 Jahre
Sprachkenntnisse: Englisch bzw. die jeweilige Verkehrssprache

Pacific Whale Foundation
300 Maalaea Road, Suite 211, Wailuku, Hawaii 96793, USA, T. +1-808-2498811, F. +1–808-3439021, programs@pacificwhale.org, information@pacificwhale.org, internships@pacificwhale.org, www.pacificwhale.org

Hat sich die Erforschung und den Schutz von Walen und Delfinen sowie ihrer Lebensräume in den Ozeanen zum Ziel gesetzt. Ein weiterer Schwerpunkt ist der Schutz von Korallenriffen. Die Forschungsergebnisse dienen als Grundlage für die Umweltpolitik und Programme der Umweltbildung. Die Forschungsteams der

Pacific Whale Foundation nehmen Freiwillige („research interns“) auf, die den Wissenschaftlern bei der Erforschung des Verhaltens der Wale im Pazifischen Ozean, insbesondere bei Hawaii, und bei Studien zur Entwicklung von Korallenriffen zur Hand gehen. „Research interns“ benötigen hierzu keine besonderen wissenschaftlichen Vorkenntnisse. In jedem Fall ist aber eine gute köperliche Verfassung nachzuweisen. Freiwillige werden für ihre Tätigkeiten zu Wasser und zu Land von Mitarbeitern im Team angeleitet. Sie lernen einzelne Wale an Hand von Fotos zu identifizieren, mit kleinen Booten und GPS umzugehen, Unterwassermikrofone zu bedienen, Tonbandaufnahmen zu analysieren, das Verhalten der Wale zu beobachten und festzuhalten, Datenerfassung am Computer, wissenschaftliche Berichte zu schreiben, Karten anzufertigen und betreuen Teile der Ausrüstung. Eine bessere Gelegenheit, Methoden der Feldforschung über Meeressäuger zu erlernen, gibt es nicht. Meist sind mehrere freiwillige Helfer in einem Team tätig; manche „spezialisieren“ sich auf bestimmte Tätigkeiten. Die Kosten für Reise, Visum, Versicherungen etc. hat jeder „intern“ selbst zu tragen. Erforderliche Fahrten vor Ort übernimmt die Pacific Whale Foundation. Details zu gerade laufenden „research internships“ auf der Homepage.

Dauer: 2 Wochen
Kosten: ca. 1.600 US-$ für 12 Tage
Alter: mind. 18 Jahre
Sprachkenntnisse: Englisch

Bäume töten auf Hawaii

“Wir waren in einem alten Ranchhaus untergebracht, das im „Volcanoes National Park“ auf Hawaii liegt. Dieses ist am Ende eines mit einem Tor gesicherten Weges, etwa zwei Kilometer von einer geteerten Straße entfernt. Die Entfernung zur nächsten größeren Stadt, Hilo, beträgt ca. 30 Meilen. Das Ranchhaus wurde vor ca. 30 Jahren vom „National Park“ übernommen, nachdem der Besitzer die Bewirtschaftung der Ranch eingestellt hatte. Infolgedessen gibt es dort heute keinen Strom und kein fließendes Wasser mehr. Stattdessen ist ein Wassertank vorhanden, der immer wieder aufzufüllen ist. Gekocht wird mit Gas, das auch für Lampen etc. verwendet wird. Heutzutage sind regelmäßig Gruppen im Haus untergebracht, so dass die Parkleitung Hochbetten mit Matratzen in drei verschiedenen Räumen aufgestellt hat.

Aufgrund der beschriebenen Lage waren wir dort für uns allein und hatten keinen nachbarschaftlichen Kontakt zu irgendjemanden. Kontakte zur einheimischen Bevölkerung bestand daher nur über die Ranger, die größtenteils aus Hawaii kommen. [...] Wir haben für die Abteilung „Resource Management“ der Nationalparkverwaltung gearbeitet, deren Aufgabe es ist, die Tier- und Pflanzenwelt des Parks zu beobachten und Maßnahmen für ihre Erhaltung zu ergreifen. Dies ist nötig, da in den letzten Jahren Pflanzen nach Hawaii

gelangt sind, die die natürliche Vegetation schädigen. Unsere Aufgabe war es nun, eine ganz bestimmte Baumart auszumerzen. Dazu sind wir in betroffene Gegenden im Park gefahren und haben sie mit den Rangern zusammen abgesucht. Um dabei möglichst effektiv vorgehen zu können, haben wir uns im Abstand von 7 bis 15 Metern in einer Reihe aufgestellt und so dann das Gebiet durchkämmt. War ein Baum gefundenen, so wurde er je nach Größe abgesägt oder herausgezogen.
Die wichtigste Erfahrung, die ich gemacht habe, war, dass ich den Nationalpark und die Vulkane auf der einen Seite sehr intensiv kennengelernt habe und zum anderen mit einer internationalen Gruppe zusammen an einem sinnvollen Projekt gearbeitet habe."

Till Seeck nahm mit sieben jungen Leuten aus Deutschland, England, Frankreich, Japan und den USA an einem von den IJGD e.V. vermittelten Worcamp teil.

pro international e.V.,
Bahnhofstraße 26A, 35037 Marburg,
T. 06421-65277, F. 06421-64407,
pro-international@lahn.net,
www.pro-international.de

Unter dem Motto „Miteinander arbeiten ist besser als gegeneinander kämpfen" wurde das „Aufbauwerk der Jugend" (heute: „pro international") 1954 gegründet. Der Verein führt jährlich 35 bis 40 eigene Internationale Gemeinschaftsdienste (Workcamps) in Deutschland durch und vermittelt Jugendliche und junge Erwachsene in Workcamps von Partnerverbänden in fast allen europäischen und einigen außereuropäischen Ländern. Die Arbeitsprojekte bewegen sich u.a. auch in den Bereichen Natur-, Umwelt-, Küstenschutz und Landwirtschaft. Höchstalter für die Teilnahme an einem Workcamp ist 26 Jahre. So genannte U-18-Camps werden u.a. in Frankreich, Litauen, Estland, Belgien angeboten.
Pro international organisiert ferner zusammen mit Partnern der jeweiligen Länder Einsätze in Asien und Afrika. Diese Freiwilligendienste sind keine „Entwicklungsdienste"; Sinn und Zweck liegen „in erster Linie im beiderseitigen Erfahrungs- und Lernzuwachs und dem persönlichen (Bewusstseins-) Gewinn jedes Einzelnen". Die Einsätze stellen meist hohe physische und psychische Anforderungen, bedingen also eine gute körperliche Verfassung, und setzen die Teilnahme am jeweiligen Vorbereitungsseminar voraus. Außerdem sollten die Freiwilligen über Erfahrungen in der internationalen Jugendarbeit verfügen. Die gemeinsame Arbeit mit den Einheimischen erstreckt sich beispielsweise auf den Bau und die Instandsetzung von sozialen Einrichtungen und Wegen, die Verbesserung sanitärer Bedingungen oder die Mithilfe in landwirt-

schaftlichen Projekten. Die Teilnahmegebühr hierfür schließt nicht nur Unterkunft und Verpflegung, sondern auch das Vorbereitungsseminar und den Flug ins Zielland ein.
Das Programm „Internationale Workcamps“ für Sommer und Herbst erscheint Anfang April (für Frühjahrscamps im Dezember). Es ist gegen einen Versandkostenbeitrag von 2 Euro in Briefmarken (beiliegend) erhältlich. Das gedruckte Programm ist bei der großen Zahl der Camps allerdings nicht so ausführlich und nicht so aktuell wie das Internetangebot. Daher ist die Campsuche übers Internet wesentlich effektiver.
Dauer: 2-4 Wochen
Kosten (Inland): 65 Euro
Kosten (Europa): ca. 90 Euro
Kosten (Asien / Afrika): 830-875 Euro (inkl. Flug)
Alter (Inland): 16-26 Jahre
Alter (Ausland): 18-26 Jahre bzw. 15-17 Jahre (U-18-Camps)
Sprachkenntnisse: Englisch / Französisch bzw. jeweilige Verkehrssprache

Sea Turtle Restoration Project, *P.O. Box 400, 40 Montezuma Avenue, Forest Knolls, California 94933, USA, T. +1-415-488-0370, F. +1-488-0372, info@seaturtles.org, www.seaturtles.org*

Hat sich zur Aufgabe gemacht, die ökologischen Anforderungen und den Schutz der Meeresschildkröten mit den Bedürfnissen der einheimischen Bevölkerung an den Schildkrötenständen in Einklang zu bringen. Das Sea Turtle Restoration Project untersucht die Ursachen für den Rückgang der bedrohten Meeresschildkröten und arbeitet mit Artenschutzprojekten in Costa Rica, Mexiko und Sri Lanka zusammen, für die freiwillige Helfer gesucht werden. Das STRP tritt dabei lediglich als Vermittler zahlungskräftiger Teilnehmer auf. Bewerbungen erfolgen direkt bei den lokalen Projektpartnern. In Punta Banco, einem einsam und paradiesisch gelegenen Ort an der Pazifikküste von Costa Rica, hat das STRP die Einrichtung von Brutstationen direkt am Strand ins Leben gerufen, damit die Eier nicht geraubt werden und die jungen Schildkröten später sicher das Meer erreichen. Seit 1998 haben internationale Freiwillige schon mehr als 1.000 Schildkrötenweibchen markiert, die Eier geborgen und über 80.000 Nestlinge wieder ins Meer entlassen.
Teilnehmer sollten über eine gute Kondition verfügen, da auf der Suche nach Schildkröten bei der Eiablage täglich mehrere Kilometer zu Fuß am Strand zurückgelegt werden. Die Arbeit erfolgt im Schichtdienst vor allem während der Nachtstunden, wenn die Schildkröten bevorzugt ihre Eier ablegen. Gewöhnungsbedürftig ist das tropische Klima mit mindestens einem Regenguss am Tag. Die Freiwilligen helfen bei der Aufnahme biologischer Daten, werden in Methoden der Feldforschung eingeführt und lernen, mit Minisendern umzugehen („radio-tracking“). Voraussetzung für den Erfolg des Projekts ist, dass sich die Freiwilligen in der Gemeindearbeit engagieren, d.h. in der Umwelterziehung oder beim Englischunterricht für die Dorfbevölkerung. Die Freiwilligen

können wählen zwischen Unterkünften bei Familien (Gebühr ohne Verpflegung) oder einer Gemeinschaftsunterkunft bei der Forschungsstation (Gebühr inkl. Verpflegung). Die Einsatzzeit ist von Mitte Juli bis Dezember. Details auf der STRP-Homepage in der Rubrik „Ecotours". Teilnehmer haben die Kosten für An- und Abreise selbst zu tragen.
Dauer: 4 Wochen (Empfehlung)
Kosten: 350 US-$ (4 Wo., Familienunterkunft, ohne Verpflegung) oder 750 US-$ (4 Wo., Gemeinschaftsunterkunft mit Verpflegung)
Alter: mind. 18 Jahre
Sprachkenntnisse: Englisch und / oder Spanisch

Service Civil International – Deutscher Zweig e.V.,
Bundesgeschäftsstelle, Blücherstraße 14, 53115 Bonn, T. 0228-212086/87, F. 0228-264234, info@sci-d.de, www.sci-d.de

SCI – Österreichischer Zweig,
Schottengasse 3a/1/4/59, 1010 Wien, Österreich, T. +43-1-5359108, F. +43-1-5327416, office@sci.or.at, www.sci.or.at

SCI – Schweizer Zweig, *Monbijoustraße 32, Pf. 7855, 3001 Bern, Schweiz, T. +41-31-381-4620, F. +41-31-381-4625, scich@access.ch, www.scich.org*

Seit 1920 auf dem Gebiet internationaler Freiwilligeneinsätze und interkultureller Begegnungen im Rahmen von Workcamps tätig. Der SCI ist mittlerweile in über 30 Ländern mit nationalen Zweigen vertreten. Das Sommerprogramm verzeichnet etwa 600 Workcamps weltweit, davon allein in der Bundesrepublik jedes Jahr 60. Die Workcamps sind in verschiedene Einsatzbereiche unterteilt: Im Bereich „Umwelt" wurden im Sommer 2003 mehr als 250 Camps angeboten. In allen Projekten arbeitet SCI mit privaten Initiativen, Gemeinden und sonstigen Einrichtungen zusammen. Freiwillige pflegen z.B. ein Naturreservat in Belgien, legen in Weißrussland einen Naturlehrpfad an oder erstellen Schulmaterial für die Umwelterziehung. Eine Altersgrenze nach oben existiert nicht. Die Teilnehmer müssen ihre Reise selbst organisieren; in einigen Workcamps werden Anreisekosten über öffentliche Mittel gefördert.
Für Camps in Afrika, Asien, Lateinamerika und Nahost gelten besondere Bedingungen: Sie dauern zwischen zwei und acht Wochen. Voraussetzung für die Teilnahme ist der Besuch eines dreitägigen Vorbereitungstreffens. Vermittlungsgebühr 195 Euro. Weitere Kosten sind die von den Partnern vor Ort festgesetzten Gebühren. Das Frühjahrsprogramm mit Camps von März bis Juni kann gegen Einsendung von 1,65 Euro in Briefmarken bestellt werden. Das Sommerprogramm (erscheint im April) gibt's gegen 2,75 Euro in Briefmarken. Anmeldeformulare sind auf der Homepage verfügbar. Junge Leute aus Österreich und der Schweiz können sich nur über ihren jeweiligen nationalen Zweig des SCI anmelden.
Dauer: 2-4 Wochen

Kosten (Inland): 82 Euro
Kosten (Ausland): 110 Euro bzw. 162 Euro (USA, Australien, Südkorea, Japan)
Alter (Inland): mind. 16 Jahre
Alter (Ausl.): mind. 18 Jahre bzw. 21 Jahre (Afrika, Asien, Lateinamerika)
Sprachkenntnisse: Englisch bzw. Französisch oder Spanisch (Afrika, Lateinamerika)

Vereinigung Junger Freiwilliger e.V. (VJF), *Hans-Otto-Straße 7, 10407 Berlin, T. 030-428506-03, F. 030–428506-04, office@vjf.de, www.vjf.de*

Gegründet im März 1990 als Freiwilligenverband in der DDR. Einsatz gegen Rassismus und jegliche Art von Gewaltanwendung sowie für ein tolerantes Miteinander, multikulturelles Leben und ökologische Ziele. Veranstaltet pro Jahr etwa 35 eigene, international besetzte Workcamps in den jungen Bundesländern und vermittelt Freiwillige an Freiwilligendienste in etwa 60 Ländern. Die einzelnen Workcamp-Projekte umfassen Arbeiten im Natur- und Umweltschutz, Mithilfe bei sozialen oder pädagogischen Betreuungsmaßnahmen, Antifaschismusaktionen, Denkmalschutz- oder Renovierungsarbeiten. Gegenstand eines Workcamps können aber auch archäologische oder historische Themen sein. Der Katalog für Internationale Workcamps mit etwa sechshundert Campplätzen im In- und Ausland ist ab Mitte April erhältlich. Bitte 1,50 Euro (Heft) und 77 Cent (Porto) jeweils in Briefmarken beilegen. An- und Abreise gehen zu Lasten der Teilnehmer, doch kann die VJF bei Reisen in bestimmte außereuropäische Länder Flugtickets buchen und Zuschüsse zum Flug gewähren. Die VJF ist auch Träger des Freiwilligen Ökologischen Jahres in Berlin (hierzu mehr im Kap. „Öffentliche Programme") und nimmt Bewerbungen um FÖJ-Stellen entgegen.
Dauer: 2-4 Wochen
Kosten: 60 Euro (Inland) bzw. 90-110 Euro (Ausland)
Alter (Inland): mind. 16 Jahre
Alter (Ausland): mind. 18 Jahre bzw. 15-18 Jahre (Juniorcamps)
Sprachkenntnisse: Englisch

Wilderness und Wolkenkratzer
Die Teilnehmer des Camps kamen aus der kanadischen Provinz Québec, Mexiko, Gabun (Zentralafrika), der Türkei und natürlich Deutschland.
Am ersten Wochenende regelten wir zunächst die Arbeitsabläufe, so dass wir nach einer kurzen Besichtigung unserer Arbeitsstätte - dem Mont Sutton - unsere Arbeit aufnehmen konnten. Diese offenbarte sich jedoch schwieriger als zunächst erwartet, da wir nicht damit gerechnet hatten, die schier unendlichen, aber notwendigen Arbeitsmaterialien von der Axt bis zur Motorsäge bis zum Gipfel des Berges tragen zu müssen. Unsere Arbeit beschränkte sich in den ersten Tagen auf kleinere Renovierungsarbeiten der durch die Einflüsse der Natur beschädigten Wanderwege im Naturpark Sutton.

Das zweite Wochenende stand schon bald darauf an, und wir nutzten die freien Tage, um der ältesten Stadt Kanadas, Québec City, einen dreitägigen Besuch abzustatten. Das Wochenende stand ausschließlich unter dem Vorsatz der Erholung und so wurden nicht nur die Sehenswürdigkeiten in und um Québec City besucht, sondern die Zeit auch ausgiebig dazu genutzt, um versäumten Schlaf nachzuholen.
Man merkte von Tag zu Tag, wie die Arbeit leichter und schneller erledigt wurde, so dass die zweite Woche um ein Vielfaches produktiver war als die erste. Am Wochenende beschlossen wir, in unserem Quartier zu bleiben und von dort einen Ausflug zur nahe gelegenen amerikanischen Grenze, sowie eine Kanutour und einen nächtlichen Ausflug zum „Comedyfestival" nach Montréal zu unternehmen.
In der letzten Woche stand das größte Projekt unseres Workcamps, die Erstellung einer Aussichtsplattform aus Holz, an. Dazu benötigten wir etwa 30 Baumstämme, um die von den Camp-Teilnehmern (!) erstellte Konstruktion umzusetzen. Da wir aus ökologischen Gründen nur bereits abgestorbene Nadelbäume verwenden wollten, gestaltete sich sowohl die Suche nach geeigneten Bäumen, als auch der Transport der gefällten Bäume zum Ort des Aussichtspunktes als überaus schwierig. Dennoch schafften wir es, die Plattform in nur zwei Tagen fertigzustellen, so dass wir einen ganzen Tag dazu verwenden konnten, Holztafeln mit unserem Namen und unserem Herkunftsland zu erstellen, um diese an der Plattform anzubringen und uns somit in den Wäldern Kanadas zu verewigen.
Für mich persönlich war es eine unvergessliche Erfahrung, und ich werde im nächsten Jahr ganz sicher wieder an einem Workcamp teilnehmen - in Kanada, oder irgendwo anders auf der Welt...

Timo Paul nahm bei der Vereinigung Junger Freiwilliger (VJF) an einem Workcamp in Kanada teil.

Whale and Dolphin Conservation Society (WDCS), *P.O. Box 232, Melksham, Wiltshire SN12 7SB, Großbritannien, T. +44-1225-354333, F. +44–1225-791577, info@wdcs.org, www.wdcs.org*

Whale and Dolphin Conservation Society (WDCS), *c/o Nicolas Entrup, Goerdelerstraße 41, 82008 Unterhaching, T. 089-6100-2393 o. –2395, F. 089-6100–2394, info.de@wdcs.org oder nentrup@wdcs.org, www.wdcs-de.org*

Wurde 1987 in England gegründet und ist eine weltweit aktive gemeinnützige Organisation, die sich ausschließlich für den Schutz von Walen und Delfinen einsetzt. Büros in Argentinien, Australien, Deutschland, Großbritannien und den USA. Weltweit führt die

WDCS etwa 50 wissenschaftliche Projekte durch und sucht dabei die Zusammenarbeit mit der lokalen Bevölkerung in den Projektländern, da der Schutz von Walen und Delfinen von den ansässigen Menschen getragen werden muss, um Projekte erfolgreich abschließen zu können. Außerdem werden WDCS-Vertreter bei Artenschutzkonferenzen und der Internationalen Walfangkommission als Experten angehört und treten für die Verschärfung von Gesetzen und Schutzbestimmungen ein.
Am Mittelmeer bietet die WDCS so genannte Wal- und Delfinforschungsreisen an. Gemeinsam mit dem italienischen Forschungsinstitut Tethys und der kroatischen Organisation Blue World können Wal- und Delfinbegeisterte an Forschungskursen in Italien, Griechenland und Kroatien teilnehmen. Sie werden von Wissenschaftlern für die Forschungsarbeit geschult, lernen in Vorträgen mehr über die Biologie der Tiere, die Bedrohungen, denen sie durch den Menschen ausgesetzt sind, und über geeignete Schutzmaßnahmen.
Voraussetzung zur Teilnahme sind Seetauglichkeit und die Bereitschaft, im Team zu arbeiten. Die wissenschaftliche Arbeit umfasst je nach Projekt Fotoidentifikation, Verhaltensforschung, Beobachtung von Sozialstrukturen sowie Dokumentation des Tauchverhaltens der Tiere etc. Näheres, Kurstermine und Anmeldung bei WDCS Deutschland, wo auch Praktika möglich sind (siehe Kap. „Bürojobs“ im Inlandsteil).
Dauer: 1-2 Wochen
Kosten: ca. 700 Euro / 2 Wochen
Mindestalter: 18 Jahre
Sprachkenntnisse: Englisch

Wildlands Studies, *c/o Crandall Bay, 3 Mosswood Circle, Cazadero, California 95421, USA, T. +1-707-632-5665, wildlands@sonic.net, www.wildlandsstudies.com*
Programm der University of California, Santa Barbara – extended learning services – vornehmlich für Studierende in den Vereinigten Staaten und Kanada mit Grundkenntnissen in Biologie und Geografie. Erfolgreiche Bewerber werden an Forschungsteams vermittelt, die Feldstudien zu Umweltfragen („important environmental questions impacting wildlife and wilderness worldwide“) durchführen. Um als „field associate“ an einem Projekt teilnehmen zu können, sind keine Erfahrungen in der Feldforschung nötig. Da die Forschungsteams jedoch häufig anstrengende Wanderungen mit Gepäck „im Feld“ unternehmen, ist der Nachweis einer guten körperlichen Verfassung Voraussetzung.
Das ganze Jahr hindurch finden spannende Forschungsprojekte an den schönsten Plätzen der Welt statt, außer in den USA auch in Belize, Costa Rica, Kanada, Kenia, Nepal, Neuseeland und Thailand. Es gibt „wildlife projects“ (u.a. über Wölfe, Wale, Bighorn Sheep), „wildlands projects“ (u.a. Rocky Mountains, Alaska, Hawaii), „wildwater projects“ sowie Sonderprogramme für einzelne Länder und Regionen, z.B. den Himalaya. Alle Forschungsprojekte werden von erst-

rangigen Fachleuten geleitet. Die Teilnehmer sind für ihre (Wander-)Ausrüstung selbst verantwortlich; Verpflegungs- und Reisekosten vor Ort werden auf alle Mitglieder des Forschungsteams umgelegt. Eine vollständige Projektbeschreibung erhält nur, wer eine vorläufige Anmeldung („preliminary application / information request form") abschickt und gleichzeitig eine Anmeldegebühr von 75 US-$ entrichtet. Formular im Internet.
Dauer: 2-8 Wochen
Kosten: 625-2.000 US-$
Alter: mind. 18 Jahre
Sprachkenntnisse: sehr gutes Englisch

Youth Action for Peace Deutschland – Christlicher Friedensdienst e.V. (YAP-cfd), *Referat Workcamp, Rendelerstraße 9-11, 60385 Frankfurt/M., T. 069-459071, F. 069-461213, workcamps@yap-cfd.de, www.yap-cfd.de*

YAP Österreich, *c/o Verein Grenzenlos, Liechtensteinstraße 20/9, A-1090 Wien, Österreich, office@workcamps.at, www.workcamps.at*

Deutscher Zweig der internationalen Friedensbewegung, gegründet nach dem Ersten Weltkrieg, um sich für die Versöhnung zwischen den Völkern einzusetzen. YAP-cfd ist Mitglied des internationalen Netzwerkes „Youth Action for Peace". Internationale Verständigung ist nach wie vor ein Arbeitsschwerpunkt. YAP-Deutschland veranstaltet eigene Workcamps in Deutschland, führt aber zusammen mit Partnern auch Workcamps im Ausland durch, u.a. in Mexiko, Thailand und Indien. Das Angebot umfasst Arbeit mit behinderten oder sozial benachteiligten Erwachsenen und Kindern, Gartenarbeit, Landschaftspflege und Archäologie, handwerkliche Arbeit sowie Ökologie-, Friedens- und Solidaritätsprojekte. Das Workcamp-Programm für den Sommer wird ab Mitte März nach und nach auf der Internetseite veröffentlicht. Wer den Start der Anmeldung für die verschiedenen Länder nicht verpassen will, schreibt eine E-Mail und wird per Newsletter über neue Angebote informiert. Im Internet gibt es detaillierte Angaben zu etwa 20 Workcamps in Deutschland sowie zu über 300 von ausländischen Partnern durchgeführten Camps. Ihre Anreise zum Workcamp organisieren und zahlen die Teilnehmer selbst. Vor allem in Afrika, Asien und Lateinamerika müssen oft noch einmal pro Camp unterschiedliche Beträge (zwischen 20 und 300 Euro) an die lokalen Organisationen entrichtet werden. Interessenten aus Österreich melden sich bei Youth Action for Peace Österreich an.
Dauer: 2-4 Wochen
Kosten: Inland: 77 Euro; Europa, USA: 118 Euro; Afrika, Asien, Lateinamerika: 143 Euro
Mindestalter: 18 Jahre. 15-17 Jahre für „Teenager-Camps"
Sprachkenntnisse: Englisch

Youth and Environment Europe (YEE), *Ekologicke centrum Toulcuv dvur, Kubatova 1/32, 102 00 Praha 10 – Hostivar, Tschechische Republik, T. +420-2-71750643, F. +420-2-71750548, yee@ecn.cz, www.ecn.cz/yee/*

Netzwerk und Zusammenschluss unabhängiger Jugendverbände in Europa, die im Natur- und Umweltschutz aktiv sind. YEE hat sich zum Ziel gesetzt auf internationaler Ebene das öffentliche Bewusstsein für Umweltfragen zu steigern und unterstützt seine Mitglieder mit Lobbyarbeit. Die Aktivitäten reichen vom Informationsaustausch über politische Aktionen und Kampagnen bis hin zu Arbeitsgruppen, Camps und Kursen. YEE veröffentlicht jährlich eine „Camplist“ auf englisch mit nationalen und internationalen Workcamps, veranstaltet von YEE und den Mitgliedsverbänden. Es handelt sich um ausgewählte Angebote in europäischen Ländern, z.B. auf dem Balkan und in Südosteuropa, die in anderen Zusammenstellungen nur selten auftauchen. Vom Arten- bis zum Klimaschutz wird eine breite Palette von Umweltthemen abgedeckt. Die „web camplist“ auf der Homepage ist leider nicht immer aktuell. Bewerbungen direkt an den jeweiligen Veranstalter, nicht an das YEE-Büro. Die Homepage enthält außerdem ein nützliches Verzeichnis nahezu aller wichtigen Jugendumweltorganisationen in Europa mit Kurzbeschreibung, Anschrift und Internetadresse. Direkte Anfragen nach Umwelteinsätzen lohnen sich immer.

Dauer: 1-2 Wochen
Kosten: unterschiedlich (bis 150 Euro)
Alter: i. d.R. ab 16 Jahre
Sprachkenntnisse: Englisch

Australien

Conservation Volunteers Australia (CVA), *National Office, P.O. Box 423, Ballarat, Victoria, 3353, Australien, T. +61-3-53331483, F. +61-3-53332166, info@conservationvolunteers.com.au, www.atcv.com.au, www.conservationvolunteers.com.au*

Eurovacances, *Rothenbaumchaussee 5, 20148 Hamburg, T. 040-447070-0 oder 040–454501, eurovacances@eurovacances.de, e2@eurovacances.de, www.eurovacances.de*

Ehemals ATCV. Australiens größter Verband für praktische Naturschutzarbeit führt pro Jahr 1.200 Workcamps durch. Die Projekte dienen dem Schutz der australischen Flora und Fauna und der dazugehörigen Lebensräume: Aufforstung, Erosionsschutz, Sammeln von Samen einheimischer Pflanzen, Restaurierung „historischer“ Gebäude (in Australien also alles, was vor 1930 gebaut wurde), Bau von Wanderwegen, Biotoppflege oder Schutz und Überwachung gefährdeter Arten. Die Freiwilligen wählen ihre bevorzugte Einsatzregion (Bundesstaat) selbst. Los geht's in CVA-Büros in Adelaide, Brisbane, Canberra, Darwin, Hobart, Launceston, Melbourne, Perth, Sydney oder Townsville. Die Einsatzorte umfassen einzigartige Landschaften in Nationalparks, Küsten, Flussgebiete, Inseln, Farmen usw. CVA-Projekte laufen während des ganzen Jahres; Teilnehmer können wöchentlich einsteigen, vorausgesetzt, es ist ein Platz im gewünschten Team frei. Eine weitere Besonderheit der CVA-Workcamps besteht darin, dass während des Aufenthalts der Einsatzort und das Projekt gelegentlich wechselt. Fahrtkosten übernimmt die CVA. Je nach Einsatzort erfolgt die Unterbringung in Hostels, Wohnwagen, Schafscherer-Quartieren oder auf Zeltplätzen. In die persönliche Ausrüstung gehört auf jeden Fall ein Moskitonetz, ein Sonnenhut mit breiter Krempe sowie Sonnenschutzcreme. Ferner ist vor Antritt des Workcamps auf eigene Kosten eine Krankenversicherung abzuschließen. Wichtig ist es sich rechtzeitig um ein Besuchervisum zu kümmern. Damit sich Besucher aus Übersee nach der Ankunft in Australien besser eingewöhnen und vom Jetlag erholen können, bietet CVA die Möglichkeit, nach Wunsch zusätzlich ein „Australia Starts Here!"-Paket zu buchen. Weitere Angaben und Bewerbungsunterlagen auf den Internetseiten.

Dauer: mind. 4 Wochen
Kosten: ca. 680 Euro (4 Wo.) / 890 Euro (6 Wo.)
Alter: mind. 15 Jahre
Sprachkenntnisse: Englisch

Belgien

Réserves Naturelles RNOB, *Chantiers de Gestion, Rue du Wisconsin, 3, B – 5000 Namur, T. +32-81-223632, F. +32-81-02243 13 75, info@rnob.be, www.rnob.be*

Französisch- und deutschsprachiger Zweig der Réserves Naturelles et Ornithologiques de Belgique, eines privaten Naturschutzverbandes mit 43.000 Mitgliedern, der sich dem Erwerb, der Unterschutzstellung und Betreuung wertvoller Biotope von der Küste bis hinauf in die Ardennen widmet. Der wallonische Zweig betreut 145 Schutzgebiete mit insgesamt mehr als 3.000 Hektar Fläche, davon über 1.700 Hektar im Eigenbesitz. Zu seinen Aktivitäten zählen auch mehrtägige Pflegeeinsätze („chantiers nature"). Die Aufgaben liegen vornehmlich in der Biotoppflege: Mähen, Entbuschen, Wegeunterhalt, Errichten von Absperrungen usw. Das Jahresprogramm zu den „chantiers nature" mit weiteren Einzelheiten ist auf Anfrage bei RNOB erhältlich.

Dauer: max. 1 Woche
Kosten: max. 90 Euro
Alter: mind. 14 Jahre
Sprachkenntnisse: Französisch und / oder Englisch

Deutschland

Bergwaldprojekt e.V. (Deutschland), *Geschäftsstelle, c/o Doris Paul, Freigartenweg 13, 97659 Burgwallbach, T. 09775-858808, F. 09775–858809, info@bergwaldprojekt.de, www.bergwaldprojekt.de*

Deutsche Sektion des 1987 in der Schweiz von Greenpeace gegründeten Bergwaldprojekts. Die einwöchigen Waldarbeitseinsätze stehen unter fachlicher Anleitung eines Projektförsters. Die Teilnehmer erleben dabei den Wald, lernen Zusammenhänge kennen und begreifen die Bedeutung von Nachhaltigkeit. Die Einsatzgebiete in

Deutschland reichen von Nordfriesland bis ins Allgäu und vom Schwarzwald bis ins Erzgebirge. Im Harz sind Volontäre des Bergwaldprojekts schon seit 1991 im Einsatz. Die Waldarbeiten wechseln je nach Ort und Jahreszeit. Pflanzung,Waldpflege und Zaunbau stehen ebenso auf dem Programm wie Moorrenaturierung, Bachverbauung und Biotoppflege für Auerhühner. Forstliche Kenntnisse sind nicht nötig. Die Teilnahme ist bei freier Unterkunft und Verpflegung kostenlos. Übernachtung in einfachen Ferienhäusern, Ferienheimen mit Massenlagern, Berggasthöfen, einfachen Forsthütten oder im eigenen Zelt. Aktuelles Jahresprogramm mit ca. 60 Arbeitseinsätzen in der Schweiz, Deutschland und Österreich unter der angegebenen Adresse. Siehe auch Stiftung Bergwaldprojekt in diesem Kap. unter „Schweiz".

Dauer: 1 Woche
Kosten: kein Teilnahmebeitrag!
Alter: mind. 18 Jahre
Sprachkenntnisse: Deutsch und / oder Englisch

Fercher von Steinwand e.V.,
Ulrike Reisiger, Im Winkel 11, 88422 Dürnau, T. 07582-9300-0
ulrike@ferchervonsteinwand.org
www.ferchervonsteinwand.org
www.kooperative.de

Die Kooperative Dürnau ist eine Lebens- und Arbeitsgemeinschaft, im Herzen Oberschwabens, zwischen Stuttgart und dem Bodensee gelegen. Acht Menschen, Gäste nicht mitgerechnet, betreiben hier einige kleine Betriebe, wie Druckerei, Schreinerei, Verlag, Vertrieb, Videoproduktion oder Unternehmensberatung. Um die landwirtschaftlichen, ökologischen und sozialen Aktivitäten der Kommune formalrechtlich zu unterscheiden, wurde der Verein „Fercher von Steinwand" gegründet, der sowohl Praktika als auch Workcamps anbietet.

Was die Praktika angeht, bieten sich, laut dem Verein, „verschiedene Möglichkeiten" an. Es steht zu vermuten, dass alles möglich ist, solange die Bedürfnisse des Vereines und die Wünsche der Freiwilligen unter einen Hut gebracht werden können.

Die Workcamps dienen dem Erhalt und der Pflege des Vereinsgeländes und der Unterstützung verschiedener, innerhalb der Vereinsziele liegender Projekte. Die Tätigkeiten umfassen z. B. die Anlage von Gartenwegen, Heckenpflege, Ausmisten und Aufsetzen von Kompost, Heuernte und Hilfe bei einfacheren Bauarbeiten. In der Freizeit sind vielfältige sportliche Aktivitäten wie Klettern, Kajakfahren, Radtouren oder Bergwandern im Donautal und in den Alpen möglich. Daneben bietet die Kommune den Teilnehmern kleinere Kurse in den Betrieben der Koooperative Dürnau an: z. B. buchbinden, marmorieren, eine Heftlade schreinern, Umgang mit dem Internet, Brot backen, buttern und einkochen.

Dauer: Praktika nach Absprache, Workcamps vier Wochen
Kosten: keine
Kost & Logis: frei
Mindestalter: 18 Jahre

Jugend des Deutschen Alpenvereins (JDAV),
Von-Kahr-Straße 2-4,
80997 München,
T. 089-14003-0, F. 089–818971-20,
jdav@alpenverein.de,
www.jdav.de

Jugendbildungsstätte Haus Alpenhof,
Jochstraße 50, Pf. 11 43, 87539 Bad Hindelang, T. 08324-9301-0, F. 08324–9301-11, info@jubi-hindelang.de,
www.jubi-hindelang.de

Zu den Zielen der DAV-Jugend gehört u.a. „die Erziehung zu umweltbewusstem Denken und Handeln". Für seine Jugendarbeit betreibt der DAV die Jugendbildungsstätte „Haus Alpenhof" in Bad Hindelang / Oberallgäu. Das Konzept der so genannten „Umweltbaustellen" hat im Programm der JDAV inzwischen einen festen Platz. Auf den ca. vier bis fünf nationalen und internationalen „Umweltbaustellen" jedes Jahr haben Jugendliche und Kids Gelegenheit beim Moorlehrpfad, Erosionsschutz und Hangschutz sowie bei der Sanierung von Wanderwegen aktiv Hand anzulegen. Der JDAV geht es vor allem um die Beseitigung von Umweltschäden im Gebirge. Die Teilnahmegebühr beinhaltet Unterkunft und Vollpension. Die „Umweltbaustellen" werden vom DAV bezuschusst. Teilnehmer, die nicht Mitglied im DAV sind, zahlen zusätzlich eine Bearbeitungsgebühr in Höhe von 25 Euro. Vollständiges Jugendkursprogramm beim JDAV in München.

Dauer: 1 Woche
Kosten (Inland): 50 Euro
Kosten (Ausland): ca. 200 Euro (2 Wochen)
Alter: 16-25 Jahre bzw. 10-14 Jahre (Umweltbaustelle für Kids)

Ökumenische Jugenddienste (ÖJD),
Amt für evangelische Kinder- und Jugendarbeit in Berlin und Brandenburg, c/o Franziska Danz, Neue Grünstraße 19, 10179 Berlin, T. 030-308697-131,
F. 030–2795649,
workcamp@ejibb.de,
www.ejibb.de/workcamp

Ökumenische Jugenddienste sind ein Workcamp-Programm vorrangig in den neuen Bundesländern. Es bietet Begegnungen auf ökumenischer Ebene für Jugendliche – Christen und Nicht-Christen – aus ganz Europa. Jährlich finden dazu fünf bis zehn Internationale Workcamps statt. Im Vordergrund steht die gemeinsame Arbeit für einen gemeinnützigen Zweck. Das bedeutet konkret an neun Tagen für ca. sechs Stunden in ökologischen, denkmalpflegerischen, alternativen oder Gemeinde-Projekten tätig zu sein. Daneben ist viel Zeit für die gemeinsame Freizeitgestaltung und die Auseinandersetzung mit dem vorbereiteten Campthema, das zum Gespräch und zum Nachdenken über das Leben und Gott einlädt. Das Schwerpunktthema ist jedes Jahr verschieden (z.B. „Natur und Umwelt"). Unterkunft, Verpflegung und die gemeinsamen Freizeitaktivitäten zahlen die ÖJD.
Dauer: 2 Wochen

Kosten: kein Teilnahmebeitrag!
Alter: 16-26 Jahre
Sprachkenntnisse: Deutsch und / oder Englisch

Estland

Estonian Fund for Nature (ELF – Eestimaa Looduse Fond), *c/o Jüri-Ott Salm, T. +372-52-95933 o. +372-7-428443, jott@elfond.ee, www.elfond.ee/reisid*

Nach dem Modell britischer Organisation führt ELF ungefähr 20 „conservation holidays“ von 5 - 14 Tagen Dauer pro Jahr in Estland durch. Die Stiftung arbeitet unter anderem mit dem British Trust for Conservation Volunteers (BTCV, näheres unter „Workcamps worldwide“) zusammen, über dessen Webseite auch viele der Projekte in Estland abrufbar sind.
Die Mehrzahl der Workcamps widmet sich der Biotoppflege in Schutzgebieten der Küstenregion. Dem Holiday-Charakter folgend garantieren die Veranstalter aber auch genug Zeit für Sauna, Schwimmen und Sonnenbaden. Für Gruppen bietet ELF auch die Organisation von maßgeschneiderten Camps an, die individuell auf die Wünsche und Bedürfnisse der Gruppen abgestimmt werden können.
Dauer: 5 Tage – 2 Wochen
Kosten: 40 - 800 Euro
Mindestalter: 18 Jahre
Sprachkenntnisse: Englisch. Für deutsche Gruppen kann ein deutschsprachiger Leiter organisiert werden.

Frankreich

Association Le Mat, *Village coopératif du Viel Audon, 07120 Balazuc, Frankreich, T. +33-4-75377380, F. +33-4–75377790, vielaudon@free.fr, http://vielaudon.free.fr/*

Le Viel Audon, ein alternatives Lebens- und Arbeitsprojekt, malerisch im Tal der Ardèche gelegen, entstand vor 30 Jahren. Kern des Projekts ist der Wiederaufbau eines verfallenen Weilers sowie die Wiederherstellung und nachhaltige Nutzung der umliegenden Wirtschaftsflächen. Dazu gehören der Bau von Trockenmauern und Terrassen, die Pflege der traditionellen Bauweise, die Bewirtschaftung eines landwirtschaftlichen Betriebes, Seidenraupenzucht, der Empfang von Schulklassen und Jugendgruppen sowie Fortbildungsseminare. Die Lebensweise im Dorf ist dabei an einer größtmöglichen Schonung der natürlichen Ressourcen ausgerichtet. Zur Zeit leben acht Bewohner ständig in dem Dorf und leiten das Projekt. Verschiedene Besuchereinrichtungen – Wanderunterkunft, Klassenlager – und vor allem das internationale Workcamp im Sommer laden dazu ein, das Projekt kennenzulernen und aktiv mitzugestalten. Letzteres findet vom ersten Dienstag im Juli bis zum letzten Freitag im August statt. Ankunft ist immer dienstags. Etwa 50 junge Leute kommen auf diese Weise für eine, zwei, drei oder mehr Wochen zusammen. Zur Auswahl stehen verschiedene „ateliers“, von Maurerarbeiten über landschaftspflegerische Maßnahmen

(u.a. Bau von Trockenmauern) und Gartenbau bis hin zu Arbeiten für die Gemeinschaft, wie Küchendienst, Brotbacken oder Müll-Recycling, wobei es möglich ist, täglich zwischen den verschiedenen Tätigkeiten zu wechseln. Die Teilnehmer übernachten im Zelt.
Dauer: mind. 10 Tage
Kosten: 8 Euro / Tag, zzgl. 16 Euro (Versicherung und Jahresbeitrag)
Alter: 17-25 Jahre
Sprachkenntnisse: Französisch

Fédération Unie des Auberges de Jeunesse (FUAJ), *27, rue Pajol, 75018 Paris, Frankreich, T. +33-1-44898727, F. +33-1–44898710, centre-national@fuaj.org, sebastien@fuaj.org, www.fuaj.org*

Der französische Jugendherbergsverband FUAJ veranstaltet von Juni bis September etwa sieben internationale Workcamps in französischen Jugendherbergen. Die Freiwilligen unterstützen lokale Initiativen bei gemeinnützigen Projekten für die Dorf- oder Regionalentwicklung. Auch Umweltprojekte sind dabei vertreten: Anlage eines Duftgartens in Annecy, Schutz des Naturerbes im Parc Naturel Régional du Vercors oder Anlage eines Rundweges zum Entdecken der Natur in Chamrousse. Die Jugendherbergen arrangieren ein attraktives kostenloses Freizeitprogramm mit Exkursionen in der Region, Sport und Kultur. Die Freiwilligen sollten vor der Anmeldung telefonisch oder per E-Mail bei der FUAJ oder der betreffenden Jugendherberge nachfragen, ob noch Plätze frei sind. Teilnahme nur mit einem internationalen Jugendherbergsausweis, den man z.B. beim Deutschen Jugendherbergswerk bekommt. Die Teilnahmegebühr schließt Unterkunft und Vollpension ein. Die Anreise zu den Workcamps erfolgt auf eigene Kosten.
Dauer: 1 bis 2 Wochen
Kosten: 120 Euro
Alter: 18-26 Jahre
Sprachkenntnisse: Französisch und / oder Englisch

Le Loubatas, Centre Permanent d'Initiation à la Forêt Provençale (CPIFP)
18, chemin neuf, BP 16, 13860 Peyrolles-en-Provence, Frankreich, T. +33-4-42670170 o. -42670670, F. +33-4–42577125, loubatas@net-up.com, www.educ-envir.org/~loubatas

In Südfrankreich, etwa 25 Kilometer nördlich von Aix-en-Provence, befindet sich auf einem sieben Hektar großen Gelände mitten in einem lichtdurchfluteten Mittelmeerwald das *Centre Permanent d'Initiation à la Forêt Provençale* „Le Loubatas". Das Haus im Stil eines traditionellen provenzalischen „mas" dient als Umweltzentrum und Wanderquartier und erregt bei Besuchern großes Aufsehen. Abseits von Strom- und Wasserleitungen erzeugt es mit Hilfe von Solardächern seine Energie selbst. Wie bei einem modernen Ökohaus wird konsequent Sonnenenergie genutzt und Regenwasser gespeichert; Abfall wird möglichst vermieden oder vor Ort kompostiert.
Das CPIFP führt jedes Jahr ein oder zwei internationale Jugendworkcamps

durch. Die Jugendlichen helfen bei der Einrichtung eines Waldlehrpfades, beim Auslichten von Unterholz zur Vorbeugung gegen Waldbrände, beim Wiederaufbau einer alten Schäferei und bei der Durchführung einfacher, handwerklicher Arbeiten. Eine Teilnahme an den Workcamps setzt die Mitgliedschaft im CPIFP voraus (Jahresbeitrag 80 FF) sowie Französischgrundkenntnisse. Wer hier an einem Camp teilnimmt, kann nebenher noch viel über den Wald, über die traditionelle Nutzung der provenzalischen Landschaft und über aktuelle Umweltprobleme unseres Nachbarn Frankreich erfahren.
Dauer: 1 oder 3 Wochen
Kosten: 250 bzw. 500 FF (inkl. Mitgliedschaft)
Alter: mind. 18 Jahre
Sprachkenntnisse: Französisch

Ligue pour la Protection des Oiseaux (LPO), *Corderie Royale, BP 263,*
17305 Rochefort cedex, Frankreich, T. +33-5-46821234, F. +33-5–46839586, lpo@lpo.fr, www.lpo-birdlife.asso.fr, www.lpo.fr

LPO Auvergne, *c/o Etienne Souciet, 2 bis, rue du Clos Perret,*
63100 Clermont-Ferrand, Frankreich, T. +33-4-73363979, F. +33-4–73369874,
auvergne@lpo-birdlife.asso.fr, auvergne@lpo.fr

LPO Champagne-Ardenne, *c/o Christophe Hervé, 4, place du Maréchal Joffre, BP 27, 51300 Vitry-le-François,*
Frankreich, T. +33-3-26725447, F. +33-3–26725430,
champagne-ardenne@lpo-birdlife.asso.fr,
champagne-ardenne@lpo.fr

1912 gegründet, um die Massaker an den Papageitauchern in der Bretagne zu beenden. Sie setzt sich heute umfassend für den Schutz der Vögel, ihrer Lebensräume sowie der dazugehörigen Tier- und Pflanzenwelt ein. Zu diesem Zweck betreut der Verband acht Naturschutzgebiete mit insgesamt 13.000 Hektar Fläche und unterhält zahlreiche Besucherzentren und Pflegestationen für verletzte Vögel. Die LPO gibt jährlich eine Broschüre (“Vivez l’oiseau libre“) heraus, die Workcamps, Vogelschutzcamps, Einsätze zur Greifvogelüberwachung und Praktikaplätze aller Regionalverbände, Ortsgruppen und Naturschutzzentren aufführt.
LPO Auvergne engagiert sich in den Departements Allier, Cantal, Haute-Loire und Puy-de-Dôme für den Schutz der Vögel und ihrer natürlichen Lebensräume. Mitglieder und Freiwillige bewachen beispielsweise im Frühjahr und in den Sommermonaten rund um die Uhr die Brutplätze der Flussseeschwalbe. Ferner beteiligt sich die LPO mit dem WWF und anderen Organisationen am Erhalt der Flüsse Allier und Loire. Pro Jahr werden ein bis drei Workcamps durchgeführt, an denen auch junge Freiwillige aus dem Ausland teilnehmen können. Gegenstand der Camps sind praktische Naturschutzmaßnahmen sowie Zugvogelzählungen. Mindestalter ist 15 Jahre.

Die LPO Champagne-Ardenne ist in den nordfranzösischen Departements Marne, Haute-Marne, Aube und Ardennes aktiv. Sie führt jedes Jahr im Juli und August mehrere Workcamps zur Pflege von Trockenrasen, Sumpfgebieten und Mooren durch. Anmeldeschluss ist Ende Juni. Unterbringung in Zelten. Regensachen nicht vergessen! Teilnahmebedingungen und Kosten wie folgt:
Dauer: 2 Wochen
Kosten: 115 Euro
Alter: 15-23 Jahre
Sprachkenntnisse: Französisch

Réseau École et Nature, *Espace République, 20, rue de la République, 34000 Montpellier, Frankreich, T. +33-4-67061870, F. +33-4-67920258, info@ecole-et-nature.org, www.ecole-et-nature.org*

Netzwerk zur Förderung und Weiterentwicklung der Umwelterziehung in Frankreich. Gibt jährlich den Veranstaltungskalender „Dans la nature“ heraus, der etwa fünf bis zehn Workcamps („chantiers nature“) von Umweltverbänden und Naturschutzeinrichtungen in allen Teilen des Landes aufführt. Themen sind u.a. Biotoppflege, Unterhalt von Wegen. Bewerbungen direkt an den jeweiligen Veranstalter. Einige Workcamps sind bereits an anderer Stelle dieses Kapitels aufgeführt. Der Veranstaltungskalender und die dort aufgeführten Workcamps sind auch übers Internet abrufbar.
Dauer: 1-2 Wochen
Kosten: unterschiedlich, je nach Veranstalter
Alter: ab 15 Jahre
Sprachkenntnisse: Französisch

Société Nationale de Protection de la Nature (SNPN) *c/o Pascale Perret, 9, rue Cels, 75014 Paris, Frankreich, T. +33-1-43201539, F. +33-1-43201571, snpn@wanadoo.fr, www.snpn.com*

Die Ursprünge der Société reichen zurück ins 19. Jahrhundert: Am 10. Februar 1854 gründete Isidore Geoffroy Saint-Hilaire, Professor am naturhistorischen Nationalmuseum, die Société impériale zoologique d'acclimatation, den Vorläufer der heutigen SNPN. Diese veranstaltet jeden Sommer zwei Workcamps in der Camargue, die vorwiegend mit Franzosen besetzt sind. Mit der Betreuung des dortigen Schutzgebiets im Herzen des Rhône-Deltas ist die SNPN seit 1927 beauftragt. Auf dem Programm stehen der Bau von Laufstegen und Unterständen zur Vogelbeobachtung sowie umfangreiche Arbeiten zum Unterhalt der Wege, der Beschilderung und Besuchereinrichtungen im Schutzgebiet. Wegen der großen Hitze wird nur frühmorgens und am Vormittag im Freien gearbeitet. Die großen Entfernungen in der Camargue machen zwecks Einkäufen und ausgiebigen Entdeckungstouren während der freien Zeit ein eigenes Fortbewegungsmittel erforderlich. Ein Fahrrad für kleinere Touren kann auch vor Ort ausgeliehen werden. Voraussetzungen zur Teilnahme an einem der Workcamps: gute körperliche Verfassung, Mitgliedschaft in der SNPN, die Beherrschung der französischen Sprache und ausrei-

chend Insektenabwehrmittel. Die Teilnehmer verpflegen sich selbst!
Dauer: 2 Wochen
Kosten: 16 Euro (Teilnahmegebühr) + 25 Euro (Mitgliedschaft)
Alter: mind. 18 Jahre
Sprachkenntnisse: Französisch

Union Nationale des Centres Permanents d'Initiatives pour l'Environnement (UNCPIE), *26, rue Beaubourg, 75003 Paris, Frankreich, T. +33-1-44617535, F. -44617536, uncpie@environnement-dev-educ.net, www.uncpie.org*

Centre Permanent d'Initiatives pour l'Environnement du Cotentin
30, rue de l'Hippodrome, BP 42, 50430 Lessay, Frankreich, T. +33-2-33463706,
F. +33-2-33466306,
accueil@cpiecotentin.com,
www.cpiecotentin.com

Gemeinsames Ziel aller 48 Centres Permanents d'Initiatives pour l'Environnement (CPIE) ist eine umweltverträgliche Regionalentwicklung und Raumplanung. Mit ihren Aktivitäten wollen sie zu einer Stärkung des Umweltbewusstseins und einem respektvollen Umgang mit den natürlichen Lebensgrundlagen beitragen. Die einzelnen CPIEs führen Umweltstudien durch, fördern mit lokalen Projekten die ländliche Entwicklung, organisieren Aufenthalte für Schulklassen, bilden in Umweltberufen aus und bieten Workcamps an. Workcamps haben oftmals die Themen Archäologie, Restaurierung historischer Gebäude oder ländliches Kulturerbe zum Inhalt, gelegentlich auch Natur und Umwelt, beispielsweise Biotoppflege. Die CPIEs bilden ein Netzwerk über nahezu alle französischen Regionen. Eine Liste mit Adressen, Telefonnummern und E-Mail aller Centres Permanents gibt's auf der Homepage des nationalen Dachverbands UNCPIE im Internet. Anfragen unmittelbar bei einzelnen CPIEs, wo und wann Workcamps stattfinden, lohnen sich immer.
Das CPIE du Cotentin liegt im „Parc Naturel Régional des Marais du Cotentin et du Bessin" an der französischen Kanalküste (Normandie) und veranstaltet einmal im Jahr ein internationales Workcamp zum Amphibienschutz, zur Renaturierung von Tümpeln und anderen Amphibiengewässern, zur Beseitigung wilder Müllkippen und zur Dünensicherung. Freie Unterkunft in Zelten auf einem Campingplatz; auch die Freizeitangebote zahlt das CPIE du Cotentin. Freiwillige aus dem Ausland sind ausdrücklich willkommen.
Dauer: 2 Wochen
Kosten: 80 Euro
Alter: mind. 18 Jahre
Sprachkenntnisse: Englisch und / oder Französisch

Ghana

VOLU – Voluntary Workcamps Association of Ghana, *P.O. Box 1540, Accra, Ghana, T. +233-21-663486, F. +233-21-665960,* *voluntaryworkcamp@yahoo.com, www.volu.org*

Sowohl ausländische als auch einheimische Jugendliche nehmen an den von VOLU organisierten Workcamps teil. Neben vielfältigen karitativen Themen widmen sie sich auch der Wiederaufforstung von ehemaligen Regenwaldgebieten. Die Workcamps mit bis zu 45 Teilnehmenden finden im Sommer von Juni bis Oktober statt und im Winter von Mitte Dezember bis Ende Januar.
Bereitschaft körperlich hart zu arbeiten und mit einfachen Lebensbedingungen auszukommen sind die einzigen Fähigkeiten, die bei den Freiwilligen vorausgesetzt werden.
Da VOLUs E-Mail-Adresse nicht ständig erreichbar ist, bittet die Organisation ausdrücklich per Brief, Telefon oder Fax Kontakt mit ihr aufzunehmen.
Dauer: mind. 16 Tage. Die meisten Workcamps dauern 3-4 Wochen.
Kosten: 200 US-$ für ein Workcamp, 300 US-$ für mehrere
Mindestalter: 16 Jahre
Sprachkenntnisse: Englisch und / oder Französisch

Großbritannien

Broads Authority, *Volunteer Co-ordinator, Maggie Engledow, 18 Colegate, Norwich, Norfolk, NR3 1BQ, Großbritannien, T. +44-1692-582753, maggie.engledow@broads-authority.gov.uk, www.broads-authority.gov.uk/broads/*

Die „Norfolk and Suffolk Broads", das größte geschützte Feuchtgebiet in Großbritannien, sind ein Schutzgebiet auf regionaler und lokaler Ebene. Sein Status ist aber dem eines Nationalparks vergleichbar. Die Schutzgebietsverwaltung führt täglich Einsätze mit Freiwilligen durch. Überwiegend helfen sie beim Entbuschen in Mooren und Feuchtwiesen. Ein Programm oder feste Termine gibt es nicht, außer für die obligatorischen Tee- und Kaffeepausen. Jeder kann sooft und solange kommen, wie er Lust und Laune hat. Die Teams bilden sich also jeden Tag neu. Ausländische Freiwillige sind ausdrücklich willkommen. Unterkunft und Verpflegung gegen Kostenbeitrag.
Dauer: 1 Woche und länger
Kosten: keine Angaben
Alter: mind. 15 Jahre
Sprachkenntnisse: Englisch

British Trust for Conservation Volunteers (BTCV), *Natural Breaks Office, 36 St Mary's Street, Wallingford, Oxfordshire OX10 0EU, Großbritannien, T. +44-1491-821600, F. +44-1491-839646, information@btcv.org.uk, Natural-Breaks@btcv.org.uk, www.btcv.org*

Führende Organisation in Großbritannien bei aktiven Freiwilligeneinsätzen im praktischen Natur- und Umweltschutz. Veranstaltet jedes Jahr nahezu 400 sogenannte „Natural Breaks" in England, Wales und Nordirland sowie „Action Breaks" in Schottland, an denen jährlich fast 3.700 Freiwillige teilnehmen. Die Einsatzgebiete sind

äußerst vielfältig: Biotopmanagement, Küstenschutz, Feuchtgebietsschutz, Bau von Trockenmauern und Schutzzäunen, Unterhalt von Wanderwegen, Pflege von Hecken etc. Ausländische Teilnehmer sind ausdrücklich willkommen, sollten sich allerdings auf die sprichwörtlich miesen Wetterverhältnisse einstellen und dennoch ihren Humor nicht verlieren. „Natural Breaks" stehen allen Altersgruppen offen und bieten, eingeteilt in drei Unterkunfts-Kategorien (einfach, Standard und gehoben), für jeden Geschmack etwas. Weitere Einzelheiten enthält die „Conservation Holidays"-Broschüre.
Ausländische Freiwillige sollten die Sicherheitshinweise auf Englisch verstehen können. Buchungen sind telefonisch, online übers Internet oder per Post möglich. Für ausländische Teilnehmer ist jedoch die Online-Buchung über die Homepage die schnellere und kostengünstigere Möglichkeit sich anzumelden. Alle „conservation holidays" sind auch im Internet recherchierbar, und Spezialangebote werden zuerst im Netz veröffentlicht. Wer sich dennoch den gedruckten und außerordentlich gut gemachten Katalog zuschicken lassen möchte, der wird aufgefordert, 2,20 Pfund für das Rückporto zu übernehmen. Neben den Camps in Großbritannien führt der BTCV auch internationale Naturschutz-Workcamps in über 20 Ländern auf der ganzen Welt durch (s. den Abschnitt „Workcamps weltweit"). Der BTCV und die Schwesterorganisation *BTCV Scotland* sind unabhängig voneinander tätig (siehe unter „Schottland").
Dauer: 5 Tage und länger
Kosten: 60-220 £
Alter: mind. 18 Jahre (Freiwillige aus Übersee)
Sprachkenntnisse: gutes Englisch

The National Trust, *Volunteering & Community Involvement Office, 33 Sheep Street, Cirencester, Gloucestershire GL7 1RQ, Großbritannien, T. +44-8706095383, enquiries@thenationaltrust.org.uk, volunteers@ntrust.org.uk, www.nationaltrust.org.uk*

The National Trust, *Working Holidays Booking Office, Sapphire House, Roundtree Way, Norwich, NR7 8SQ, Großbritannien, T. +44-870-4292429, F. +44-870-4292427, working.holidays@nationaltrust.org.uk www.nationaltrust.org.uk/volunteering*

The National Trust Office for Northern Ireland, *Community & Volunteering Officer, Rowallane House, Saintfield, Ballynahinch, County Down BT24 7LH, Großbritannien, T. +44-28-9751-0721, F. +44-28–9751-1242, volunteering.ni@nationaltrust.org.uk, www.ntni.org.uk*
Ehrwürdige britische Institution, die es sich zur Aufgabe gemacht hat, Orte von besonderem historischen Interesse oder von außergewöhnlicher Schönheit der Natur zu erhalten. Feierte 1995 sein hundertjähriges Bestehen. Der National Trust betreut Landgüter und Naturreservate in England, Wales und Nordirland, darunter Moore, Nie-

derungen, Wälder und Küsten, und macht über dreihundert historische Gebäude und Gärten der Öffentlichkeit zugänglich. Er veranstaltet jährlich über 400 „Working Holidays“ an mehr als 100 Orten für verschiedene Altersgruppen und mit unterschiedlichen Aufgaben: Bau von Trockenmauern und Wanderwegen, Biotopmanagement, botanische und zoologische Untersuchungen, Archäologie, Denkmalschutz- und Bauarbeiten. Jedes Jahr stellen über viertausend Freiwillige ihre Freizeit und ihre Arbeitskraft in den Dienst eines National-Trust-Projektes.

Die Workcamps stehen Teilnehmern im Alter von 17 bis 70 Jahren offen. Neben den „Acorn Holidays“, an denen grundsätzlich jeder, egal wie alt er ist, teilnehmen kann (die meisten sind jedoch 18- bis 28jährige), wenden sich besondere Angebote an bestimmte Altersstufen: „21 Plus Holidays“ sind für „junge“ Leute zwischen 21 und 35 Jahren, „Oak Holidays“ richten sich an Leute über 35 Jahre und „Oak Plus Holidays“ sind für Freiwillige gedacht, die älter als 50 Jahre sind. Daneben gibt es noch spezielle „archaeological“, „construction“ und „wildtrack projects“. Freiwillige aus Übersee sind willkommen. Eine Mitgliedschaft ist nicht Teilnahmevoraussetzung. Als Unterkünfte dienen u.a. die 45 „basecamps“ des National Trust, die alle sehr gemütlich und nach den Bedürfnissen von Workcamp-Gruppen mit Selbstverpflegung eingerichtet sind. Wie beim BTCV gibt es drei Kategorien der Unterbringung: gehoben, Standard und einfach. Ausführliche Projektbeschreibungen im Jahresprogramm „Working Holidays“ mit vielen Hundert Einsatzmöglichkeiten. Anmeldung entweder online übers Internet oder telefonisch bei der Buchungshotline oder mit dem Anmeldeformular, das dem gedruckten Programm anhängt. Für Buchungen aus Übersee werden zusätzlich 5 £ Bearbeitungsgebühr erhoben. Etwa sieben „Working Holidays“ finden jedes Jahr in Nordirland statt und werden vom dortigen Regionalbüro betreut, das sich über Freiwillige aus Deutschland ausdrücklich freut und für weitere Auskünfte unter obengenannter Adresse zur Verfügung steht. Der *National Trust for Scotland* ist eine eigenständige Einrichtung, die ihre Workcamps ausschließlich in Schottland durchführt (s. unter „Schottland“).

Dauer: 1 Woche bis 10 Tage (Ausnahme: „short breaks“)
Kosten: 55 £ oder 66 £ je nach Saison
Alter: mind. 18 Jahre (Freiwillige aus Übersee)
Sprachkenntnisse: Englisch

Irland

Conservation Volunteers Ireland (CVI), *The Steward's House, Rathfarnham Castle, Dublin 14, Irland, T. +353-1-495-2878, F. +353-1–495-2879, info@cvi.ie, www.cvi.ie*

CVI ist ein Zusammenschluss von ursprünglich 15 privaten Freiwilligen-Organisationen, die sich um die Bewahrung des Natur- und Kulturerbes des Insel bemühen. Innerhalb von zehn Jahren hat sich CVI zur führenden Institution für den praktischen Naturschutz in Irland entwickelt. Auf dem Programm stehen auch so genannte „conservation holidays". Die Teilnahmegebühr deckt die Kosten für Essen, Unterkunft und Transporte ab. Zur Teilnahme an den „conservation holidays" ist die Mitgliedschaft bei CVI erforderlich. Vor der Anmeldung sollten sich Interessenten telefonisch erkundigen, ob noch Plätze frei sind.

Dauer: 1 Woche (Ausnahme: „weekend breaks")
Kosten: 40-64 Euro + 25 € / 18 € (erm.) (Mitgliedschaft)
Alter: mind. 18 Jahre
Sprachkenntnisse: Englisch

Verlagshinweis: Online-Reiseführer Irland bei www.reisetops.com/irland

Italien

NABU-Arbeitsgruppe Migration Unlimited, *c/o Christoph Hein, Tzschimmerstraße 15, 01309 Dresden, T. 0351-3126016, F. 0351-31905060, heinchris@migration-unlimited.org, www.migration-unlimited.org*

Netzwerk aus deutschen, italienischen und englischen Partnerverbänden. Veranstaltet jährlich zwei mehrwöchige Artenschutzcamps im April und Mai sowie von August bis Oktober. Seit 1986 finden in Kalabrien an der Straße von Messina internationale Camps zum Schutz ziehender Greifvögel und Störche statt. Die Zugvögel unterliegen einer starken illegalen Bejagung durch Einheimische. Während die Wilderei auf Sizilien in der Region Messina durch die Camps fast völlig beendet werden konnte, sind in der Region Kalabrien noch immer etwa 500 Jäger aktiv. Nach Hochrechnungen fallen dadurch jedes Jahr etwa 1.000 Greifvögel der Wilderei zum Opfer. Das Camp versucht in Kooperation mit den zuständigen Polizeistellen Wilderer dingfest zu machen und Waffen sowie tote und verletzte Vögel beschlagnahmen zu lassen. Die Dauerpräsenz der jungen Naturschützer soll die Vogeljäger abschrecken.
Gleichzeitig lassen sich durch die intensive Beobachtung des Vogelzugs wertvolle ökologische Daten gewinnen. Ein weiterer Erfolg auf dem Weg zum dauerhaften Schutz der Zugvögel ist der schrittweise Aufbau eines Umweltzentrums nahe Campo Calabro. Die Teilnehmer sollten Interesse am Naturschutz, insbesondere an ornithologischen Fragen, mitbringen. An manchen Tagen bis zu zwölf Stunden Zugvogelbeobachtung. Ist auf Grund der Wettervorhersage absehbar, dass der Vogelzug z.B. wegen Sturm

in Nordafrika stagniert, finden Exkursionen statt. Grundsätzlich gilt allerdings: Ziehen die Vögel, dann bestimmen sie das Tagesprogramm und die Teilnehmer sind zu ihrer Erhebung und ihrem Schutz vor Ort. Die Teilnehmer zahlen ihre Anreise nach Süditalien selber. Die Teilnahmegebühr beinhaltet Unterkunft in einer Ferienanlage und Verpflegung.
Dauer: 2 Wochen bis 2 Monate
Kosten: ca. 400 Euro
Alter: mind. 16 Jahre
Sprachkenntnisse: Englisch und / oder Italienisch

WWF Italia, *Sezione nazionale, Via Po, 25/c, 00198 Roma, Italien, T. +39-6-844971, wwf@wwf.it, www.wwf.it/vacanze/*

Vermittelt etwa zehn „campi volontariato adulti" in Italien und darüber hinaus auch einige wenige im europäischen Ausland. Die Einsatzorte liegen u.a. in den Abruzzen, in der Toskana und auf Sizilien. Die überwiegend nicht international besetzten Camps helfen bei konkreten WWF-Projekten mit, bei der Anlage von Naturlehrpfaden, bei Schutzmaßnahmen gegen Waldbrände, beim Zugvogelschutz etc. Auf Sizilien geht es auch um den Schutz der Meeresschildkröten. Die Dauer der Camps ist unterschiedlich. Einige finden kontinuierlich von April bis September statt und nehmen Teilnehmer auf, die für mindestens eine Woche oder zehn Tage bleiben. Nicht alles, was der WWF Italia darüber hinaus als „campo" bezeichnet, hat auch wirklich mit Arbeitseinsätzen zu tun. Bei manchen Angeboten handelt es sich mehr um umweltverträgliche Studien- und Bildungsreisen, die von Kooperationspartnern durchgeführt werden. Workcamp-Programm, Camp-Infos mit Kontaktadressen und Anmeldeformular sind auf der Homepage unter der Rubrik „vacanze natura" abrufbar. Allerdings nur für Leute mit guten Italienischkenntnissen.
Dauer: 1-2 Wochen
Kosten: 130-200 Euro
Alter: mind. 18 Jahre
Sprachkenntnisse: keine Angaben

Kanada

Volunteer Coordinator Lake Louise, Yoho and Kootenay National Parks,
Box 220, Radium Hot Springs, BC V0A 1M0, Kanada, T. +1-250-347-9615, F. -9980, kootenay.reception@pc.gc.ca, www.pc.gc.ca/pn-np/bc/kootenay/ne/ne6_e.asp

Diese drei kanadischen Nationalparks bieten die einzigartige Möglichkeit zur Teilnahme an ökologischen Forschungsprojekten in den schönsten Gegenden der Rocky Mountains. Die Teilnehmer lernen den Einsatz moderner Methoden der Feldforschung kennen wie die Beobachtung von Wildtieren im Freiland mit Hilfe von Radiosendern und den Einsatz von DNA-Analysen. Unterbringung, Ausrüstung und Fahrten vor Ort übernimmt die Parkverwaltung. Vorausgesetzt werden u.a. Trekking-Erfahrungen und Erfahrungen im Tourenwandern im Gebirge. Details im Kap. „Nationalparks" im Auslandsteil dieses Buchs.

Dauer: mind. 2 Monate
Kosten: für Verpflegung!
Alter: keine Altersbeschränkung
Sprachkenntnisse: Englisch

Kenia

Sustainable Agriculture Centre for Research, Extension and Development in Africa - Sacred Africa,
Dr. Eusebius Mukhwana, P.O. Box 2275, Bungoma, Kenia, T. +254-55-30788/0, Fax:254-337-20235, sacred@africaonline.co.ke, www.acts.or.ke/sacred

Diese erst 1996 gegründete NGO in Kenia versucht durch verschiedene Trainingsprogramme, der seit den 50er Jahren rasant gestiegenen Bevölkerung zu helfen, ihre natürlichen Ressourcen effizienter und nachhaltiger zu nutzen, mehr Nahrung zu produzieren und mehr Einkommen für die Familien zu erzeugen. Leider geht aus den Informationen, die uns zur Verfügung stehen, nicht klar hervor, ob Sacred Africa Workcamps oder Praktika anbietet. Näheres zu dieser NGO im Kap. „Entwicklungszusammenarbeit".
Dauer: 3 – 6 Monate
Kosten: für Essen und Unterkunft
Alter: mind. 20 Jahre
Sprachkenntnisse: Englisch, Kiswahili von Vorteil

Neuseeland

New Zealand Trust for Conservation Volunteers (NZTCV)
T. +64-9-4159336, F. +64-9-4159336, conservol@clear.net.nz oder jhogan@clear.net.nz, www.conservationvolunteers.org.nz

Der noch sehr junge Verband (seit 1999) hat es sich zur Aufgabe gemacht, durch die Einbeziehung von Freiwilligen in praktische Naturschutzprojekte die Umwelt in Neuseeland zu erhalten. NZTCV veranstaltet keine eigenen Camps, sondern vermittelt zwischen Freiwilligen und lokalen Umweltorganisationen. Da die Projekte über das ganze Jahr verteilt sind, können Freiwillige jederzeit einsteigen und folgenden Tätigkeiten nachgehen: Aufforstung, Überwachung und Erfassung von Flora und Fauna, Schutz gefährdeter Arten, Bau und Reparatur von Wanderwegen, Biotopschutz und -pflege usw. Ein besonderes Problem auf Neuseeland ist die Eindämmung eingeschleppter Tier- und Pflanzenarten. Der NZTCV richtet sich ausdrücklich auch an Besucher aus Übersee, die Neuseelands Kultur und Umwelt kennenlernen wollen.
Die Angebote werden ausschließlich über die Homepage im Internet veröffentlicht: Freiwillige bewerben sich direkt bei der in der jeweiligen Projektbeschreibung angegebenen Stelle, z.B. der Nationalparkverwaltung. Interessenten können darüber hinaus ihre praktischen Fähigkeiten und ihre Tätigkeitwünsche sowie – bei ausländischen Freiwilligen – die Dauer des

Aufenthalts im Land, das Datum der Ankunft und der Abreise auch in eine Datenbank eingeben. Es wird außerdem gefragt, wieviele Tage man tätig sein möchte (nur am Wochenende; alle Tage). NZTCV versucht, bei Anfragen von Projektträgern geeignete Freiwillige zu finden, und leitet auch spezielle Projektbeschreibungen an Personen, die sich in der Datenbank befinden, weiter. Wichtig: Die Projekte erfordern körperliche Fitness und die Bereitschaft, auch bei unangenehmem Wetter zu arbeiten – in Neuseeland kann es häufig und heftig regnen; in den höheren Lagen wird es mächtig kalt. Nur einige Projekte bieten auch eine Unterkunft an.

Dauer: variabel
Kosten: unterschiedlich
Alter: keine Angaben
Sprachkenntnisse: Englisch

Österreich

Österreichischer Alpenverein (OEAV)

Alpenvereinsjugend, Wilhelm-Greil-Straße 15, Pf. 318, 6010 Innsbruck, Österreich,
T. +43-512-59547-13 o. -59547-33,
F. +43–512-575528,
jugend@alpenverein.at,
www.alpenverein.at/jugend,
www.alpenvereinsjugend.at

Die Österreichische Alpenvereinsjugend führt seit über zehn Jahren jährlich zehn bis zwölf „Umweltbaustellen" für Jugendliche aus Österreich und aus anderen Ländern durch. Ein Zitat aus der umfangreichen Dokumentation zum zehnjährigen Bestehen der „Umweltbaustellen": „Ein guter Biologielehrer kann heutzutage mehr Seelen retten als so mancher Theologe" (Konrad Lorenz). Die „Bauarbeiter" helfen Bergbauern bei der Almwirtschaft, führen Renaturierungen und Schutzmaßnahmen gegen die Erosion aus, befestigen Wege, bauen Brücken und untersuchen die Wassergüte von Quellen und Flüssen. Arbeitseinsätze u.a. in Nationalparks und anderen Schutzgebieten, z.B. bei Besucherzählungen oder beim Bau eines Sonnenkollektors.

Abgesehen von den eigenen Reisekosten fallen für die Teilnehmer keine weiteren finanziellen Aufwendungen an. Ein oder zwei freie Tage sorgen für Ausgleich und Spaß. Teilnehmende Jugendliche haben im Rahmen der Umweltbaustelle außerdem die einmalige Gelegenheit, in den Bereichen Pressearbeit, Erstellen einer Dokumentation und Projekt-Präsentation sogar beruflich verwertbare Qualifikationen zu erwerben. Sie müssen dazu an einem zusätzlichen Wochenend-Workshop teilnehmen und an ihrer Aufgabe qualifiziert mitarbeiten. Die Projektträger stellen ihnen dafür ein Zertifikat aus, das sie zusammen mit ihrem Arbeitsergebnis bei Bewerbungen vorlegen können. Für Umwelteinsätze in Österreich sollten Freiwillige unbedingt gegen Hirnhautentzündung, die durch Zeckenbisse übertragen wird, geimpft sein.

Dauer: 1-2 Wochen
Kosten: kostenlos!
Alter: 16-30 Jahre

Schottland

BTCV Scotland, *Head Office, Balallan House, 24 Allan Park, Stirling FK8 2QG, Großbritannien, T. +44-1786-479697, F. +44-1786-465359, scotland@btcv.org.uk, www.btcv.org*

Unabhängiger Schwesterverband des British Trust for Conservation Volunteers (BTCV). Existiert erst seit 1984, ist aber nach eigenen Angaben mittlerweile der führende Anbieter für freiwillige Umwelteinsätze in Schottland. Veranstaltet pro Jahr 40 bis 60 so genannte „Action Breaks" – bei jedem Wetter! Es ist sicher auch kein Zufall, dass der BTCV Scotland Mückenschutzmittel zu besonders günstigen Konditionen vertreibt. Jede Mücke lebt schließlich nur einen Sommer und Warmblüter sind heiß begehrt. Jugendliche und Erwachsene führen gemeinsam praktische Naturschutzarbeiten aus, pflanzen Bäume, lichten Unterholz, schichten Trockenmauern auf, reparieren Wege, bauen Holzbrücken, befestigen Dünen etc. BTCV Scotland gibt ein „Action Breaks Programme" heraus. Ermäßigungen für Teilnehmer ohne eigenes Einkommen (Studenten, Rentner, Arbeitslose). Anmeldung und Online-Buchung laufen über den BTCV bzw. dessen Homepage (s. unter „Großbritannien").

Dauer: 7-10 Tage
Kosten: 60-80 £
Alter: mind. 18 Jahre (für Anmeldungen aus Übersee)
Sprachkenntnisse: Englisch

The National Trust for Scotland, *Thistle Camps, Wemyss House, 28 Charlotte Square, Edinburgh EH2 4ET, Großbritannien, T. +44-131-243-9470, F. +44-131–243-9593, jdownes@nts.org.uk, conservationvolunteers@nts.org.uk, www.thistlecamps.org.uk, www.nts.org.uk*

Seit 1931 unterhält und restauriert der „National Trust for Scotland for Places of Historic Interest or Natural Beauty" Ländereien, Gebäude und Plätze von nationalem Interesse sowie Naturerbe von einmaliger Schönheit. Das schottische Pendant zum National Trust (s. unter „Großbritannien") besitzt mittlerweile über hundert Landgüter und Anwesen – beispielsweise Grasland, Wälder, Moore und Klippen – auf den Inseln, im schottischen Hochland und an der Küste. Betreut werden ferner Schlösser, Cottages, Herrenhäuser und historische Stätten. Zum Schutz und zur Pflege bedrohter Landstriche in seiner Obhut führt der Trust alljährlich 30 bis 40 „Thistle Camps" durch. Volontäre im Alter von 16 bis 70 Jahren bessern gemeinsam Fußwege aus, errichten Zäune, sichern Sanddünen gegen Erosion und pflegen Wälder. Auf der Insel Fair, einer der abgelegensten bewohnten Inseln Großbritanniens, helfen Workcamp-Teilnehmer den Bewohnern bei der Feld- und Hausarbeit. Besondere Vorkenntnisse sind nicht erforderlich, jedoch gerne gesehen („conservation, building or archaeological skills"). Schottische Sommer können sehr kalt und nass sein und erfordern eine wasserfeste Ausrüstung. Da die Plätze besonders für die Camps in den Sommermonaten sehr rasch ausgebucht sind, empfiehlt der National Trust frühzeitige Anmeldung (Januar bis März). Genauere Angaben im Jahresprogramm „Thistle Camps“, das im Januar erscheint. Ermäßigungen für Studenten, Arbeitslose und Rentner.

Dauer: 1-3 Wochen
Kosten: 50-115 £ bzw. 35-100 £ (ermäßigt)
Alter: mind. 18 Jahre (Teilnehmer aus Übersee)
Sprachkenntnisse: gutes Englisch

Schweiz

ICVolunteers,
104, rue de Carouge, P.O. Box 755, 1211 Genf 4, Schweiz, T. +41-22 800 143-6,
F. –7, info@icvolunteers.org,
www.icvolunteers.org,
www.conference-reports.org

Als alten Hasen des Freiwilligeneinsatzes passiert es uns nur noch selten, dass wir auf eine uns bisher unbekannte Organisation treffen und spontan Lust darauf bekommen, deren Angebot auch einmal zu nutzen. Bei „International Conference Volunteers“ war dies jedoch der Fall.

Es handelt sich dabei um eine Nicht-Regierungs-Organisation, die Freiwillige für internationale Konferenzen zu sozialen, humanitären, wissenschaftlichen und natürlich auch ökologischen Themen vermittelt. Dies ist notwendig, da selbst große Konferenzen, von denen wir in den Medien hören, nur über begrenzte finanzielle und personelle Mittel verfügen und deshalb auf ehrenamtliche Hilfe angewiesen sind. Zu den Einsatzmöglichkeiten gehören nicht nur Verwaltungs- und Organisationsaufgaben (Information der Teilnehmer, Vorbereitung der Konferenzräume, etc.), sondern auch anspruchsvolle Tätigkeiten wie Simultanübersetzung oder das Verfassen von Konferenzberichten (zu Letzterem mehr unter www.conferenc-reports.org).

ICVolunteers hat seinen Sitz in Genf und so finden auch die meisten von ihr betreuten Konferenzen an diesem Ort statt. Vereinzelt arbeitet die NGO aber auch mit Veranstaltungen in anderen Teilen Europas, Afrikas und Asiens zusammen.

Kost und Logis werden in der Regel von der Organisation, die die Konferenz veranstaltet übernommen. An- und Abreise sowie Visakosten gehen allerdings zu Lasten der Freiwilligen.

Daneben werden auch Praktikanten zur Mitarbeit an speziellen Projekten gesucht.

Dauer: von der Konferenz abhängig, bis zu mehreren Monaten
Kosten: keine
Kost & Logis: in der Regel frei
Mindestalter: 16 Jahre
Einsatzort: Schweiz. Ausnahmsweise auch Europa, Afrika, Asien.
Sprachkenntnisse: Gutes Englisch, Französisch oder Spanisch

Internationale Umweltschutz-Studenten (IUS),
c/o Bruno Brunschweiler,
Pf. 1, 9101 Herisau, Schweiz,
T. +41-71-3515103, F. +41-71-3515103

Hat sich den „internationalen Studentenaustausch für freiwilligen Freizeiteinsatz“ in der Schweiz zur Aufgabe gemacht. IUS-Sommerlager finden in Davos, am Sustenpass / „Steingletscher“ und in Zermatt statt. Insgesamt stehen jedes Jahr etwa achtzig Plätze in vier bis fünf Lagern zur Verfügung. Die Teilnehmer helfen bei der Abfallbeseitigung im Skipisten- und Wanderwegenetz, bei der Ausbesserung und bei der Anlage von Wanderwegen im Hochgebirge sowie bei der Anlage von Alpingärten mit. Da die Lager in Höhen ab 2.000 Metern stattfinden, sind eine Gebirgsausrüstung (feste Wander- oder Bergschuhe) und eine gute Kondition erforderlich. Außerdem ist für die Zeit des Aufenthalts eine Unfall- und Krankenversicherung abzuschließen. Einmalig dürfte sein, dass ein Taschengeld von 6 Franken pro Tag ausgezahlt wird – das reicht für eine Postkarte und zwei kleine Bier. Bitte nur schriftliche Anfragen!

Dauer: 2-6 Wochen
Kosten: 20 Sfr (Lager am Sustenpass)
Alter: mind. 20 Jahre
Sprachkenntnisse: Deutsch und / oder Englisch

Pro Natura, *Wartenbergstraße 22, Pf., 4020 Basel, Schweiz, T. +41-61-3179191 o. -3179244, F. +41-61-3179166, mailbox@pronatura.ch, www.pronatura.ch*

Stiftung Umwelt-Einsatz Schweiz (SUS)
Ortbühlweg 44, 3612 Steffisburg, Schweiz, T. +41-33-4381024, info@umwelteinsatz.ch, www.umwelteinsatz.ch

Die SUS plant, vermittelt und betreut in der ganzen Schweiz einwöchige Gruppeneinsätze von Freiwilligen zum Schutz und zur Pflege der Natur. Jedes Jahr kann die SUS dabei auf die Mitarbeit von rund 3.300 Schülern und Erwachsenen zählen. Einsatzzeit ist jeweils von Frühling bis Herbst.

Pro Natura wurde bereits 1909 als privater Verein gegründet und ist heute der führende Natur- und Umweltschutzverband in der Schweiz mit über 700 eigenen Schutzgebieten. Pro Natura und SUS führen zusammen ein Dutzend „Ferienarbeitswochen“ in den schönsten Gebieten des Landes durch, z.B. im Tessin und in Graubünden. Motto: „Praktizierend die Natur erleben“. Dieses Angebot richtet sich an Einzelpersonen jeden Alters. Eine Woche lang werden praktische Naturschutzarbeiten verrichtet: Wiederaufbau von ökologisch wertvollen Trockenmauern, Ausheben von Tümpeln, Instandhaltung von Wegen, Mahd von Magerwiesen etc. Ein ganzer Tag steht zur freien Verfügung. Pro Natura-Mitglieder erhalten eine Ermäßigung von 50 Sfr auf die Teilnahmegebühr. Anmeldung für alle Arbeitseinsätze über die Stiftung Umwelt-Einsatz Schweiz.

Dauer: 1 Woche
Kosten: 270 Sfr bzw. 170 Sfr (junge Leute in Ausbildung)
Alter: mind. 16 Jahre
Sprachkenntnisse: Deutsch und / oder Französisch

Stiftung Bergwaldprojekt, *Hauptstraße 24, 7014 Trin, Schweiz, T. +41-81-6304145, F. +41-81-6304147, info@bergwaldprojekt.ch, www.bergwaldprojekt.ch*

Ist seit 1987 in der Schweiz, in Österreich und in Deutschland aktiv und wird von Greenpeace sowie vom WWF unterstützt. Das Bergwaldprojekt hat sich vorgenommen, Menschen für den Lebensraum Bergwald und für seine Funktion als Schutzwald zu sensibilisieren. Der Bergwald schützt vor Hochwasser, Erosionen und Lawinen. In mehr als 15 Jahren haben rund 11.000 Freiwillige jeweils eine Woche ehrenamtlich für die Bergwälder gearbeitet und dabei über 600.000 Bäume gepflanzt. Im Laufe einer Arbeitswoche erwarten die Teilnehmer tägliche Waldarbeit, Exkursionen, Diavorträge sowie Gespräche mit Fachleuten und Gleichgesinnten im Bündner Oberland, in Vorarlberg, im Hochschwarzwald und andernorts. Die Arbeit umfasst sowohl forstliche Aufgaben für eine nachhaltige Waldentwicklung als auch Tätigkeiten im Naturschutz (Moorrenaturierungen etc.). Das Bergwaldprojekt will darüber hinaus Anstösse zu einer nachhaltigen Lebensweise auch im Alltag geben. Zwischen März und November steigen jedes Jahr insgesamt sechzig Einsätze in zwanzig Gebieten. Für Verpflegung, Unterkunft und Unfallversicherung ist gesorgt. Außer für An- und Abreise sowie für die Krankenversicherung entstehen also keine Kosten. Der Großteil der Unterkünfte sind einfache Forsthütten oder Ferienlagerhäuser, abseits gelegen mit bescheidenem Komfort, z. T. auch mit Übernachtung im Zelt. In speziellen Eltern-Kind-Projekten werden die Kinder (3-7 Jahre) bei der Unterkunft betreut, während Mama und Papa im Wald schuften dürfen. Vorkenntnisse / Erfahrungen mit der Waldarbeit sind nicht erforderlich. Die deutschen Projekte werden voll und ganz vom Bergwaldprojekt Deutschland e.V. organisiert (s. unter „Deutschland").

Dauer: 1 Woche
Kosten: kein Teilnahmebeitrag!
Alter: mind. 18 Jahre
Sprachkenntnisse: Deutsch und / oder Englisch

Spanien

Mammels.Encounters.Education. Research. (M.E.E.R.), *Bundesallee 123,12161 Berlin, T. 030-85078755, F. 030-85078755, meer@infocanaries.com, www.m-e-e-r.org*

Der deutsche Verein M.E.E.R. führt auf La Gomera Studien über die Interaktion von Meeressäugern und Walbeobachtungsbooten durch. Die Freiwilligen fahren bis zu sieben Mal auf touristischen +Waltourismus-Booten mit und gehen dabei den hauptamtlichen Forschern bei der Datenerhebung zur Hand: Wale und Delfine ausmachen und fotografieren, Tauchzeiten messen, etc. Zahlreiche Einführungen und Fortbildungen sorgen für einen soliden naturwissenschaftlichen Hintergrund, so dass das Workcamp sogar von einigen Unis als wissenschaftliches Praktikum anerkannt wird.

Nur die Unterbringung ist im Preis

enthalten, für Verpflegung ist selbst zu sorgen. Die relativ hohe Teilnahmegebühr enthält eine Spende an M.E.E.R.
Dauer: 1-2 Wochen
Kosten: 875 Euro
Mindestalter: 18 Jahre
Sprachkenntnisse: Englisch

Südafrika

Bio-Experience, *P.O. Box 76, Welbekend, 1517, Gauteng Province, Südafrika, T. +27-12-3315483, +27-21-5574942, F. +27215567976, bioexperience@absamail.co.za, annet@tick.co.za, www.bioexperience.org*

Eine Organisation, die etwa zehn südafrikanische Natur- und Wildreservate sowie Rehabilitationszentren für verletzte und kranke Wildtiere bei der Suche nach Freiwilligen aus Übersee unterstützt. Die Beiträge der Freiwilligen tragen direkt zur Finanzierung der Arbeit der jeweiligen Einrichtung bei. Das „Bio-Experience Volunteer Program“ bietet eine einzigartige Auswahl von Einsatzbereichen und Einsatzorten: Es ist möglich, bei der Pflege ölverpesteter Pinguine zu helfen, auf der größten Schlangenschutzstation Afrikas zu arbeiten oder die Lebensweise von Löwen, Hyänen etc. zu erforschen. Die Tätigkeiten umfassen u.a. Fütterungen, Tierpflege, Bau von Käfigen, Wildtierzählungen, Entfernung eingewanderter Pflanzenarten. Meist sind mehrere Freiwillige gleichzeitig bei einer Stelle tätig. Mindestaufenthaltsdauer ist ein Monat, in Einzelfällen auch zwei Wochen. „Working Holidays“ sind das ganze Jahr über möglich. Beginn ist grundsätzlich immer am ersten Montag eines Monats, jedoch werden auch Ausnahmen gemacht. Der Teilnahmebeitrag beinhaltet Unterkunft im eigenen Zimmer mit Gemeinschaftsküche und -bad, Verpflegung (die Freiwilligen kochen selbst) sowie Abholung vom und Transport zum Flughafen. Anmeldungen sind auch über die Homepage möglich.
Dauer: mind. 4 Wochen
Kosten: 610-690 US-$ / Monat
Alter: mind. 18 Jahre
Sprachkenntnisse: Englisch

SanWild Wildlife Trust, *c/o Louise Joubert, P.O. Box 418, Letsitele 0885, Südafrika, T. +27-15-3451878, F. +27-15-3451878, sanwild@pixie.co.za, www.sanwild.org*

Die Pflegestation ist Einsatzort der Freiwilligen im gleichnamigen Schutzgebiet. In der Station werden verletzte, traumatisierte oder elternlose Wildtiere aufgepäppelt, um wieder in die Freiheit entlassen werden zu können. SanWild organisiert zusammen mit African Conservation Experience (s. Kap. „Nationalparks / Südafrika“) Workcamps, in denen die Teil-

nehmenden Einblick in die vielfältigen Aspekte der Schutzmaßnahmen im südlichen Afrika bekommen. Dazu gehören verschiedene Forschungsarbeiten (Artbestimmung, Arbeit mit Peilsendern), Schutzgebietsmanagement, Fallensuche u.v.m. Bewusst werden auch Erholungsprogramme miteingeplant.
Dauer: 8 Wochen
Kosten: 2.500 Rand / Woche
Mindestalter: 18 Jahre
Sprachkenntnisse: keine Angaben

USA

Sierra Club, *National Headquarters, 85 Second Street, 2nd Floor, San Francisco, California 94105, USA, T. +1-415-977-5500, F. +1-415-977-5799, information@sierraclub.org, www.sierraclub.org*

Sierra Club Outing Department, *85 Second Street, 2nd Floor, San Francisco, California 94105, USA, T. +1-415-977-5522, 415-977-5799, national.outings@sierraclub.org, www.sierraclub.org/outings/*

Bereits 1892 gegründet, kämpfte in seiner ersten Kampagne erfolgreich gegen eine Verkleinerung des Yosemite-Nationalparks. Den Bemühungen seines ersten Präsidenten, John Muir, war es zu verdanken gewesen, dass dieser Nationalpark 1890 geschaffen worden war. Er, der „Vater" des amerikanischen Nationalparksystems, war auch entscheidend an der Schaffung der Nationalparks Grand Canyon, Mount Rainier, Petrified Forest und Sequoia beteiligt. Der Sierra Club gehört heute zu den einflussreichsten Verbänden in den Vereinigten Staaten und zeichnet sich durch seine wirkungsvolle Lobbyarbeit aus. Auch bei der Kreditvergabe der Weltbank zur Finanzierung von Staudämmen und ähnlich umweltzerstörerischen Projekten übt der Sierra Club Druck aus. Seine Mitglieder dokumentieren und veröffentlichen das Abstimmungsverhalten der Abgeordneten im Senat und des Repräsentantenhauses bei allen umweltrelevanten Entscheidungen und überprüfen so die Glaubwürdigkeit von Wahlversprechen jedes einzelnen Abgeordneten. Ziel ist es, den Wählern die umweltpolitischen Positionen der Kandidaten und deren Haltung gegenüber beabsichtigten Eingriffen in die Umwelt aufzuzeigen.
Für seine Mitglieder veranstaltet der Sierra Club jedes Jahr mehr als 330 so genannte „outings": „activist trips", „backpack trips", „bicycle trips", „family trips", „raft and sail trips" usw. Die Ziele reichen von Alaska bis Hawaii, von der Tundra bis in die Tropen. Unter der Rubrik „service trips" finden sich rund 85 Arbeitseinsätze in Nationalparks, „national forests", „wildlife refuges", „national monuments" etc. Die Teilnehmer legen neue Wanderwege an, bessern vorhandene aus, sammeln auf Müll ein, beseitigen alte Weidezäune, bekämpfen eingeschleppte Pflanzenarten und helfen bei der Sicherung archäologischer Fundorte sowie bei der Erforschung gefährdeter Tier- und Pflanzenarten. Einige „service trips" starten

zunächst mit einer kleinen Rucksacktour zu den entfernt gelegenen Einsatzgebieten. Oft handelt es sich dabei um die schönsten Flecken Nordamerikas. Vorkenntnisse sind nicht erforderlich. Das Alter der Teilnehmer liegt zwischen 20 und 70 Jahren. Viele Teams haben sogar einen eigenen Koch dabei. Mit der Anmeldung zu einem Trip ist die Mitgliedschaft im Sierra Club zu beantragen und zu bezahlen. An- und Abreise sind selbstverständlich nicht im Preis enthalten. Weitere Angaben zu den einzelnen Trips enthält der „Outings Catalog“ bzw. „Sierra“, das Sierra Club-Magazin. Wer nicht so lange auf die Post warten will, sollte sich im Internet umsehen. Der Sierra Club verfügt über eine umfangreiche Homepage mit dem „outings program“, Informationen zu den „service trips“, Teilnahmebedingungen, Anforderungsformularen, Stichwortsuche uvm.

Dauer: 1 Woche bis 10 Tage
Kosten: 350-600 US-$
Alter: mind. 18 Jahre
Sprachkenntnisse: Englisch

The Student Conservation Association (SCA), *Conservation Crews, 689 River Road, P.O. Box 550, Charlestown, New Hampshire 03603-0550, USA, T. +1-603-543-1700, F. +1-603-543-1828, crews@thesca.org, www.thesca.org*

Jugendliche von 15 bis 19 Jahren können in amerikanischen Nationalparks und anderen Schutzgebieten an Workcamps in Gruppen von 6 bis 10 Personen teilnehmen, die „Conservation Crews“ genannt werden.

Wenn man dem Infomaterial der SCA Glauben schenken will, dann steht dabei harte körperliche Arbeit in teilweise unwegsamem Gelände auf dem Programm. Körperliche Fitness ist deshalb eine der wenigen Teilnahme-Voraussetzungen. Anlage und Ausbesserung von Wanderwegen stehen ganz oben auf der Liste der möglichen Tätigkeiten. Unterbringung in Zelten.

Den Abschluss des Workcamps bildet eine mehrtägige Wanderung oder Kanutour, während der nur die Erholung im Vordergrund steht.

Näheres zu den vielfältigen Praktikumsmöglichkeiten mit der SCA im Rahmen ihres „SCA Conservation Internship“-Programms im Kap. „Nationalparks“.

Dauer: bis zu 1 Monat
Kosten: keine
Alter: 15-19 Jahre
Sprachkenntnisse: Englisch

Anhang

Stellensuche im Web

Allgemeine Tipps

Wer seine Chancen erhöhen möchte, seine Traumstelle im Internet zu finden, sollte mit Plan vorgehen – wie bei einer klassischen Literaturrecherche.
Eine solche beginnt mit der Identifizierung relevanter Quellen, und genau dazu dient dieses Kapitel. Wir möchten euch den Einstieg ins Internet erleichtern, können euch aber nicht die eigentliche Suche abnehmen.
Wer über unseren Katalog hinausgehen will, dem empfehlen wir Google (www.google.com, .de, .at, .ch) als Suchmaschine oder eines der Verzeichnisse, die Google als Suchmaschine benutzen. Gute Tipps zum cleveren Benutzen einer Suchmaschine gibt es u.a. auf *www.suchfibel.de*. Wichtiger Hinweis: seid bei der Formulierung eurer Suchabfrage so präzise wie möglich! Ein einfaches „Praktikum Umwelt“ bringt nur wenig weiter. Zwar stösst man unter den besten Suchergebnissen auch auf unsere Site zum Buch www.praktikum-natur-umwelt.de, aber das haltet ihr ja bereits in den Händen. Wer schnell zum Ziel kommen und vielleicht eine Rose finden will, die bisher noch im Verborgenen blüht, sollte sein Vorhaben möglichst genau beschreiben. Keine Angst vor Suchbegriffen mit vielen Wörtern! Mit „Workcamp Alpen Artenschutz“ oder „Praktikum Umwelt Stuttgart Öffentlichkeitsarbeit“ grenzt ihr die Suche erheblich besser ein. Nicht vergessen, dass Organisationen im Ausland ihren Webauftritt in ihrer Landessprache gestalten und die Suchanfrage dem Rechnung tragen muss.

Ist eine vielversprechende Webseite gefunden, so ist es sinnvoll, sich zunächst einen Überblick über das Angebot des gesamten Servers zu verschaffen und dann nach und nach die interessanten Seiten abzuarbeiten, bevor man sich einem neuen Server zuwendet. Kleine Notizen (ganz klassisch auf Papier), wo was gestanden hat, können sehr nützlich sein, um diese Stelle schnell wiederzufinden.

Wer schnell von einer Seite zur nächsten springt und versucht, während einer Sitzung den gesamten Internet-Dschungel zu durchforsten, verliert schnell den Überblick und läuft dabei Gefahr, ein interessantes Angebot am Wegesrand zu übersehen. Also lieber etwas weniger durch die Landschaft klicken und dafür die gefundenen Informationen genau auf ihre Brauchbarkeit prüfen!

Umwelt-Web-Sites

Die meisten Organisationen, die an anderer Stelle in diesem Buch auftauchen, verfügen bereits über eine eigene Webseite, sind hier jedoch nicht noch einmal gesondert aufgeführt. Wir nennen hauptsächlich Einstiegspunkte in den grünen Teil des Internets.

Biologische Stationen in Nordrhein-Westfalen, *www.biostationen-nrw.de*

Bereits 40 biologische Stationen entwickeln in NRW für ein oder mehrere Landkreise Schutzkonzepte für bedrohte Lebensräume. Die Webseite enthält weitere Details zu ihrem Aufbau und natürlich eine Adressliste, die sich bei Initiativbewerbungen nutzen lässt. Einige biologische Stationen (Kranenburg, Rieselfelder Münster) sind auch im Kap. „Inland / Bürojobs" näher beschrieben.

Civil Society International (CSI), *www.civilsoc.org*

Stellt Kontakte her zwischen gemeinnützigen Organisationen in den USA und ihren Pendants in den Nachfolgestaaten der UdSSR. Seine Seiten bieten eine Fülle von Möglichkeiten, um eine Praktikumsstelle ausfindig zu machen:

- eine nach Ländern und Aktivitäten geordnete Liste von Organisationen,
- Stellenanzeigen (Angebote im Umweltbereich sind noch selten.) und Links zu vielen weiteren Internet-Jobvermittlungen,
- eine Liste von Konferenzen zum Austausch und zur Kontaktpflege,
- Exchange Opportunities und Partnerships, mit Listen von Organisationen und Personen auf der Suche nach westlichen Kooperationspartnern.

Envirolink.org, *www.envirolink.org*

Umfangreiches Verzeichnis zum Thema Umwelt. Am interessantesten ist sicherlich die Kategorie „Organizations" für die Adressensuche für Initiativbewerbungen. Die Kategorie „Jobs & Volunteering" wird leider kaum benutzt.

Naturschutzzentren in Baden-Württemberg,
Ministerium für Ernährung und ländlichen Raum Baden-Württemberg,
www.naturschutzzentren-bw.de

Die derzeit sieben vom Land getragenen Naturschutzzentren stellen sich hier vor.

Norbert's Bookmarks für engagierte Leute, *www.bessereweltlinks.de*

Norbert's Bookmarks haben zwar nicht gerade ein avantgardistischste Design, sind aber mit 50.000 Einträgen sicherlich eine der ausführlichsten deutschsprachigen Linksammlungen gemeinnütziger Organisationen. Endlich einmal eine Webseite, wo nicht nur amerikanische Adressen inventarisiert werden! Auch Informationen zu den Themen „Eine Welt", „Frauen", „Frieden" etc. Bleibt zu hoffen, dass Norbert die Informationsfülle auf seinen Seiten bald besser bändigt und von den derzeitigen Endlos-Listen Abschied nimmt. Das wäre dann ganz im Sinne des Mottos seiner Seiten: „Viele kleine Leute an vielen kleinen Orten, die viele kleine Schritte tun, können das Gesicht der Welt verändern."

Oneworld.net, *www.oneworld.net*

Entstanden aus dem Zusammenschluss von 1.500 NGOs, die sich mit Menschenrechts- und Entwicklungsfragen befasst. Der ständig aktualisierte, umfangreiche Nachrichtenteil (In Depth) lässt sich nach Ländern und nach Themen durchsuchen. Links zu den Web-Sites der beteiligten Partner machen Oneworld zum Einstieg in die Internet-Welt in Entwicklungsfragen.

Regional Environmental Center for Central and Eastern Europe (REC), *www.rec.org*

Wer Praktikumsplätze in Osteuropa und im östlichen Mitteleuropa sucht, findet auf den Seiten des REC unter „Search Our Directories" u.a. ausführliche Listen von Umweltschutz-Verbänden, Links und staatlichen Umweltschutzverwaltungen. Außerdem bietet das REC auch eigene Praktikumsplätze an.

Responsibletravel.com, *www.responsibletravel.com*

Professionell gemachtes britisches Portal zum ethisch-ökologisch verantwortungsbewussten Reisen. Neben Reiseangeboten, die „nur" gewissen Mindestnormen genügen, gibt es in den Rubriken „Volunteering" und „Gap year" auch Angebote zum freiwilligen Engagement für Natur und Umwelt.

Rivernet.org, *www.rivernet.org*

Berichtet über Flüsse, deren ökologische Probleme und über die Organisationen, die sich für den Erhalt dieser Lebensgemeinschaften oder für den Schutz des Trinkwassers einsetzen. Letztere sind u.a. nach Flüssen geordnet. Dank des umfangreichen Nachrichtenteils erfährt man außerdem auf aktuelle Weise, wo gerade Engagement besonders gefragt ist.

Vistaverde.de, *www.vistaverde.de*

Bestes deutschsprachiges Portal zu Umwelt, Natur und Nachhaltigkeit mit Rubriken zu Jobs und Praktika.

Volunteermatch.org, *www.volunteermatch.org*

In erster Linie bietet diese Web-Seite Amerikanerinnen und Amerikanern die Möglichkeit, eine gemeinnützige Organisation in ihrer Nähe zu finden, bei der sie sich ehrenamtlich engagieren können. Engagement als Vereinsmitglied also und nicht im Rahmen eines Praktikums. Die umfangreiche Datenbank mit Volunteer-Angebote von mehr als 30.000 Organisationen ist allerdings auch bestens geeignet, um Ansprechpartner für Initiativbewerbungen zu finden.

Webdirectory.com, *www.webdirectory.com*

Dass diese Site wahrscheinlich schon lange nicht mehr „earth's biggest environmental search engine" ist, wie sie selbst vollmundig behauptet, sieht man ihr förmlich an. Viele tote Links und solche zu Seiten, die ihrerseits schon seit Jahren nicht mehr aktualisiert wurden. Trotzdem handelt es sich nach wie vor um ein recht ausführliches Verzeichnis. Interessant u.a. die Rubrik „Employment".

Stellenbörsen

Fast jede Suchmaschine und fast jedes Verzeichnis hat eine besondere Kategorie zur Jobsuche mit einer Vielzahl von Stellenbörsen, Personalberatungen u.Ä., die aber in der Mehrzahl kaum Stellenanzeigen aus dem Bereich des Umweltschutzes enthalten. Wir beschränken uns hier auf einige Spezialisten für den grünen Arbeitsmarkt.

Environmental Career Organization, *www.eco.org*

Gemeinnützige Praktikums-Vermittlung, die schon 1972 ihre Arbeit aufnahm, und nun auch die neuen Medien nutzt, um, wie sie selbst sagt, jungen Leuten zu helfen, „einen Fuß in die Tür zu bekommen." Dementsprechend steht ihr Angebot nur Auszubildenden, Studierenden und Berufsanfängern zur Verfügung, von denen sie jährlich ca. 600 erfolgreich vermittelt. Die (überwiegend bezahlten) Stellenangebote sind auf den nordamerikanischen Raum beschränkt und beziehen sich oft auf technischen Umweltschutz. Neben Stellenangeboten stehen auch Literaturtipps auch Links zu ähnlichen Sites zur Verfügung.

Ejobs.org, *www.ejobs.org*

Von Umweltschutzverbänden über Forschungsinstitute und öffentliche Verwaltungen bis zu privaten Unternehmen reicht das Angebot von ejobs.org. Allerdings werden hier nicht direkt die Stellenangebote zugänglich gemacht, sondern nur auf die Websites der ausschreibenden Organisationen verwiesen. Diese sind dann einzeln abzuklappern. Die Angebote beziehen sich leider nur auf Kanada und die USA.

France Nature Environnement, *www.fne.asso.fr*

Größte französische Föderation von Umwelt- und Naturschutzverbänden. Die Mitgliedsorganisationen können ihre Webseite nutzen, um Stellenanzeigen zu veröffentlichen. Meist handelt es sich um feste Stellen oder Praktika, bei denen fließendes Französisch in Wort und Schrift Voraussetzung ist.

Greenjobs.de, *www.greenjobs.de*

Online-Pendant zum „Informationsdienst Arbeitsmarkt Umweltschutz" des Wissenschaftsladens Bonn (s. Kap. „Allgemeines/Beschaffung von Adressen". Richtet sich weniger an angehende Öko-Praktikantinnen und -Praktikanten als vielmehr an Personen auf der Suche nach einem regulären Arbeitsplatz. Hier werden von fleißigen Händen Stellenanzeigen aus Tageszeitungen, Fachzeitschriften und den Webseiten der Anbieter zusammengetragen. Die Angebote sind entweder bei als „grün" eingestuften Unternehmen und Verbänden angesiedelt, oder das Berufsbild hat einen Bezug zu Natur- und Umweltschutz. Bei einigen Angeboten aus technischen Berufen muss der Begriff „grün" allerdings eher wohlwollend ausgelegt werden. Die Datenbank kann (kostenlos) nach Fachrichtung, deutscher Postleitzahl und Name des Arbeitgebers abgefragt werden.

Idealist.org, *www.idealist.org*

Angaben zu 20.000 Organisationen aus 140 Ländern und eine Fülle weiterer Informationen für alle Idealisten dieser Welt. Über getrennte Suchfunktionen lässt es sich nach „Jobs", „Internships" und „Volunteer opportunities" fahnden. Der Durchsatz an Stellenanzeigen ist beachtlich. Erfreulicherweise hat die Zahl der Einträge außerhalb des nordamerikanischen Kontinents in den letzten Jahren zugenommen.

Naturkost.de
www.naturkost.de/community /jobboerse

Kundinnen und Kunden von Naturkostläden kennen die kostenlose Zeitschrift „Schrot & Korn". Die Stellenanzeigen der letzten beiden Ausgaben von S&K, hauptsächlich aus dem Naturkosthandel und dem ökologischen Landbau, sind auch im Internet abrufbar. Daneben gibt es auch die Möglichkeit online Stellenanzeigen aufzugeben.

Oekojobs.de, *www.oekojobs.de*

Online-Version des ebenfalls im *interconnections-Verlag* erschienenen Buches ***„Unterwegs für die Umwelt"*** (ISBN 3-86040-090-8) mit Einsatzstellen im Natur- und Umweltschutz in ganz Europa, das von der Jugend-Umwelt-Projektwerkstatt (JUP!, Näheres im Kap. Inland / Bürojobs) in Bad Oldeslohe erarbeitet wurde. Sie bietet eine Online-Datenbank mit Einsatzstellen im Umweltschutz in ganz Europa. Die Einsatzstellen tragen sich dort selbst ein, so dass Interessierte unmittelbar mit ihnen Kontakt aufnehmen können. Ergänzt wird die Seite durch viele nützliche Informationen rund um das Thema Freiwilligendienste und Jobs im Umweltschutz.

Ökotest-Magazin, *www.oekotest.de*

Hier übernimmt das Ökotest-Magazin die Stellenangebote zu Umwelt- und Naturschutz aus seiner gedruckten Auflage. Eine Kategorie „Praktikum / Ausbildung" besteht.

Oneworld-Jobs,
www.oneworld-jobs.org

Anders als der englische Name vermuten lässt, handelt es sich hierbei um ein deutschsprachiges Angebot des Arbeitskreises Lernen und Helfen in Übersee (s. Kap. „Entwicklungszusammenarbeit" Die Anbieter finden sich großenteils auch in „Jobben für Natur und Umwelt". Die Seiten stellen eine sinnvolle Ergänzung zum Buch dar, da hier die aktuellen Angebote abgerufen werden können. Überwiegend handelt es sich allerdings um humanitäre Einsätze, denn die Schwerpunkte liegen nur selten im ökologischen Bereich.

Sozialmarketing.de
www.sozialmarketing.de

Die Webseite zum Thema Fundraising veröffentlicht unter „Stellenmarkt" regelmäßig auch Praktikumsmöglichkeiten mit Bezug zu Fundraising und Öffentlichkeitsarbeit bei gemeinnützigen Organisation im Umweltschutz.

Adressen in der Warteschleife

„Dieser Anschluss ist vorübergehend nicht erreichbar."

Um es noch einmal zu wiederholen: Alle Organisationen der vorausgegangenen Kapitel haben ihr ausdrückliches Einverständnis erteilt, dass ihr Angebot in „Jobben für Natur und Umwelt" erscheinen darf. Dementsprechend konnten wir solche Adressen, die zwar in der vorhergehenden Auflage des Buches enthalten waren, uns aber nicht auf unsere erneute Anfrage für diese Fassung geantwortet haben, nicht ruhigen Gewissens in die Stellenliste integrieren.
Dennoch fänden wir es schade, euch diese Informationen vorzuenthalten. Schließlich kann die ausgebliebene Reaktion ganz unterschiedliche Gründe haben. Von verlorengegangener Post (besonders bei Adressen in Übersee ist das nicht auszuschließen), Arbeitsüberlastung bis zum banalen Rohrbruch, der die Unterlagen vernichtet hat, ist alles drin.
Deswegen hier noch einmal all diese Angebote, von denen wir nicht genau wissen, ob sie aktuell sind, und die dementsprechend mit Vorsicht zu genießen sind. In der nächsten Auflage fliegen sie bei andauernder Funkstille dann endgültig raus!

Bioterra, *c/o Susanne Hort, Dubsstr. 33, 8003 Zürich, Schweiz,*
T. +41-1-4635514,
www.bioterra.ch

Als ältester (seit 1947) und größter Verband von über 9.000 Biohöfen und Gärtnereien sowie Konsumenten in der Schweiz gibt Bioterra ein jährlich aktualisiertes Praktikums- und Lehrstellenverzeichnis biologisch wirtschaftender Betriebe heraus. Die 340 aufgeführten Betriebe suchen neben Praktikantinnen und Praktikanten auch Kurzzeithilfen, Lehrlinge und feste Arbeitskräfte. Auf den meisten Höfen wird neben Deutsch auch Englisch, Französisch oder Italienisch gesprochen. Nicht-EU-Bürger erhalten bei Aufenthalten von mehr als drei Monaten keine Arbeitsbewilligung. Die Broschüre kostet 10 SFr und ist bei oben genannter Adresse zu beziehen.

Brethren Volunteer Service (BVS), BVS Recruitement, *1451 Dundee Avenue, Elgin, IL 60120, USA,*
T. +1-847-742-5100,
F. +1-847-742-0278,
bvs_gb@brethren.org,
www.brethren.org

Eine aus der Kirche der Quäker und Mennoniten hervorgegangene Einrichtung von stark religiöser Prägung. Eine Mitgliedschaft oder ein Beitritt zur Religionsgemeinschaft wird jedoch nicht verlangt. Obwohl Projekte in der ganzen Welt durchgeführt werden, sind Nicht-Amerikanern nur die Plätze innerhalb der USA zugänglich. Rund ein halbes Dutzend dieser Arbeitsstellen ist der Bewahrung der Schöpfung gewidmet. Einsatzort für die Freiwilligen ist meist die Geschäftsstelle eines Umweltschutzverbandes, in der Organisations- und

Planungsaufgaben übernommen werden, doch auch andere Tätigkeiten sind denkbar.

Centre for Alternative Technology, *Machynlleth, Powys SY20 9AZ, Großbritannien, T. +44-1654-702-781, F. +44-1654-702-400, www.cat.org.uk*

Nach eigenen Angaben größtes Zentrum seiner Art in Europa. In einer der „größten Touristenattraktionen von Mittel-Wales" will man „praktische Problemlösungen für das 21. Jh. präsentieren." Meist geht es hier um Schreibtischarbeit. Allgemeine Verwaltungs- und Informationsdienste können von jedermann erledigt werden, während Desktop-Publishing und Öffentlichkeitsarbeit fundierte Vorkenntnisse erfordern. Draußen brauchen Bau-, Garten- und Ingenieursgruppe stets helfende Hände. Neben den Langzeit-Praktikanten (6 Monate) besteht die Möglichkeiten eines „Work Experience, Student oder Short Term (1 Woche) Placements", wobei letzteres ständig ausgebucht ist. Nur die Langzeitpraktikanten kommen in den Genuss freier Unterkunft und Verpflegung auf dem Gelände.

Deutsches Jugendherbergswerk (DJH), *Umweltstudienplätze, Bad Meinberger Str. 1, 32760 Detmold, T. 05231-9936-33, F. 05231-9936-66, info@djh.org, www.djh.org*

Praktische Umwelterfahrungen vermitteln etliche der 604 deutschen Jugendherbergen. 17 Häuser wurden zusätzlich dank ihres besonderen ökologischen Lernumfeldes als „Umweltstudienplatz" anerkannt. Zur Betreuung von Schulklassen, Familien, Studierenden- und Jugendgruppen werden auch Praktikantinnen und Praktikanten eingesetzt. Die Programme umfassen Naturerlebnisseminare, umweltfreundliche Freizeitgestaltung mit Paddeln, Radfahren und Wandern sowie zusammen mit den Gruppen durchgeführte praktische Naturschutzarbeiten, wie die Anlage von Kleingewässern, Hecken etc. Das DJH versendet auf Anfrage gern eine aktuelle Liste der Umweltstudienplätze und genauere Informationen.

Eastwind Community, *HC 3 Box 3370, Tecumseh MO 65760, USA, T. +1-417-679-4682, F. +1-417-679-4684, visit@eastwind.org*

In dieser 1974 gegründeten Community in Missouri wohnen derzeit 75 Personen; dazu kommen zehn bis fünfzehn Gäste und Helfer. Ihre gemeinsamen Ziele definieren sie als Gleichheit, Demokratie, Feminismus und Gewaltfreiheit. Sie wollen offen sein für jede und jeden ungeachtet von Rasse, Geschlecht, sexueller Veranlagung, Religion, Überzeugungen, Alter und Herkunft.

So finden sich auf dem weitläufigen Gelände von Eastwind neben mehreren Gemeinschaftsräumen auch eine Holzwerkstatt, eine Töpferei, eine Metall- und Autowerkstatt, Gemüsegärten u.v.m. Die Praktikanten gehen allen Beschäftigungen der Gemeinschaft nach, von Büroarbeit bis zu Wäschewaschen, Kinderbetreuung und Landwirtschaft. Erwartet wird völlige Ehrlichkeit, ein offener Geist und eine gute Arbeitsmoral. 20 US-$ sind als einmalige „Besuchergebühr" zu entrichten, ansonsten entstehen den Freiwilligen keine Kosten. Eastwind gibt vier Mal jährlich den Newsletter „Windfall" heraus, der auf Anfrage und gegen eine kleine Spende zugeschickt wird.

Elm Farm Research Centre,
c/o Hampstead Marshall, Nr. Newbury, Berkshire RG20 0HR, Großbritannien, T. +44-1488-658298, F. +44-1488–658503

Auf 94 Hektar betreibt dieses private Forschungsinstitut im Süden Englands eine Getreide- und Rinderfarm, auf der Landwirtschaftsstudierende oder alle ernsthaft an professionellem biologischem Landbau Interessierte eine gute Möglichkeit zum Ableisten eines einjähriges Praktikums haben. Nur zwei Stellen jährlich. Die Farm wird den Praktikanten anleiten, mit den Tieren umzugehen, einfache Reparaturen an Maschinen auszuführen, Weideland und Getreide zu bewirtschaften und allgemeine Kenntnisse über Bodenfruchtbarkeit und Farmmanagement zu erlangen. Der Praktikant sollte während seines Aufenthalts auch mindestens ein eigenes Projekt selbstständig durchführen und dokumentieren sowie ein Praktikumstagebuch führen.

Emmaus-Gemeinschaft e.V.,
Alpener Straße 40, 47665 Sonsbeck, T. 02838-96446, F. 02838-96476

Ziel der Bewegung ist es „zuerst denen zu helfen, die am meisten Not leiden" und sich „dafür einzusetzen, dass alle Menschen und alle menschlichen Gemeinschaften und Nationen als gleichberechtigte Partner miteinander leben und dabei sich gegenseitig helfen, ihren Lebensunterhalt zu sichern, Selbstvertrauen zu finden und in gleicher Weise menschenwürdig zu leben".
Die Emmaus-Gemeinschaft schafft eine Lebensmöglichkeit für diese „schwachen Glieder" der Gemeinschaft, indem sie mit Altmaterial als Existenzgrundlage lebt und die Überschüsse an noch Bedürftigere weiter gibt. Auf dem hofeigenen Flohmarkt sowie in einem Laden in Mülheim werden gesammelte Möbelstücke, Kleidung, Trödel und Bücher weiter verkauft bzw. an andere Projekte weiter gegeben. Zu Hilfsprojekten in der Dritten Welt werden Sammlungen durchgeführt, die diese Menschen mit Fahrrädern, Rollstühlen, Nähmaschinen und Werkzeugen versorgen sollen. Zur Zeit werden Selbsthilfeprojekte in Rumänien, Afrika, Lateinamerika und Indien unterstützt.

EYFA, *P.O. Box 94115, Minhassastraat 1, 1090 GC Amsterdam, Niederlande, T. +31-20-6657743, F. +31-20-6657743, eyfa@antenna.nl*

Einer der großen Dachverbände europäischer Jugendumweltschutzverbände. Das Engagement zielt dabei vor allem auf die Verbreitung eines alternativen Lebensstils ab, der auch pazifistische und antirassistische Elemente mit einschließt. In der Amsterdamer Geschäftsstelle steht für die bis zu vier Praktikantinnen und Praktikanten neben dem bekannten Büro-Dreikampf – Telefonieren, Tippen, Abheften – vor allem die Realisierung der zahlreichen Projekte auf dem Programm. Interessenten sollten bereits einmal an einer EYFA-Veranstaltung mitgewirkt haben und zudem etwas Erfahrung in ehrenamtlicher Naturschutzarbeit aufweisen.

Ferme St Jean, *c/o Alan Carter, Cidex 47, 06170 La Tour, Frankreich*

In den französischen Alpen wird seit 1986 eine 8-Hektar-Farm mit weitläufigen Bergweiden von Alan Carter bewirtschaftet. Er arbeitet nach Prinzipien des ökologischen Landbaus und der Permakultur; einige experimentelle Parzellen sind in Fukuoka-Manier bestellt (s. dazu den einleitenden Text zu Ausland/Ökologische Landwirtschaft). Er baut dort auf den terrassierten Hängen und zeitweise im Treibhaus Obst-, Gemüse- und Getreidearten an, wobei sein Augenmerk besonders auf alten Sorten liegt, für die er eine Samenbank anlegt. Außerdem gibt es eine kleine Baumschule und selbst Wein wächst dort oben. Der Hof liegt eineinhalb Stunden Fußmarsch von der nächsten Straße entfernt, und nur die Hilfe der zwei bis fünf Freiwilligen macht es möglich, diesen Hof zu erhalten. Alan ist auch bestrebt, das ganze Tal von St Jean wirtschaftlich und kulturell am Leben zu erhalten und hat dazu einen Verein gegründet.

Finca La Mohea, *c/o Rory Corcorán, 29492 Genalguacil/Málaga, Spanien, T. +34-952117121*

Nur wenige Kilometer hinter der geschäftigen Costa del Sol liegt La Mohea in einem der letzten großen Waldgebiete Andalusiens. Die traditionelle Landbewirtschaftung auf Terrassen hat fruchtbare Böden, frisches Wasser und gute Strukturen hinterlassen. Dieses Erbe übernahmen Ruth und Rory 1990 und integrierten es in ihre Permakulturplanung des Geländes. Mittlerweile ist die Planungs- und Pflanzphase weitgehend abgeschlossen, und die Betreiber sowie die ein bis fünf freiwilligen Helfer leben, was Obst und Gemüse betrifft, größtenteils selbstversorgend. Auch Hühner, Enten und Gänse haben ein Zuhause auf La Mohea. Kenntnisse über Obstbaumveredelung, Kompostierung, Mulchen und Konservierung von Nahrungsmitteln werden gerne an tatkräftige Freiwillige weiter gegeben, die sich mindestens einen Monat in praktischer Permakultur üben wollen. Generell herrschen auf La Mohea lange Arbeitstage, und von den Freiwilligen wird die gleiche Zupackmentalität erwartet.

Friends of Eco-Philosophy, *c/o Dr. Vir Singh, GB Pant University, Hill Campus Ranichauri, Tehri Garhwal 249199, Indien, T. +91-1376-52123, F. +91–52128/52150*

Die „Freunde der Ökophilosophie" setzen sich für die Verbreitung von folgendem Gedankengut ein: ökologische Landwirtschaft, Naturschutz, Umwelterziehung, Erhaltung von einheimischen Samen und Wissen, ökologisch-ethisches Handeln, Bescheidenheit und vegetarische Ernährung.

Praktikanten beschäftigen sich vor allem mit Forschung in den oben genannten Gebieten, geben Vorträge, schreiben Berichte und versuchen generell, das ökologische Bewusstsein in der Landbevölkerung zu erwecken.

Glen Helen Outdoor Education Center, *c/o Daniel Bertsch, 1075 State Rte 343, Yellow Springs, OH 45385, USA, T. +1-937-767-7375, F. +1-937-767-6659, ghelen@antioch.college.edu*

Das Schutzgebiet Glen Helen ist Standort dieses der Antioch University angeschlossenen Umweltbildungszentrums. Die Praktikanten kommen vor allem bei geführten Wanderungen im Schutzgebiet zum Einsatz, bei denen die Volontäre vor allem Schulklassen wechselnde Inhalte vermitteln. Dieselben Gruppen werden anschließend bei ihrer Arbeit in einer Foto-Dunkelkammer weiterbetreut, deren Handhabung alle Praktikanten zuvor erlernen. Wer sich dazu berufen fühlt, kann darüber hinaus in einer Greifvogel-Auffangstation die Patienten pflegen. Für Europäer ist eine Bewerbung mehrere Monate im Voraus notwendig. Nur wer bereits mindestens vier Semester studiert hat, kommt in die nähere Auswahl. Personen mit Hochschulabschluss haben die besten Chancen.

Green Kibbutz Movement, *c/o Jan Martin Bang, Kibbutz Gezer, D.N. Shimshon 99786, Israel, T. +972-8-9270-646, F. +972-8-9270–736*

Im Unterschied zu den „gewöhnlichen" Kibbuzim arbeiten die Mitglieder des Green Kibbutz Movement nach ökologischen Richtlinien, das heißt betreiben ökologische Landwirtschaft, recyceln ihren eigenen Müll und forschen in alternativen Energien. Im Kibbutz Gezer in einer alten typisch mediterranen Kulturlandschaft werden auf einem Teil der insgesamt 400 Hektar nach biologischen und Permakultur-Richtlinien Getreide und Obst angebaut, Kinder erzogen, handwerkliche Produkte hergestellt. Auch Gäste werden aufgenommen und natürlich junge Leute, die für ein bis sechs Monate Kibbutz-Leben schnuppern möchten. Mit Jan Martin Bang als Initiator des Green Kibbutz Movement ist es möglich, Informationen über andere „grüne" Kibbutz zu erhalten und zu einer Rundreise durch diese aufzubrechen.

The Henry Doubleday Research Association (HDRA), *c/o Dr. Margi Lennartsson,Ryton Organic Gardens, Coventry CV8 3LG, Großbritannien, T. +44-1203-303517, F. +44-1203–639229, enquiry@hdra.org.uk, www.hdra.org.uk*

Maximal zwölf Praktikantinnen und Praktikanten arbeiten im Freiland auf den Versuchs- und Demonstrationsflächen, in der Samenbank oder dort, wo gerade eine Hand gebraucht wird. HDRA ist ein Forschungsinstitut mit 22 wissenschaftlichen Mitarbeitern, modernen Labors, Versuchsflächen und einem experimentellen Treibhaus. Hauptaufgabengebiete der Forschung dort sind Gemüseproduktion, Nährstoffhaushalt des Bodens, Schädlings-

und Unkrautbekämpfung (biologisch natürlich) und die Aufbereitung von organischem Abfall. HDRA ist ebenfalls Herausgeberin unzähliger Broschüren und Bücher sowie eines Samenkatalogs und eines umfangreichen Newsletters („Growing organically") und stellt ihre wissenschaftlicher Ergebnisse auch Ländern der Dritten Welt zur Verfügung.

Hutterian Brethren, *c/o Dr. Innocent Idiong,Palmgrove Community, Abak Aks, Nigeria, T. +234-85-501022/203080, F. +234-85-761276879*

Auf der Grundlage von Teilnahme, Nachhaltigkeit und Mitbestimmung ist in Nigeria eine der größten und effektiv arbeitenden Gemeinschaften der Hutterer entstanden. Abgesehen von ihren eigenen Werkstätten und landwirtschaftlichen Flächen hilft Palmgrove in Zusammenarbeit mit UNEP (United Nations Development Program) auch anderen Dorfgemeinschaften, sinnvolle Lösungen beim nachhaltigen Wirtschaften zu finden.
In Palmgrove selber betreiben die 270 Mitglieder eine Schule, eine Krankenstation, eine Ziegelei, eine Palmölmühle, eine Hühnerfarm und Gemüsegärten. Freiwillige sind dort immer willkommen, sofern sie etwa 48 Stunden die Woche mit anpacken wollen bei Bauarbeiten, im Garten oder in der Schule. Ein Führerschein ist notwendig, und der Studentenstatus ist erwünscht.

International Federation of Organic Agriculture Movements (IFOAM),
*c/o Bernward Geier,
Ökozentrum Imsbach, 66636 Tholey,
T. 06853-5190, F. 06853-30110,
headoffice@ifoam.org,
www.ifoam.org*

Internationaler Dachverband für ökologischen Land- und Weinbau, der Verbände und Institutionen aus Anbau, Verarbeitung, Handel und Forschung vereint. Seit seiner Gründung 1972 hat er Mitglieder aus 107 Ländern der Erde gewonnen. IFOAM will den ökologischen Landbau ausdehnen und versucht, die unterschiedlichen Richtlinien der einzelnen Länder aufeinander abzustimmen. Außerdem ist IFOAM in den Bereichen Naturschutz, Gesundheit und Ernährung tätig. Die Liste der 740 Mitgliedsverbände ist in das so genannte „Directory of Organic Agriculture worldwide" mit Adressen und Kurzinformationen integriert. Auf Anfrage versendet IFOAM gratis Listen von ökologischen Anbaubetrieben und Verbänden für bis zu zwei Länder (nicht den frankierten Rückumschlag vergessen!). Wer Interesse hat, in ein ganz bestimmtes Land zu gehen und dazu keine geeignete Anlaufstelle gefunden hat, für den ist IFOAM der richtige Tipp.

Kenya Institute of Organic Farming,
c/o John Wanjau Njoroge, P.O. Box 34972, Nairobi, Kenia,T. +254-2-583383, F. +254-2–583570, kiof@iconnect.co.ke

Freiwillige mit Kenntnissen aus der ökologischen Landwirtschaft sind willkommen, um drei bis sechs Monate Farmer auszubilden oder ein bis zwei Wochen selber auf einer Farm mitzuhelfen. Dabei soll vor allem das Bewusstsein um die Gefährlichkeit „chemischer Landwirtschaft“ gestärkt werden. Auch das Sammeln und Auswerten von Farmdaten kann zum Aufgabengebiet gehören. Führerschein und gute Kenntnisse in Biolandbau sollten vorhanden sein. KIOF verfügt über Adresslisten ähnlicher Verbände in Afrika und vor allem in Kenia. Außerdem verhilft euch KIOF zu Kontakten mit ehemaligen Praktikantinnen und Praktikanten.

Lake Victoria Permaculture,
c/o Mr. Michael A.N. Odula, P.O. Box 132, Home Bay, Kenia,
viqter@yahoo.co.uk

Am Viktoriasee in Kenia ist diese Gruppe dabei, ein Zentrum für nachhaltige Landwirtschaft und Permakultur aufzubauen, das Biodiversität, Umweltschutz, alternative Technologien, kulturelle Belange und Gedanken der Agenda 21 auf lokaler Ebene verbreiten soll. Camps und Kurse für die ländliche Bevölkerung sind geplant.
Personen, die gute Erfahrung in Fundraising und Kontakte zu internationalen Organisationen haben, sind hochwillkommen, hier mitzuhelfen. Bauarbeiten zum Aufbau eines Zentrums und Teilnahme an Workcamps sind ebenfalls im Angebot. Das Projekt ist offen für Teilnehmer jeglicher Nationalität und bietet sechs Stellen pro Jahr. Führerschein und Studentenstatus sollten vorhanden sein, Vorbildung in oben genannten Gebieten ist erwünscht.

Manor House Agricultural Centre, (MHAC), *c/o Emmanuel Chiwo Omondi, Private Bag, Kitale, Kenia, T. +254-325-20488, F. +254-325-20488*

Forschungszentrum mit Gemüseanbau, Baumschule und Milchtierhaltung. Hauptziel von Manor House ist es jedoch, Dorfgemeinschaften zu stärken und nachhaltig zu entwickeln, um der Armut in ländlichen Gegenden zu begegnen. Daher werden ökologische Landbautechniken erforscht, erprobt und junge Leute, Farmer oder Regierungsbeamte in verschiedenen Kursen darin ausgebildet. MHAC operiert seit 1984 und etwa 100 Personen arbeiten dort, 30 davon nur zeitweilig als Auszubildende, Gäste oder Helfer. Qualifizierte Interessenten für eine Tätigkeit als Ausbilder oder Volontäre sollten über Kenntnisse in ökologischer Landwirtschaft, Sozialwissenschaften und im Umgang mit Computern verfügen und bereit sein, für einen längeren Zeitraum nach Kenia zu gehen. Außerdem kommt ein Praktikant bei MHAC nicht darum herum, Kiswahili zu lernen.

Monkton Wyld Court, *c/o Habiba Willow, Charmouth, Bridport, Dorset DT6 6DQ, Großbritannien, T. +44-1297-560342, F. +44-1297-560395*

In diesem „Holistic Educational Centre“ in Südengland finden regelmäßig Kurse und Seminare zu spirituellen Themen und Permakultur statt. Auf etwa zwei Hektar leben 14 Leute und versorgen sich mit Obst, Gemüse und Milchprodukten selbst. Freiwillige sind für eine oder zwei Wochen willkommen, die vor allem in den Gärten und im Haushalt mithelfen.

Natur- und Umweltschutzzentrum (NUZ), *c/o Alexander Bronner, Groß-Wartenberger-Straße, 31737 Rinteln , T. 05751-5237, NABU.Rinteln@gmx.de, www.NABU-Rinteln.de*

Im NUZ führen die Praktikanten Wasser- und Raumluftuntersuchungen im eigenen Labor durch. Zudem können die Tätigkeiten auch auf die Aufgaben der beiden FÖJ-Stellen hier ausgeweitet werden. Dazu gehören Presse- und Öffentlichkeitsarbeit, Kinder- und Jugendarbeit sowie praktischer Naturschutz (Biotoppflege und Bachrenaturierungen).

Pocono Environmental Education Center (PEEC), *R.R. 2, Box 1010, Dingmans Ferry, PA 18328, USA, T. +1-717-828-2319, F. +1-717-828-9695, www.peec.org*

Die Posten beim PEEC werden in vier verschiedenen Bereichen ausgeschrieben: Environment Education Interns sind für die Planung, Durchführung und Betreuung der Bildungsprogramme zuständig. Program Planning Interns sind eher die Organisationstalente hinter den Kulissen, die den Ablauf des umweltpädagogischen Programms koordinieren. Public Relations Interns wirken an der Öffentlichkeitsarbeit des Zentrums mit. Development Interns unterstützen den Director of Development bei der Finanzbeschaffung für das PEEC. Bewerber sollten ein Studium oder einen Abschluss in einem mit dem Einsatzgebiet verwandten Fach vorweisen können. Erfahrung bei der Arbeit mit Kindern erhöht die Chancen.

Regional Environmental Center for Central and Eastern Europe (REC), *c/o Adriana Craciun, 2000 Szentendre, Ady Endre ut 9-1, Ungarn, T. +36-26-311-199, F. +36-26-311-294, rec-info@rec.org, www.rec.org*

Unabhängige Non-Profit-Organisation, die sich als Katalysator für die Zusammenarbeit zwischen Umweltschutz-Organisationen, den Regierungen Mittel- und Osteuropas und der Industrie versteht. Das „Internship-Program“ mit 8-12 Plätzen im Jahr ist eines der ältesten REC-Projekte und von daher gut strukturiert. Die „Internis“ arbeiten durchgehend an einem ausgewählten Projekt. Zu den REC-Aktivitäten, in die sich die Tätigkeit einbinden lässt, gehören Fundraising, das Organisieren von Konferenzen, Mitarbeit am REC-Rundbrief „The Bulletin“ oder Fortbildungen.

Sunseed Trust, Sunseed Desert Technology, *97b Divinty Road, Oxford OX4 1LN, Großbritannien, T. 44-1480-411784, F. +44-1480-411784, oder Apdo, Sorbas 04270, Almeria, Spanien*

Entwickelt Methoden zur nachhaltigen Verbesserung der Lebens- und Umweltbedingungen der Bewohner von Trockengebieten. Zu diesem

Zweck unterhält er in Südspanien ein Forschungszentrum. Die praxisorientierten Forschungsprojekte teilen sich in zwei große Bereiche auf. Zum einen das „Bio-Department“, wo Anbaumethoden entwickelt werden, die mit besonders wenig Wasser auskommen. Zum anderen die Abteilung „Angepasste Technologie“. Die erdachten Geräte müssen ohne Ausnahme in Trockengebieten von den Bewohnern herstellbar und anwendungsfähig sein. Außerdem gibt es noch den zentrumseigenen Garten, der nicht nur der Forschung, sondern auch der Verpflegung der Belegschaft dient und immer eine helfende Hand gebrauchen kann. Zwei Möglichkeiten bestehen, eine gewisse Zeit in Spanien mitanzupacken: Das „Working-Visitors“-Programm, eher eine Art Alternativurlaub bei freier Unterkunft und Vollverpflegung mit 24 Wochenarbeitsstunden und dem Einsatz vor allem als Hilfe bei praktischen Arbeiten wie Bäumepflanzen, Solarkocher herstellen, Gartenarbeit, Trockensteinmauern errichten etc. „Full-time Volunteers“ werden nicht als Besucher, sondern als Arbeitskräfte angesehen. Die Wochenarbeitszeit beträgt so volle 40 Stunden, im Gegenzug liegen aber auch die Kosten niedriger. Anmeldungen am besten direkt bei Sunseed Spanien.

Svanholm, *c/o Matthias Posthuma, Svanholm Allé 2, 4050 Skibby, Dänemark,*
T. +45-47-566691, F. +45-47–566677

1978 schlossen sich 100 Menschen zusammen, um mehrere hundert Hektar Feld, Wald und Parkgelände zu kaufen. „Wir wollen einen integrierten Lebensstil und eine echte Gemeinschaft, in der wir selbst entscheiden, wie wir zusammen leben und arbeiten möchten. Ökologische Landwirtschaft ist unser Hauptinteresse. Wir bauen Mais und Getreide, Gemüse und Früchte an. Wir leben in Gruppen, in verschiedenen Häusern auf dem und um das Gelände.“ 120 Leute leben dort permanent, dazu kommen rund 15 Helfer oder Gäste.
Freiwillige werden vor allem im Sommer und Herbst gebraucht, wo sie im Landbau, in der Forstwirtschaft, Milchtierhaltung, bei Verpackung von Lebensmitteln, in der Schreinerei oder im Gästebetrieb aushelfen können. Dafür gibt´s ein Taschengeld.

Trees for Africa (TFA),
c/o Jeunesse Park, PO Box 2035, Gallo Manor 2052, Gauteng, Südafrika, T. +27-11-803-9750, F. +27-11-803-9604, trees@cis.co.za, www.trees.co.za

TFA ist nach eigenen Angaben Südafrikas „leading greening organisation“. Sie zählt außerdem zu den führenden Permakultur-Förderern des Landes und hat mit Hunderten von Schulen Begrünungsprogramme durchgeführt – auch und vor allem in benachteiligten Gebieten. Leider war die Antwort von TFA auf unsere Anfrage etwas lückenhaft. So wissen wir über die zu erwartende Tätigkeit nur, dass es sich um Büroarbeit handelt.

United Nations Environment Program (UNEP), *Internship Programme, Staff Development and Training Unit, Human Resource and Management Service,*
P.O. Box 67578, Nairobi, Kenia,
T. +254-2-623567,
F. +254-2-623789,
joyce.mwaniki@unon.org,
www.unep.org

Das Internship Program des UNEP wendet sich ausschließlich an Studierende, die zumindest das Grundstudium abgeschlossen haben, sowie an Promotions-Studierende. Die UN kontrolliert den Studierenden-Status durch ein offizielles Empfehlungsschreiben der Universität, das jeder Bewerbung beiliegen muss. Die besten Chancen haben Bewerberinnen und Bewerber, die im Rahmen einer Doktorarbeit von ihren Unis entsandt werden. Neben dem Hauptsitz in Nairobi sind auch andere der weltweit vorhandenen Regionalbüros des UNEP als Einsatzort denkbar.

Le Village des Tortues – SOPTOM, *BP 24, 83590 Gonfaron, Frankreich, T. +33-494782641, F. +33-494782427, soptom@compuserve.com*

Das „Dorf der Schildkröten" in der Provence gehört mit jährlich 110.000 Besucherinnen und Besuchern zu den meistbesuchten Orten des Departements Var. Dort werden vielgestaltige Schutzprogramme durchgeführt, die neben der Information der Bevölkerung auch Zucht- und Auswilderungsaktivitäten beinhalten. Der Schwerpunkt der Beschäftigung der Praktikantinnen und Praktikanten liegt in der Umwelterziehung. Daneben ist aber auch ein Einsatz bei der Pflege der Schildkröten oder bei der Bestandserfassung denkbar.

Adressverzeichnis

Wie schon mehrfach erwähnt, die Hoffnung, nur mit den Adressen aus diesem Buch seinen Traumjob zu finden, könnte sich als trügerisch erweisen. Natürlich haben wir mit „Jobben für Natur und Umwelt" mehrere hundert Adressen mit vielen Praktikumsstellen und Workcampplätzen zusammengetragen. Die Auswahl ist nicht gerade gering, allerdings ist die Konkurrenz mächtig.

Am besten sind deshalb manchmal solche Anlaufstellen, die man selber ausgräbt. Jede Umweltorganisation, die hauptamtliche Mitarbeiter beschäftigt, ist theoretisch in der Lage, auch Praktikumsplätze zur Verfügung zu stellen. Das gilt sowohl für Deutschland als auch für das Ausland und lässt sich auch auf öffentliche Umwelteinrichtungen (Umweltämter, Ministerien, mit Umweltschutz betraute Regierungsorganisationen u.Ä.), Umweltbildungsstätten oder Naturschutzgebiete übertragen. Eine höfliche Anfrage kann vielleicht sogar dazu führen, dass der Ansprechpartner zum ersten Mal über ein solches Arbeitsverhältnis nachdenkt und man gleich die neu entstandene Stelle einweihen darf.

Als kleine Starthilfe für eigene Recherchen folgt eine Liste mit Adressen jener Vereine, die entweder Dachverbände oder Mitglieder in Netzwerken sind; sie können Anschriften ihrer Partnerverbände weitergeben. Wohlgemerkt: es handelt sich dabei nicht um weitere konkrete Stellen, es sei denn, sie tauchen an anderer Stelle in diesem Buch noch einmal auf.

Dabei braucht man es aber nicht zu belassen. Rundfunk, Fernsehen, viele Zeitschriften, besonders die mit ökologischem Schwerpunkt, Bekannte und Verwandte, Profs an der Uni und natürlich das Internet – all das sind wertvolle Informationsquellen auf der Jagd nach Angeboten. Dian Fossay zum Beispiel, die mit den „Gorillas im Nebel", soll sich spontan an den Referenten eines Diavortrages über diese Menschenaffen gewandt haben, kam so in die zentralafrikanischen Nebelwälder und wurde schließlich eine der berühmtesten Naturschützerinnen überhaupt. Also Mund und Ohren aufsperren und sich trauen! Jeder Einfall ist willkommen, um an Informationen zu kommen.

Bitte wieder nicht vergessen, jeder Anfrage einen frankierten C4-Rückumschlag (Deutschland) oder mindestens zwei IS (Ausland) beizulegen. Sollte die Suche dann Erfolg haben, bitten wir um kurze Nachricht mit der Anschrift des neuen Angebots, damit wir sie in der nächsten Auflage von „Jobben für Natur und Umwelt" aufnehmen können.

Alliance of European Voluntary Service Organisations,
c/o MS, Studsgade 20, 8000 Århus C, Dänemark,
T. +45-8619-7766,
F. +45-8619-7061,
alliance@alliance-network.org,
www.alliance-network.org

Europäischer Zusammenschluss von Verbänden der Freiwilligenarbeit.

Association of Voluntary Service Organisations (AVSO), *174 Rue Joseph II,1000 Brüssel, Belgien, T. +32-2-2306813, F. –2311413,www.avso.org*

Europäischer Zusammenschluss von Verbänden der Freiwilligenarbeit.

Birdlife, *www.birdlife.net*

Einer der bedeutendsten internationalen Zusammenschlüsse von Umweltschutz-Organisationen mit Mitgliedsverbänden in mehreren dutzend Ländern weltweit. Die nationalen Mitglieder kümmern sich längst nicht nur um Vogelschutz, wie der Naturschutzbund Deutschland (NABU) als deutsches Mitglied eindrucksvoll zeigt.

Bund für Umwelt- und Naturschutz Deutschland (BUND), *Am Köllnischen Park, 10179 Berlin, T. 030-275864-0, F. 030-275864–40, bund@bund.net, www.bund.net*

Einer der bedeutendsten deutschen Umweltschutzverbände mit Landes-, Regional-, Kreis- und Ortsgruppen überall im Land und mit entsprechend vielen Geschäftsstellen; ferner deutsches Mitglied von „Friends of the Earth". Gibt Adressen der dort vertretenen Partnerverbände weiter. Außerdem „BUND International": 31 unabhängige Gruppen arbeiten an Projekten in 30 Ländern, vor allem in Osteuropa und Zentralasien. Kontakt: daniel.mittler@bund.net

Bundesverband Bürgerinitiativen Umweltschutz (BBU), *Prinz-Albert-Str. 73, 53113 Bonn, T. 0228-2140-32, F. 0228-2140-33, bbu-bonn@t-online.de, www.bbu-online.de*

Der BBU unterstützt seit 1972 Bürgerinitiativen und engagierte Einzelpersonen organisatorisch, rechtlich und wissenschaftlich in ökologischen und sozialen Brennpunkten.

Deutscher Alpenverein, *Referat für Natur- und Umweltschutz, Von-der-Kahr-Str. 2-4, 80997 München, T. 089-14003-72, F. 089-14003–64, rnu@alpenverein.de, www.alpenverein.de*

Kümmert sich unter anderem um Felsbetreuung (Einhaltung von Kletterverboten an verschiedenen Felsen zur Brutzeit), Wanderfalkenbeobachtung im Frankenjura und im Bayerischen Wald sowie um Freiwilligeneinsätze auf Bergbauernhöfen.

European Environmental Bureau (EEB), *34 bd de Waterloo, 1000 Bruxelles, Belgien, T. +32-2-28910-90, F. +32-2-28910-99, secretariat@eeb.org, www.eeb.org*

In direkter Nähe zur EU-Verwaltung unterhalten 137 Mitgliedsorganisationen aus 26 Ländern ein gemeinsames Büro, um einerseits die Mitgliedsorganisationen über die EU-Politik zu informieren und andererseits Lobbyarbeit für Natur und Umwelt zu betreiben.

Greenpeace International, *Keizersgracht 176, 1016 DW Amsterdam, Niederlande, T. +31 20 523 62 22,*

F. +31 20 523 62 00, www.greenpeace.org

Liste der nationalen Untergliederungen. Ausdrücklich kein Praktikum!

Grüne Liga e.V., *Haus der Demokratie und Menschenrechte, Greifswalderstr. 4, 10405 Berlin, T. 030-2044745, F. 030–2044468, bundesverband@grueneliga.de, www.grueneliga.de*

Nur in den neuen Bundesländern aktive Umweltbewegung. Gibt verschiedene Zeitungen und Rundbriefe heraus (z.B. Der Rabe Ralf, Berliner Briefe), Der Rabe Ralf veröffentlicht in jeder Ausgabe eine Seite mit umweltrelevanten Adressen im Berliner Raum. Auf der Website finden sich gelegentlich Ausschreibungen zu Praktikums- und FÖJ-Stellen.

IUCN – The World Conservation Union, *Rue Mauverney 28, 1196 Gland, Schweiz, T. +41-22-999-0000, F. +41-22-999-0002, mail@hq.iucn.org, www.iucn.org*

980 Regierungs- und Nicht-Regierungs-Organisationen aus 140 Ländern sind unter dem Dach der IUCN zusammengeschlossen. Neben der Liste der Mitgliedsverbände auch Stellenanzeigen.

Naturschutzbund Deutschland (NABU), *Herbert-Rabius-Str. 26, 53225 Bonn, T. 0228-4036-0, F. 0228–4036-200, NABU@NABU.de, www.nabu.de*

Ältester deutscher Umweltschutzverband, der bis 1990 noch „Deutscher Bund für Vogelschutz“ (DBV) hieß. Schon die Namensänderung weist darauf hin, dass es ihm heute nicht mehr nur um Piepmätze geht. Es gibt über hundert vom NABU betreute Informationszentren. Deren Adressen gibt es ebenso wie die der flächendeckend vertretenen Landes-, Kreis- und Ortsverbände auf der Webseite unter „Adressen“. Die Ausgabe April 2005 der NABU-Mitgliedszeitschrift „Naturschutz heute“ stellte zuletzt ausführlich 66 NABU-Naturschutzzentren in ganz Deutschland vor.
In seinem Newsletter veröffentlicht der NABU Ausschreibungen für Praktikums-, Zivi- und FÖJ-Stellen, sowie Angebote für feste Stellen, teilweise sogar auch bei Parnerorganisationen im Ausland. Außerdem deutsche Vertretung von BirdLife-International, einem weltweiten Netzwerk von Naturschutzverbänden mit Schwerpunkt Vogelschutz (früher: Internationaler Rat für Vogelschutz).

Robin Wood, *Postfach 10 21 22, 28021 Bremen, T. 0421-59828-8, F. 0421-59828–72, internet@robinwood.de, www.robinwood.de*

1982 in der Diskussion um das Waldsterben gegründeter Verband, zehn Regionalgruppen in Ost und West.

World Wild Fund for Nature (WWF) International,
World Conservation Centre, Avenue de Mont-Blanc, 1196 Gland, Schweiz, www.wwf.org
WWF Deutschland, *Rebstöcker Str.*

55, 60326 Frankfurt, T. 069-791440, F. 069–617221, www.wwf.de

Seit 1963 anerkannte Umweltstiftung. Auch von Deutschland aus betreute Projekte im Ausland, z.B. im Donaudelta. Pandas aller Länder vereinigt Euch!

Literaturhinweise

Handbücher und Verzeichnisse zum Thema „Jobs im Natur- und Umweltschutz" sind rar, während allgemeine Handbücher und Beratungsliteratur zum Arbeiten und Jobben im Ausland mittlerweile recht zahlreich sind. Einige Buchverlage haben sich auf das Thema „Alternatives Reisen" spezialisiert; hier hilft ein Blick in das Regal für Reiseliteratur in jeder größeren Buchhandlung. Daneben gibt es eine Fülle so genannter grauer Literatur, die sich mit den Themenbereichen Entwicklungszusammenarbeit, Begegnung, Gemeinschaftsdienste, Ferienjobs beschäftigt. Diese Publikationen werden vor allem von Vereinen und Verbänden herausgegeben und finden sich oft in Eine-Welt-Läden, Jugendzentren oder öffentlichen Einrichtungen wie Arbeitsämtern und Volkshochschulen. Bei der Materialanforderung bitte Rückporto in Form von Briefmarken oder Internationalen Antwortscheinen beilegen.

Wir haben nur einen Bruchteil dieses Angebots sichten können. Meist handelt es sich um Veröffentlichungen, in denen wiederum auf Anschriften, Broschüren und Programme anderer Verbände und Veranstalter hingewiesen wird. Irgendwann stößt man dann wieder auf aus anderen Zusammenhängen bekannte Informationen. Es lohnt sich, Augen und Ohren offen zu halten, denn die wertvollsten Hinweise ergeben sich oft per Zufall – aus Zeitung, Hörfunk und Fernsehen, aus Reiseführern, aus Mitgliederzeitschriften und durch Gespräche mit Bekannten.

Weiterführende Literatur teils auch unter „Adressen und Hinweise" zu Ende der einzelnen Kapitel.

ALTOP Verlags- und Vertriebsgesellschaft für umweltfreundliche Produkte,

Gotzinger Straße 48, 81371 München, T. 089-7466110, F. 089–7256246, www.altop.de

„Das alternative Branchenbuch". 10.000 ständig aktualisierte Adressen. Im Buchhandel und in Naturkostläden (ISBN 3925646167).

Deutscher Akademischer Austauschdienst (DAAD), Hrsg.

Kennedyallee 50, 53175 Bonn, Postfach 20 04 04, 53134 Bonn, T. (0228) 882-0, F. (0228) 882-444, www.daad.de

Reihe Auslandsinformation im Bertelsmann Verlag, z.B. Studienführer USA/Kanada 1999, Studienführer China/Japan 2000, Studienführer Spanien/Portugal 1999, Studienführer Frankreich 1999 etc., je 14,90 Euro. Sehr gut recherchierte und übersichtlich gestaltete Bücher mit allem, was man wissen will, wenn man im Ausland studiert. Adressen aller Hochschulen des Landes, Erfahrungsberichte, Beschreibung des Bildungswesen und des Hochschulsystems, Infos zu Gebühren, Finanzierung, Jobmöglichkeiten, sowie ein kurzer Abriss über Alltag, Einreise, Krankenversorgung, Wohnen und Lebensstandard.

Bundesagentur für Arbeit (Hrsg.)

„Studien- und Berufswahl", 6,50 Euro, ISBN 9-783821473086. Auch Online-Ausgabe verfügbar unter www.bwverlag.de.Jedes Jahr neu aufgelegt. Umfassende Beschreibung von Studiengängen und beruflichen Ausbildungsrichtungen. Geballte Info zum ersten Orientieren. Daraus entwickelten sich Bände für bestimmte Studiengänge oder Ausbildungen, z.B. „Studienführer Umweltwissenschaften", 16 Euro.

Campus concret

„Die Jobs der Zukunft, Neue Berufsbilder und was dahintersteckt", Sylvia Englert, 2000, 15,90 Euro. Ausführliche, praxisnahe Porträts von einigen neuen, zugelassenen Berufen und anderen, die nur englische Neubenennungen bereits existierender Berufsbilder sind. Für Ökos interessant: Mobilitätsberater, Öko-Auditor und Solarberater. Gut: weiterführende Adressen, Links und Buchtipps. Ein Buch, das sich hoffentlich bald erweitert auf mehr Öko-Berufe.

Coordinating Commitee for International Voluntary Service (CCIVS)
UNESCO, 1, rue Miollis,
75732 Paris Cedex 15, Frankreich,
www.unesco.org

"African Directory", Auflistung von Freiwilligenverbänden in 26 Staaten südlich der Sahara, 1996, 276 S.

Deutsch-Französisches Jugendwerk (DFJW), *Molkenmarkt 1, 10179 Berlin, T. 030-288757-0, F. 030–288757-88, info@dfjw.org, www.dfjw.org*

„Stipendien für Französischkurse", Faltblatt zu Intensivsprachkursen für Mitarbeiter in der Jugendarbeit, Studenten und junge Berufstätige, „Interkulturelle Fortbildung", Broschüre, ca. 64 S., „Begegnung und Austausch mit Franzosen", Broschüre. Bei letzterer handelt es sich um eine Informationsbroschüre mit vielen Möglichkeiten für einen sinnvollen Frankreichaufenthalt unter Ausnutzung öffentlicher Förderprogramme: Begegnungen, Sprachkurse, Schule, Studium, Jobs und Praktika, Arbeit und Ausbildung. Enthält außerdem Angaben zur Reisevorbereitung wie verbilligte Reisen, Unterkunft, Literaturhinweise. Ca. 52 Seiten. Wirklich umfassend, kompetent, mit vielen nützlichen Adressen. Empfehlenswert nicht nur für alle Frankophilen. Einige Publikationen können auch von der Homepage heruntergeladen werden.

Deutscher Jugendbund für Naturbeobachtung (DJN),
Justus-Strandes-Weg 14,
22337 Hamburg, T. 040-506764,
F. 040-50 67 64,
www.naturbeobachtung.de

Die Broschüre „Umwelt-Praktikastellen in Deutschland" ist für 2,50 Euro plus 1,10 Euro Versand zwar immer noch erhältlich, aber seit 1996 nicht mehr aktualisiert worden.

Expedition Advisory Centre,
Royal Geographical Society,
c/o Shane Winser,
1 Kensington Gore, London SW7 2AR,
Großbritannien,
T. +44-20-7591-3030,
F. +44-20-7591-3031,
eac@rgs.org, www.rgs.org/eac

Das Expedition Advisory Centre hilft Leuten, die sich an einer wissenschaftlichen Expedition beteiligen wollen, das Richtige zu finden, und gibt Hinweise zur Finanzierung. Forschungsprojekte von 50 Organisationen (nicht nur im Umweltschutz). Darüber hinaus unterhält das Zentrum ein Personenregister, in das man sich aufnehmen lassen kann und aus dem Expeditionsveranstalter ihre Mannschaft rekrutieren können.

Heyne-Verlag

„Die letzten ihrer Art – eine Reise zu den aussterbenden Tieren unserer Erde“ vom Kultautor Douglas Adams („Per Anhalter durch die Galaxis“) und Mark Cawardine. In unnachahmlicher Form beschreibt Adams seine Begegnungen mit Süßwasser-Delfinen, Berggorillas und anderen seltenen Arten so eindringlich, dass einen gleich das Fernweh packt, und man seinen Flugschein kaufen will, um diesen „zairischen Zöllnern, die ausgestorben sein sollten, es aber nicht sind“, zu zeigen, wo Bartel den Most holt. Ganz nebenbei finden sich im Anhang die Adressen einiger Umweltschutzverbände, mit denen Adams während seiner Recherche in Kontakt stand. Auch als CD-ROM erhältlich; als Taschenbuch 8,95 Euro.

How To Books, *Plymbridge House, Estover Road, Plymouth PL6 7PZ, www.howtobooks.co.uk*

Serien von Taschenbüchern mit Titeln wie „Getting a Job in...“, „Going to live in ...“ oder „Living and Working in ...“, je ca. 10 £. Enthalten Informationen über Visa, Arbeitsmarktlage, Einwanderungsgesetze der jeweiligen Länder. Für Freiwilligen- und Umweltschutzarbeit relevante Titel sind: „Working in the Voluntary Sector“, Craig Brown, 145 S., 2002, 9,99 £, ISBN 1857038371. „Finding Voluntary Work Abroad“, Mark Hempshell, 160 S., 3. Auflage 1999, 9,99 £, ISBN 1857034961.

interconnections,

„Kibbuz, Moschaw und Freiwilligendienste in Israel“, Becker, 336 S., ISBN 386040010x. Detaillierte Recherche zu diesem speziellen Feld von Freiwilligenarbeit, der in anderen Jobhandbüchern oft fehlt.

„Unterwegs für die Umwelt, die besten Ökojobs in Europa“, Hrsg. Jugend-Umwelt-Projektwerkstatt, 254 S., ISBN 3-86040-0908. Eine Ergänzung zum vorliegenden Buch, auf Europa beschränkt. Viele Adressen von einzelnen Biohöfen und Workcamp-Veranstaltern, stichwortartige Beschreibung der Einsatzstelle, sowie ein guter Anhang mit Buchtipps, CDs etc. Ferner diverse Bücher zum Thema Freiwillige, Zivildienst im Ausland, Jobs und Praktika, darunter auch im Umweltbereich.

Peter Meyer Verlag,
www.meyer-reisefuehrer.de

„Selbstreise-Handbuch“, Band 1 und 2, von Norbert Lüdtke. Viel gelobte Handbücher für den modernen Nomaden, hrsg. von der Deutschen Zentrale für Globetrotter e.V. Mit Tipps von erfahrenen Globetrottern, um bei allen Fragen zum Fern- und Langzeitreisen den Durchblick zu behalten. Band 1 dient der Reisevorbereitung: Checklisten und Tabellen, Kontinentkarten, Hauptreiserouten und tausende von Internetadressen ermöglichen eine systematische Planung. Band 2 enthält das Know-How der Globetrotter für unterwegs und soll helfen, Reiseprobleme schnell zu lösen und Konflikte zu vermeiden. Vom Umgang mit Behörden über Tourenplanungen und Lageraufbau bis hin zum Verhalten bei Verständigungsproblemen bieten tausende Tipps und Tricks Hilfe für 136 reisetypische Situationen. Band 1, 319 Seiten, ISBN 3-89859-500-5, 16,95 Euro. Band 2, 252 Seiten, ISBN 3-89859-505-6, 12,95 Euro.

Random House/Goldmann Verlag

„Globetrotter der Hoffnung“, de Boisredon/de Fougeroux/de Rosanbo. 2003, 11 Euro, ISBN 344271219X. Ein Muss für alle engagierten Globetrotter. Drei junge Franzosen machen sich mit unterschiedlichen Transportmitteln auf den Weg zu hoffnungsvollen Projekten in Afrika, Asien und Lateinamerika. Während der Reise füllen sie auch eine Webseite (www.1000soleils.com) und erzählen einiges über ihre Fundraising-Strategien.

Spektrum Akademischer Verlag

„Adressbuch Umweltschutz“, Hrsg. Deutsche Umweltstiftung, Handbuch für Presse, Behörden, Wirtschaft, Wissenschaft, Verbände, Bürgerinitiativen. 39,95 Euro, mit CD-ROM 69,95 Euro, ISBN 3762531919. Wohl eine der besten Möglichkeiten, sich einfach und schnell Adressen und Telefonnummern zu besorgen.

UTB (Uni Taschenbuch), Ulmer Verlag

„Der Umweltstudienführer“, de Haan / Donning/Schulte, 1999, 14,90 Euro, ISBN 3800127415. Gute Übersicht der deutschen Hochschullandschaft zum Thema Umwelt und Naturschutz mit genauer Beschreibung der Studiengänge und der Zulassungsvoraussetzungen.

Vacation Work, *9 Park End Street, Oxford OX1 1HJ, Großbritannien*

Alle Titel über *www.interconnections.org,* „Shop“. „Work your way around the world“, von Susan Griffith, 546 S., 13 Pfund, ISBN 1854582518. DIE Bibel für reiselustige Menschen mit kleiner Kasse. Beschreibt länderweise Jobmöglichkeiten auf der ganzen Welt zusammen mit detailliert recherchierten Informationen über Arbeitsrechte und Visa-Bestimmungen; gibt allgemeine Hinweise, wo wann welche Jobs am Besten zu finden sind und nennt konkrete Arbeitgeber, auch in Bereichen „Volunteering“, „Conservation“ und „Agriculture“. Außerdem vergnüglich zu lesen sind die vielen Zitate von Reisenden über ihre Erfahrungen. „Guarenteed to give you wanderlust" – wie der Verlag selber auf dem Umschlag wirbt. Unserer Meinung nach voll das Geld wert und auch ein gutes Nachschlagewerk zu allgemeinrechtlichen Fragen im Ausland.

„Working with the Environment", Ryder / Roberts, 272 S. 12 £, ISBN 1854582437. In verschiedene Sparten aufgegliederte Übersicht und Beschreibung von potentiellen Arbeitgebern im Umweltbereich, vor allem in Großbritannien, aber auch bei international tätigen Organisationen. Viel detaillierte Info, einziger Nachteil: eine Bleiwüste.

interconnections.org hat auf seiner Website u.a. eine Rubrik „Blackboard" und „News" mit vielen Angebote für Ferienjobs, u.a. in Großbritannien. Ferner werden vermehrt interessante Angebote bei *www.natur-und-umwelt.org* zu finden sein.

Zentralstelle für Arbeitsvermittlung,
Internationale Arbeitsvermittlung, Villemombler Straße 76, 53123 Bonn, T. 0228-713-1313, F. 0228-713–1400, zav-erstinfo@t-online.de

Gibt verschiedene Broschüren heraus z.B. „Auslandstätigkeiten – selbst gesucht" und „Durch Vermittlung ins Ausland" und berät in Sachen Auslandstätigkeit.

Index

Länder

Vorschau:
Ausgebaut wird auch das allgemeine Programm, also **Vermittlungen interessanter Angebote** für junge Leute im In- und Ausland, Workcamps, Freiwilligendienste, Jobs, Praktika usw.

Manuskripte gesucht:
Der Verlag sucht zum Programm passende Manuskripte zu Sachbüchern wie Jobs, Praktika, Working Holiday, Work and Travel, Highschool, Freiwilligendienste, Bewerben, Fortbildung usw. aber auch andere Sachthemen. Gesucht werden auch Reisetexte und Reiseberichte aller Art.

★ ★ ★ ★ ★ ★

Aupair USA
Zwischen Traum und Frust
Kinder, Kultur, Abenteuer
http://shop.interconnections.de